凝煉知識品味閱讀

凝煉知識品味閱讀

張高評解析經史三

左傳屬辭與文章義法

東海逸士敬署

增訂重版

張高評 著

五南圖書出版公司 印行

目次

推薦序・24

自序・26

增訂重版自序・36

例言・48

序章／001

一、《左傳》之作者與時代・002

二、《左氏》以史傳經之特色・006

三、《左傳》屬辭約文與文章義法概說・009

第一章

《春秋》屬辭約文與文章修辭／017

第一節　《春秋》三傳、《孟子》之解經法．021

一、孔子作《春秋》與筆削見義．021

二、《春秋左氏傳》與屬辭約文．024

三、《春秋公羊傳》論《春秋》屬辭．027

四、《春秋穀梁傳》論《春秋》屬辭．030

第二節　《春秋繁露》、《史記》之《春秋》詮釋法．033

一、董仲舒《春秋繁露》論《春秋》屬辭．033

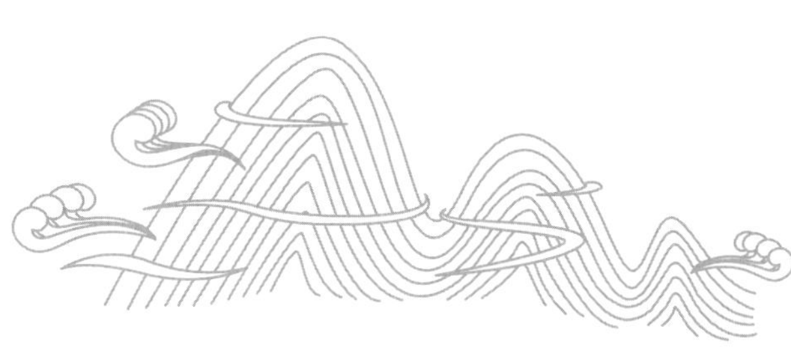

二、司馬遷《史記》論《春秋》屬辭・036

第三節　杜預、徐邈之《春秋》詮釋法・038

一、杜預《春秋經傳集解》《春秋釋例》論《春秋》屬辭・039

二、徐邈《春秋穀梁傳注義》論《春秋》屬辭・042

第四節　劉勰《文心雕龍》與《春秋》屬辭・043

第五節　孔穎達、劉知幾、啖助、趙匡之《春秋》詮釋法・047

一、孔穎達《春秋左傳正義》論《春秋》屬辭・047

二、劉知幾《史通》論《春秋》《左傳》屬辭・050

三、啖、趙、陸《春秋集傳纂例》論《春秋》屬辭

比事・057
第六節　結語・063

第二章 《春秋》取義與《左傳》之命意/077

第一節　孔子之立義創意與《春秋》之取義・079
第二節　《左氏傳》之旨趣・084
一、載道・085
二、徵聖・088
三、宗經・089
四、寢兵・090

五、美刺．091

六、報應．093

七、愛奇．094

八、寄慨．096

第三節　命意之概況．097

一、脈注．098

二、詭辭．100

三、微辭．101

四、飾辭．103

五、托辭．104

六、諷喻．105

七、借事・106
八、翻空・108
九、深曲・109
十、因勢・110
十一、象徵・111
十二、迴護・112

第三章　《春秋》筆削與《左傳》謀篇之義例／117

第一節　《春秋》筆削與詳略重輕、異同變常・119
第二節　篇什架構之安排・124

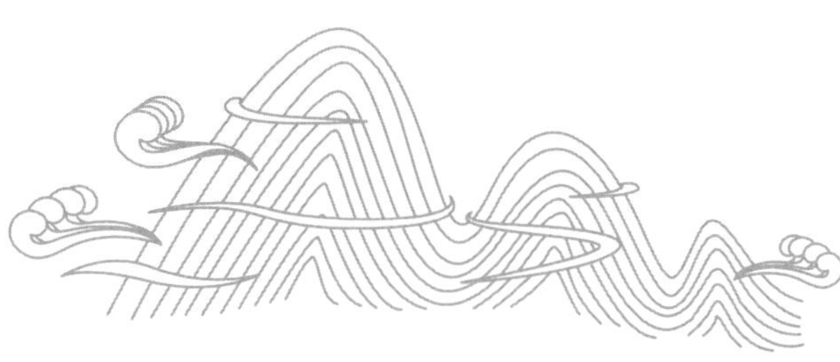

一、前茅．126
二、破題．127
三、中權．129
四、關棙．130
五、後勁．132
六、收結．133
七、餘波．134
八、論斷．136
第三節　情境對敘之設計．138
一、映襯．139
二、賓主．142

三、虛實・144
四、明暗・146
五、離合・147
六、斷續・149
七、順逆・151
八、重輕・152
九、詳略・154
十、擒縱・155
十一、開闔・157
十二、寬緊・158
十三、奇正・160

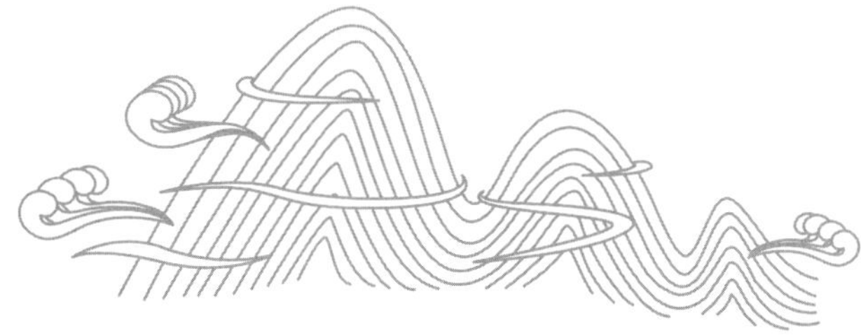

十四、變常・161

第四節　脈絡統一之規畫・164

一、伏應・166

二、逆攝・168

三、激射・170

四、旁溢・172

五、側筆・173

六、線索・175

七、原委・177

八、類從・179

九、集散・180

十、配稱・183

第四章

《春秋》比事與《左傳》安章之心法／189

第一節　《春秋》比事與前後措注、本末始終・191
第二節　段落位次之調配・197
一、順帶・199
二、穿插・200
三、橫接・202
四、遙接・203
五、側敘・204

六、逆敘・205

七、夾寫・206

八、互見・208

九、補筆・210

十、附載・211

十一、自注・212

第三節　主題表達之權宜・213

一、表現・215

二、直書・218

三、說明・219

四、點綴・220

五、點染・222
六、閒筆・223
七、錯綜・225
八、奇偶・226
九、想像・227
十、形容・228
十一、析分・230
十二、援引・231
十三、概餘・233
十四、時中・234
第四節　一篇警策之建立・236

一、眼目・237
二、點睛・239
三、關鍵・241
四、波瀾・243
五、特筆・244
六、取影・245

第五章
《春秋》屬辭與《左傳》鍛句之方術/251

第一節　《春秋》屬辭與曲筆直書、變文特筆・253
第二節　意象浮現之樣式・259

一、曲折・260
二、往復・262
三、排比・264
四、錯綜・266
五、對照・268
六、層遞・270
七、翻疊・272
八、移換・274
九、吞吐・275
十、蘊藉・276
十一、取譬・278

十二、轉化・281

十三、示現・282

十四、存真・284

第三節　辭章矜麗之法則・285

一、鎔鍊・287

二、藏鋒・291

三、跳脫・293

四、舉隅・296

五、頓挫・298

六、勒轉・300

七、鎖紐・302

八、頂真・303
九、儷辭・305
十、用典・308
十一、烘托・310
十二、映帶・312
十三、廻文・314
十四、諧隱・315
第四節　氣勢遒勁之規準・317
一、倒裝・318
二、加倍・321
三、類句・322

四、聯鎖・324

五、旋繞・325

六、捧壓・327

七、提振・328

八、節短・330

九、誇飾・332

十、設問・334

十一、詠歎・336

十二、呼告・338

第六章

《春秋》約文與《左傳》煉字之妙訣／345
第一節　《春秋》約文與微婉顯晦、增損改易．347
第二節　章句明靡關字法．353
一、虛字．354
二、實字．358
三、重筆．360
四、圓活字．361
五、新關字．362
第三節　文辭光采由鍊擇．364

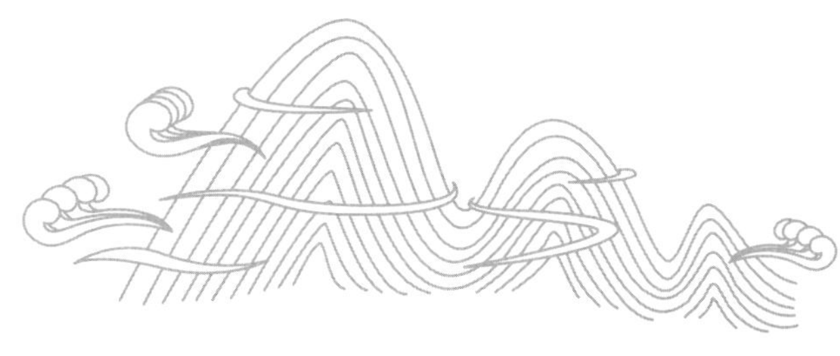

一、類字·365
二、避複·368
三、犯重·370
四、倒文·372
五、轉品·374
六、省文·376
七、借代·379
八、鑲嵌·380
九、立柱·382

第七章

《左傳》屬辭與文章神味之表出／387

第一節　《春秋》屬辭與言外之意、都不說破·389

第二節　按節以體氣·395

一、長短·396

二、緩急·400

三、韻諧·405

四、奇偶·410

五、長言短言·411

六、其它·413

第三節　即器以求道・415

一、繁簡・416

二、曲直・419

三、華樸・422

四、疏密・425

五、典奇・427

第四節　味氣以得神・429

一、陽剛之美・431

㈠噴薄、跌蕩・431

㈡詼詭、閒適・433

㈢正大・437

二、陰柔之美・438
(一)閎括、含蓄・439
(二)沉雄、悽惻・441
(三)超逸・443

參考書目・449

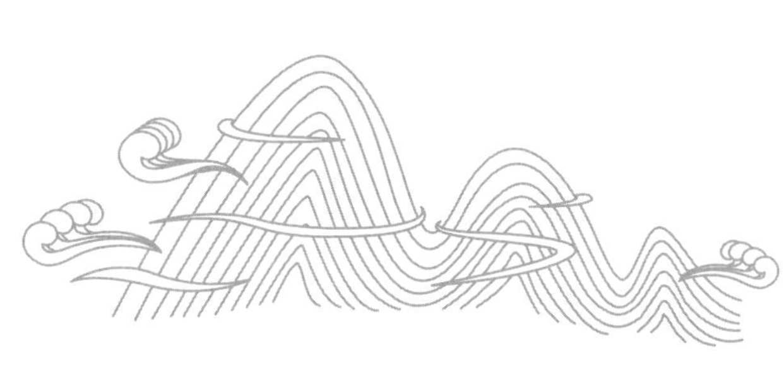

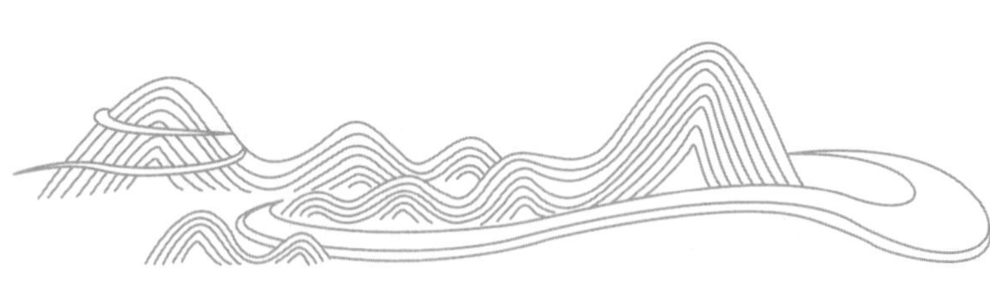

推薦序

黃永武

做一門學問，肯從紮實的根基做起，把要研究的範疇，先作總攬通觀的普遍認識，然後深入探索，百折不回，備嘗治學的寂寞辛勞。這樣覃思冥想了多年，往往能創發見解，釐成條例，爲某一門學問開闢出新天地。

張高評先生研究《左傳》，確實肯下最笨的工夫，走最艱辛的道路。他不以取巧而自喜，不獵虛聲以自惑。他要研究《左傳》的文學，先把《春秋三傳》作廣泛的了解，然後就有關《左傳》的歷史外緣作研究，考據是他入門的基石，再從《春秋》經文的微言大義，進而去認識《左傳》的思想背景。通過這考據與義理的層次，最後才凸出所要研究的《左傳》辭章問題。環視這深厚的根基，然後語語有其依據，事事知所通貫。這和表面浮淺地論辭章不相同，稍加品味，就能察覺深濃郁烈，有著極其厚重的趣味。

這三部書（《左傳導讀》、《左傳之文學價值》、《左傳文章義法撢微》），論及文學價值和文章義法，分析力求細密，所以細密不是它的缺點，而是它的特色。至於分章立目，是網羅了全部傳統的名目，融合最新的修辭法門與文學批評理論。如何在舊的寶藏裏發現新的價值；在新的方法下重整舊的寶藏，經過新舊互激兼融後，重新展現一個全新的面貌和肯定的位置，這是本書的貢獻所在。

我在國立高雄師範學院時，創設了國文研究所，張高評先生是成立時第一屆的畢業生，後來繼續進入國立臺灣師範大學的博士班。而那時我的《中國詩學》四冊正陸續完成，正在計畫寫中國散文學。高評對中國詩學深深喜愛，也願向中國散文學的研究方面發展，我希望他從散文的根源《左傳》做起，以《左傳》的文學研究爲博士論文的題目，現在證明我似乎可以省略寫中國散文學的計畫了。後起有人，爲此，我高興地爲他寫這篇序。

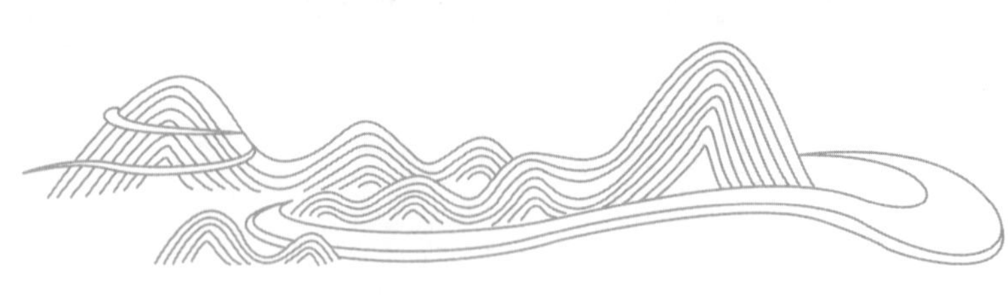

自序

十年前，負笈師大時，嘗從程師旨雲、劉師正浩習讀《左氏傳》，每苦曆法之枯澀，卻喜文章之有味，於是朝夕諷詠，自以爲有得。六十五年秋，再入師大博士班肄業，奉黃師永武之命，以《左傳》之文學研究爲專題，撰作博士論文。此命也，深獲我心！然喜懼之情，則不異遊子之返故鄉也。五年以來，夙夜僶勉，寢饋於斯，譬若五穀，昔者但知其可食而已，今則既食而嗜之，且又享而樂之矣。於是草就論文三編，總名曰《左傳之文學研究》，分二十有四章，都四十二萬言。夫然後知方苞所謂：「義法最精備者，莫如《左傳》。」洵不我欺也！

自漢儒治《春秋》，純守家法師說；晉杜預注《春秋經傳》，採用集解；唐啖、趙、陸不信《三傳》，直究遺經；宋儒疑經成風，而以會通兼取爲能。下逮元明清，治《春秋》經傳者，亦多循會通之緒，《通志堂經解》，《皇清經解》正續編可覩也。兩千年來，《左傳》已由爭立學官，成爲顯學。然環繞《左傳》之問題，盤根錯節，尚未釐清：如《左傳》之作者與時代問題，《左傳》與《國語》之關係問題，《左傳》之解經與緣飾增續問題；是是非非，莫衷一是。本書上編舊案重提，備列諸說，案以己意；雖未必即成定讞，然藉問題之提出，苟能激發方家碩彥之討論解決，亦著者之宏願也。外此，則嘗試探究《左傳》之學術價值，以爲研治斯學之要刪焉。林林總總，都爲一編，名曰《左傳導讀》。茲將各編之篇章重點，紹介如後，以醒眉目：

《左傳》以史解經，本爲《春秋》之傳，此自荀卿、《呂覽》、韓非、虞卿引《傳》，張蒼、賈誼、史遷、劉安著書，昭然足爲明證。而西漢博士爲利祿之途，讏言「《左氏》不傳《春秋》」，《公羊》學者不求其端，不訊其末，望風而附和之，道術將爲天下裂！爲實事求是，本書乃作追本溯源之計：於是概說《春秋》三傳之源流授受，比較《三傳》之得失優劣，進而論述《左傳》之作者及其與《國語》之關係；搜討梳理，辨析正誤，而知《三傳》各有得有失，治《春秋》當據《左氏》事實，而參以《公》、《穀》大義，比觀而會通之，然後爲得。更推定《左傳》之作者，殆爲與孔聖同恥之左丘明，且

《左》、《國》非一人所作，亦非一書之化分。此由二書宗旨異趣、體裁殊類、文風迥別、記載乖違、文法不一、曆正異數、名稱不同、卜筮存闕、《史記》據依，可以知之也。

章學誠《文史通義．文德》謂：「不知古人之世，不可妄論古人文辭也；知其世矣，不知古人之身處，亦不可遽論其文也。」左氏果爲與孔子同恥之丘明邪？此當論其世，始能知其人！春秋之時，陪臣竊命，禮制壞替，蠻夷猾夏，是以倡尊王重霸，主寢兵息民；雖然，時猶以道義相支持，天人相交替，於是賦《詩》見志，文章豐潤，周德之化未盡泯也。此一代之風尚，而《左傳》之實錄也。後之人雖夢寐想像，其能及此乎？且《左傳》之引《詩》、《書》、《易》、《禮》，知其必爲春秋文字；載述地理、職官、思想、詞彙，更明示《左傳》成書於戰國前。而曆具三正、文兼奇偶，與夫賦《詩》引《詩》之僅見，神話小說之原始，歌謠諺語之樸質，議論詞命之渾厚，種種氣息，固春秋所獨具，而戰國所無有者也，遑論秦漢？由此推之，《左傳》成書蓋於春秋末季，故近莊、列詭譎之風，下啓戰國縱橫之習。班彪〈史記論〉以爲：「左丘明蓋定、哀時人」，此說得之矣！

《左氏》固《春秋》之傳也，而學者以爲「《左氏》不傳《春秋》」！考其以爲不傳者，其論有八：曰名稱不符，曰傳體不同，曰經闕傳存，曰經有傳無，曰說乖諸家，曰緣飾增續，曰詳近略遠，曰史記不敘。夷考其實，說並不足採信：《左氏》自釋《春秋》，不在其名傳與否也。傳體之不一，固因書而異，不可強同也。經闕傳存，或爲經義之旁證，或因割傳以附年也。經有傳無者，或是文直意明，或是簡牘散落也。說乖諸家者，特異《公羊》、《穀梁》耳，敘事與大義相乖而已。緣飾增續者，續經容或出於左氏弟子，而所謂緣飾附益、改竄論贊，則必非劉歆所爲，固左氏之舊也。若夫詳近略遠，則史書通例，非獨《左傳》爲然也。至如《史記》不敘云云，非不敘也，未兩見耳。〈十二諸侯年表·序〉稱：左丘明成《左氏春秋》；且〈曆書〉、〈吳世家〉直以《春秋》稱《左氏》。可見不傳《春秋》云云，非大道之公論也。於是本書復申明十事，以證《左氏》之解正《春秋》：曰書法義例，曰據事直書，曰屬辭比事，曰顯微闡幽，曰勸善懲惡，曰界嚴華夷，曰正名辨實，曰文緩旨遠，曰表裏《論語》，曰歸本於禮，此皆《春秋》微言大義之所寄，亦《左氏》所以傳《春秋》者也。

《左傳》之爲書，義經、體史，而用文，且亦周秦兩漢諸子學之淵藪與左券也。因略論《左傳》之學術價值：《左傳》引《詩》一百五十六，援引逸詩十，足可彌補闕誤，考鏡淵流：〈周頌〉次第，不與今本《毛詩》一律；歌詩篇次，卻與今本近似；其他據《左》可駁〈詩序〉之附會，足徵詩與樂相表裏也。《左傳》引《書》十有七，引逸《書》二十九，又有逸篇二，清儒曾據以訂《古文尚書》之贋。且《左氏》引《書》，可補〈周書〉〈夏紀〉之疏漏，而〈虞書〉稱夏書，〈洪範〉屬商書；又知《左傳》成編時，《書》完全無闕，備受推重，然未名經也。《左傳》引《易》凡十六：以義理說之者七，以象說之者九，別有不以《周易》占者三，所謂逸易也。由《左傳》引易觀之，《周易》成於春秋之前，《易傳》成於尊《周易》爲經之後。而〈說卦〉、〈雜卦〉之本原，《易傳》互體之先聲，〈文言傳〉之異文，重卦之不始於文王，《周易》於《春秋》之爲占筮書，皆可自《左傳》之引《易》窺知也。《左氏》發明經旨，皆所以維周禮也。左氏作傳時，《三禮》尚未成書。雖《左氏》引經不及《三禮》，然彼此可相印證者不少。若夫《左氏》以史傳《經》，羽翮聖文，厥功至偉，此又夫人而知之者。故曰：《左傳》者，聖學之階梯，五經之鈐鍵也。

左氏以史傳經，兼才、學、識、德，擅屬辭比事，誠史著之良模也。後世史體如編年、紀傳、紀事本末、詔令奏議、傳記、地理、職官、政書、史評，多胎具於此。魏禧《左傳經世鈔》稱《左傳》爲史之大宗；古今御天下之變，盡於《左傳》，豈虛言哉！

左傳於諸子學，則兵家、儒家、墨家、名家、縱橫家、陰陽家、讖緯學、形法學之濫觴也。且與秦漢諸子學，相發明、資考證之處亦夥：或證經義，或息邪說，或匡經論，或補經文，或解經旨，所謂他山之石，可以攻錯者也。

夫《左傳》之文，百家文字之星宿海，萬世古文之祖也：《國策》《三史》之所法，秦漢諸子之所師，韓、柳、歐、曾、蘇王之矩度，王源、方苞、劉大櫆、林紓、吳闓生之義法，與夫凌稚隆、金聖歎、馮李驊、周大璋、陳震、姜炳璋之評點，皆究心於是。學者欲曉鍊法、鍊篇、鍊調、鍊句、鍊字，誠以《左傳》爲圭臬，自然深造有得，久而入妙。故曰：「讀古文而不精求于《左氏》，是溯流而忘其源也。」

中編論《左傳》之文學價值，凡十有三目：一曰文章體裁之集林，闡述後世文章體裁如論辯、詔令、奏議、書說、傳狀、箴銘、頌贊、辭賦、哀祭、敘記、典志諸體，皆濫觴於《左傳》也。二曰語文研究之珍藪，論《左傳》徵存春秋時代之語彙、語音、語法，具古文字、聲韻、訓詁學之價值，實研治上古語文學之武庫也。三曰古文家法之宗師，論《左傳》之文，為百代取則，乃古文辭之嚆矢，且為《史》、《漢》八家、桐城、湘鄉諸古文家之祖庭也。四曰駢儷文章之先河，論《左傳》文章奇偶相生、駢散兼行；其駢行語氣，則後世駢文家所祖法者也。五曰歌詩致用之珠澤，論《左傳》賦詩或裨情意之曲達，或資典禮之祝頌，或觀政俗之興衰，或見詩史之類通；引《詩》則或以言志，或以斷事，或以證說，或以辯論，或以闡釋，或以褒贊，或以訓戒，或以譬況，或以歎惋，或以質疑，而要皆歸於致用也。六曰神話小說之原始，論《左傳》為太古自然神話、神怪神話、動植神話、歷史神話、風俗神話之劫餘；且《左傳》記夢以著其幻，預言以神其說，述奇以妙其情，實後世志怪小說之濫觴也。七曰通俗文學之遠源，論後世所謂俗文學，如歌謠、諺語、廋詞，《左傳》已肇其端；且《左傳》敘事，又有可供後世通俗文學如變文、鼓詞、戲劇等之資材者。八曰傳記文學之祖庭，論《左氏》以史傳經，具史學之純眞，備文學之華美，饒勸懲之至善，乃史著而有文采，傳記而富文學性之佳構也。

九曰敘事文字之軌範，論《左傳》為中國敘事傳統之祖庭，尤工於敘戰。因列舉《左傳》敘事法三十餘：如正敘、順敘、原敘、逆敘、追敘、平敘、虛敘、暗敘、預敘、補敘、類敘、側敘、串敘、連敘、對敘、語敘、突敘、錯敘、插敘、帶敘、搭敘、陪敘、瑣敘、拖敘、複敘、夾敘、意敘、駕敘、提敘、結敘、滾敘、總敘、分敘、補敘、借敘、特敘、閒敘、直敘、婉敘、實敘、明敘等，各援例以明之。十曰說話藝術之指南，論《左傳》以詞命爲敘事，溫潤婉麗，從容不迫。進而言其談說之術：或折之以理，或動之以情，或懼之以勢，或服之以巧，或挫之以術，或就其詞而入之，或反其詞而折之；雖然，與戰國之尚詐、棄信，終不可同日語也。十一曰戰國縱橫之肇端，論《左傳》議論從容溫雅，濃鍊堅緻，折衷聖言，風格淳厚；視戰國之文，縱橫捭闔、譎誑傾奪、煒曄詭奇、賊害忠信，迥不相侔。所謂「近《莊》、《列》、詭譎之風，啓戰國縱橫之習」云者，蓋緣後之襲前，非前之取後，風會所趨乃爾也。復考《左傳》論說之方式七：曰駁論，曰辯論，曰推論，曰評論，曰理論，曰敘論，曰諫論，皆足爲後世論說文之先導云。十二曰描繪神貌之逸品，論《左傳》以敘事爲描寫，善於表現事情，描繪人情，摹擬物情，皆色色精絕。求其所以獨到，蓋妙用描寫藝術，如特寫法、借映法、夾寫法、閃現法、明喻法、工筆法、略筆法、人物自述法、借乙口敘甲事法、雜糅情感法，與夫排比對照，旁筆襯托之法，洵圖貌寫神之聖手也。十三曰修辭作文之津梁，下編推衍論證之《左傳》義法皆屬焉。以牽涉層面較爲廣大，已另成一專書，名曰《左傳文章義法撢微》，相互參閱可也。

《左傳》之文，閎麗鉅衍，曲暢精深，《三史》、八家得其一體，皆足以名世；桐城、湘鄉得其義法，皆足以不朽，誠文章之冠冕，而詞林之宗師也。故特撰《左傳文章義法撢微》一書，以示微詞妙旨所在，并以為作文修辭之津梁焉。是篇分為六章：文以意為主，意在筆先，文隨意生，清方苞說義法，所謂「義以為經，而法緯之」。故首論命意之特色：載道、徵聖、宗經、寢兵、美刺、報應、愛奇、寄慨，此《左傳》全書之旨趣也。脈注、詭辭、微辭、措辭、托辭、諷喻、借事、象徵、深曲、迴護、翻空、因勢，此《左傳》命意之概況也。

次論《左傳》謀篇之義例：前驅、履端、中權、關棙、後勁、餘波、收煞、論贊，此其篇什架構之安排也。映襯、賓主、虛實、明暗、離合、斷續、順逆、輕重、詳略、擒縱、開闔、寬緊、奇正、變常，此其情境對比之設計也。伏應、逆攝、激射、旁溢、側筆、線索、原委、類從、集散、配稱，此其脈絡統一之規畫也。

次論《左傳》安章之心法：順帶、穿插、橫接、遙接、側敘、逆述、夾寫、互見、補筆、附載、自注、突起、提敘、暗接、勒轉諸法，《左傳》段落位次之調配也，而史傳敘事、敘事傳統之法式已不疑而具。表現、直書、說明、點綴、渲染、閒筆、錯綜、奇偶、想像、形容、析分、援引、概餘、時中，此其主題表達之權宜也。眼目、點睛、波瀾、關鍵、特筆、取影，此其建立一篇警策之大凡也；世所謂亮點，即此是也。

次論《左傳》鍛句之方術：舉凡曲折、往復、對照、排比、錯綜、層遞、翻疊、移換、誇飾、類句、類字、吞吐、蘊藉、轉品、濃縮、譬喻、轉化、象徵、示現、存眞諸法，皆《左傳》浮現意象之樣式也。鎔鍊、藏鋒、跳脱、舉要、層遞、翻疊、頓挫、勒轉、鎖紐、頂眞，此其詞章矜鍊縝密之原理也。儷辭、用典、烘托、映帶、廻文、諧隱，此其文章華贍豔麗之道也。而欲令文字氣勢遒勁雄健，亦有其規準：倒裝、加倍、反語、類句、聯鎖、旋繞、捧壓、墊拽、提振、節短、誇飾、設問、感歎、呼告諸法之善用；與夫倒攝、橫接、錯綜、追敘、翻疊、排比、頓挫、勒轉、鎖紐、頂眞諸法之運化，則氣勢遒勁矣。今人所倡修辭學、辭章學諸靈方妙法，《左傳》一書已燦然大備。苟取資以爲論說，可謂無盡藏。

次論《左傳》鍊字之妙訣：巧用虛字、實字、重筆、曲筆、圓活字、新鬪字，則章句明靡矣。鍊擇文字，愼用類字、避複、犯重、倒文、轉品、省文、借代、鑲嵌、立柱諸法，而文辭光采矣！

末論《左傳》神味之表出：按諸長短、緩急、奇偶、韻諧、長言短言諸法，然後知《左傳》逐聲遂諧，應節遽協，其音韻鏗鏘，音節響亮之秘，得以窺知一二。奇偶相生、繁簡達宜、曲直盡致、濃淡相稱、疏密相間、典奇時中，是《左傳》文章形式之風格也。若夫噴薄、跌蕩、詼詭、閒適、正大、此《左》文有得於陽剛之美者；閎括、含蓄、沉雄、悽惻、超逸，此《左傳》文有得於陰柔之美者，要皆《左傳》內容之風格，所謂神理氣味之所由表出者也。

姚鼐嘗論學問之途有三：曰義理也，曰考證也，曰文章也；且謂三者苟善用之，皆足以相濟云。余大學時，獨好文字之學，考證學之植基也；碩士論文，則探究黃梨洲之史學理學，義理學之訓練也；今更融治考證與義理之學，草撰本書，則文章學之初探也。三者一體，相濟互用，竊喜治學祈向，竟與桐城冥合也。

本論文之撰作，承林師景伊，黃師永武指導，點化匡正，終底於成。而錐指蠡測，罣漏恐多，尚祈博雅碩彥，不吝賜教！

一九八一年四月二十九日　張高評　謹誌於屏東

二〇一八年十二月十五日校對修訂

序於府城鹽水溪畔

【註】《左傳之文學研究》原為博士論文之題目。論文通過，出版面世時，分成三書：一、《左傳導讀》；二、《左傳之文學價值》；三、《左傳文章義法撢微》。

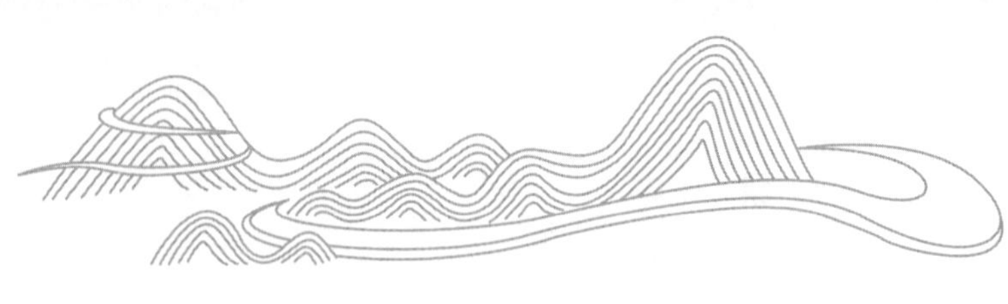

增訂重版自序

《左傳》一書，凡十八萬六千餘字。其內容指涉豐富，曾不可以一方論說。要而言之，或為《六經》之羽翼，或為歷史學之開山，或為諸子學之濫觴，或為文學之星宿海。所謂中國文化之精神家園，當以此為大觀。其學術含金量極高，如天府之琳瑯，武庫之無盡藏。古今學人得其一環一體，皆足以成家而名世。唐劉知幾稱《左傳》：「工侔造化，思涉鬼神，著述罕聞，古今卓絕。」（《史通．雜說上》）唐啖助觀《左氏傳》：「博采諸家。敘事尤備。能令百代之下頗見本末。因以求意，經文可知。」（《春秋集傳纂列．三傳得失議》）宋葉適《習學記言序目》云：「所以有貴于左氏之書者，以其足以質傳聞之謬，訂轉易之訛，循本以知末，因事以明意而已。」（卷十一〈左傳總論〉）諸家品評推崇如此，其成就與價值，可以想見。

大學肄業臺灣師大國文系，大一，魯實先教授開授《史記》課，除了闡發

《史記》敘事之隱微外，又時時提示文章之義法。大二，魯先生開授文字學必修，系統論述六書，邏輯推衍類例，春風化雨，潤物無聲，當下既默識心通，他日研治《春秋》《左傳》《史記》，遂發用無窮。大三時，《左傳》爲選修課，上下學期六學分。程師發軔講授曆法，劉師正浩授讀文本，《左傳》博大精深，艱澀難懂，良師深入淺出，循循善誘，弟子知難而進，優游涵泳，於是有緣進階登堂，粗識宗廟之美，百官之富。千里之行，起於足下，初步植基踏實，有助於爾後之可大可久，致廣致遠。

一九七六年，重返臺灣師範大學，入國文研究所攻讀博士學位。指導老師黃永武教授，有一平生心願：擬撰寫一部中國散文史。《左傳》散文，優美卓絕，自是首選。於是業師命題轉贈，弟子乃欣然接受。碩士論文，探論《黃梨洲及其史學》，於黃宗羲史學、明末清初史學、清代浙東史學頗有涉獵，對於中國傳統史學多所觸及。有意無意間，學術積累鋪陳如是，已爲探討《左傳》預作若干張本。研究明末清初之史學，對於個人後半生探索「史之大原」之《春秋》《左傳》，存在先發後發之辯證關係，固始料所未及。噫！世事難料，盡心致力於當下，庶幾可以無愧於平生。

一九八一年六月，通過校內博士學位口試。同年十一月，再通過教育部口試，榮獲國家文學博士學位。博士論文題目爲：《左傳之文學研究》，都四十二萬餘言。口試委員爲林尹、高明、潘重規、王靜芝、于大成教授，皆爲一時碩學俊彥。時當徐復觀教授「文字聲韻訓詁不是學問」筆戰方酣之後，考據學風漸歇，義理辭章之學方興。故本論文雖以研究《左傳》之文學爲主軸，因應學風之傳承與轉變，乃先就《左傳》之歷史外緣作研究。誠如本師黃永武教授於本書〈序〉言所云：「通過這考據與義理的層次，最後才凸出所要研究的《左傳》辭章問題。」關於「考據與義理的層次」論述，後來出版面世時，獨立成書，名曰《左傳導讀》，實爲《左傳之文學研究》博士論文之第一分冊。

《左傳之文學研究》博士論文，已析出《左傳導讀》，作爲分冊。其餘有關《左傳》文學辭章之闡論，因屬博士論文之核心主軸，故內容份量特重，篇幅字數亦較大較多。於是，再類聚群分，釐析爲《左傳之文學價值》、《左傳文章義法撢微》二分冊，亦各自獨立成書，是所謂《左傳》研究之三書。彼時學風傳統而保守，學界或視《左傳》爲經學典籍，或以之考索論證上古史學，以文學辭章看待《左傳》者極尟。是其所是，而非人之非，被視爲異端、異數，誠不足爲怪。回想當初，余以國文研究所研究生，而探討黃宗羲之史學，歷史學界以爲越俎代庖，中文學界以爲錯位出位，文史學界多不以爲然。

殊不知文、史、哲本爲一家，分科分工止爲便利初學入門。若乎高層次之探討詮釋，跨學科、跨領域，乃至於跨文化之交叉研究，科際整合，皆甚有必要提倡與落實。宋蘇軾〈跋君謨飛白〉云：「物一理也，通其意則無適而不可。分科而醫，醫之衰也；占色而畫，畫之陋也。」文、史、哲一理，貴在會通而已。若單科獨進，將致遠恐泥，難望有大成。

以文學辭章視角研究《左傳》，當初或許出於無心插柳。回首來時路，聯結最近十餘年之研究成果，絲牽繩貫，脈絡潛通，居然多與《左傳》之文學辭章結下不解之緣。甚至可以斷言，若無《左傳》文學辭章之先發研究，關於經典詮釋、屬辭比事、筆削去取、無傳而著、曲筆直書、顯晦虛實、詳略重輕、異同忽謹，乃至於《春秋》書法、史家筆法、敘事傳統、古文義法等等課題，將喪失利基與憑藉。既不得其法門，將無緣深探而薄發。如《左傳》之詩化修辭、于敘事中寓論斷、《史記》之詩歌語言、《史通》之詩化史學、杜甫詩史與《春秋》書法，宋代筆記與《春秋》書法、宋代詩話與《春秋》書法、方苞義法與《春秋》書法、《春秋》書法之修辭觀等課題，皆爲文學、詩學間之交叉研究，跨學科整合。由此觀之，筆者有關《左傳》文學與辭章之先發論著，或爲前驅，或爲張本，多可作盈科而後進之資材。若斯之比，皆有專著或論文作見證，非孟浪無根之談。

事、文、義三者，爲歷史編纂學之三大項樑柱。事，近史學；文，近文學；義，近經學。無論史學、經學、文學，辭文或有主從、重輕之別，然未有不講究修飾者。即以經典詮釋學而言，中唐以前，所謂《春秋》書法，十之八九皆指文章修辭。《左傳》、《公羊傳》、《穀梁傳》、《孟子》、《春秋繁露》、《禮記》、《史記》之說，杜預、徐邈、劉勰、劉知幾、孔穎達、啖助、趙匡之釋屬辭，大抵皆無例外。屬辭或獨用，指文章修辭，可與比事並觀，或與比事合體，要之，皆可為解讀《春秋》、詮釋《春秋》，提供若干方便法門，有功經典之詮解。筆者最近出版《比事屬辭與古文義法》、《屬辭比事與春秋詮釋學》二本專著，無論談《春秋》筆削昭義之書法，《春秋》書薨、稱弒、書滅諸書例，《左傳》以史傳經，《公羊傳》藉事明義，司馬遷《史記》敘事傳人之推見至隱，詳略、重輕、異同與《左傳》《漢書》之有別。乃至於方苞勾勒《左傳》義法，評點《史記》敘事，著作《春秋通論》《春秋直解》等等，要皆不離約文屬辭之範疇。為釋疑解惑，下文再詳言其所以然之故。

《左傳》成公十四年君子曰，揭櫫《春秋》五例，所謂「微而顯，志而晦，婉而成章，盡而不汙，懲惡而勸善，非聖人孰能脩之？」前三者示曲筆諱書，加上直書不諱，皆為「如何書」之修辭法；皆可用來解讀「何以書」勸懲之義。《孟子·離婁下》述孔子作《春秋》，揭示其事、其文、其義三元素，作為《春秋》之創作論。《禮記·經解》稱：「屬辭比事，《春秋》教也」。司馬遷《史記·十二諸侯年表序》敘孔子次《春秋》：「約其辭文，去其煩重，以制義法。」晉徐邈《春秋穀梁傳注義》說孔子因魯史策修《春秋》：「事仍本史，而辭有損益。」此所謂約其辭文、辭有損益，即相當於《禮記》之屬辭，《孟子》之「其文則史」，《左傳》之微婉顯晦。由此觀之，所謂《春秋》書法，要皆敘事之藝術，辭章之技法。

錢鍾書《管錐編》稱：「《春秋》之書法，實即文章之修詞。」錢穆《中國史學名著》亦云：孔子修《春秋》：「所修者主要是其辭，非其事。由事來定辭，由辭來見事。」歷史事實，不容篡改，而辭文之修飾，可以依褒貶勸懲而有所因革損益。程邈所云：「事仍本史，而辭有損益」，最得體要；錢穆所謂：「由事來定辭，由辭來見事」，最合理實。辭文，爲其事、其義之媒介。其事與其文，攸關「如何書」之法，方苞〈書〈貨殖傳〉後〉稱：「義以爲經，而法緯之」，可作歷史編纂學之綱領：其事如何取捨？其文如何損益？皆取決於其義之指向，世所謂未下筆，先有意。簡言之，「如何書」之法，體現在其事之編比，其文之修飾，在在脈注綺交於「何以書」之義上。作者固因事而屬辭，讀者遂藉辭以觀義。辭文，遂成爲作者與讀者中間溝通之媒介。因此，文學辭章於經學義理，固不容輕忽；於史學事實，亦備受珍視。唐劉知幾《史通．敘事》稱敘事尚簡、用晦、致曲，要皆修辭之工夫。清章學誠《文史通義》，長於評論史學，然亦兼談〈文德〉、〈文理〉〈古文公式〉、〈古文十弊〉諸篇；《章氏遺書》更有〈論課蒙學文法〉一文。雖史學貴眞尚實，亦不能不講究文采，此之謂文史通義。

博士論文，類聚群分，析為《左傳導讀》、《左傳之文學價值》、《左傳文章義法撢微》三本分冊，取其便於各取所需，選用閱讀。出版流佈以來，不覺已歷三十八個寒暑！黃永武教授於本書初版〈序〉曾言：「在舊的寶藏裏發現新的價值，在新的方法下重整舊的經驗，經過新舊互激兼融後，重新展現一個全新的面貌和肯定的位置，這是本書的貢獻所在。」由於《左傳》研究融合新舊，別出心裁，故專著流傳以來，直接採用為教材者有之，大學部指定《左傳導讀》，研究所用《左傳之文學價值》、《左傳文章義法撢微》。臺港兩地，有闡說上述專著之某一節，即成博士論文者；有補徵獨立引文，舖陳某一章，即成學位論文者。或引述專著心得成果，作為中國文學史教材，如北京大學袁行霈教授主編之《中國文學史》，《左傳》文學介紹部分，可見一斑。北大教授常森，著有《二十世紀先秦散文研究反思》一書，下編論先秦散文研究之代表性成果：「二十世紀後半期，可推錢鍾書《管錐編》有關內容、譚家健《先秦散文綱要》、《先秦散文藝術新探》，郭預衡《中國散文史》，以及張高評《左傳導讀》、《左傳之文學價值》、《左傳文章義法撢微》等。」拙著三種，皆名列代表性成果之中，與錢鍾書等齊名，備感光榮與欣慰。

陝西師範大學張新科教授，主編《《左傳》學術檔案》，《左傳之文學價值》入選，列為「《左傳》研究重要論著評介（一九一九～二〇〇九）」八家之一，與民初以來之康有為、劉師培、高本漢、徐中舒、童書業等學人並列。評介意見以爲：作者博通古今，功力深厚；「全書的視野是極爲開闊的，作者將如此廣闊的內容，進行了具體的分類，容納于全書之中，系統而全面。章節分明，而又邏輯嚴密，保理清晰，體例工整而嚴謹。」又評介本書：見解精闢，論述充分，分析細緻深入，令人信服。全書觀點明確，表達簡潔有力，概括性強；尤其文辭優美，古雅活潑；讀之、品之，是一種享受云云。

臺北五南圖書公司，在楊董事長領導下，高瞻遠矚，雄於視野，或許有鑑於此，黃副總編遂來函洽談《左傳》三書重版問題。三本舊著既已出版近四十年，若能趁機訂誤補闕，推陳出新，庶幾可以與時俱進，有益於知識之流通，與斯學之發揚與推廣。於是欣然同意所請，交付五南出版發行。作者自校，逐字逐句推敲，逐段逐篇檢視，進行全書之巡禮與對話。自校已作，大有如見故人，如數家珍之感；優游涵泳之餘，思路之辯證對話，已悠然重返當年研究之語境。綜觀《左傳》研究三書，研擬探論之選題，或只作發蹤指示，或已然凸顯綱領，或緣心得分享而拈出專題，或因有餘不盡而提供遺妍開發，要皆懇懇款款，指出向上一路；如椎輪之於大輅，期盼同道踵事而增華，變本而加厲，精益以求精，止於至善而後已。

學術研究，追求卓越創新，可大可久。顧炎武著《日知錄》，標榜「其必古人之所未及就，後世之所不可無，而後爲之。」已提示著述之大方針。蘋果電腦創辦人賈伯斯言：「創新的關鍵字，是借用與聯結。但前提是，你得先知道別人做了什麼！」有見於此，本人著有《論文選題與研究創新》、《研究綜述與論文選題》兩本專著，作爲倡導與推轂。《研究綜述與論文選題》卷上，刊載〈臺灣近五十年來《春秋》經傳研究綜述〉、〈《春秋》經傳研究與創意研發〉二文，列舉富於前瞻性、創新性、値得研發之研究選題。卷下，規劃兩大欄目：其一，《春秋》經傳研究選題舉例，擬定十二項之研究專題，涉及層面或大或小，條列凡三三〇筆以上。文繁，此不贅述。

《研究綜述與論文選題》卷下，其二，〈《春秋左氏傳》研究選題舉例〉專欄，開闢十大特色之課題：（一）《春秋》之書法研究，大小研究選題33。（二）學風世變與《春秋》研究，列舉選題32。（三）學科整合與《春秋》學研究，提示研究選題11。（四）《左傳》與《春秋》經之關係，論文選題凡20。（五）歷史敘事與《左傳》研究，選題25。（六）《左傳》之文學研究，選題33。（七）《左傳》之評點學研究，18。（八）《左傳》之接受史研究，17。（九）學科整合與《左傳》研究，30。（十）域外《左傳》學研究，17。上述臚列之論文選題，80%以上，多屬於顧炎武所云：「古人之所未及就」，至於是否爲「後世之所不可無」，當然見仁見智。學術乃公器，一得之愚，願與學界分享之。

《左氏傳》以歷史敘事說《春秋》，又有先經、後經、依經、錯經四大法式釋經，解經之貢獻獨大。清姜炳璋《讀左補義．綱領下》尊崇爲「聖學之階梯，全經之橐鑰」，其經學屬性，不容懷疑。傳承編年體制，運用嫻熟，以之敘事傳人，歷記春秋二百五十五年成敗、存亡、禍福、古今之道，堪稱上古信史，一代實錄，其史學價值無可取代。《左傳》之文學成就，劉勰《文心雕龍》〈史傳〉，劉知幾《史通》〈敘事〉〈雜說上〉，章學誠《文史通義》〈書教上〉、《章氏遺書補遺》〈論課蒙學文法〉，多稱揚備至。然而，當年提交《左傳之文學研究》為博士論文時，難免遭外人質疑：《左傳》是文學嗎？《左傳之文學價值》、《左傳文章義法撢微》二書各自單獨發行之後，既凸顯《左傳》文章、文學之價值，於是文學與經學、史學之關係，似乎漸行漸遠。學界研究《左傳》經學者，往往不涉獵史學、文學；投入《左傳》史學探討者，且置經學、文學於度外；專攻《左傳》文學者，於經學、史學亦視而不見。於是自己亦不免起疑：《左傳》只是文學，不涉及其他學科嗎？

筆者所著《左傳》二書，最近增訂重版，已分別於二〇一九年十月、十一月發行面世。《左傳導讀》，經過四校而後定稿；《左傳之文學價值》，更歷經五校然後付梓。之所以曠日費時、不憚其煩增訂者，不在文字校對之是非，主要為強調議題與經學、史學、文學的交叉關聯。原《左傳文章義法撢微》一書，當時，純粹闡發文章義法、古文義法，顯然抽離《左傳》之經學與史學而言之。《呂氏春秋．去尤》所謂：「東面望者，不見西牆；南鄉視者，不睹北方。」道術將為天下裂！為補偏解蔽，擬採宏觀視野，系統思維，持《左傳》之文章義法、古文義法，與經學、史學進行對話。以屬辭比事之

《春秋》教作為詮釋之方法，聚焦於《左傳》之屬辭約文，以之解讀《左傳》之命意、謀篇、安章、鍛句、練字，和神理。由於增訂之幅度頗大，已良非舊觀矣！故增訂重版之《左傳文章義法撢微》，確定修改書名，稱為《左傳屬辭與文章義法》，以切合實際。清張應昌《春秋屬辭辨例編》稱「言屬辭，則比事該之矣」；屬辭既可賅比事，故本書取名如此。

《左傳》揭示《春秋》五例，微、婉、顯、晦諸法，皆為屬辭。《公羊傳》《春秋繁露》闡發「何以書」之義，每言內辭、外辭、正辭、微辭、達辭、通辭、常辭、異辭、同辭、諱辭、予奪之辭、褒貶之辭、進退之辭。中唐陸淳《春秋集傳纂例》述〈趙氏損益例〉，綴述之意區分為十，如省辭、變文、即辭、示諱、損益等，皆攸關屬辭。故元趙汸稱：「《春秋》以禮法修辭」；清莊存與《春秋正辭》云：「《春秋》以辭成象，以象垂法。」後世以修辭學論《春秋》之屬辭，至趙汸、莊存與極矣。《左傳》以史傳經，演示《春秋》「如何書」之法，如曲筆、直書、諱書，先經、後經、依經、錯經之倫，尤其重視屬辭約文之工夫。要之，《公》《穀》闡發「何以書」之義，不離屬辭約文；《左傳》呈現「如何書」之法，在在呈現屬辭約文之工夫。劉朔有《春秋比事》、趙汸有《春秋屬辭》、毛奇齡有《春秋屬辭比事記》、方苞著有《春秋比事目錄》、《春秋通論》、顧棟高有《春秋大事表》，皆以屬辭比事顯見筆削之旨。清孔廣森《春秋公羊通義．序》以為：「辭不屬不明，事不比不章」；屬辭與比事，相濟爲用，而《春秋》之微辭隱義可以破譯；《春秋》學《左傳》學之研究，可以日起而有功。

增訂重版本既以《左傳》修辭爲核心，以古文義法爲骨幹，而歸本於《春秋》之修辭學，故書名改易爲《左傳屬辭與文章義法》。一則回歸《禮記．經解》「屬辭比事，《春秋》教」之提示，再則回應錢鍾書所謂「《春秋》之書法，實即文章之修詞」之實際。今三校將畢，書出有日矣！回顧過往之心路歷程，瞻望未來之學術趨向，且述《左傳屬辭與文章義法》改易書名之原委，爰贅數語如上。是爲序。

序於府城鹽水溪畔　二〇二一年四月

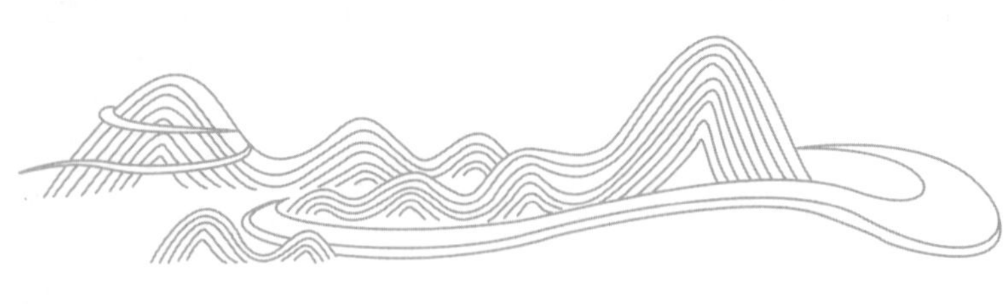

例言

一、《左傳》全文凡一萬八千餘字，於唐朝號稱大經。由於篇幅繁重，故舉例引用，勢不能悉錄原文。今皆濃縮傳意，撮舉標題，下附某公某年，以示出處。原書具在，檢尋可得也。

二、前人謂「君子曰」非《左氏》原文，又謂解經文字爲後儒所附益，更謂獲麟後之文不類《左氏》，說並無稽難信從。夫秦漢人倣製三代鼎彝，百世下縱知爲贗，亦當珍爲法物，況其爲眞品者乎？今悉等夷齊觀，以示葆重。

三、撰寫本文，玆事體大，參考四部典籍繁多，苟欲明徵博引，勢所不能。故唯取精用宏，融入篇中，而不挪擡另提。非敢剽竊掠美也，參之書目可詳。

四、克羅齊云：「藝術作品有其整一性與不可分性」。今將《左傳》析分爲多章以探論之，彼此仍絲牽繩貫，脈絡潛通。猶分說有機體爲心、腦、神經、筋肉，方便稱說深論而已，各自完整自足，有其獨立之生命焉。

五、本文中編下編，剖論《左傳》之文學價值，與文章義法，所謂某法某例者，未免以今律古，落入言詮，又不免割裂支解原典之病。王維《山水訣》云：「妙悟者不在多言，善學者還從規矩」；此特便於賞析論述耳，誠非得已也，甚勿拘泥執著。

六、《左傳》義經、體史、而用文。有清以前，學者多論其經學、史學；明季以降，評點家桐城派稍稍及其文學；民國以還，始注意《左傳》諸之子學。然皆擇焉而不精，語焉而不詳。今博采諸家，斷以己意，擷長補短，歸於至當。雖不敢言能集其大成，然碩學先進研治《左傳》之總成績，蓋略備於是焉。

七、評點《左傳》之作夥頤，要數王源《左傳練要》、方苞《左傳義法舉要》、馮李驊《左繡》、姜炳章《讀左補義》、林紓《左傳擷華》、吳闓生《左傳微》，及近人李衛軍編著之《左傳集評》諸書，最爲最精善要妙。諸家所論矩度，要不越乎此。本書所述，多以此爲參證。

八、欣賞無異于創造，人各爲方，如其面焉，故同篇文章可有多種賞析之角度。泛覽諸家，比觀而會通之，可以得其大全。

九、爲便於論說，不得不設章立節；章節條目之間，皆彼此貫串融通。爲避免內容重出，故論述多採詳略互見之法，綜觀會通可也。

十、本文稱引古今著者，爲免名號茲多，徒生殽亂，故大抵直書本名不諱。唯當代碩彥與師承，間或稱先生本師云。參考書目中，一概直呼姓名，便於考察也。

十一、論述稱說，爲求持之有據，必須注明取材來源，此爲學術論文之規範。《左傳》原典，凡二百五十五年敘事，人與事繁夥如麻，故本書注明出處，以不見諸註釋爲宜。要之，皆作當句雙行夾注，一目瞭然。

十二、凡引用古今典籍者，亦雙行夾注於當句之下。其有考辨釋疑，補苴說明者，方闌入注釋中，便利參覈也。

十三、參考書籍之版本作者，皆彙編於書後。翻檢即得，篇中不一一標明。

十四、本書每立一說，輒綱舉一目；綱舉一目，則必先定義界，然後鉤稽梳理，備列衆證，比較剖析，反覆發明，所以防孤證與武斷也。人見其猥煩之病，我明其詳審之利。

十五、本書引文，以《十三經注疏》本《左傳正義》為主。篇題文字，則參考《古文正宗》、《左傳事緯》、《左傳評》、《春秋左傳詳節》、《左傳擷華》等書，間或出以己意杜撰。蓋以文具首尾為一篇，不全以公年為分合。杜預《集解》之前，《左傳》原本前文後文連通一貫，《春秋》經文並未橫隔其中。蓋古春秋記事成法，固原始要終，本末悉昭也。

序章

一、《左傳》之作者與時代

《左氏傳》之作者，殆爲與孔子同恥之左丘明。自《史記．十二諸侯年表序》、《漢書．楚元王傳》、桓譚《新論》、王充《論衡》〈書虛〉、〈正說〉，《漢書．司馬遷傳贊》、《漢書．藝文志》、許愼《說文解字．序》；以至于漢末魏晉大儒，若賈逵、鄭玄、何休、范甯、杜預等，率皆無異辭。左丘明，蓋定、哀時人，實受經於孔子而作傳，隋唐以前，儒者更無異議。其間斷斷然爭訟不息者，但緣利祿之途，爭立學官而已，初不疑及作者也。

至唐啖助、趙匡，始發「左氏非丘明」之論，倡議「舍傳求經」之說。蓋欲攻傳之不合經，必先攻作傳之人非受經於孔子；欲先攻作傳之人非受經於孔子，故首就「左氏非丘明」發難。憑臆偏詞，遂導宋元以來疑經穿鑿之先路。於是王安石有《春秋解》一卷，證「左氏非丘明」者十一事；鄭樵作《春秋傳》，辨「左氏非丘明」者八驗；其他，如陳振孫《直齋書錄解題》、劉安世《元城語錄》、程端學《春秋本義》、崔述《洙泗考信餘論》、梁啓超《古書眞僞及其年代》，亦多推衍啖、趙「左氏非丘明」之說。雖言之鑿鑿，要皆皮傅無理，駁見拙作《左傳導讀》第三章。

疑經牽附之風既開，至清劉逢祿著《左氏春秋考證》二卷，得廖平、康有爲、崔適之附和張皇，於是厭棄唐宋「左氏非丘明」說之曖昧，進而直謂劉歆作《左傳》矣。風氣所激，勇於立說之士紛紛創發新論，穿鑿詔成，譁然相高，多有疑及前人所未疑者。計自劉逢祿以下，說《左傳》之作者，以爲非左丘明者，不下十餘家。考其流派，大致有四：其一，以爲劉歆所作，劉逢祿、康有爲等主之。其二，以爲吳起所作，姚鼐、郭沫若主之。其三，以爲子夏所作，衛聚賢主之。其四，以爲張蒼或其門客所作，洪業主之。外此，尙有以爲左史倚相者，宋黃仲炎、元程端學主之；更有疑及子貢者，近人胡秋原主之。若斯之比，片面致疑，則亦何所而不可？《左氏傳》之作者，乃與孔子同時同恥之魯太史左丘明，非劉歆、吳起、子夏之流，遑論子貢、張蒼、左史倚相？說參《左傳導讀》所論，不贅。

要而言之，《左氏傳》之作者，確爲左丘明。今據章太炎、劉師培、錢穆諸家論證，梳理爲十事：國史非史官莫能見而知其詳，一也。古無私家著述之事，惟史官躬與國史之修纂，二也。《左氏》集百二十國寶書而爲傳，非史官不能成此重大之簡篇，三也。左丘明爲魯太史，故《左傳》與《春秋》同稱魯爲「我」，自外至魯皆書「來」；且太史受學不需師保，能躬閱國史策書，四也。史德據事直書，與修德之惡夫巧佞殊科，作《傳》之左丘明與同恥之左丘明乃一非二，五也。左氏與孔子同時，以修《春秋》必謀諸史官，故丘明不入弟子之列，六也。左其姓，丘明其名，故曰《左氏傳》；而《史記》

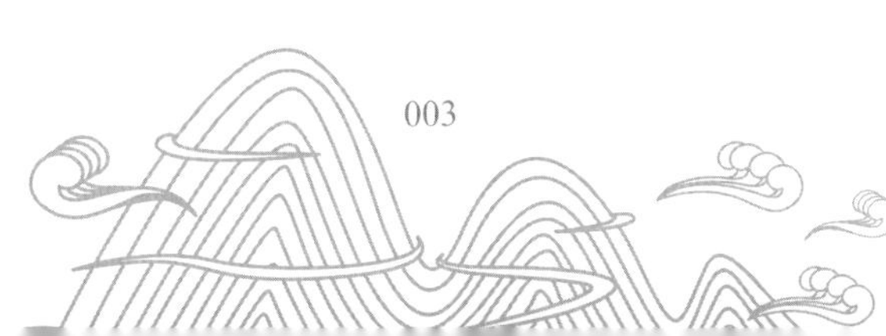

稱左丘者，蓋古人二名止用一字。或曰左其官，丘其姓氏，明其名；其不稱丘氏傳而曰《左氏傳》者，或孔門弟子之諱言，或傳其學為左氏人，七也。《左傳》預斷禍福，有驗有不驗；占驗所以多中者，以為經世而已，以為資鑑而已，八也。《傳》稱魯悼之謚，及智伯之亡，或《左傳》有後人之附續，或左氏壽考如子夏、伏生，九也。《左傳》之文章，婉切簡莊，渾厚遒峻，典則華贍，溫文儒雅，固是春秋文風；與戰國文字之縱橫恣肆，機變詐諼，崇尚功利，氣含殺伐不同，十也。

總此十事，左丘明之為《左氏傳》作者，豈不昭昭可信乎！是太史公以為魯君子，劉向《別錄》、《七略》以為魯太史，《論語》稱其同恥，而班彪謂生於定、哀之間，亦下及悼元之世者也。

劉禹錫〈唐故尚書禮部員外郎柳君集紀〉云：「八音與政相通，文章與時高下」，此言文章依隨時風而轉移也。左丘明既為春秋時人，則《左傳》文字當有春秋之時風思潮。春秋之時，陪臣竊命，禮制壞替，蠻夷猾夏，是以倡尊王重霸，主寢兵息民；雖然，猶見道義相支持，天人相交替，於是賦《詩》見志，文章豐潤，周德之化未盡泯也。此一代之風尚，《左傳》一書有如實之反映。

《左傳》之引《詩》，有出於《四家詩》外之逸詩與逸篇，〈周頌〉篇次則乖異今詩，足可作為校定是非、考鏡淵流之資。且《左傳》箴、銘、歌謠之押韻方式，與《詩經》不異，從可定其時代亦不相遠也。《左傳》引書，既足徵古文《尚書》之為後出，且知其時但有〈夏書〉而無〈虞書〉之名；〈洪範〉唯稱商書而非周書，可見《左傳》之作，當在《尚書》之完全無闕之時。由《左傳》之引《易》，知《周易》之在春秋，特占書之一耳；知《左傳》成書時，在《周易》見尊爲經之前。而《左氏》引經，不及《周官》、《儀禮》、《禮記》，知左氏作傳時，《三禮》殆未成書也。此自引經，足徵《左傳》爲春秋文字也。

況《左傳》之言地理，略無〈禹貢〉九州之觀念，知〈禹貢〉爲戰國之僞書，而《左傳》著作之時代則瞠乎其前矣。《左傳》述春秋職官，與《周禮》相較，或名同而職異，或名異而實同，知《左傳》成書時，未有《周禮》也。不然，設官分職之良模既早定如是，何以至春秋末而裁汰改易若是之甚，蛻變陵夷一至於此乎？推而至於《左傳》之思想，雖亦兼含兵、儒、墨、名、法、陰陽、縱橫諸家之色彩，要之乃濫觴，非流裔也。至戰國而事變日亟，於是諸子之學踵事增華，乃彌離其本。此自《左傳》所載諸子思想多樸略少文，案之學術流變之理，可知《左傳》成書在戰國諸子之前。而曆具三正，文兼奇偶，與夫賦《詩》引《詩》之僅見，神話小說之原始，語法詞彙之古質，歌謠諺語之樸野，議論詞命之溫潤渾厚，種種氣息特色，固春秋所獨具，而戰國所無有者也，遑論秦漢？

由此推之，《左傳》洵乎春秋之文字，故近《莊》、《列》詭譎之風，下啓戰國縱橫之習。班彪〈史記論〉以爲：「左丘明蓋定、哀時人」，此說得之矣！以上所述，可參《左傳導讀》第三章〈論

《左傳》之作者及其與《國語》之關係〉，第四章〈《左傳》成書之時代及其背景擬議〉，第六章〈《左傳》之學術價值〉。

二、《左氏》以史傳經之特色

孔子作《春秋》，因魯史舊聞而筆削乎其間；左丘明因本事而作傳，《傳》雖撰自丘明，而作《傳》之旨悉本孔子。《傳》或先《經》以始事，或後《經》以終義，或依《經》以辯理，或錯《經》以合異，所以明聖經而發大義也。桓譚《新論》謂：「《左氏傳》於經，猶衣之表裏，相待而成。《經》而無《傳》，使聖人閉門思之，十年不能知也。」善哉乎桓子之推言也！《左傳》於《春秋》事迹，備具始終，事與文庶乎有考矣，微言大義亦頗見焉。夫得其事，究其文，而義或有不通者矣；未有不得其事，不究其文，而能通其義者也。故程頤、蘇轍、胡安國、家鉉翁、黃澤、趙汸等提倡會通三傳，皆謂治《春秋》當據《左氏》事實，參以《公》、《穀》大義。蓋《三傳》有得有失，而學《春秋》者，必自《左傳》始也。

《左氏傳》，本為《春秋》之傳，此自荀卿、《呂覽》、韓非、虞卿引傳，張蒼、賈誼、司馬遷、劉安著書，昭然足爲明證。而西漢博士爲利祿之途，侈言《左氏》不傳《春秋》；清代《公羊》學者不求其端，不訊其末，亦以爲言。考彼以爲不傳者，其論有八：曰名稱不符，曰傳體不同，曰經闕傳存，曰經有傳無，曰說乖諸家，曰緣飾增續，曰詳近略遠，曰《史記》不敘，要皆皮傅之私見，非大道之公論也。今觀《左傳》之書法義例，誠《春秋》之傳；據事直書，則《春秋》之法；屬辭比事，洵《春秋》之教；顯微闡幽，乃《春秋》之旨；勸善懲惡，固《春秋》之訓；界嚴華夷，爲《春秋》之防；正名辨實，是《春秋》之義；文緩旨遠，乃《春秋》之趣；而《左傳》之表裏《論語》，明以聖人之心法爲心法；歸本於禮，豈非以《春秋》之旨歸爲旨歸乎？詳參《左傳導讀》第五章〈論《左傳》之解經與緣飾增續〉。

《朱子語類》稱：「春秋制度大綱，《左氏》較可據，《公》、《穀》較難憑。」又曰：「《左氏》曾見國史，考事頗精。」元趙汸《春秋師說》則謂：「事實而理訛，後之人猶有所依據，以求經旨，是經本無所損也。事訛而義理間有可觀，則雖說得大公至正，於經實少所益，是經雖存而實亡也，況未必大公至正乎？使非《左氏》事實尙存，則《春秋》益不可曉矣。」卷上 故蘇子由教人讀《左傳》，只是據其事實，而以義理折衷，亦是此意。《四庫全書總目．提要》稱：「刪除事迹，何由知其是非？無案而斷，是《春秋》爲射覆矣。」固確切不移之論也。啖助〈三傳得失議〉所謂：「《左

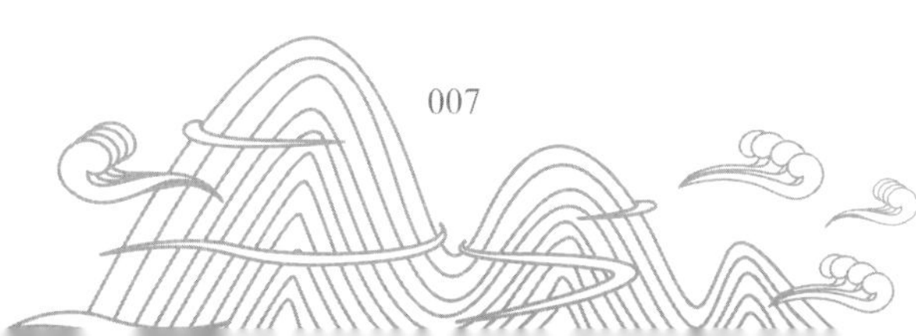

氏》博采諸家，敘事尤備，能令百代之下頗見本末，因以求意，經文可知。」陸淳《春秋集傳纂例》誠有見之言也。《左傳》以歷史敘事解說《春秋》，蔚爲一大特色。此種「以史傳經」之方式，實即《左傳》異於《公》、《穀》，而稱著述罕聞，古今卓絕者也。

《左傳》之爲書，義經、體史，而用文：其書本爲經發，然以史傳經，將春秋時代各方面之變遷，成就、矛盾、衝突，予以系統而完整性之敘述，化爲曲折而趣味性之實錄，千載下讀之，猶栩栩如生。且以史傳經，藉行爲之因果關係，作空言判斷之標準，遂成一完美之史學著作徐復觀《兩漢思想史．原史》。其史學價值之高，堪稱世界性之空前成就，乃治三代史與讀二十六史之基準錢穆《中國史學名著》。故自來學者，除肯定《左傳》爲經學外，亦多稱美《左傳》之史學，以爲乃春秋之信史，史學之大宗。其綜理微密，敘事稱善，斯蓋立言之高標，著作之良模也。考中國文學中，可與希臘、印度史詩相媲美者，非《詩經》之大雅，乃左丘明之《左傳》。《左傳》體史而用文，其篇幅堪與希臘、印度史詩相比；其描寫戰爭之精彩生動，亦決不多讓。然希、印之神話，雖稱史詩，實在祇是文學；《左傳》卻爲文學之傑作，又爲眞實之歷史。此無他，《左傳》以史傳經，不選事而書，故言無美惡，盡傳於後。大凡春秋一代之升降，一國之盛衰，一君之治亂，一人之變遷，皆可由《左傳》看出。信乎善惡必彰，眞僞盡露矣！此以史傳經之實錄，迥異《公》、《穀》二書以義解經、訴諸主觀判斷者焉。

左氏爲傳，博總羣書，廣包他國，凡所採摭，實廣聞見，而以史傳經，析理居正，故比《二傳》，其功最高，能令百代之下，頗見本末。晉賀循美爲：「史之極也，文采若雲月，高深若山海。」《經義考》卷一百六十九引 清方苞盛稱：「義法最精者，莫如《左傳》、《史記》。」〈古文約選序〉 感斯言也，於是矢志研究《左傳》之文學，揭櫫其價值，亦曰嘗試云爾，未敢言作也。

三、《左傳》屬辭約文與文章義法概說

清章學誠〈答客問上〉謂：「史之大原，本乎《春秋》；《春秋》之義，昭乎筆削。」《文史通義校注》卷五 或筆或削，指史事因取捨，而有重輕、異同、虛實之不同；辭文經損益，亦呈曲直、顯晦、繁簡之殊科。《春秋》屬辭比事之教，一變爲筆削昭義，再變爲重輕、異同、虛實、曲直、顯晦、繁簡，三變而爲《春秋》書法、歷史編纂、敘事傳統、古文義法。①章學誠〈上朱大司馬論文〉稱：「古文必推敘事，敘事實出史學，其源本於《春秋》比事屬辭。」《文史通義》外篇三② 於是，《春秋》義昭筆削，遂成爲經學、史學、義理、文學之星宿海，華夏傳統學術，多根源於《春秋》。

宋徐積云：「為文必學《春秋》，然後言語有法。」宋張鎡《仕學規範》卷三二，〈作文〉《春秋》義昭筆削，以或書或不書，互發其蘊，互顯其義。類比對比，相關史事，連屬上下前後之辭文，於是《春秋》「都不說破」之「言外之意」，微辭隱義，可以破譯解讀。《左傳》本《春秋》而作傳，於此傳承發明獨多。夫《左氏傳》，為《春秋》經而作者也，乃有離卻經文自為說者；非為文而文者也，乃有絕妙好辭而極文之觀者。故古來學者，除研考其經義，以為《公》《穀》之左券外，每多玩賞規摹其文辭，以為文法之津梁。蓋《左傳》之文，爛若雲月，美如金碧山水，其詞閎麗鉅衍，曲暢精深，遷、固、韓、柳、歐、曾、蘇、王得之，而為淵雅富婉，奇堅奧雄，宕逸明快，峭削純實之風[3]。得其一端，皆足以名世，信為百代所取則，而詞林不朽之宗師焉。章學誠云：「左邱明，古文之祖也。」《章氏遺書》卷九〈與汪龍莊書〉章氏固先我言之矣！

《左傳》文章之妙，前賢稱述夥頤，姑舉數例，以見大凡：清周大璋《左傳翼．凡例二》曰：「《左氏》文字，為百家之祖，《國策》、《史》、《漢》、韓、柳、歐、蘇，無不摹倣其章法、句法、字法，遂卓然自成一家言。欲讀古文而不精求于《左氏》，是溯流忘其源也。」清陳震《左傳日知錄．自序》亦云：文昉於《六經》《左傳》，「《六經》之言，不冒萬理，天也，人皆仰之而不可得而究其極者也。《左氏》之文，備列萬象，天工也，可得而究極，而非一朝一夕之力者也。」宋汪彥章則謂：「逮左氏傳《春秋》，屈原作〈離騷〉，始以文自成爲一家。」《浮溪集》卷十七，〈鮑吏部集序〉。卷二十一〈答吳知錄書〉呂本中亦稱：「讀《莊子》，令人意寬思大敢作；讀《左傳》，便使人入法度，不敢容易。」《紫微詩話》宋宋綬亦謂：「左邱明工言人事，莊周工言天道。二子之下，無有文矣。雖聖人復興，蔑以加云。」《丹鉛雜錄》卷六〈古人勝處〉明凌稚隆《春秋左傳注評測義．凡例》亦頗稱《左傳》文章之勝，其言曰：「《左傳》爲文章之冠，亡論他名家無能仰窺藩籬，即太史公稱良史才，其所規畫變化，亦不越其矩度。迹其首尾起伏，近在一篇；方之開闔張弛，包括全傳者，分量似別。嗣則班書步驟太史，范書摹擬兩家，蓋淵源有自矣。」清劉海峰《論文偶記》：「《左氏》情韻並美，文彩照耀。」曹基《左氏條貫．例言》亦盛道《左傳》文章之美，其言曰：「《左氏》雖曰浮夸，然長於敘事用字用句，極簡嚴，亦極婉麗。其轉關梗柁處，又極警策，只用一二語撥掉，便有兔起鶻落之勢。長篇短章，或斷或續，血脈融貫，得草蛇灰線之法，是誠三史之鼻租，而諸子百家之星宿海也。」諸家評論《左傳》文章，多肯綮得實，而莫詳於馮李驊《左繡》與林紓《左傳擷華》，善哉乎其推言之也：

馮李驊《左繡》論文，贊《左氏》學問極博，才情極長，謂「凡百妙境，任古今作手得其一體，皆足名家，而《左氏》則兼收並蓄，又皆登峰造極也。」又以爲《左傳》自全篇以至一字，要皆有法，其言曰：「學博才長，宜其縱橫跅䟾，目空一切矣。乃其矜慎處，又何膽大心小，靜氣凝神之至也。觀其

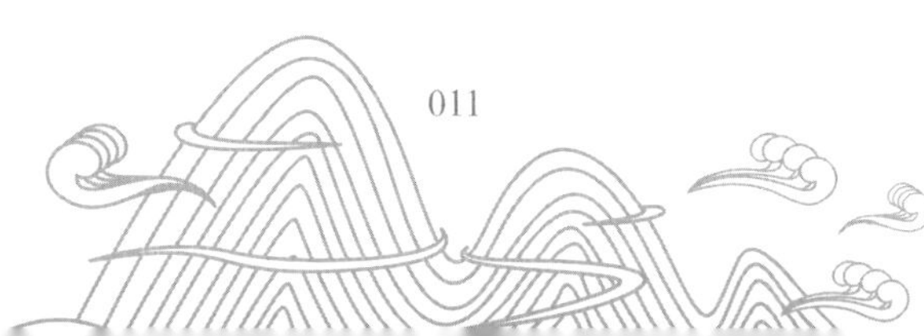

自全篇以至一字，剪裁、配搭、順逆、分合、提束、呼應，無一點錯亂，無一點掛漏，無一點板滯，無一點偏枯。極參差，又極整齊；極變化，又極均勻，直以夜來之鍼，製天孫之錦。前人有謂：『鴦鴛繡出從君看，不把金鍼度與人』，左氏則竟將金鍼普渡天下後世，但矗心人覿面失之耳。」〈讀左例言〉謂《左傳》全篇以至一字，要皆有法度可觀，言雖過譽；然以此見《左傳》行文，自有其心法義例，其謹嚴可以媲美《春秋》，其屬辭約文之妙，得《春秋》敘事之神髓，足為學文之津筏與圭臬，是當無可置疑者也。

林紓《左傳擷華》，發明《左傳》義法，足可媲美方苞、姚鼐，所謂桐城之別派也。其於《左傳》之章法筆法，尤多闡切點示，《左傳擷華．自序》稱：「以行文論，左氏之文，萬世古文之祖也。」又謂：「僕恆對學子言：天下文章能變化陸離不可方物者，只有三家：一左、一馬、一韓而已。《左氏》之文，無所不能，時時變其行陣，使望陣者莫審其陣圖之所出。譬如首尾背馳，不能係縹為一，則中間作鎖紐之筆，暗中牽合，使隱渡而下，至於臨尾一拍即合，使人瞀然不覺其艱瑣，反羨其自然者。或敘致一事，赫赫如荼火，讀者人人爭欲尋其結穴，乃讀至收束之處，漠然如淡煙輕雲，飄渺無迹，乃不知其結穴處轉在中間。……又或一事之中，斗出一人，此人為全篇關鍵，而偏不得其出處，乃於閒閒中補入數行，即為其人之小傳，卻穿插在恰好地步，如天衣無縫。」此言《左傳》篇什架構，多有巧妙之安排也。《左傳》之工於敘戰，《擷華》亦楬櫫其秘，其言曰：「敘戰事之規畫，極力敘戰而不言謀；或極力抒謀而略言戰，或在百忙之中，而閒出以閒筆；或從紛擾之中，而轉成爲針對。其敘戰事，尤長極留意，必因事設權，不曾一筆沿襲，一語雷同，眞神技也。其下於短篇之中，尤有筋力。」《左傳》尤擅寫生傳神，「狀奸人之狙詐，能曲繪而成形；寫武士之驍烈，即因奇而得韻，令人莫可思議。」呂祖謙《左氏傳說》亦謂：「《左傳》舖敘好處，以十分筆力，寫十分人情」〈看左氏規模〉，可見《左傳》文章妙處，自有心法眼藏。學者執書以求，得其䚡理之餘，必信此語非誣。善哉金聖歎之言乎：「臨文無法，便成狗嗥，而法莫備於《左傳》。甚矣，《左傳》不可不細讀也。」《金批西廂卷四．驚豔》④觀此，可以概餘矣。陸象山曾云：「《左傳》深於韓、柳，未易入。且讀蘇文可也。」《語錄》下此後世古文家所以師法韓、柳、歐、蘇，宗祧《史記》之故也。

顧諸家於《左傳》之文，多字批句評，雌黃篇章；雖曰妙識心通，惜皆得其一蹊，未獲慮會。譬若零玉碎金，光曄可寶，然終遜全璧一籌也。清邵以發論文，謂：「不讀《左傳》，不曉鍊法、鍊篇、鍊調、鍊句、鍊字，愼思勿措，久而入妙。」邵廷采《思復堂文集．附錄》《國策》《三史》之所法，諸子百家之所師，韓、柳、歐、曾、蘇、王之矩度，其在此乎？其在此乎！感斯言也，於是遍閱《左傳》評點之作，上起趙宋，下迄民國，尋繹覽諷，科分條例，參覈文論，綱舉目張。同時，參酌《春秋》屬辭約文之

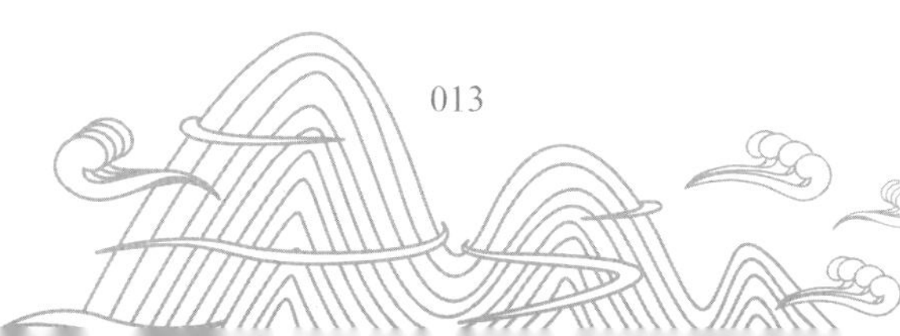

例，闡發錢鍾書《管錐編》「《春秋》書法，實即文章修辭」之提示，因舊著《左傳文章義法撢微》一書，進行系統增訂，書名改爲《左傳屬辭與文章義法》。第一章〈《春秋》屬辭約文與文章修辭〉，爲全書之綱領，核心論述。其他六章，分別闡論孔子之立義創意與《春秋》之取義、《春秋》筆削與詳略重輕、異同變常，《春秋》比事與前後措注、本末始終；《春秋》屬辭與曲筆直書、變文特筆；《春秋》約文與微婉顯晦，增損改易；《春秋》屬辭與言外之意。其作用，在與各章之課題，如命意之特色，謀篇之義例，安章之心法，鍛句之方術，鍊字之妙訣，神味之表出；相互呼應，彼此發明。則如《文心雕龍．章句》所謂「外文綺交，內義脈注，跗萼相銜，首尾一體。」捃摭成言，釐定義法，未敢曰作，不止以見《左傳》文章義法之大全而已。若能藉屬辭以見比事，因此屬而明指義，尤爲讀《左》《史》之一助。夫然後知「義法最精者，莫如《左傳》《史記》」；「序事之文，義法備於《左》《史》」《古文約選．序例》，方苞之言，信不我欺也。

註釋

①張高評《比事屬辭與古文義法：方苞「經術兼文章」考論》，臺北：新文豐出版公司，二〇一六年。第七章〈比事屬辭與方苞論古文義法〉、第八章〈方苞古文義法與《史記評語》〉，頁三〇一—四四一。

②張高評〈書法、史學、敘事、古文與比事屬辭：中國傳統敘事學之理論基礎〉，香港中文大學《中國文化研究所學報》第六十四期，二〇一七年一月，頁一—三三。其後，收入《屬辭比事與《春秋》詮釋學》，臺北：新文豐出版公司，二〇一九年。第二章，頁三五—九三。

③明王鏊《春秋詞命．序》，謂：「《左氏》之文，遷得其奇，固得其雅。韓得其富，歐得其婉，而皆赫然名于後世。」清劉鴻《左評．序》則謂：「《左傳》兼備衆善：如馬之奇、班之堅、柳之奧、韓之雄、歐之岩逸、蘇之明快、王之峭削、曾之純實，盡備之矣。」

④參考張高評〈《西廂記》筆法通《左傳》—金聖歎《西廂記》評點學發微〉，《復旦學報》二〇一三年第二期，頁一三四—一四三。

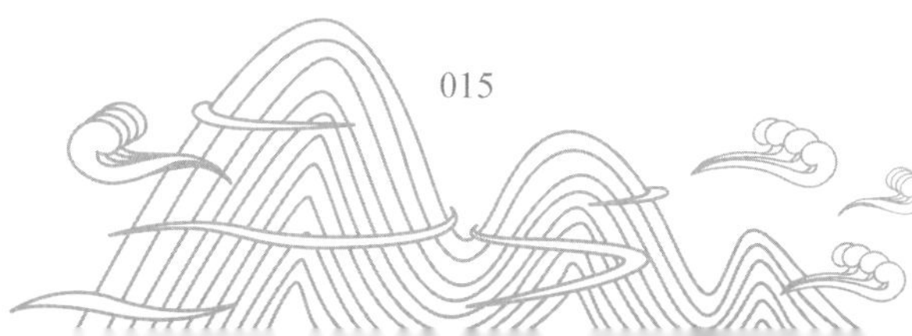

第一章

《春秋》屬辭約文與文章修辭

書法一詞，《左傳》兩見。一曰「書而不法，後嗣何觀？」（莊公二十三年）一曰「董狐古之良史，書法不隱。」（宣公二年）一指史官主書作冊，自有其書寫之法則；一指史官主書主法，以如實傳眞，誠信不欺爲原則。孔子參酌魯史舊文（或稱《魯史記》、《魯春秋》、《不修春秋》），或筆或削，或損或益，以作成《春秋》，必傳承古春秋若干記事之成法，如原始要終，直書曲筆等等。今所見二百四十二年，一萬六千餘言之《春秋》，即包含二種書法，一爲魯史舊文之史法，一爲孔子筆削魯史之書法。前爲史學，後爲經學。換言之，古春秋之記事成法，一花開兩葉，遂成史家筆法與《春秋》書法。二者雖同源共本，然孔子《春秋》於魯史舊文，踵其事而增華，變其本而加厲，經學與史學遂分道而揚鑣。

魯史《春秋》與孔子《春秋》之不同，在孔子《春秋》重義，魯史《春秋》主法。重義，故聚焦在「何以書」；主法，故體現「如何書」。重「義」之經學，衍爲《公羊傳》、《穀梁傳》，強調義理之闡發；主法之史學，《左氏傳》集其大成，長於敘事，工於屬辭，以此優長解釋《春秋》經。雖然，經學重義，強調義理闡發，未嘗不關注史學之敘事，文辭之修飾；《左傳》以歷史敘事解讀《春秋》，敘其事修其辭之餘，亦未嘗無有微言大義，義理闡發，不過各有側重，各有關注，各有體現而已。書法與史法之分，亦若是而已。

一篇傳世之文學作品，必定內容充實，思想完善，外加辭采美妙，技法講究，《文心雕龍》《情采》篇，早作提示。推而至於哲理散文，傳世不朽者，如《老子》、《莊子》、《孟子》、《荀子》等，亦未嘗不然。「何以書」之「義」，有待「如何書」之「法」，彼此參透相濟，方成傑作經典。近世研治《三傳》者則不然，多各有偏好：治《公羊》、《穀梁》者，浸淫於義理之闡發，但專注「何以書」之義理解析；於「如何書」之書法提示，則非所關切。探究《左傳》者，輒品賞其辭章了富豔，拘守其歷史敘事，不復就其事其文而求索其微言大義。兩造所持視角，猶《淮南子．氾論訓》所云：「東面而望，不見西牆；南面而視，不睹北方」。拘守一邊，偏廢其餘，將難得事理之眞，何況學術之明。

金聖歎曾言：「臨文無法，變成狗嘷」；筆者亦以爲，治學無法，將成亂談。以儒學傳承而言，漢唐以來，有師法、家法，有門可入，有法可尋，故考索其源流脈絡不難。以《春秋》學而言，自《孟子》說孔子成《春秋》，已提示其事、其文、其義。《禮記．經解》、董仲舒、司馬遷以下，歷杜預、徐邈、劉勰，下至孔穎達、劉知幾、啖助、趙匡、陸淳，讀《春秋》、治《春秋》，多知持此「屬辭比事之《春秋》教」，以解讀《春秋》、詮釋《春秋》書法。①苟知運用屬辭比事之法，則《春秋》可以「無傳而著」，其微辭隱義亦不難考索。若昧於此道，而憑私臆決，徒以義理解經，未有不流於穿鑿射覆之失者。王安石以《春秋》經比他經爲尤難，《三傳》又不足信，故不列於學官，不作爲科考，致戲目《春秋》爲「斷爛朝報」。②讀《春秋》而無法，治《春秋》而乏策略，則《春秋》不爲「斷爛朝

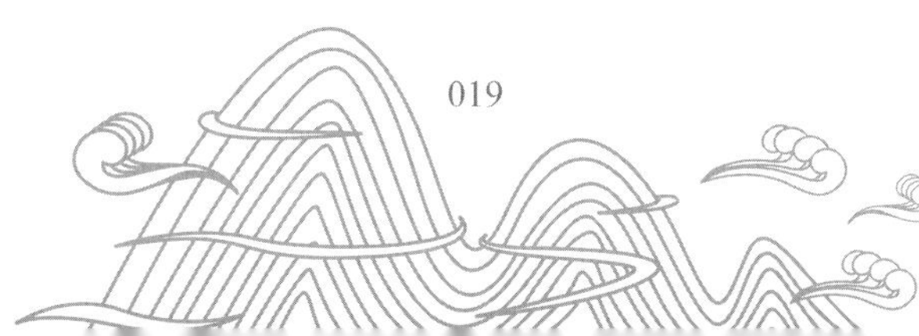

報」者難矣。

孔子作《春秋》之法，分而解之有四：曰筆削，曰比事，曰屬辭，曰比事屬辭而探究終始。學界於此，已漸有探論。③錢鍾書《管錐編》覶定《春秋》之屬辭，曾言：「《春秋》之書法，實即文章之修詞」；又云：「昔人所謂《春秋》書法，正即修詞學之朔」；又謂：「《公羊》、《穀梁》兩傳，闡明《春秋》美刺微詞，實吾國修詞學最古之發凡起例」；④一書之中，而三致其意。引發筆者關注，持以探討《春秋》書法，亦怡然理順。⑤今爲篇幅所限，前述四大層面，只選擇屬辭約文一端作探論。經學文獻，時代只圈定中唐以前；文本則自《春秋》三傳至中唐啖助學派相關之論述，論證修辭學者所謂「表意方法的調整，優美形式的設計」黃慶萱《修辭學》，〈前言〉，所謂文章之修辭，實即《春秋》書法之一大要領。

古文與詩歌固以中唐爲分水嶺，清葉燮《已畦文集》卷八，〈唐百家詩序〉史學、經學之變革，所謂「唐宋轉型」論，⑥亦以中唐爲楚河漢界之基準。有鑑於此，本文論《春秋》之詮釋學，亦選擇中唐以前爲界限，援引宋元以降《春秋》之學說，以論證文章修辭與《春秋》書法之參互關係。

第一節 《春秋》三傳、《孟子》之解經法

一、孔子作《春秋》與筆削見義

《論語》為孔門弟子所編，〈述而〉篇稱孔子「述而不作。」朱熹《論語集注》：「述，傳舊而已。作，則創始也。故作非聖人不能，而述則賢可及也。」[7] 孔子筆削魯史記，而「作」成《春秋》。故《春秋》是「作」，是創始；不是「述」，不是傳舊。其事、其文、其義，為孔子作成《春秋》之三大元素，《孟子》〈滕文公下〉、《離婁下》確有明文。

《孟子．滕文公下》章強調二端：其一，孔子作《春秋》，用心於撥亂反正，自是有所為而為。其二，唯天子能施行賞罰，孔子於《春秋》「貶天子、退諸侯、討大夫，以達王事」，是僭越名位，故有「知我罪我」之說。孔子以匹夫而欲行天子之事，則其濟世之孤懷宏識可以想見。《孟子．離婁下》所謂孔子竊取之義，即是撥亂反正之心，孤懷宏識之志，懲惡勸善之大旨；亦即所謂「筆則筆，削則削，游夏不能贊一辭」之褒貶予奪裁斷。《春秋》之義，或據依其事，或憑藉其文，或排比其事而連屬其

辭，多可以推求《春秋》之指義。

《春秋緯》引孔子曰：「我欲載之空言，不如見之于行事之深切著明也」；[8]空言論斷是非，只能載其理，逞其說；不如見諸行事之具體深刻，切實明白。孔子作《春秋》見諸行事者，蓋據事、憑文，而所取義自在其中。宋張載云：「《春秋》之書，在古無有，乃仲尼所自作，惟孟子爲能知之。」《春秋胡氏傳》卷首〈述綱領〉引宋胡安國《春秋傳》，曾稱《春秋》乃「史外傳心之要典」；詮釋《春秋》之筆削微辭，每贊歎「非聖人莫能修之」，[9]要皆確認孔子自作《春秋》，推崇孟子能知孔子作《春秋》之苦心孤詣。朱熹《論語集注》所謂創始，清黃式三《論語後案》稱：「作者，剏人所未知。」[10]凡此，要皆論證《春秋》一書，爲孔子創作無疑。

自孔子成《春秋》，或筆或削，其義都不道破，致游夏之徒不能贊一辭。後世讀《春秋》、治《春秋》，有心《春秋》志業者，多以推求《春秋》之義爲當務之急。清章學誠稱：「其事與文，所以藉爲存義之資也」。《文史通義校注》卷二〈言公上〉，排比史事，憑藉辭文，可資以破解《春秋》言外之「義」。其法必爲儒家輾轉相傳之心法，西漢經學家、《春秋》學者皆知而明之。考索辭文，可以求得《春秋》之微辭隱義。其方法，則在屬辭比事之《春秋》教。《禮記．經解》引孔子曰：「屬辭比事，《春秋》教也。」《春秋》藉由其事、其文、其義之創意組合，彼此參透，交相映發，乃成一別識心裁之著作。孔子作

《春秋》既如此，後世讀《春秋》、治《春秋》，依循其本，較易有功。於是，屬辭比事，遂成解讀《春秋》、詮釋《春秋》之管鑰，度人之金針。連屬前後上下之辭文，類比對比相關相反之史事，運用系統思維，宏觀掌握，經由比較、歸納、統計、類推，可以互發其蘊，互顯其義。於是《春秋》「都不說破」之「言外之意」，運以屬辭比事之法，《春秋》筆削之微辭隱義，多可以考索而得。

屬辭比事之書法，影響深遠廣大，信爲《三傳》注疏，以及《春秋》宋學詮釋《春秋》之金鎖匙。[11]唐楊士勛爲《春秋穀梁傳》作〈序〉，揭示「屬辭比事，有可依據」，直指左丘明解傳《春秋》，文辭可美。是將「屬辭比事」雙義広用，單說《左傳》屬辭之妙，故推崇其品藻與富豔。唐陸淳《春秋纂例．趙氏損益義》，說綴敘損益之意，屬辭約文之功居半。元趙汸《春秋屬辭》稱：筆削之例有三：曰不書，曰變文，曰特筆，皆屬辭之道。[12]清莊存與《春秋正辭．春秋要旨》稱：「《春秋》以辭成象，觀其辭，必以聖人之心存之。」《皇清經解》卷三百八十七 清張應昌《春秋屬辭辨例編》亦云：《春秋》「惟屬辭，而其事著，其義亦著焉。」卷首，凡例 由此觀之，錢鍾書《管錐編》所謂「《春秋》之書法，實即文章之修詞。」驗諸載籍，此言不虛。

二、《春秋左氏傳》與屬辭約文

司馬遷《史記・十二諸侯年表序》云：「魯君子左丘明，因孔子史記具論其語，成《左氏春秋》。」於是《左傳》解說《春秋》，《左傳》與《春秋》彼此發明，相互表裏之說，漸成《春秋》古文學派之共識。漢桓譚《新論》稱：「左氏經之與傳，猶衣之表裏，相持而成。《經》而無《傳》，使聖人閉門思之，十年不能知也。」《太平御覽》卷六百一十〈學部・春秋〉可作典型代表。

前乎此者，《左氏傳》與《公羊傳》則不約而同，早已拈出《春秋》書法之辭文，作為詮釋解讀之利器。為文之道有二：「何以書」與「如何書」而已。「何以書」，乃著作之旨趣；「如何書」，為表述之方法。以孔子作《春秋》而言，其事如何安排，涉及歷史編纂學；其文如何表達，關係《春秋》之修辭學。至於孔子擬藉由《春秋》體現，何以是這些歷史哲學？此即指義之考求。其義不能嚮壁虛造，空言無據，往往藉其事與其文顯現之。《左傳》成公十四年「君子曰」，揭示《春秋》五例，前四例為「如何書」之法，後一例為「何以書」之義。如何書之四法中，「微而顯，志而晦，婉而成章」，為曲筆；「盡而不汙」，為直書，皆《春秋》修辭之要法。昭公三十一年《左傳》「君子曰」，亦闡發《春秋》書法。所謂「微而顯，婉而辨」，爲曲筆修辭；「勸善懼淫」近似懲惡而勸善，即《春秋》經世體現之「義」。

《周禮》五官與〈考工記〉言凡，不下六百則。史掌官書以贊治，國家政令有大綱條流，於是生發：要、凡、數、目之體例，史書之發凡起例，即由此而來。史書敘事有不勝枚舉者，於是括其類屬，賅以一詞，得執簡御繁之效。《左氏傳》之發凡五十，不過禮官之流別耳。（柳詒徵《國史要義》，〈史例第八〉）凡例者，周之舊典禮經。散見《左氏傳》者，或言凡，或不言凡。就「屬辭比事，《春秋》教也」言之，所謂五十凡例，自是《左傳》屬辭見義之書法，最得執簡御繁之效者。或以史例視之，固然不誤；若直以屬辭約文理解之，將更妥適。如《左傳》所示，交戰因形勢結果不同，術語亦殊，如敗、戰、敗績、克、取之類（莊公十一年）。又如出師，有伐、侵、襲之別（莊公二十九年）。凡勝國，有滅、入之異。（文公十五年）弒君，有稱君、稱臣之不同（宣公四年）。去國，有入、復歸、歸、復入之殊名（成公十八年）。確定語詞之義界，褒貶勸懲有所依憑，然後名正、言順、事成。

駱成駫《《左傳》五十凡例．敘》稱：「明一義，以求他義；習一凡，以推他凡，執簡御繁，綱舉目張。習《春秋》者，舍此固不能爲功也。」⑬《左傳》五十凡，或視爲訓詁學文獻之凡例義例。若移作先秦修辭學之文獻佐證，更加貼切。⑭《左傳》五十凡例，字句凝煉，語意概括，切合《說文》以

「意內言外」「𧥮」（辭）之訓釋，最見史家屬辭約文之工夫。錢鍾書《管錐編》言：「《春秋》之書法，實即文章之修詞」，《春秋》之書法，由屬辭約文體現者多，《左傳》之五十凡，其彰明較著者。

古太史主書主法，故史官無不工文。左丘明身爲魯太史，以歷史敘事解說《春秋》，著成《左氏傳》，尤長於鍛句措詞，工於文章修辭，故前賢或論其富豔浮誇，或稱其諛辭美句。《文心雕．史傳》尊崇《左傳》，譽爲「聖文之羽翮，記籍之冠冕。」《史通．敘事》亦褒贊之，推爲「著述罕聞，古今卓絕。」貴有辭，爲《春秋》大義之一，《公羊傳》《穀梁傳》載：楚屈完有辭，則齊桓得志也僅；郲婁人有辭，則服郤缺；齊國佐有辭，則服郤克；齊魯之君臣有辭，孔子稱其足觀。⑮至於「貴有辭」之爲《春秋》大義，《左傳》多藉時賢名臣之代言，或假「君子曰」發論，所謂「貴有辭」之《春秋》大義，明文揭示者多。如仲尼曰引志，稱「言以足志，文以足言」云云（襄公二十五年）；叔向曰：「辭之不可已也如是夫」云云（襄公三十一年）；叔向曰：「子野之言君子哉！君子之言信而有徵」云云（昭公八年）；閔馬父聞子朝之辭，曰：「文辭以行禮也」云云（昭公二十六年）。其他，如《左傳》載列國君卿折衝尊俎之外交辭令，涉及草創、討論、修飾、潤色，尤爲春秋詞命之大宗，已詳《左傳之文學價值》第十章〈詞命〉，不贅。

《左傳》之「貴有辭」，作爲《春秋》大義，或以之品題，或以之斷案，或以指示微言大義，屬辭約文如此，要皆可作《左傳》全書之亮點與警策。至於《左傳》所載外交辭令，詞氣婉曲雋秀，設譬微妙妥貼，駁論穩健嚴正，託諷肯切聳動，說服之成效遠在《公》《穀》之上。⑯蓋出言陳辭，攸關身之得失，國之存亡，故辭不可不修，說不可不善。所謂辭順、辭達；慎辭、有辭；能言、善言；無禮、不義之倫，庶幾飾辭專對，不辱使命；出辭氣，斯遠鄙倍矣。

三、《春秋公羊傳》論《春秋》屬辭

《公羊傳》解釋《春秋》經，以闡發「何以書」之微辭隱義為主軸，所謂以義理解經者是。然《公羊傳》關注孔子之取義外，尤其盡心致力於《春秋》之屬辭與修辭，縱然吉光片羽，往往為一書之警策，可以提供解讀《春秋》之金針妙法。如揭示異同、遠近、內外、進退、詳略、輕重諸法者是。⑰直接提示孔子作《春秋》之修辭者，亦往往有之，如昭公十二年《公羊傳》云：「其序，則齊桓、晉文」，「其序」猶《孟子》所稱「其事」，蓋《春秋》紀事，十分重視史事之先後排比，或類比，或對比，皆極講究序列之法。《公羊傳》特提「其序」，堪稱畫龍點睛之筆。《公羊傳》所謂「其詞，則丘有罪焉耳」，指經由辭文而寓託褒貶予奪，是合其文、其義而言之。定公元年《公羊傳》，揭示《春秋》於定公、哀公之際，特多「微辭」。定哀之際，於孔子為近代、現代、當代之史，觸忌犯諱之事必多，進退抑揚，褒貶勸懲之際，不得不幽微其文，隱晦其旨。換言之，屬辭約文，事別美惡之細，行防纖芥之萌，寓意微妙，能使人湛思反道者，此之謂微辭。欲求微辭之隱旨，則屬辭比事，「比貫連類」，可以得其指意。⑱

《公羊傳》解經，為闡述《春秋》微言大義者，所在多有。其中，亦有純為剖析《春秋》之創意造語，而舉例示範者。意者《春秋》謹嚴，所謂游夏不能贊一詞也。《公羊傳》之注重屬辭、修辭，亦由此可見一斑。如：莊公七年《春秋》經所載「星霣如雨」之天文奇觀，天文學家確認：為天琴座流星雨之世界最早記事。大群流星體進入地球大氣層，因摩擦燃燒而墜落大地，形成平行運動之光跡。從地表望去，宛如從空中一個輻射點發出，流星四佈，大小縱橫，不計其數，故曰「星霣如雨」。⑲《不修春秋》之原始記載，作「雨星不及地，尺而復」，凸顯流星雨出現空中，接近地面前，漸漸消失。動態歷程，傳神之至。所謂「君子脩之」，指流星雨之記載，經孔子作文字之損益修飾，乃簡約為「星霣如雨」。以之記述天文異象，符合《春秋》「常事不書，非常乃書」之書寫原則。

《公羊春秋》自《春秋繁露》以降，向來極講究辭文的表述，剖析《春秋》措詞之精美，亦具體可誦。如「隕石于宋五」、「六鷁退飛過宋都」之所以記載，亦緣「非常則書」之書法：《公羊傳》釋經，運用對比闡說之法：霣石記聞、鷁飛記見；霣石，先聞、後見、再察；鷁飛，先視、後察、徐察，故記石記鷁，句法語法不同如此。就聞見之先後，觀察之粗細，對措詞之位次作最妥適之調配與修飾，從而可見《春秋》對詞序語序之關注與體現。數量詞之或後或前，見措置從宜；霣石，記聞；退飛，記見，視察徐察不同，故詞序句法亦有差別。自語法修辭，考察事理脈絡，乃至於微言大義，《公羊傳》尤所專擅。[20]清方苞說義法，稱言有序爲法，其此之謂。

孔子筆削魯史而作《春秋》，撥亂反正之心，體見爲微旨隱義；而微旨隱義憑藉屬辭約文，往往可以索求得之。《公羊傳》雖以義理解經，但常言「君子辭也」云云，屬辭之凸顯，可以想見。君子關注文辭，層面多方，論者爲之拈出：有正辭、常辭、微辭，亦有異辭、同辭，內辭、外辭。有遠近之辭、褒貶之辭、予奪之辭、進退之辭。有賢之、善之、喜之、幸之之辭，有大之、重之之辭，有抑之、略之、賤之之辭；有恭辭、有卑辭。其尊尊也、親親也、賢賢也，有爲諱之之辭；其不得已也，或從而爲之辭。[21]《公羊傳》說屬辭，素材豐富多元如此，極富於探索意義。

論者以爲：《公羊傳》對「辭」之重視，非比尋常，具有「以辭爲本」之文本中心傾向。如常辭變辭、同辭異辭、正辭諱辭、輕辭重辭、詳辭略辭、中性辭褒貶辭等等。每一組相反相對之辭，後者往往重要於前者。所以《公羊傳》之屬辭，所特別凸顯者，在變辭之深意，異辭之原旨，諱辭之眞義，重辭之本原。由此觀之，唯有破譯孔子「筆則筆，削則削」之「文辭」密碼，方能參透《春秋》之文本意圖，進而理解孔子的指趣。[22]蓋仲尼因事而屬辭，讀者即辭以觀指義，辭文位居中介觸媒地位，故清代公羊學家莊存與著《春秋正辭》，特揭奉天辭、天子辭、內辭、二伯辭、諸夏辭、外辭、禁暴辭、誅亂辭、傳疑辭。而稱：「《春秋》以辭成象，以象乘法。」《皇清經解》卷三百七十五～三百八十五《春秋》以義修辭，即此之謂。

清章學誠《文史通義．史德》稱：「必通『六義比興』之旨，而後可以講春王正月之書。」比興寄託之爲法，不僅爲《詩》《騷》以來相傳之詩法，亦且爲《春秋》書法、史家筆法。《公羊》學家喜言借事明義、假事託義、假事張義、假以張義、託文見義、因事託義、假以立義、假以見義、因文見義、因事見義、變文託義、本事示法、取以立法、取足張法、假事示法，而稱《春秋》爲「張義之書」、「明義之書」。[23]要之，所謂假、託、因、示、取云云，要皆比況之義，修辭之學。《公羊傳》重視屬辭約文，可以想見。

四、《春秋穀梁傳》論《春秋》屬辭

《穀梁傳》釋經，以義理解經，近《公羊傳》關心「何以書」之義。《春秋》「如何書」之法，若

《左傳》之體現屬辭約文，亦多所注目。僖公十六年《春秋》，書「霣石于宋五」、「六鷁退飛過宋都」，《公羊傳》之解讀，說已見前。《穀梁傳》釋經亦以爲：隕石散落在宋國各地，故隕石後數。六鷁聚集在宋都上空，而鷁飛先數。就後先、散聚之優美形式設計談修辭，以說《春秋》之書法；且以耳治、目治之感官異同，解說《春秋》之屬辭。與《公羊傳》別從句法之自然邏輯，論述《春秋》修辭之內在理路，會當有別。文章修辭固是《公羊》《穀梁》解經之優良傳統，此可作《春秋》學探討的學術生長點，可惜後人於此闡揚太少。

《穀梁傳》解說《春秋》經，注重約文修辭。晉范甯《春秋穀梁傳集解・序》，標榜《春秋》「一字之褒」、「片言之貶」，涉及褒貶之修辭，特提「一字」、「片言」，則攸關屬辭約文之工夫。其他，論及《三傳》之文風，亦與文章學、修辭學有關。晉范甯《穀梁集解》稱：《左氏》豔而富、《穀梁》清而婉、《公羊》辯而裁，是以文章風格區分《三傳》之異同。唐楊士勛《疏》，解說范甯《集解・序》之言，於《左傳》揭示「屬辭比事」之法，看似辭、事並提，然標示「品藻」、「富豔」、「文辭可美」云云，顯然亦側重屬辭修辭之成效。至於解說清婉、辯裁，亦不離屬辭約文之範疇。

清鍾文烝著《春秋穀梁經傳補注》，引《公羊傳》之言，作爲「《春秋》以辭爲重」之證。且進一步申說：「義，即是辭；辭，即是義。」引《說文》釋「䛐」字之本義，爲「意內而言外。」義，爲「內之意」；辭，爲「外之言」。研治《春秋》，主要在探索孔子別識心裁之「義」，以及「都不說破」之「言外之意」。[24]元趙汸《春秋屬辭》稱：「《春秋》以禮法脩辭」；卷四，楚公子比弑其君虔 清鍾文烝《春秋穀梁經傳補注》謂：「《春秋》以義脩辭」，是故孔子之脩《春秋》，脩其辭，所以取其義。卷首，論經 清方苞說義法，稱「義以爲經，而法緯之。」《望溪先生文集》，卷二〈又書〈貨殖傳〉後〉 其義居先，而法隨之：其事、其文，皆以其義爲馬首是瞻，皆脈注綺交於其指義，此之謂「《春秋》以義脩辭」，「脩其辭以取其義」。

《穀梁傳》解經，脩其辭以取其義者多。論者提出其中較爲特殊之用辭，如內辭、外辭、急辭、緩辭、散辭、聚辭、疑辭、軌辭、重辭、易辭十例。其餘，尚有可辭、衆辭等等，大抵緣義而發，隨文說解。[25]研治《春秋》學，必以修辭爲尙，屬辭爲先，亦由此可見。

《孟子．盡心下》：「春秋無義戰。彼善於此，則有之矣。」《春秋三傳》所釋戰爭用字，有例可循者，可分四大類，十有六目：一，侵、伐、圍；二，戰、敗、敗績、潰；三，入、滅、取、遷；四，救、次。記外交活動用字類別二：一，會、及、遇；二，朝聘、同盟、乞師。稱謂，有稱爵、稱人、稱名、稱字、稱國之別。[26]《三傳》解釋《春秋》，大抵先以屬辭約文，作謹嚴之義界，[27]然後貶天子、討大夫，進退勸懲，方有據依。「義以爲經，而法緯之」，此之謂也。

清張應昌《春秋屬辭辨例編》，有〈會盟〉、〈征伐〉、〈侵伐〉諸卷，又有〈書戰〉、〈書取〉、〈書救〉、〈書入〉、〈書爵〉、〈書人〉、〈書姓氏〉、〈書名字〉、〈書出奔〉、〈書立書納〉、〈書弒君〉、〈書殺〉、〈書執〉之倫，[28] 例證繁多，不勝枚舉。吾於《春秋》三傳之釋經，見「《春秋》之書法，實即文章之修辭」，於此可見一斑。

第二節 《春秋繁露》、《史記》之《春秋》詮釋法

一、董仲舒《春秋繁露》論《春秋》屬辭

漢董仲舒著《春秋繁露》，發揚《公羊春秋》之經旨，其解經策略，多不離屬辭比事之《春秋》教。辭文之修辭，於《春秋》之取義，關係尤其密切。一篇之中，尤三致其意焉。《春秋繁露義證》說之曰：「此董子示後世治《春秋》之法。合而通之，合全書以會其通。緣而求之，謂緣此以例彼」；「五其比，偶其類，此見于經，有類可推者也。覽其緒，屠其贅，此不見于經，餘義待伸者也」。

卷一玉杯第二案以比事屬辭之《春秋》教，其重點有四：其一，會通全書，比事以觀；其二，類比或對比史事，可以援例類推。其三，排比事跡，會通考索，便於互發其蘊，互顯其義。其四，《春秋》筆而書之者，有類可推；削而不書者，餘義待伸。董仲舒《春秋繁露》發凡起例，若此者不少。辨章學術，考竟源流者，自不可忽略。

《春秋繁露》發揮《公羊春秋》之書法，特別注重以辭文求義之功能，如所謂「《春秋》無通辭，從變而移」；「《春秋》無達辭，從變從義」；「書之重，辭之複，其中必有大美惡焉」云云，[29]凡此提示，無異一書之警策，大有助於《春秋》之詮釋與解讀。孔子作《春秋》，史事何以如此筆削？辭文何以如是損益？大抵脈注綺交於著述之旨趣，所謂《春秋》之取義者是。指義爲主，爲先；辭文爲從，爲後，故曰「《春秋》無通辭、《春秋》無達辭」，從旨從義，而變而移。綰合文辭之修飾與史事之取捨，爲《春秋》如何書之法；苟捨其法，而義將無所依附。故清方苞說義法，所謂「義以爲經，而法緯之。」《望溪先生文集》卷二，又書〈貨殖傳〉後信爲知言。《春秋》殺史至極，以簡約謹嚴爲尚。苟書之重，辭之複，反常必合乎道，其中自有大美大惡之褒貶予奪在。猶《詩經》國風、小雅之重章疊唱，以一唱三歎，複沓重出，期望達成警醒提撕之效用。[30]由此觀之，文章之修辭，誠《春秋》書法之大節目。

《春秋》之屬辭約文，固以殺史見極爲常法，然亦有繁稱不殺，曲折以見義者，如桓公二年春，

《春秋》書「公會齊侯、陳侯、鄭伯于稷，以成宋亂。夏四月，取郜大鼎于宋。戊申，納于大廟。」凡三十言，譏桓公納賂助亂，蔑王章而紊祖制。僖公四年，《春秋》書「春王正月，公會齊侯、宋公、陳侯、衛侯、鄭伯，許男、曹伯侵蔡。蔡潰，遂伐楚，次于陘。夏，楚屈完來盟于師，盟于召陵。」凡四十二言，言楚受盟而退，褒齊桓創霸，不用力征。僖公二十八年，《春秋》書「夏四月己巳，晉侯、齊師、宋師、秦師及楚人戰于城濮，楚師敗績。」「五月癸丑，公會晉侯、齊侯、宋公、蔡侯、鄭伯、衛子、莒子，盟于踐土。陳侯如會。公朝于王所。」凡五十二言，表彰晉文一戰勝楚，尊王攘夷，從此創霸垂統。成公二年，《春秋》書「六月癸酉，季孫行父、臧孫許、叔孫僑如、公孫嬰齊帥師會晉郤克、衛孫良夫、曹公子首及齊侯戰于鞌，齊師敗績。」凡四十三言，譏郤克以忿興兵，春秋兵權下擅、大夫執政始於此。清顧棟高《春秋大事表》，卷首，讀春秋隨筆 要之，此皆董仲舒《春秋繁露》所謂「書之重，辭之複，其中必有美者焉。」重複，可以達到凸顯強調之效應，此修辭理論所指示。

《春秋繁露》〈楚莊王〉篇云：「《春秋》之辭，多所況，是文約而法明也。」〈精華〉篇謂：「《春秋》慎辭，謹於名倫等物者也。」稱《春秋》下筆謹慎，辭多比況，有助於詮釋解讀。〈竹林〉篇云：「辭不能及，皆在于指。……見其指者，不任其辭。」憑藉屬辭，可以考見其指義，董仲舒早有提示。除外，《春秋繁露》詮釋《公羊春秋》，尚淬取提煉若干之文辭，如當辭、婉辭、微辭、溫辭、詭辭、復辭之倫，又有移其辭、辭與指、貴賤辭、無達辭、君子辭、內外辭之屬；更有況是之辭、用辭去著、不君之辭、不子之辭、事辭同義、奪去正辭之類；復有惡戰伐之辭、諱大惡之辭、誅意不誅辭等等。[31]對於學者以屬辭探索《春秋》之義，極具參考價值。

二、司馬遷《史記》論《春秋》屬辭

司馬遷私淑孔子，推崇孔子為至聖；所著《史記》，典範《春秋》，以為比事屬辭之典範。師從董仲舒，習《公羊》學。史傳敘事義法，宗法《左傳》，往往以《春秋》稱《左氏傳》。《史記》一書，嫻熟《春秋》書法，轉化為史家筆法，後世衍變為古文義法。[32]書中提示若干作《春秋》、讀《春秋》、治《春秋》之法則，頗有啓益。如：《史記・十二諸侯年表序》稱孔子論次《春秋》：「約其辭文，去其煩重，以制義法」；「義法」一詞，典自此出。約其辭文，乃屬辭之功；去其煩重，則筆削之道，與比事之業。[33]辭文如何制約修飾，史事如何筆削去取，合二者而一之，即所謂法。無論其事或其文，皆脈注綺交於其義，世所謂意在筆先、成竹在胸者是。清方苞論義法，所謂「義以為經，而法緯之」，即此之謂。

〈孔子世家〉稱孔子作《春秋》，或筆或削，裁自聖心。舉吳楚貶稱為子，此緣夷夏之防，而以稱謂示褒貶予奪。曲筆諱書晉伯召王，曰「天王狩于河陽」。由此觀之，維持君臣名分，倫理綱常，皆取決於《春秋》「約其文辭」之修辭藝術。或筆或削，或書或不書，皆由於孔子撥亂反正之心，出於獨斷別識的一家之言。其中微辭隱義，都不直言道破。胡安國《春秋傳‧序》所謂「史外傳心」，故曰「子夏之徒不能贊一辭」。〈孔子世家〉又云：「孔子著《春秋》，隱、桓之間則章，至定、哀之際則微。」定哀之際之《春秋》，對於孔子而言，為近代、現代、當代之史。事涉若干政治敏感事件，為免觸忌犯諱，故定、哀《春秋》多以曲筆諱書為書法。《公羊傳》所謂「主人習其讀而問其傳，則未知己之有罪焉爾！」（定公元年）〈匈奴列傳〉所指微辭。（太史公曰）比事屬辭可以體現忌諱敘事，如征伐匈奴之曲筆諱書，多見諸詭辭謬稱。〈平準書〉、〈李將軍列傳〉、〈匈奴列傳〉、〈衛將軍驃騎列傳〉，往往實與而文不與。曲筆諱書，微婉顯晦，推見以至隱，《史記》敘事傳人有之。[34]司馬遷屬辭約文之工夫，於此有較具體之呈現。

《司馬相如列傳》所稱「《春秋》推見至隱」，《儒林列傳》所謂「其辭微而旨博」，皆傾向於曲筆諱書之書法。舉凡微辭、隱辭、忌諱之辭，皆以「表意方法之調整」為修辭指南，大抵可以「約文顯義」概括之。以〈淮陰侯列傳〉為例，司馬遷運用《春秋》比事屬辭之書法，或據事直書，具文見義；

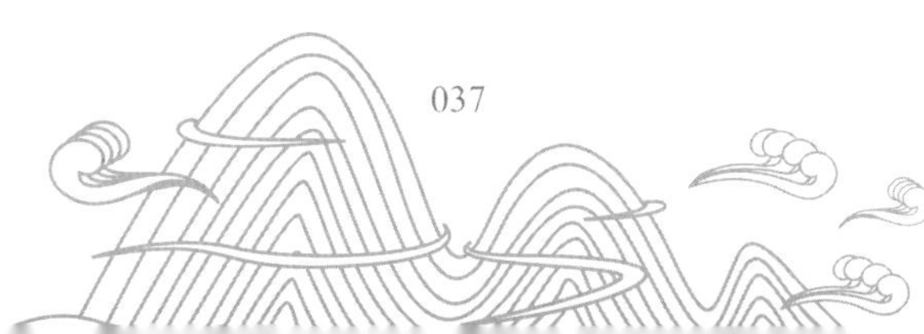

或詳略重輕，筆削見義：或微婉顯晦，互見示義。[35]舉凡直書、詳略、重輕、微婉、顯晦，所謂忌諱書寫，曲筆敘事，最見《春秋》書法者，要皆約文屬辭之成效。

孔子作《春秋》，蓋因事而屬辭，後人讀《春秋》、治《春秋》，故得即辭以觀義。修辭學施用於《春秋》之詮釋解讀，堪稱密切相關之方法與要領。要之，《史記》成一家之言，司馬遷長於屬辭約文，自有推助之功。

第三節　杜預、徐邈之《春秋》詮釋法

魏晉南北朝之《春秋》詮釋學，對於《春秋》之或書或不書，筆削損益之際，頗多著墨。對於如何解讀《春秋》，闡明屬辭之道，揭示修辭之法，亦頗有建樹。如晉杜預之《春秋經傳集解》（參考孔穎達）、徐邈《春秋穀梁傳注義》，於孔子《春秋》之屬辭，多所發明。

一、杜預《春秋經傳集解》《春秋釋例》論《春秋》屬辭

杜預著《春秋經傳集解》，其〈序文〉稱：孔子作《春秋》，「因魯史策書成文」，進行或筆或削：教之所存，則筆而書之；文之所害，則刊而正之。或諱而不書，或損益辭文，以此勸戒後世，是所謂義昭筆削、削文見義、因文見義。杜預《注》所謂「即用舊史，不必改」之處，是所謂同文見義。《春秋》之筆削魯史舊文，或以變為義，或以因為義，[36]即此之謂。杜預據《左傳》成公十四年「君子曰」，引申發揮《春秋》書法，是所謂「《春秋》五例」。前四例書法，實即黃慶萱《修辭學》所謂表意方法之調整，優美形式之設計。微與顯，志與晦，婉與盡之間，多相反相成，相需相求。靈活運用，系統調配，通全《經》而觀之，兩兩彼此，可以互發其蘊，互顯其義。要之，微婉、顯晦、志盡云云，即《春秋》「如何書」之修辭書法。

清章學誠《文史通義．上朱大司馬論文》曾言：「古文必推敘事，敘事實出史學，其源本於《春秋》比事屬辭。」故比事屬辭之《春秋》教，為研治古文、敘事、史學、書法之共通法門。杜預《集解》所談《左傳》之敘事藝術，以及或書或不書之筆削，多關涉屬辭約文之講究。《左傳》解說《春

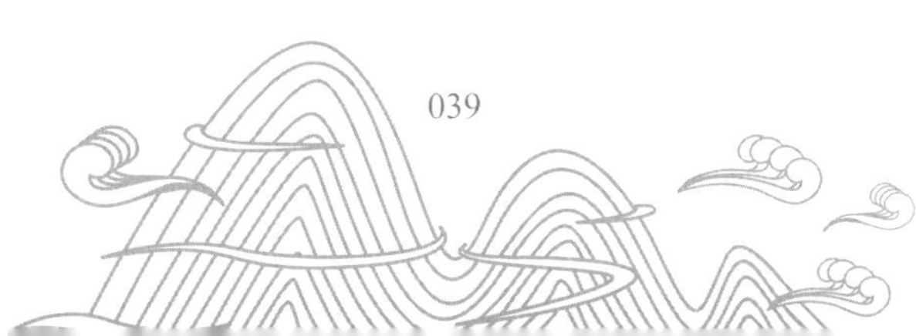

秋》經，或爲始事，或爲終義，或爲辨理，或爲合異，其目標各有不同，遂有先經、後經、依經、錯經之舉措與殊別。或先、或後、或依、或錯之歷史敘事，要皆爲闡明經義，故曰「隨義而發」。清方苞說義法，稱「義以爲經，而法緯之」，當自此脫化。清劉熙載《藝概．文概》：「敘事有主意，如傳之有經也，主意定，則先此者爲先經，後此者爲後經，依此者爲依經，錯此者爲錯經。」[37]章法修辭、古文義法，多從《春秋》書法衍化而出。

杜預〈春秋注〉稱：教之所存，則筆而刊之，以示勸勉；文之所害，則削而正之，以示懲戒。又所謂「其發凡以言例」云云，頗論孔子作《春秋》之或筆或削。「仲尼從而脩之，以成一經之通體」云云，即孔子脩《春秋》之說。所謂「微顯闡幽，裁成義類」，此攸關修辭工夫之展示，文章義法之體現。錢穆《中國史學名著．春秋》稱：「孔子對《春秋》舊文必有修正無疑。但所修者主要是其辭，非其事。由事來定辭，由辭來見事。」此言得之。杜預所云「起新舊，發大義」之變例，書、先書、故書、書曰，是所謂筆而載之；不言、不書、不稱之類，則是削而不取。或筆或削，爲相反相成之相對概念。解讀筆削，當如南宋陳傅良、元趙汸所謂「以其所書，推見其所不書；以其所不書，推見其所書。」（《春秋屬辭》卷八，假筆削以行權）至於何以書？則涉及義。如何書？則涉及屬辭與比事之方法。

杜預《春秋釋例．終篇》稱：「仲尼《春秋》，皆因舊史之策書。義之所在，則時加增損。或仍舊史之無，亦或改舊史之有。雖因舊文，固是仲尼之書也。」此所謂時加增損，指因舊史、仍舊史、改舊史之類。或因仍，或改動，當指辭文之修飾而言。晉徐邈所謂「事仍本史，而辭有損益。」（詳後）堪稱二語斷讞，片言解紛。

惟義之求，乃研治《春秋》者之志業。凡義之通明者，「舉一，則推萬可知；討源，則衆流畢會。」有宗有本，謂之義例。案：義例，最見屬辭約文之工夫，實即《春秋》之修辭學。杜預著有《春秋釋例》十五卷，唐劉蕡序之曰：「聖人文乎魯史，志乎周道。筆削隱顯，有權有義。」卷首，頁二 文乎史，志乎義。筆削之義體現於史事之依違取捨，辭文之或損或益，或隱或顯。聖人筆削魯史而作《春秋》，非修辭不爲功。

故《四庫全書總目》《春秋釋例》提要謂：「《春秋》以《左傳》爲根本，《左傳》以杜《解》爲門徑，《集解》又以是書爲羽翼。緣是以求筆削之旨，亦可云攷古之津梁，窮經之淵藪矣。」卷二十六 清孫星衍亦云：「《釋例》援據經傳，以類相從，得比事屬辭之旨。」《春秋釋例》，卷首 稱杜預《春秋釋例》：「得比事屬辭之旨」，是以筆削修辭看待此書，可謂知言。

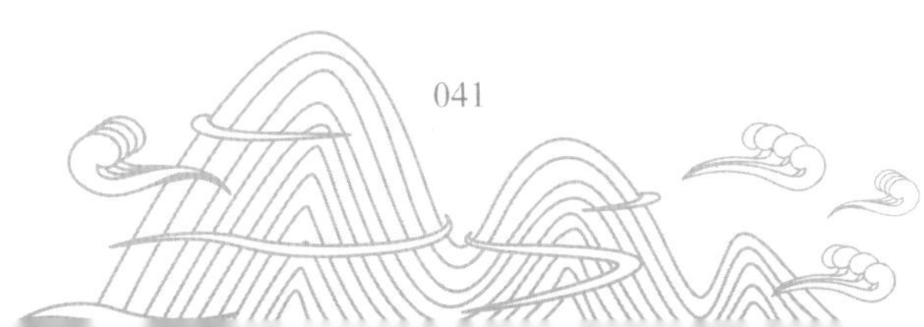

二、徐邈《春秋穀梁傳注義》論《春秋》屬辭

晉徐邈治《穀梁》學，造詣精深，惜其書散亡，唯存於輯佚。論說孔子修《春秋》之大凡，得其體要。徐邈稱：「事仍本史，而辭有損益，所以成詳略之例，起褒貶之意。」[38]揭示「事仍本史，而辭有損益」二語，於《春秋》之筆削，堪稱警策亮點。對於史事之取捨，辭文之損益，可謂經典而概括。孔子《春秋》根柢魯史舊文，其義斷自聖心，有捨去不書者，如常事、合禮之倫；有取而筆之者，如非常、違禮之類。其取而筆之者，皆魯史固有其事，孔子因仍史實而書之，斷無主觀杜撰虛造者。換言之，其事止有取捨依違，或筆而書之，或削而不書，然不能增益事件、變更史實。此胡安國《春秋傳》所謂「或筆或削，明聖人之大用。其事，則因舊史，有可損而不能益也」（卷六，桓公十四年，夏五），可為佐證。

其事，既然止能取捨，不容增易，於是所謂《春秋》之修纂，誠如錢穆所云：「主要是其辭，非其事。」徐邈所謂「事仍本史，而辭有損益」，此說《春秋》修纂之律則：史事止可因仍或取捨，辭文方可損益潤飾。孔子作《春秋》，「事仍本史，而辭有損益」之揭示，南宋胡安國《春秋傳》、元趙汸《春秋屬辭》、清方苞《春秋通論》、《春秋直解》，皆多所闡發。清萬斯大《學春秋隨筆》說孔子作

《春秋》，或以變為義，或以因為義。《皇清經解》卷五十前後相承，亦皆指辭文之修飾，絕非事件之改篡。辭文之多寡損益，影響敘事之或詳或略，表意之或褒或貶。「事仍本史，而辭有損益」，既然為孔子修纂《春秋》之大原則；於是，盡心致力於「辭有損益」，自是情理中事。因此，屬辭約文於《春秋》編纂學，舉足輕重，動見觀瞻。其後，元趙汸《春秋屬辭》十五卷、清張應昌《春秋屬辭辨例編》六十卷，多以屬辭概括比事。論《春秋》詮釋學，屬辭位居重要關鍵，可以想見。

第四節 劉勰《文心雕龍》與《春秋》屬辭

梁劉勰著《文心雕龍》，乃文學批評之經典。其中，〈宗經〉、〈徵聖〉〈史傳〉、〈風骨〉、〈附會〉、〈體性〉、〈章句〉、〈知音〉諸什，其彌綸一篇，雜而不越，所以附辭會義者，與《春秋》之筆削昭義、屬辭約文，多遙相呼應。依序論說如次：

劉勰主張文必宗經，文體備於《五經》。為文當宗法《春秋》，涉及《春秋》如何書之修辭。論《春秋》行文之特色，揭示詳略、先後、婉章、志晦諸書法，且多偏向屬辭與修辭。如〈宗經〉篇謂：「《春秋》則觀辭立曉，而訪義方隱。」《春秋》所以訪義方隱者，在義昭筆削，辭文有詳略損益之

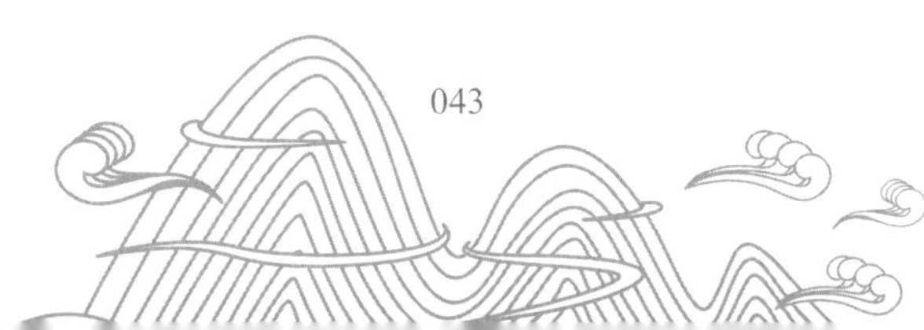

故。僖公十六年之「五石六鷁」，〈宗經〉稱「以詳略成文」；《春秋》此處之遣詞造句，實與詳略無關。石隕，訴諸聽覺，爲虛；鷁飛，訴諸視覺，爲實。若改爲「以虛實成文」，或較貼切。至於定公二年，《春秋》書「雉門及兩觀災」，劉勰詮釋書法，稱「以先後顯旨」，則甚得理實。雉門與兩觀相較，《公羊傳》以雉門爲正大，以兩觀爲微小。始災雖在兩觀，然《春秋》書法「不以微及大」，故先書雉門，後書兩觀。《春秋公羊傳注疏》卷二五《穀梁傳》以爲災雖自兩觀始，然兩觀卑，雉門尊，卑不可以凌尊。《春秋》不以尊者親災，故書曰「雉門及兩觀災」。換言之，既不得書爲「雉門災及兩觀」，故災字安放於兩觀下。《春秋穀梁傳注疏》卷一九屬辭講究詳略、虛實、先後之位次，此之謂言有序；而《春秋》書法已多所提示，誠如劉勰所言。《仕學規範》引徐積云：「爲文必學《春秋》，然後言語有法。」卷三十二，作文信然！

《文心雕龍》〈徵聖〉稱：「聖人之情，見乎文辭」，政化、事迹、修身，皆以言文詞巧爲貴。〈史傳〉篇盛贊《春秋》：「褒見一字，貶在片言」，推崇一字片言足以見褒貶。標榜殺史見極，自見屬辭約文之精微。《左傳》行屬辭比事之《春秋》教，以歷史敘事解釋孔子《春秋》經，所謂「原始要終，創爲傳體」，故推尊爲「聖文之羽翮，記籍之冠冕」。

〈風骨〉篇，談文辭與文意之關係。黃侃《文心雕龍札記》釋風骨：「風即文意，骨即文辭」。故

〈風骨〉篇云：「怊悵述情，必始乎風；沈吟鋪辭，莫先于骨。」「練于骨者，析辭必精；深乎風者，述情必顯。」黃侃解說〈風骨〉篇：「豐藻克贍，風骨不飛」，謂徒有華辭，無助實義。「綴慮裁篇，務盈守氣」，謂文以命意爲主。綜覽劉勰之論，風骨與意辭，初非有二。自爲文者，欲健風骨，不能不關注於命意與修辭也。（《文心雕龍札記》，風骨第二十八）《孟子》說《春秋》，凸顯其事、其文、其義三位一體；孔子竊取之義，隱晦幽微，如何可以得知？曰：必待排比史事，連屬辭文，方能破譯解讀。此猶《文心雕龍》〈風骨〉篇所謂：「辭之待骨，如體之樹骸；情之含風，猶形之包氣。」黃侃所謂「風藉意顯，骨緣辭章」；「凡覽篇籍，未有不通章句而能識其義者也；章句以馭事義，雖牢籠萬態，未有出於章句之外者也。」（《文心雕龍札記》，風骨第二十八、章句第三十四）

〈附會〉篇，談「附辭會義」之大凡。開宗明義即稱附會，爲「總文理，統首尾，定與奪，合涯際，彌綸一篇，使雜而不越者也。」黃侃《文心雕龍札記》釋之曰：「附會者，總命意修辭爲一貫，而兼草創、討論、修飾、潤色之功績者也。」（《文心雕龍札記》，附會第四十三）《文心雕龍．附會》稱：「附辭會義，務總綱領，驅萬塗于同歸，貞百慮于一致。使衆理雖繁，而無倒置之乖；群言雖多，而無棼絲之亂。」持此附辭會義之術，與事、文、義三位一體之《春秋》編纂學相較，堪稱百慮一致，塗轍不殊。

清章學誠《文史通義》稱：「載筆之士，有志《春秋》之業，固將惟義之求。其事與文，所以藉爲

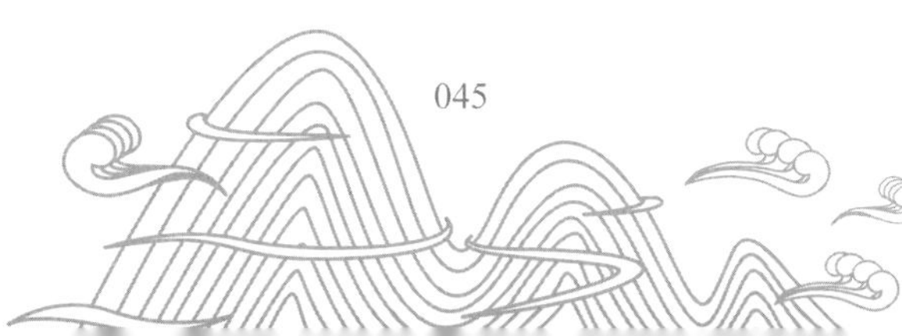

存義之資也。」《文史通義校注》卷二，言公上 又云：「史所貴者義也，而所具者事也，所憑者文也。」卷三，史德 其義，寓存乎其事與其文之中；其事如之何排比，其文如之何連屬，皆唯義之馬首是瞻。清吳曾祺《涵芬樓文談》云：「附會，即今之命意是已。作文之法，辭句未成而意已立；既立之後，於是乎始，於是乎終，於是乎前，於是乎後，百變而不離其宗。」命意第十一 方苞說書法、義法，稱「義以爲經，而法緯之。」義法之生成，與附會之方術，殊途而同歸之如此。

其他，《文心雕龍》〈體性〉篇、〈知音〉篇論文學原理，亦可與〈風骨〉篇、〈附會〉篇，相互發明。《孟子．離婁下》言孔子作《春秋》，衡以《禮記．經解》所提屬辭比事之《春秋》教，其事、其文、其義實三位一體。試與《文心雕龍》諸什作比較，〈體性．贊曰〉所云「辭爲肌膚，志實骨髓」二言，可以概括屬辭與指義的密切關係。〈體性〉篇論情與形、理與文、隱與顯、內與外；〈知音〉篇論情與辭、文與情，幽與顯，面與心，多涉及形而上、形而下之層面。《史記．司馬相如列傳》〈太史公曰〉稱：「《春秋》推見至隱」。宋朱熹釋之云：「《春秋》以形而下者，說上那形而上者去。」《朱子語類》卷六十七，易三．綱領下 其事、其文，爲「如何書」之法，形而下者也。其義，指向「何以書」，形而上者也。藉形傳神，即器求道，事、文、義三者，彼此依存，互爲體用。其事、其文與其義三位一體，猶〈體性〉篇〈贊曰〉所云：「辭爲肌膚，志實骨髓」。《文心雕龍．附會》所提命意與修辭爲一貫，亦若合符節。

第五節 孔穎達、劉知幾、啖助、趙匡之《春秋》詮釋法

一、孔穎達《春秋左傳正義》論《春秋》屬辭

國子祭酒孔穎達，於唐太宗貞觀十二年受詔，修撰《五經義疏》（後更名《五經正義》），前後四年，功未竟而年老致仕。《春秋左傳正義》之修纂，實以劉炫《春秋左氏傳述義》爲底本，參考沈文阿《春秋左氏經傳義略》，稍加修訂而成。體現天下一統之後，官方統一經學之用心。孔穎達作爲官修《春秋左傳正義》（以下簡稱《正義》）之領銜人，學術上自有其代表性。

屬辭比事，爲孔子作《春秋》，《三傳》及其注疏解經，以及後世詮釋解讀《春秋》，賴以憑據之教示與法門。何謂屬辭比事？學界說法不一，孔穎達《禮記正義》所釋：「《春秋》聚會同之辭，是屬辭；比次褒貶之事，是比事也。」卷五十，經解 最稱中肯持平。清人訓解「屬辭比事」一詞，禮學家如王夫

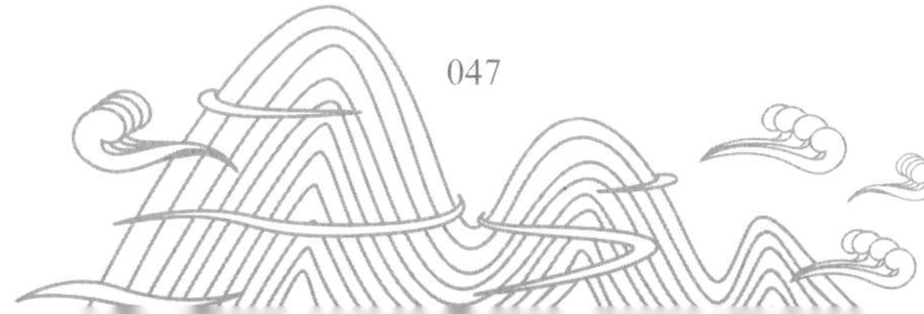

之、孫希旦，經學家如毛奇齡、章學誠、姜炳璋、鍾文烝、張應昌等，多各有說解，不相統一。然可以彼此發明，相得益彰。要之，多折衷於孔穎達之說。

筆者會通諸家，稍加修正，以爲：屬，連屬；比，排比。屬辭比事，所以爲解讀《春秋》書法之津梁者，蓋因應《春秋》體爲編年，事跡不相連貫；且孔子「竊取」之義，多推見至隱，都不說破。何況，史事之有漸無頓，良非一朝一夕之故。是以解讀《春秋》，於辭文之散漶橫梗者，宜統合連屬之；載事之參伍懸遠者，當比次類及之。易言之，持宏觀之視野，用系統之思維，貫通全經而進行考察：連屬上下前後之文辭，類比、對比、比興相近相反之史事，合數十年積漸之時勢而通觀考索之，即可以破譯《春秋》之「言外之義」，此之謂屬辭比事。[39]

孔子筆削魯史記，有損益舊史之文者，有因仍舊史而不改者，攸關《春秋》之或筆或削，因革損益。孔穎達《正義》疏解杜預《春秋序》，於筆削與屬辭之關係，頗有詮釋：「文之害教，則刊削本策，改而正之，以示後人，使聞善而知勸，見惡而自戒。」孔子參考魯史策書，或筆或削，而作成《春秋》，於舊史必有因革損益，以成就一家之言。徐邈所云「事仍本史，而辭有損益」，既是修纂《春秋》之不二原則，因此所謂「刊削本策，改而正之」云云，即直指文辭修飾之工夫，攸關「表意方法的調整，優美形式的設計」。故《正義》所謂文之害教，則「刊削本策，改而正之」者，指《春秋》約其文，換其述，以見仲尼之新意。

如魯隱公、魯閔公見弒，《春秋》但書「公薨」，不書地、不書葬，此藉筆削以見義。晉文公以臣召君，不可爲訓，故孔子修之，諱書「天王狩于河陽」。晉趙穿手弒晉靈公，而趙盾與聞其故而不討賊，《春秋》直書「趙盾弒其君」。許世子止藥死父王，雖出於不親嚐之過，《春秋》猶書「許世子止弒其君買」。故刊而正之，以示勸戒者，在於修正文辭，並非改易史事，此之謂變文見義。變文見義，往往出於孔子特筆所書，最見仲尼新意所在。策書修正，變文見義之外，又有不改舊史，同文見義者。《正義》所謂史有文質，辭有詳略，於文教無害，可以不必修改，如晉史董狐書「趙盾弒其君夷皐」，齊太史書「崔杼弒其君光」，孔子《春秋》因仍未改。螟、螽、蜚、蜮，皆爲傷稼之蟲害，然《春秋》書「有蜚蜮」，螟螽不言有。諸侯反國，或書自某歸，或言歸自某，不一而足。要之，文質之華樸，屬辭之詳略，辭文之損益，各本其初，不必改易，此之謂因文見義、同文見義。

成公十四年《左傳》「君子曰」云云，晉杜預《春秋序》據以揭示《春秋》五例，前四例提示曲筆與直書之法，涉及「如何書」之《春秋》修辭學。孔穎達《正義》於此頗有闡發：「夫子脩改舊文，以成新意。所修《春秋》，以新意爲主」，變文見義、特筆示義所以可貴，以此。漢王充《論衡．超奇》有言：「孔子得史記以作《春秋》，及其立義創意，褒貶賞誅，不復因史記者，眇思自出于胸中也」。

王充《論衡》所稱，與《正義》之說不謀而合。自出胸中之「立義創意」，爲孔子修改舊文，「不復因史記」之別識心裁，即孔子自謂「其義，則丘竊取之」者。《春秋》所以成一家之言之「撰述」，[40]即在因文教所存，而進行「刊而正之」之新意變例。是所謂「其義，則丘竊取之」者。

《正義》對「志而晦」修辭筆法之指涉，莫明所以；當回歸成公十四年「君子曰」之杜預《注》：「志，記也。晦，亦微也。謂約言以紀事，事叙而文微」。（卷二七）《正義》稍前疏解「志而晦」云：「約少其言，其文晦微」，要皆修辭之功，庶幾近之。孔子作《春秋》，往往因文取義，或略文，或諱文，或微文，皆所謂「志而晦」。至於《正義》指「婉而成章」、「盡而不汙」，因舊史而不改，「夫子即以爲義」者，緣舊史取義順適，未乖大義。孔子但稍稍修飾其文，或婉曲其辭，或直書其事，夫子遂「即以爲義」。或微、或晦、或婉、或直，多取決別識心裁，故曰：「非聖人，孰能修之？」

二、劉知幾《史通》論《春秋》《左傳》屬辭

唐劉知幾，著有《史通》二十卷，爲《文心雕龍》之後，史學批評理論首部偉構，與清代章學誠《文史通義》並稱。《史通》一書，十分推崇《左氏傳》之史傳文學與敘事語言。《史通·雜篇上》盛

稱《左傳》敘事之藝術：「或腴辭潤簡牘，或美句入詠歌，跌宕而不群，縱橫而自得。若斯才者，殆將工侔造化，思涉鬼神，著述罕聞，古今卓絕。」推崇《左傳》之文章屬辭，可謂至矣極矣！

劉知幾《史通》體現尚簡、用晦、存眞之歷史語言，饒有詩化修辭之特色。筆者曾撰〈劉知幾之《左傳》學——兼論詩化之史學觀〉一文，以實其說。[41]《史通》一書，討論敘述方法和寫作修辭者，所在多有，如〈載言〉、〈言語〉、〈浮詞〉、〈採撰〉、〈載文〉、〈因習〉、〈敘事〉、〈直書〉、〈曲筆〉、〈模擬〉諸篇，多攸關屬辭約文，文章義法。

屬辭比事之書法，爲解讀《春秋》微辭隱義之津梁。屬辭，爲文章修辭之藝術；史事既經類比、對比之編排，尚須屬辭之彌縫與連綴，始稱圓滿具足。歷史敘事之語言，尚簡、用晦，爲劉知幾一貫之主張。《史通》〈六家〉、〈敘事〉、〈曲筆〉諸篇，對於《春秋》之屬辭約文，提示不少。〈史通·六家〉篇考察仲尼之修《春秋》，以爲「微婉其說，志晦其文」之屬辭，可爲不刊之言，著將來之法。故推崇《春秋》變《尚書》之體，其言貴於省。終則拈出「文約而事豐」，作爲述作尤美之屬辭標準，此無異損之又損之詩歌語言特色。

劉知幾著《史通·敘事》，極力標榜歷史之敘事，以爲史之稱美者，以敘事爲先。「文而不麗，質而非野」，文質彬彬。乃是歷史敘事之屬辭理想。「味其滋旨，懷其德音，三復忘疲，百遍無斁」，則是其美感效應。聖人作《春秋》，出於屬詞比事之言；猶述《尚書》，頗見疏通知遠之趣。所以能「師範億載，規模萬古，爲述者之冠冕，實後來之龜鏡」者，《史通．敘事》特提「微顯闡幽，婉而成章」有以致之。劉知幾論《春秋》書法，側重屬辭約文，凸顯文章之修辭，可以想見。「微顯闡幽，婉而成章」之書法，涉及忌諱敘事之範疇。所謂「略外別內，掩惡揚善」，內外、人我、詳略之分際，固然是《春秋》之大義；苟有事涉君親者，則敘事傳人多爲尊者諱，爲長者諱，爲親者諱。隱諱作爲《春秋》書法，或削而不書，或推見至隱，「雖直道不足，而名教存焉」卷七曲筆。或書、或不書；或言，或不言；或微顯，或志晦，顯晦直曲之斟酌，多攸關《春秋》之修辭學。

《史通》談史傳敘事，大多揭示屬辭約文之書法，一書之中往往三致其意。尤其以語文之修辭、辭章之作法，推重《左氏傳》；或直以《春秋》稱代《左傳》，[42]視《左傳》辭文爲敘事典範，可以知之。〈載文〉篇，提出三個概念：一，標榜「不虛美，不隱惡」之信史實錄，所謂「良直」之敘事精神。二，以良直信實爲敘事理念，於是文與史，有其交集與共相。三，「其理讜而切，其文簡而要」，爲史書屬辭之正道。〈因習〉篇，稱事有貿遷，則言有變革。否則，將不異膠柱鼓瑟，刻舟求劍。〈言語〉篇，稱美《左傳》外交詞命，語微婉而多切，言流靡而不淫。〈浮詞〉篇，論虛字作爲發語句助之功用，或作提敘，引發說事之端；或作結敘，提供論事之助。劉知幾以爲：「去之則言語不足，加之則章句獲全。」〈敘事〉篇，或以反諷省句，或以簡要省字，而以「句盡餘剩，字皆重復」之煩蕪爲戒。《史通》論敘事之屬辭約文，從良直信實、外交詞令；到貿遷變革、因習模擬；到省句省字、簡要合理；到發語句助、言語章句，要皆不離辭章之道，修辭之方。

〈敘事〉篇，爲《史通》之名篇，劉知幾有關歷史敘事之屬辭理想，以及語言風格，要皆盡萃於斯。〈敘事〉篇開宗明義抬舉《春秋》，雖標榜「屬辭比事」，然細考其文，皆側重屬辭約文之方法與成效。至於如何排比史事？編纂史乘？文中除「敘事之體，其別有四」一段外，其餘不太凸顯。《史通．敘事》稱：「國史之美者，以敘事爲工；而敘事之工者，以簡要爲主。」標榜「文約而事豐」，頗饒詩歌語言之特質。孔子《春秋》筆削魯史記，敘記二百四十二年間之事迹，總字數才一六六九八字。每年平均六十九個字，每月分配不到六個字，可謂簡要極矣。唐韓愈〈進學解〉稱：「《春秋》謹嚴」，確實簡省之至。《史通．敘事》既標榜簡要，故推崇《春秋》「其言貴於省」。進一步強調：述作之尤美者，在於「文約而事豐」。同時以爲：敘事取其所要，「不過一言一句」；猶漁獵所留，「唯一筌一目而已」。如何擷取簡要？損之又損，使「華逝而實存」，則爲汰滓存精之道。

詩歌語言，追求文字之精簡凝煉，以少勝多。作家之思想駕馭力，謀篇結構力，語言表現力，皆在精煉簡要上展現。詩家又追求含蓄醞藉，言盡而意無窮。文學藝術之耐人尋思，餘味曲包、秀溢目前，利用邏輯學之排除法，自有不著一字，盡得風流之效應。[43]劉知幾《史通．敘事》，標榜尚簡、用晦，庶幾近之。〈敘事〉篇先言行人詞令、應對言文、章句雕飾作鋪墊，要皆屬辭約文之工夫，接續方入用晦之道。其言曰：「能略小存大，舉重明輕，一言而巨細咸該，片語而洪纖靡漏，此皆用晦之道也。」顯晦、繁省之際，如何理盡而事溢？小大、重輕之間，如何略存而舉明？巨細、洪纖之中，如何咸該而靡漏？凡此，皆涉及屬辭約文之優美設計，與妥適斟酌。依劉知幾之說，晦，即是含蓄醞藉，其特色爲「省字約文，事溢於句外」；其美學效果，爲以少勝多，以一統萬，所謂「一言而巨細咸該，片語而洪纖靡漏」。用晦之道，於修辭學，爲字句鍛鍊；於《春秋》書法，即是屬辭約文。

〈敘事〉篇稱：「晦之時義，不亦大哉！」所謂時義，指因時而生的意義與作用。務卻浮詞，爲用晦之消極工夫。其積極意義，在於「言近而旨遠，辭淺而義深。雖發語已殫，而含義未盡。」〈敘事〉篇舉《左傳》敘事之例證不少，如說綱紀，未直言政善，但敘「士會爲政，晉國之盜奔秦」；言邦俗，未直白民人安集，但敘「邢遷如歸，衛國忘亡」。不直描宋萬之勇悍，但敘「犀革裹之，比及宋，手足皆見」。不直寫三軍之感悅，但敘「三軍之士，皆如挾纊。」要之，皆訴諸肢體語言，直敘結果與成效，如奔秦、忘亡、手足皆見、皆如挾纊；而省略抽象之形容，與原因之交代。言辭淺近，而旨義遙深，晦之時義，又進一層。章句屬辭經營如此，即所謂「用晦」之道。[44]敘事尚簡，此爲極致。望表捫毛，而知裏辨骨；睹一事可以反求三隅，自句中可以旁敲字外，屬辭約文之藝術至此，已臻高明極致。史傳敘事傳人，苟涉忌諱敘事，「有所刺譏褒諱挹損之文辭不可以書見」時，「用晦」之道往往作爲常法。《春秋》於定哀之際多微辭，「爲其切當世之文而罔褒」，忌諱之辭用晦，此其時也！

劉知幾《史通》，〈直書〉、〈曲筆〉、〈模擬〉諸篇，涉及屬辭約文之形式，章法修辭之成效，其理易知，不贅。至於外篇〈雜說上〉，論《左氏》之敘事，述行師、論備火、言勝捷、記奔敗、申盟誓、稱譎詐、談恩惠、紀嚴切、敘興邦、陳亡國之種種，「或腴辭潤簡牘，或美句入詠歌，跌宕而不群，縱橫而自得」者，論其美妙之要領，要在以敘事爲描寫，亦皆《左傳》屬辭約文之工夫，體現於歷史敘事，或史傳文學者。文繁，亦不敘。

排比史事以見義，乃歷史編纂學之一環。唯見諸《史通》之論述，質與量皆不如屬辭之多且善。然有可觀者三，故一併類及。其一，論《左傳》敘事，「言事相兼，煩省合理」，事與言鎔裁於一編之中，自可見歷史編纂學之功力。（卷二載言）史傳之爲書，本以敘事爲主，然而純粹敘事，或流於大事記，或不免於斷爛朝報，雖信史而單調枯燥，將如何行世傳遠？自《尚書》敘事，以疏通知遠屬辭，於敘事而兼記言。章學誠《文史通義·書教上》稱：「古人事見於言，言以爲事，未嘗分事言爲二物也。」《左傳》之記言，多出於擬言代言，錢鍾書已有明言。就傳統敘事學而言，謂之言敘，或語敘；[45]就小說戲曲而言，謂之對白，或對話。《左傳》之對話，往往因藉言記事而發，或刻劃性格，或推進情節，或展示場景，或交代枝節，[46]實不異敘事之作用。《史通．載言》稱美《左傳》：「言事相兼，煩省合理，故使讀者尋繹不倦，覽諷忘疲。」信然！

其二，《史通》論比事之歷史編纂學，見〈採撰〉篇所述。舉左丘明著《左傳》、司馬遷成《史記》、班固修纂《漢書》爲例。所貴乎歷史編纂者，在殫見洽聞，博通史乘，於是鎔意裁辭，可以自成一家。左丘明著成《左傳》，劉知幾《史通．採撰》述其文獻採撰之大凡：「受經立傳，廣包諸國，聚而編之，混成一錄。」其他，司馬遷《史記》之採撰，班固《漢書》之雜引當代，要在提供或筆或削，或損或益之文獻，作爲比事屬辭之資材。編纂史乘，貴在博採多聞，非以逞博炫多，欲以參互考訂，而歸於一是。[47]《史通》〈鎔裁〉篇談「檃括情理，矯揉文采」；就屬辭比事而言，〈採撰〉篇當與之對讀並觀。

其三，《史通》〈敘事〉篇，揭櫫敘事之四體，指引史傳因事見義之方略，固是敘事尚簡之要術，亦爲屬辭見義之方略。敘事四體中，直紀其才行、唯書其事跡二者，爲屬辭約文之庸手與凡筆。「因言語而可知者」，即前文所論之語敘、藉言記事，看似歷史人物現身說法，其實寓含許多著述者擬言代言之心聲話語，所謂「因而可知」。[48]吾人藉由言語，可知其言外心聲，是亦尚簡之一術。至於「假贊論而自見」者，爲史傳之歷史評論，從而可考著述者之史觀與史義，所謂「假而自見」。《左傳》之「君子曰」[49]，《史記》之「太史公曰」，其顯而易見者。要之，皆假贊論而自見者也。

三、啖、趙、陸《春秋集傳纂例》論《春秋》屬辭比事

爲統一學術，唐初官修經書，《五經正義》深具經學史之意義。既成權威經典，於是遂爲科舉考試之寶鑑。安史亂後之中唐，威權解體，《五經正義》亦遭受質疑。當時官修經書中之《春秋正義》，只取《左氏傳》。科舉取士，明經一科以《左傳》爲大經，《公羊》《穀梁》爲小經。學子多知《左傳》史事，少聞《春秋》之義理。於是啖助、弟子趙匡奮出於其間，針對《春秋》宗旨，進行創造性之詮釋。其後，陸淳編纂《春秋啖趙集傳纂例》（以下簡稱「《春秋纂例》」）十卷、撰《春秋微旨》三卷，《春秋集傳弁疑》七卷；考察《三傳》得失短長，主張捨傳求經，開啓宋人懷疑《春秋》與《三傳》之風尚。

《四庫全書總目》評《春秋纂例》，以爲有得有失，功過不相掩：「助之說《春秋》，務在考三家得失、彌縫漏缺，故所論多異先儒」；「蓋捨傳求經，實導宋人之先路。生臆斷之弊，其過不可掩；破

附會之失，其功亦不可沒也」。[50] 啖助、趙匡新《春秋》學派之崛起，從章句訓詁，轉型爲義理研析，堪稱治經學風之一大蛻變，勾勒出漢學衍化爲宋學之軌迹，此可以斷言。[51] 承先啓後之功，尤可稱道。

啖、趙之說，由弟子陸淳彙總編纂，《春秋》學著述三種，皆闡述啖助、趙匡之《春秋》學說經部春秋類一，卷二六。啖、趙新《春秋》學，以發明《春秋》宗指爲主。《三傳》互有得失，難於據依，故捨傳求經，轉而關注體例之措注問題，所謂「褒貶之指在乎例，綴敘之意在乎體」。於是有三體十例之說。義例之推求，自《春秋》三傳以下，往往爲研治《春秋》之策略常法。[52] 陸淳所記趙匡《春秋》損益之三大體類，頗具代表性。孔子筆削魯史策書，以作成《春秋》，或筆而書之，或削而不書，形態有三：其一，常典悉書，褒貶隨之；其二，合禮、常事不書；非禮、變常則書。筆而書之，則增損其文，以寄褒貶。其三，非常則書，因事褒貶卷一，趙氏損益義第五學界指稱古今論著，要不出「述」與「作」之範疇：朱熹稱：「述，傳舊而已；作，則創始也。故作非聖人不能，而述則賢者可及」。由此推之，趙匡所云常典悉書，隨其邪正而加褒貶，實不異杜預《春秋序》所云「即用舊史，不必改也」，爲賢者可及之「述」。其二、其三，則增損其文，因加褒貶，乃是杜預《春秋序》所云名教所存，「刊而正之」，非聖人不能之新意。即王充《論衡．超奇》稱孔子作《春秋》：「立義創意，不復因史記」者。要之，皆爲作者新制創作之發用，非聖人莫能修之。趙匡所謂「述作之大凡」，大抵如此。

陸淳所傳述趙匡《春秋》之義例，有關三體論說之褒貶予奪，大抵取決於史事之筆削去取，辭文之增損修飾。綱領粗具，頗有可觀。趙匡所提「綴述之意」十例卷一趙氏損益義第五，大抵以文章修辭、筆削見義之觀點，各提五個面向，作爲詮釋《春秋》之方法與技術。一曰悉書以誌實、九曰闕略因舊史，此率由舊章，因仍而書。二曰略常以明禮，此常事不書、合禮不書。或書或不書，筆削之大原則如上所示。三曰省辭以從簡，《春秋》措詞簡省，殺史見極，文約而義豐，皆歸本於此大原則。其餘五例，分爲兩組：其一，因文見義，運用修辭以體現書法，如變文以示義、即辭以見義、示諱以存禮、損益以成辭。其二，或筆或削，互顯其義，如記是以著非，詳內以異外。換言之，十例中因筆削而顯義者五：即悉書、略常、記是、詳內、闕略。藉屬辭約文以見義者亦五：即省辭、變文、即辭、示諱、損益。就修辭學而言，不過「表意方法之調整，優美形式之設計」而已。要皆就形式表現內容，因技法曲達義理。所謂即器以求道，藉形而傳神。

因筆削而顯義者，史事除同文悉書之外，多採偏載互見之法，皆以或書或不書，而互發其蘊，互顯其義。如略常以明禮，常事、合禮不書，則知筆而書之者，即非常或失禮。記是以著非者，書是不書非，是非相形，削而不書者遂見於言外。詳內以異外者，內辭與外辭，《春秋》書法詳略有別，往往詳內而略外。闕略因舊史者，本史闕略，非關筆削，則率由舊章，沿襲不改。藉修辭而見義之五例，多經由辭文以考察史事，亦就辭文而推求《春秋》之指義。《春秋》約其辭文，殺史見極，故曰省辭以從簡。變文以示義者，謂損益魯史策書之辭文，以脈注綺交於褒貶與奪之取義。即辭以見義者，《春秋》因事屬辭，讀者即辭可以觀義。示諱以存禮者，爲尊者諱惡，爲國惡諱恥，隱避不書，以維倫常名教。損益以成辭者，辭有損益，而事仍本史，固《春秋》修纂之原則。由此觀之，筆削手法所謂悉書、略常、記是、詳內、闕略，主要爲體現《春秋》誌實、明禮、著非、異外、因舊之指義，所謂法以義起，法隨義變。藉修辭以見義者，亦多有其企圖與目的：省辭，以從簡爲原則；損益，爲成辭之策略。或變文、或即辭、或示諱，表意方法之種種調適，多具有示義、見意、存禮之成效。趙匡稱：「知其體，推其例，觀其大意」，然後可以知《春秋》之宗旨義趣。

《文心雕龍．宗經》稱：「《春秋》則觀辭立曉，而訪義方隱。」可見《春秋》辭簡而義隱，其實難知。尤其此中存在若干「刺譏褒諱抑損之文辭」，「爲其切當世之文而罔褒」之忌諱之辭，既不可書見，故往往「推見至隱」。爲考索微言大義，於是探索宗旨，推求義例，成爲《春秋》學之重要課題。無論筆削顯義或修辭見義，考求筆削，憑藉修辭，皆可視爲顯義、見義之手段與步驟。猶如《周易》之因象以見意，繪畫之藉形而傳神。質因文顯，情緣采見，即器以求道，順指而得月，此《春秋》詮釋捨傳求經，而不流於射覆臆斷之法也。

日本學者吉原文昭論學，偏好「具有生命力的政治學」，不喜「沒有生命力的經學」，因此批評趙匡「十例」，論斷文章形式之問題，表明「從趙匡的《春秋》學開始，其思想性越來越欠缺，其學問則淪爲技術學方面的內容」。[53]形式技法爲思想內容之外現，接近形而下之器。苟捨形而下之器，則形而上之道，將何所寓託？筆削與修辭，就孔子竊取之義而言，爲形而下之技術層面。吉原文昭說趙匡論損益義之文章形式問題，堪稱《春秋》學之一大發現。若因此而稱趙匡學問「淪爲技術學方面的內容」，則恐未必然。自《春秋》三傳、《孟子》、《禮記》、董仲舒、司馬遷、杜預、徐邈、劉勰、孔穎達、劉知幾詮釋《春秋》，多以屬辭比事之《春秋》教解讀之，或說比其事，或論屬其辭，要不出形式技術諸法。若然，則又何說？

啖、趙學派在《春秋》研究史之貢獻，世多推崇其下開捨傳求經之風，[54]然又批判其憑私臆決，穿鑿尤甚。[55]夷考其實，啖趙不滿《三傳》之釋經，以爲未得聖人之旨；故所謂捨傳，乃不主一傳，而非盡棄《三傳》。爲問：既已不信《三傳》矣，又如何釋經？啖趙之三體十例，因例以求義，是其策略方法，前文已論及。除外，筆者發現：屬辭比事法之發用，亦其求義方法之一。《春秋集傳纂例》，〈雜字例〉所言「上下相應，而見其理」，已略有觸及。唐盧仝著有《春秋摘微》四卷，解經不用《三傳》。韓愈〈贈盧仝〉詩云：「《春秋》三傳束高閣，獨抱遺經究終始。」《韓昌黎詩繫年集釋》卷七，贈盧仝堪稱實錄。

傳之爲書，爲解《經》而發，既然捨棄《三傳》，又如何求得《春秋》之微辭隱義？「究終始」三字，即妙傳治經之方法。劉師培稱：古《春秋》記事成法，爲「爰始要終，本末悉昭」《左盦集》卷二，古春秋記事成法攷；孔子筆削魯史策書，而成《春秋》，記事自有體現。儒者研究《春秋》，以其道還治其人，運以屬辭比事之法，通全書而考察之，探究終始，掌握本末，則一經之宗指微言可以推尋而得。[56]趙匡考索《春秋》之義，強調「上下相應，而見其理」，運以屬辭比事，正與盧仝治《春秋》之方法相通。

趙匡考求《春秋》之義，蓋棄置《三傳》，以經治經，比其事，屬其辭，探究其終始，果然可以「不俟傳註而自通」。如《春秋》於桓公二年，一書「春王正月戊申，宋督弒其君與夷及其大夫孔父」；再書「公會齊侯、陳侯、鄭伯于稷，以成宋亂」；三書「夏四月，取郜大鼎于宋。戊申，納于大廟」，比事屬辭以觀，則魯之貪宋賂、縱宋督弒君，罪可知之。再如桓公八年，《春秋》一書「春王正月己卯，烝」；夏五月再書「丁丑，烝」。半歲而二烝，魯之褻瀆祭祀，比事而屬辭之，貶責自在言外。《春秋》莊公五年，書「冬，公會齊人、宋人、陳人、蔡人伐衛」；六年，再書「春王正月，王人子突救衛」；三書「夏六月，衛侯朔入于衛」，四書「秋，公至自伐衛」。連屬上下之辭文，排比前後之史事，是諸侯之逆王命、抗王命可知。趙匡治經，採用「上下相應，而見其理」之法，實即屬辭比事《春秋》教之方術。由此觀之，若以例求義，以法求義循是，多可以「不俟傳注而自通」。

《春秋纂例》卷一〈趙氏損益例〉，曾設問：「聖人之教，求以訓人也。微其辭，何也？」回應之語，言「非微之也」者三。人之善惡，必有淺深小大之別，如《春秋》書弒君，有稱國以弒、稱人以弒、稱盜以弒之殊。又如來盟，有書名、書字，書官之異。[57]善惡之深淺有別，故必約文以屬辭，假借一二字，以微示其善惡之小大淺深，凡例、義例之所由生，以此。《春秋》推見至隱，褒諱抑損，往往見諸隱微。尤其忌諱敘事，每多推見至隱。幽微渺忽處，往往爲《春秋》書法之所在，此正屬辭修辭盡心致力處也。

第六節 結語

孔子筆削魯史舊文，作成《春秋》，其義往往寄諸言外，未嘗道破。以治《春秋》爲志業者，既以推求孔子「竊取」之義爲當務。於是取《禮記・經解》所示屬辭比事，作爲《春秋》之教與書法。或比事觀義，或屬辭見義，或比事屬辭以探究終始。孔子當年既因事屬辭，後世讀者自可即辭以求義。

就《春秋》之遺詞行文，以詮釋解讀《春秋》不說破之義旨，此自《春秋》三傳、董仲舒、司馬遷已開其端緒。其後杜預、徐邈、劉勰、孔穎達、劉知幾、啖趙學派，又先後發揚光大之，皆以文章之修辭，詮釋《春秋》書法。由此觀之，欲求「何以書」之義，藉助「如何書」之修辭手法，當有助於破譯解讀。考索《春秋》之義，講究方法策略如是，可免捕風捉影，憑私臆決。

清張應昌著《春秋屬辭辨例編》，〈凡例〉稱：「言屬辭，則比事該之矣。」孔子作《春秋》，「事仍本史，而辭有損益。」錢穆《中國史學名著．春秋》亦云：「孔子所修者主要是其辭，非其事。由事來定辭，由辭來見事。」要之，皆以文章修辭解讀《春秋》書法者。

筆者舊著《左傳文章義法撢微》一書，專論《左傳》之約文屬辭，文章義法。今轉換論說視角，聚焦於「屬辭比事之《春秋》教」，申明《左傳》之屬辭約文，不特爲《春秋》之書法，亦即後世所謂修辭學，或文章義法。因論《春秋》詮釋學之大凡如上，自先秦以來至中唐。[58]至於宋元以來近世之《春秋》詮釋學，已另篇發表。文長，不贅。[59]

註釋

① 張高評〈《春秋》書法與「義」在言外——比事見義與《春秋》學史研究〉，高雄中山大學《文與哲》第二十五期，二〇一四年十二月，二、「屬辭比事與孔子作《春秋》」，頁八一—九二。

② 宋周麟之〈《春秋經解》後跋〉云：「初王荊公欲釋《春秋》，以行于天下，而莘老（孫覺）之《傳》已出，一見而有惎心，自知不復能出其右，遂詆聖經而廢之曰：『此斷爛朝報也！』，不列於學官，不用于貢舉者有年矣。」語見孫覺《春秋經解》附錄，文淵閣《四庫全書》本，冊一四七，頁七八一。宋楊時《孫覺《春秋經解》序》，《春秋經解》卷首，文淵閣《四庫全書》本，頁二；冊一四七，總頁五五四。

③ 張素卿《敘事與解釋——《左傳》經解研究》，臺北：書林出版公司，一九九八年，第三章《經解：「屬辭比事」以釋義》，頁一〇九—二〇三；趙友林《《春秋》三傳書法義例研究》，北京：人民出版社，二〇一〇年，第五章第二節《《春秋》學者對屬辭比事的再認識》，頁二七九—二九五。張高評《《春秋》書法之修辭觀》，汪榮祖主編《錢鍾書詩文叢說》，中壢：中央大學人文研究中心，二〇一一年，頁三三一—三八〇。張高評〈《左傳》敘事見本末與《春秋》書法〉，《中山大學學報》（社會科學版），二〇二〇年第一期（第六十卷，総二八三期），二〇二〇年一月，頁一—一三。

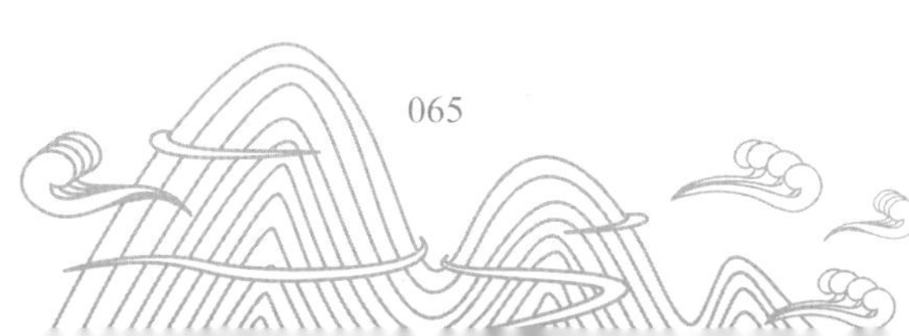

④錢鍾書《管錐編》，冊三，《全上古三代秦漢三國六朝文》，三一，《全後漢文》卷一，第九六七頁。冊五，《左傳正義》，十二、「閔公二年」，增訂三，第二十頁。《管錐編》，冊三，《全上古三代秦漢三國六朝文》，三一、全後漢文卷一，頁九六七—九六八。

⑤張高評〈《左傳．秦晉韓之戰》及其敘事義法——《春秋》比事屬辭與《左傳》敘戰之書法〉，南京鳳凰出版社《古典文學知識》二〇一九年第五期（總第二〇六期，二〇一九．九），頁一一〇—一二〇。張高評〈北宋《春秋》學之創造性詮釋——從章句訓詁到義理闡發〉，《中國典籍與文化論叢》第十九輯（二〇一八），頁八九—一二九。張高評《比事屬辭與古文義法——方苞「經術兼文章」考論》，臺北：新文豐出版公司，二〇一六。第五章〈即辭觀義與方苞《春秋直解》——《春秋》書法之修辭詮釋〉，頁一八五—二四一；第六章〈因文取義與《春秋》筆削——方苞義法「言有序」之修辭詮釋〉，頁二四三—二九九。

⑥〔日本〕內藤湖南〈概括的唐宋時代觀〉，《歷史與地理》第九卷第五號，一九二二年五月，頁一—一一。宮崎市定〈內藤湖南與支那學〉，原載《中央公論》第九三六期，《亞洲史研究》第五卷。黃約瑟譯〈概括的唐宋時代觀〉，劉俊文主編《日本學者研究中國史論著選譯》第一卷，北京：中華書局，一九九二年，頁一〇—一八。傅樂成〈唐型文化與宋型文化〉，《漢唐史論集》，臺北：聯經文化出版公司，一九八〇年，頁三三九—三八二。王水照〈重提「內藤命題」〉，《鱗爪文輯》，西安：陝西人民出版社，二〇〇八年，卷三「文史斷想」，頁一七三—一七八。

⑦宋朱熹《四書章句集注》，《論語集注》：北京：中華書局，一九八三，卷四，頁九三。清黃式三《論語後

案》：「作者，刱人所未知。述者，昔有之而今晦之，爲之祖述以明之。」程樹德編《論語集釋》，北京：中華書局，一九九〇，卷十三〈述而上〉，頁四三三引。

⑧ 〔日本〕安居香山、中村璋八輯《緯書集成》，石家莊：河北人民出版社，一九九四年，中冊，《春秋緯》，頁九〇四。

⑨ 宋胡安國《春秋胡氏傳》，臺北：臺灣商務印書館，一九六七年，《四部叢刊》初編本。，卷首《春秋傳序》，頁一；〈進表〉，頁四。胡安國詮釋《春秋》，每贊歎「非聖人莫能修之」，如卷一一，僖公五年，〈鄭伯逃歸，不盟〉，頁七，總頁五〇；卷一八，宣公十六年，《冬，大有年》，頁七，總頁八五；卷二二，襄公十四年，〈己未，衛侯出奔齊〉，頁二頁，總頁一〇二。卷二四，昭公元年，〈冬十有一月己酉，楚子麇卒〉，頁二，總頁一〇九。

⑩ 程樹德編《論語集釋》，北京：中華書局，一九九〇，卷十三〈述而上〉，頁四三三引。

⑪ 趙友林〈《春秋》三傳「注疏」中的屬辭比事考〉，北京大學《儒藏》編纂與研究中心《儒家典籍與思想研究》，北京：北京大學出版社，二〇一一年，第三輯，頁八七－一〇一。張高評〈屬辭比事與《春秋》宋學之創造性詮釋〉，《杭州師範大學學報》（二〇一九年第三期），二〇一九．五，頁八九－九六。

⑫ 元趙汸《春秋屬辭》，臺北：大通書局，一九七〇，卷十〈變文以示義〉，卷十一〈辨名實之際〉，卷十二〈謹華夷之辯〉，頁一四八四七、一四八五八、一四八七四。

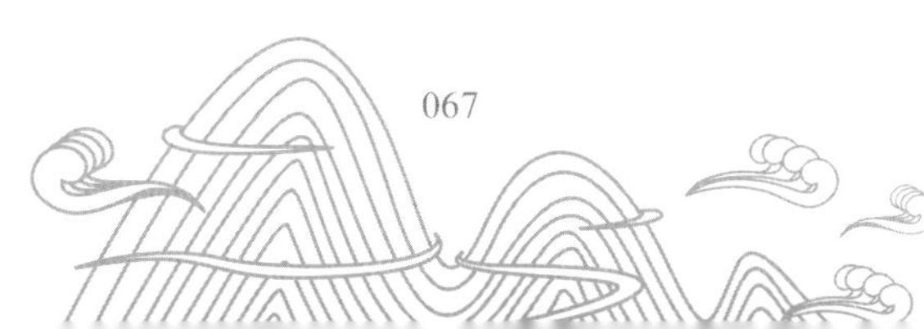

⑬ 駱成駫《左傳五十凡例》，民國十六年上浣刊本，中央研究院傅斯年圖書館藏，〈自敘〉，頁一—二。

⑭ 鄭奠、譚全基合編《古漢語修辭學資料匯編》，北京：商務印書館，一九八〇。〈春秋左傳〉，頁六—八；〈春秋公羊傳〉，頁一一—一三；〈春秋穀梁傳〉，頁一三—一四。

⑮ 楊樹達《春秋大義述》，上海：上海古籍出版社，二〇〇七，卷二〈貴有辭〉，頁一〇六—一〇九。

⑯ 張高評《左傳之文學價值》，臺北：五南圖書公司，二〇一九。第十章〈說話藝術之指南〉，頁二五八—二八四。張高評《屬辭比事與《春秋》詮釋學》，臺北：新文豐出版公司，二〇一九，第八章〈三傳貴有辭與《春秋》大義〉，頁四二一—四六四。

⑰ 段熙仲《春秋公羊學講疏》，南京：南京師範大學出版社，二〇〇二年，第三編《屬辭》，第四章「異同」，第五章「遠近」，第六章「進退」，第七章「詳略」，頁一七八—二二三。

⑱ 漢董仲舒著，清蘇輿注《春秋繁露義證》，臺北：河洛出版社，一九七五年，卷一《玉杯第二》「《春秋》之好微與」注，頁三六，總頁二六。

⑲ 陳遵嬀《中國天文學史．天象紀事編》，臺北：明文書局，一九八七年，第二十七章第二節〈流星雨〉，頁三六一—三六三。

⑳ 申小龍《語文的闡釋》，臺北：洪葉文化公司，一九九四年，第二章《經典闡釋：漢語語法意識之源》，頁

三三－三七。

㉑ 段熙仲《春秋公羊學講疏》，第三編《屬辭》，第一章《述傳》，頁一五五。

㉒ 平飛《經典解釋與文化創新－－《公羊傳》「以義解經」探微》，第三章〈《公羊傳》「以義解經」的方法特點〉，北京：人民出版社，二〇〇九，頁七〇、七三。

㉓ 阮芝生《從公羊學論春秋的性質》，國立臺灣大學文史叢刊，一九六九，四，〈春秋之義〉（二），頁一二五。

㉔ 宋黎靖德編，王星賢點校《朱子語類》，北京：中華書局，一九八六。卷八三〈春秋綱領〉，頁二一四九、二一五二。

㉕ 周何《春秋穀梁傳傳授源流考》，叁、〈穀梁傳摘例〉，十六、「用辭」例，頁三六二－三七〇。

㉖ 晁岳佩《春秋三傳義例研究》，第三章〈《春秋》用字原則〉，北京：綫裝書局，二〇一一年，頁七九－一三三。第四章〈稱謂原則〉，頁一三四－二〇一。

㉗ 確定語詞之義界，爲方法論三大任務之首。說見勞思光《思想方法五講》，香港：中文大學出版社，一九九八，頁一一－一二。

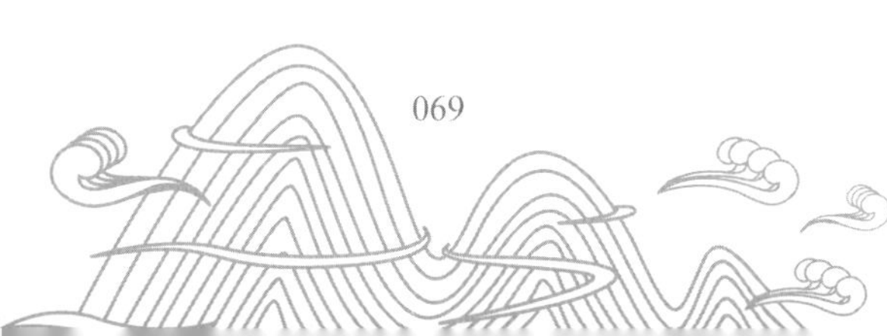

㉘參閱清張應昌《春秋屬辭辨例編》，上海：上海古籍出版社，二〇〇二，《續修四庫全書》本，卷九，〈會盟總論〉，卷十四〈征伐總論〉，卷十八〈書侵伐總論〉，卷十九〈書戰總論〉，卷二十一〈書取總論〉，卷二十二〈書救〉，卷二十四〈諸侯書爵總論〉，卷二十七〈姓氏總論〉，卷二八〈書名不書名總論〉，卷二十九〈書人總論〉，卷三十〈天王書出〉、卷三十一〈書立納入〉，卷三十二〈書弑君〉、卷三十三〈書殺〉、卷三十四〈書執〉等等。

㉙漢董仲舒著，清蘇輿注《春秋繁露義證》，卷二《竹林第三》，頁三二一三五；卷三《精華第五》，頁五九一六七；卷一六《祭義第七十六》，頁一六，頁三二一。

㉚夏傳才《詩經語言藝術》，臺北：雲龍出版社，一九九〇年，《重章疊唱》，頁一九一二八。

㉛段熙仲《春秋公羊學講疏》，第三編〈屬辭〉，第二章〈述董〉，頁一五八一一六一。

㉜張高評《春秋書法與左傳學史》，上海：上海古籍出版社，二〇〇五年，《史記筆法與《春秋》書法》，頁六一一一一八。

㉝劉師培《劉申叔先生遺書》，臺北：華世出版社，一九七五年，第一冊，《春秋左氏傳古例詮微．崇經》：「約爲錯綜故章，佴次得失。……然條蕞衆文，剟定僞損，上下比義，俾即檃括，僉出孔裁，即非史。舊志稱：褒諱貶損不可書見，是博指約辭，以資口授，亦出孔經新構，所以明法將來，非魯史下符孔經，而孔經尚錄魯史也。……王充《論衡．超奇篇》曰：『孔子得史記，以作《春秋》，及其立義創意，褒貶賞誅，不復因

史記者，眇思自出於胸中也。」」頁二，總頁三八九。

㉞ 張高評〈《史記》忌諱敘事與《春秋》書法〉，《嶺南學報》，復刊第十二期，二〇一九年一二月，頁一九—五五。

㉟ 張高評〈《史記．淮陰侯列傳》與《春秋》書法〉，《嶺南學報》復刊第九輯，二〇一八年一一月，頁一五—三八。

㊱ 清萬斯大《萬處士學春秋隨筆》，輯入清阮元編《皇清經解》，臺北：復興書局，一九六一年，卷五十，隱公四年，《衛州吁弒其君完》，頁一四，總頁七六七。

㊲ 清劉熙載著，徐中玉、蕭華榮校點《劉熙載論藝六種》，成都：巴蜀書社，一九九〇。《藝概》卷一〈文概〉，頁四三。

㊳ 清馬國翰《玉函山房輯佚書》，揚州：廣陵書社，二〇〇四年，經編．春秋類，晉徐邈《春秋穀梁傳注義》，頁一四〇八。

㊴ 張高評《比事屬辭與古文義法—方苞「經術兼文章」考論》，臺北：新文豐出版公司，二〇一六，第二章〈屬辭比事與《春秋》宋學詮釋法〉，頁四二—四四。

㊵ 參考余英時《歷史與思想》，臺北：聯經出版公司，一九七七年，〈章實齋與柯靈烏的歷史思想〉，三、「筆

削之義與一家之言」，頁一八八—一九七。

㊶ 張高評〈劉知幾之《左傳》學——兼論詩化之史學觀〉，《隋唐五代經學國際研討會論文集》，臺北：中央研究院中國文哲研究所出版，二〇〇九・〇六，頁五三七—五七一。其後，輯入張高評《春秋書法與左傳史筆》，臺北：里仁書局，二〇一一，頁二六一—三〇九。

㊷ 唐劉知幾著，清浦起龍釋《史通通釋》，卷五〈載文〉篇：「鄭莊至孝，晉獻不明，《春秋》錄其大隧、狐裘之什。」〈言語〉篇：「《春秋》載呂相絕秦，子產獻捷」，所稱《春秋》，實指《左傳》。

㊸ 唐司空圖《二十四詩品》，清何文煥編《歷代詩話》，北京：人民文學出版社，一九八二。〈洗煉〉，頁三九—四〇；〈含蓄〉，頁四〇—四一。參考錢鍾書著，舒展選編《錢鍾書論學文選》，廣州：花城出版社，一九九〇。四七，〈論精煉與含蓄〉，頁八七—九六。

㊹ 「事，固有其緊要關鍵。敘事時，等能得此緊要關鍵，而又得此等佳語以述之，自能使其事精神畢見，而讀者亦如身歷其境矣！」唐劉知幾著，清浦起龍釋，呂思勉評《史通通釋》，臺北：華世出版社，一九七五，〈敘事〉，頁二五八。案：宋蘇軾〈傳神記〉所謂「得其意思所在」。

㊺ 張高評：修訂重版《左傳之文學價值》，臺北：五南圖書公司，二〇一九・七，第九章〈敘事文學之軌範〉，十八「語敘法」，頁二三九—二四〇。

㊻ 同上，第十章〈說話藝術之指南〉，「左傳談說術舉證」，頁二六五。

㊼ 何炳松《歷史研究法》，第二章〈博採〉。載劉寅生等編《何炳松文集》，北京：商務印書館，一九九七，第四卷，頁一六。

㊽ 錢鍾書《管錐編》，臺北：書林出版公司，一九九〇，第一冊，〈左傳正義・杜預序〉，頁一六六。

㊾ 張高評〈左傳史論之風格與作用〉，氏著《左傳之文韜》，高雄：麗文文化公司，一九九四，頁九三—一六三。李隆獻〈《左傳》「仲尼曰敘事芻論〉，氏著《先秦兩漢歷史敘事隅論》，臺北：臺大出版中心，二〇一七，頁四二五—五〇三。

㊿ 清紀昀等主纂《四庫全書總目》，臺北：藝文印書館，一九七四年，經部春秋類一，卷二六，「《春秋集傳纂例》十卷」提要，頁一五，總頁五四三。

51 林慶彰、蔣秋華主編《啖助新春秋學派研究論集》，臺北：中央研究院中國文哲研究所，二〇〇二年，劉光裕〈唐代經學中的新思潮——評陸淳《春秋》學〉，頁八九—一一一。

52 清納蘭成德《涪陵崔氏春秋本例序》云：「以例說《春秋》，著於錄者，鄭衆、劉寔之牒例，何休之諡例，潁容、杜預之釋例，荀爽、劉陶、崔靈恩之條例，方範之經例，范甯之傳例，吳略之詭例，劉獻之之略例，韓滉、陸希聲、胡安國之通例，啖助、丁副之統例，陸淳之纂例，韋表微、成元、孫明複、葉夢得、吳澂之總例，……凡例……說例……志例……演例……義例……刊例……明例……新例……門例……異同例……顯微

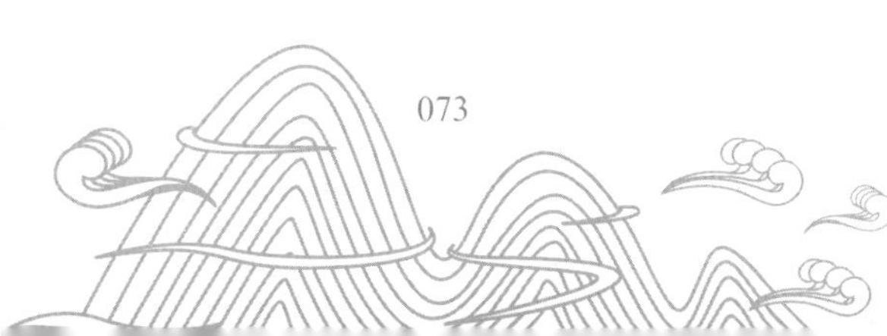

例……類例……序例。」《通志堂經解》本，崔子方《春秋本例》，卷首，頁二，總頁一一四五三。

53 〔日〕吉原文昭論《趙氏損益義》十例：「至三日（省辭以從簡）以下，其分析更加細緻，已經論及到文章的形勢（式）等問題。這表明了從趙匡的《春秋》學開始，其思想性越來越欠缺，其學問則淪爲技術學方面的內容。」孫彬譯文，《關於唐代《春秋》三子的異同》，原刊中央研究院《中國文哲研究通訊》第一一卷第二期，二〇〇一年六月，第七一—一〇一頁。林慶彰、蔣秋華主編《啖助新春秋學派研究論集》，頁三七三—三七六。

54 沈玉成、劉寧《春秋左傳學史稿》，南京：江蘇古籍出版社，一九九二年，第七章第四節《開宋學先河的捨傳求經之風》，第一九一—一九八頁；趙伯雄《春秋學史》，濟南：山東教育出版社，二〇〇四年，第五章第五節《開「捨傳求經」之風的啖、趙、陸三家》，頁三八四—三九八。

55 宋晁公武著，孫復校證《郡齋讀書志校證》，上海：上海古籍出版社，二〇〇五年。卷三：「大抵啖趙以前學者，皆顓門名家，苟有不通，寧言經誤，其失也固陋。啖趙以後學者，喜援經繫傳，其或未明，則憑私臆決，其失也穿鑿。均之失聖人之旨，而穿鑿之害尤甚。」第一〇九頁。

56 參考清顧棟高著，吳樹平、李解民點校《春秋大事表》，北京：中華書局，一九九三年。卷首《讀春秋偶筆》，頁四七。

57 清張應昌《春秋屬辭辨例編》，上編卷九，〈會盟總論·來盟涖盟〉，頁四五—五一，總頁三〇一—三〇四。

下編卷三十二，〈書弒君〉，頁一－四八，總頁三三－五六。

㊽本文舊題〈文章修辭與《春秋》書法——中唐以前《春秋》詮釋法之一〉，原刊《中國經學》第十九輯（二〇一六年一〇月），頁二五－四六。其後，續補增益，篇幅較前多二分之一，字數達三九七〇〇字以上，刊載於山東大學《漢籍與漢學》，二〇二一年第一輯，頁六五－一〇一。今再刪刈，力求精簡，成三萬餘字。

㊾張高評〈比屬觀義與宋元《春秋》詮釋學〉，《經學文獻研究集刊》第一五輯（二〇一六年六月），頁八一－一一四。又，張高評〈比事屬辭與明清《春秋》詮釋學〉，《經學研究集刊》第二〇期（二〇一六年五月），頁一七－五二。

第二章 《春秋》取義與《左傳》之命意

《孟子．離婁下》說《春秋》：「其事，則齊桓晉文；其文，則史；孔子曰：『其義，則丘竊取之矣。』」案：所謂「竊取之」，猶言私爲之。故《史記》稱孔子：「爲春秋，筆則筆，削則削，子夏之徒不能贊一辭。」（孔子世家）《春秋》「竊取」之義，體現在筆削之書法中。漢王充云：「孔子得史記以作《春秋》，及其立義創意，褒貶賞誅，不復因史記者，眇思自出于胸中也。」（《論衡》超奇）蓋褒貶勸懲之獨斷，出於別識心裁，所謂「眇思自出于胸中」。不可以書見，致孔門高弟不能贊一辭。

梁劉勰《文心雕龍．宗經》謂《春秋》：「觀辭立曉，而訪義方隱。」宋程頤《春秋傳．序》亦稱：「微辭隱義，時措從宜爲難知。」《春秋》之訪義方隱、微辭隱義，乃或筆或削使之然。朱熹南宋大儒，經學名家，亦以爲《春秋》爲難知、難看、難說、不可曉、不敢說、自難理會、不敢強爲之說云云。除《朱子語類》存〈春秋綱領〉一卷之外，平生未有《春秋》學之專著。①其實，《孟子》提出事、文、義三者，《史記》揭示或筆或削之情事，《論衡》表明立義創意、眇思自出，已爲詮釋《春秋》書法，解讀孔子之取義，提示義法研究之基本脈絡。

第一節　孔子之立義創意與《春秋》之取義

《史記．太史公自序》引孔子曰：「我欲載之空言，不如見之於行事之深切著明也。」刺譏褒諱挹損之文辭，不可以書見者多屬之。於何以書，謂之義法，即孔子稱「其義，則丘竊取之」者。〈太史公自序〉稱「貶天子，退諸侯，討大夫，以達王事」，合內外而言之，即世所謂《春秋》大義。司馬遷答上大夫壺遂問，稱《春秋》：「上明三王之道，下辨人事之紀，別嫌疑，明是非，定猶豫，善善惡惡，賢賢賤不肖，存亡國，繼絕世，補敝起廢，王道之大者也。」（《史記．太史公自序》）《朱子語類》載朱熹之言：「尊王賤霸，內中國而外夷狄，明君臣上下之分」，為《春秋》大義。（卷六十七，易三．綱領下）近人戴君仁《春秋辨例》亦云：「《春秋》大義，只是道名分，明是非，善善惡惡，尊王攘夷，禮義之大宗，幾點而已。」（第十章結論）

孔子以一介平民，擬藉《春秋》，「貶天子，退諸侯，討大夫」，思撥亂反正，補敝起廢。其著述之指趣，體現於竊取之義。其經營策略，蓋透過「見之於行事」顯現，憑藉「約其辭文」表出。宋趙鵬飛謂：「《春秋》雖因文以見義，然不稽之以事，則文不顯。苟徒訓其文，而不考其事，吾未見其得

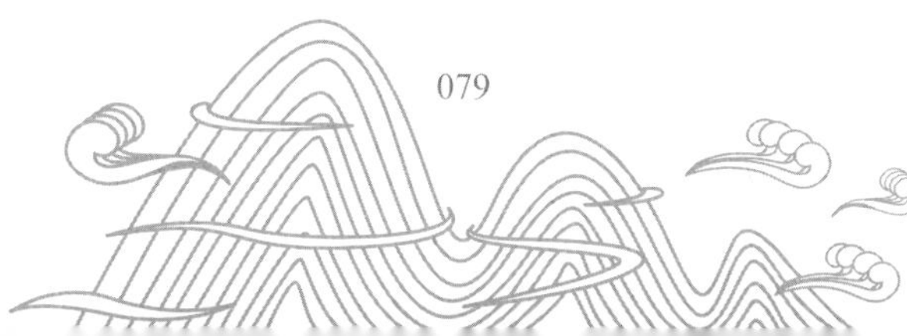

經義也《春秋經筌》卷二 清章學誠稱：「載筆之士，有志《春秋》之業，固將惟義之求。其事與文，所以藉爲存義之資也。」《文史通義‧言公上》由此觀之，「惟義之求」，自是閱讀《春秋》、研究《春秋》、詮釋《春秋》之首要課題，當務之急。其事與文，既然爲「存義之資」，於是，因文見義、稽之以事，自可作爲求義之法門。

《禮記‧經解》云：「屬辭比事，《春秋》教也。」《春秋》體爲編年，相關史事不相貫串。古春秋記事成法，爲「爰始要終，本末悉昭。」劉師培《左盦集》卷二 屬辭比事之解經法，近似之。屬辭比事之書法，綰合辭文與史事而一之，以之詮解《春秋》之微辭隱義，可與《孟子》《史記》《論衡》相發明。於是，解讀《春秋》之微辭隱義，屬辭比事成爲三傳注疏、歷代《春秋》學者之金鎖匙。何謂屬辭比事？採行宏觀之視野，運用系統之思維，連屬上下前後之文辭，類比對比相近相反之史事，合數十年之積漸而通觀之，可以求得《春秋》都不說破之「義」，此之謂屬辭比事。②

綜考《春秋》之詮釋史，往往聚焦於屬辭比事。明石光霽《春秋書法鉤元‧序》稱《春秋》：「不屬辭以考之，比事以求之，則聖人所書之法，豈易識哉？」清方苞《春秋通論》說筆削之法，「案所屬之辭，核以所比之事。」《四庫全書總目》提要 清張應昌：《春秋屬辭辨例編》：「聖經書法，必聯屬其辭，排比其事，而乃明。」卷首奏章《春秋》體爲編年，事同而年隔，遂異其卷，於是屬辭星散，而覈事裂分。若以屬辭比事之法解讀之，則《春秋》之褒貶得失可見諸言外。總之，屬辭之道、比事之方、筆削之法，其志其業，一言以蔽之，皆在《春秋》旨義之考索與推求。

《春秋》義昭筆削，考求其微辭隱義，有三大法門：一，據比次史事以見義；二，因連屬辭文而顯義；三，緣探究終始而示義。三者相互爲用，可以捨傳求經，足以考求《春秋》之微辭隱義。③比事、屬辭、探究終始之策略意義，即宋程頤《春秋傳·序》所謂：「觀百物，然後識化工之神；聚衆材，然後知作室之用。」論其會歸，屬辭、比事、探究終始，皆脈注綺交於或筆或削。故清章學誠《文史通義》曰：「史之大原，本乎《春秋》；《春秋》之義，昭乎筆削。」答客問上

屬辭比事所以爲《春秋》之教者，緣因有五：其一，《春秋》爲編年體，屬辭比事之法，可以整合分散，濟救困窮。其二，歷史有漸無頓，事件有本末始終；比事屬辭之法，可以會通參伍、統整散漫。其三，以屬辭比事詮釋《春秋》，即「原始要終，本末悉昭」之古春秋記事成法。其四，屬辭比事之法，經由比較、統計、歸納、類推，而考求《春秋》之義，系統而宏觀，可以發微闡幽，有功聖《經》。其五，《春秋》記事，「一事爲一事者常少，一事而前後相聯者常多」，其事自微而至著，自輕而至重。積漸之勢，誠如孔廣森所言：「辭不屬不明，事不比不章」。

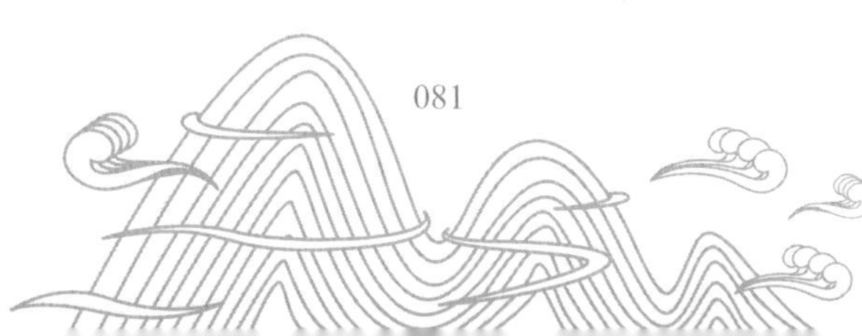

西漢嚴彭祖《嚴氏春秋》載：孔子與左丘明同乘，觀書於周太史氏。歸，而孔子作《春秋》，左丘明著《左傳》（引《孔子家語．觀周》）。《史記．十二諸侯年表序》亦稱：「魯君子左丘明，懼弟子人人異端，各安其意，失其眞。故因孔子史記，具論其語，成《左氏春秋》。」唐啖助稱美《左傳》：「博采諸家，敘事尤備，能令百代之下頗見本末。因以求意，經文可知。」（《春秋集傳纂例．三傳得失議》）宋家鉉翁《春秋集傳詳說》言：「有《經》著其略，《傳》紀其詳；《經》舉其初，《傳》述其終」；「使左氏不爲此書，後之人何所考據，以知當時事乎？不知當時事，何以知聖人意乎？」[4]《左氏》以歷史敘事方式，解說《春秋》經文，於《三傳》之中，羽翼《麟經》之功獨大。

漢桓譚《新論》稱述《經》《傳》之互補相濟：「《左氏》經之與傳，猶衣之表裡，相持而成。經而無傳，使聖人閉門思之，十年不能知也。」（《太平御覽》卷六百十引）劉師培《春秋左氏傳古例詮微》稱：「《經》以約詞爲宗，《傳》主弼《經》而作。《傳》詳《經》簡，所以抒行事而闡譏褒。《傳》有《經》無，所以明刊削而昭簡擇。」[5]指《左傳》主弼《經》而作，或《傳》詳《經》簡，以歷史敘事見終始本末；或《傳》有《經》無，示詳略．重輕、異同之筆削書法。

《左傳》因孔子史記，具論其語，其立義創意，敘事義法，自成一家者，「眇思自出于胸中」也。今論《春秋》取義之所以然，可以類推《左傳》之命意；論《春秋》之筆削，可悟《左傳》謀篇之衍化；論《春秋》之比事，可推《左傳》安章之因革；說《春秋》之屬辭，可見《左傳》鍛句之義法；說《春秋》之約文，可窺《左傳》練字之謹嚴。

余英時（一九三〇—二〇二一）論章學誠歷史哲學，說筆削之義，以為「筆削」一詞，當包括柯靈烏所謂之史料取捨、歷史建設、歷史批評三者。史學思想之自主性、史學堂廡的建立，賴此三大支柱以成。[6]孟子所謂「其事、其文、其義」，《禮記．經解》所謂「屬辭比事，《春秋》教也」，可知所謂竊取之義，即是孔子之別識心裁，孤懷卓見；筆削之義，一家之言，獨斷之學，亦即《春秋》之歷史哲學。非綜理「言與事之合一」，其「義」難見；必也比事而屬辭之，微辭隱義方可推求得知，此「義」所以為內在思想也。

古人為文，未落筆先有意，意在筆先，文隨意生，是以陰陽剛柔，無不如志。衛夫人云：「意後筆前者敗，意前筆後者勝。」筆陣圖 此本說書道，然移以稱說行文，理亦相通。杜牧之曰：「凡為文以意為主，氣為輔，以辭彩章句為之兵衛，未有主強盛而輔不飄逸者，兵衛不華赫而莊整者……苟意不先立，止以文彩辭句繞前捧後，是言愈多而理愈亂。」《樊川文集》卷十三、〈答莊充書〉 蓋意之於文，如鍵之於管，如樞之於戶，如將之於三軍，如腰領之於衣裳，統攝一切也。又如丸之走盤，橫斜圓直，不可盡知，其必可知者，是知丸不能出於盤也。王維稱：「凡畫山水，意在筆先。」山水論 故蘇東坡云：「畫竹，必先得

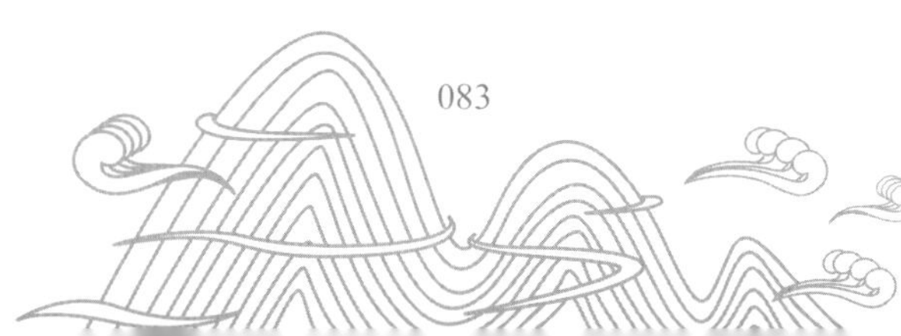

成竹於胸。」《東坡前集卷三十二・文與可畫篔簹谷偃竹記》亦是此意。夫命意之於篇章，亦若是而已矣。《文心雕龍・附會篇》所謂：「總文理，統首尾，定與奪，合涯際，彌綸一篇，使雜而不越者」，是命意之作用也。

清豫山頗歎賞《左傳》之文，其《會心閣春秋左傳讀本・自序》謂：「愛其筆情之變化，結構之渾成，敘事之精核，摹神之刻露。有刻畫所不到者，或以無意出之；有累牘所難罄者，或以簡峭出之。甚至曲委瑣屑，極無情無理之事，人所不恆經見者，彼無不可據情而直道之。列國之世道人心在其中，千古之世道人心在其中；筆之奇盡於此，文之至亦盡於此矣。」考《左傳》所以能臻此妙者，蓋由於命意殊勝也。《文心雕龍・鎔裁篇》提示命意之三準：設情位體，酌事取類，撮辭舉要，揆之《左傳》敘事之文心，要皆妙合。茲分二節，以論述《左傳》命意之特色：一曰全書之旨趣，言其體也；二曰命意之大凡，明其用也。詮次如下：

第一節　《左氏傳》之旨趣

《左傳》一書之旨趣，左氏未有明言，學者憾焉。蓋文有旨趣，是其書之得力處，亦是學者之入門處。文辭之功能，在以言語裝飾思想。屬辭約文，乃修辭之能事。修辭學，其材料爲文辭，而辭文本身已含有思想。陳介白《修辭學講話．言語與思想的關係》今憑藉《左傳》屬辭，以探求一書之旨趣，亦緣於此。

天下之義理無窮，苟非定以一二字，如何約之，使其在我？故為文而無旨趣，即有嘉言，是無頭緒之亂絲也；學者而不能得其書之旨趣，即讀其書，亦猶張騫初至大月氏，不能得月氏要領也。是篇因屬辭見義，分別旨趣，如燈取影，得《左傳》全書之旨趣有八：一曰載道，二曰徵聖，三曰宗經，四曰寢兵，五曰美刺，六曰報應，七曰愛奇，八曰寄慨，分論如後：

一、載道

先儒論文，皆以文為載道之器，文非道不立，道非文不行。故莊子謂：「世之所貴道者，書也。」文中子亦云：「學必貴乎道而後能文」。故文與道合，則其文極盛而不可加；文與道離，則其文多駁而少醇，此不易之論也。《左傳》一書，全然受一形上哲學之支配，以敘事、議論、談辨、描寫。《左傳》成公十四年藉君子曰明示五例，以闡發《春秋》之書法大義，《春秋》固足當之，得《左傳》之發明，乃更相得益彰。所謂「微而顯，志而晦，婉而成章，盡而不汙，懲惡而勸善」，前四者，示「如何書」之法；懲惡勸善，明「何以書」之義。合而觀之，即《左傳》所以載道之方式也。《左傳》以文

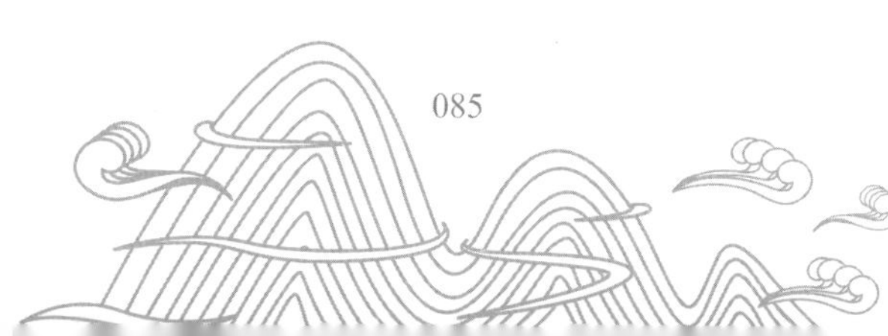

載道之法，或借政治寓言，如師曠論衛出君（襄公十四年），子產不毀鄉校（襄公三十一年）；或借神怪警世，如聲伯夢涉洹（襄公十七年），師曠論石言（昭公七年）是也。或寄於寢兵，或託之報應，或發乎感慨，或出以美刺，其爲法多方，其要則歸於載道也。

《左傳》所載之道，何道也？即儒家相傳之道。其大端則在經世，曰尊王、曰重霸、曰攘夷、曰禮義，其較著者也。戴君仁曾謂：《春秋》大義，「只是道名分，明是非，善善惡惡，尊王攘夷、禮義之大宗，幾點而已。」（《春秋辨例》，第十章〈結論〉）《莊子．齊物論》曰：「《春秋》經世，先王之志」，《春秋》之爲經世明矣，《左氏》爲《春秋》之傳，其經世思想尤卓犖可觀。清魏禧《左傳經世．自序》稱：「《左傳》，史之大宗。古今御天下之變，備于《左傳》」；又曰：「嘗觀後世賢者，當國家之任，執大事，決大疑，定大變，學術勳業，爛然天壤。然尋其端緒，求其要領，則《左傳》已先具之。」蓋《左傳》屬辭比事，於經國濟民尤爲切近，此杜征南胸中左癖必能施於社稷之故也。

左氏之義，首在尊王，故開卷便書「周」正月；葵丘之盟（僖公九年），齊桓受命，《左傳》爲之曲折寫生；河陽之會（僖公二十九年），晉文召王，《左傳》借孔子言以貶斥之。它如隆喪以厚德教，修德以昭君道，貴義以任臣道，威儀以示民則，昭禮以序尊卑，嚴分以慎名器云云，皆《左傳》尊王之旨趣也[7]。

《左傳》既主尊王，尊王不得不重霸。五伯，聖門所不道，然以春秋時勢論，則霸者當尊。以其雖假仁義，而猶知周室之當尊也。是故《左傳》於齊桓、晉文頗張大之，重其尊周室也。秦穆、楚莊雖不勤王，而能用賢，亦皆令主；宋襄雖無成功，而志在攘楚，故亦可嘉。桓文之後，晉悼復霸，五會三駕九合，未嘗暴骨原野，殘民鋒鏑，故左氏亦出色表彰之。自是之後，中原無霸，陪臣竊命，遂陵夷而爲戰國矣。

攘夷，《春秋》之大義，所以重親親也，所以維周禮也，所以貴禮義而尊一統也。《左傳》於楚莊之霸，則顯折其鋒（宣公三年）；於被髮而野祭者，則慨歎禮亡（僖公二十二年）；申之會，楚子合諸侯，則深惡痛絕之（昭公四年）；杞桓公來朝用夷禮，故稱子以卑之（僖公二十七年）；潞子狄也，以嬰兒賢，故稱子以進之（宣公十五年）。是夷狄進於中國則中國之，中國與於夷狄則夷狄之，此左氏攘夷之大義，亦以傳翼經之大主腦也。

春秋時，周德流化猶存，猶知以禮義相交通。林紓謂：「左氏結習，每論一事，必包括五常之理，不一而足。」（《左傳擷華》，頁八八，鍾儀楚奏評）子產論晉侯之疾（昭公元年），尋常酬答之語，亦不忘粧點仁信忠敏四字，其它可知。賈逵擿摭《左傳》長義三十事，「皆君臣之正義，父子之紀綱。」（《後漢書．賈逵傳》）鄭康成謂左氏善於禮（《六藝論》），姜炳璋稱《左傳》之發明經義者，皆所以維周禮也⑧。旨哉斯言！

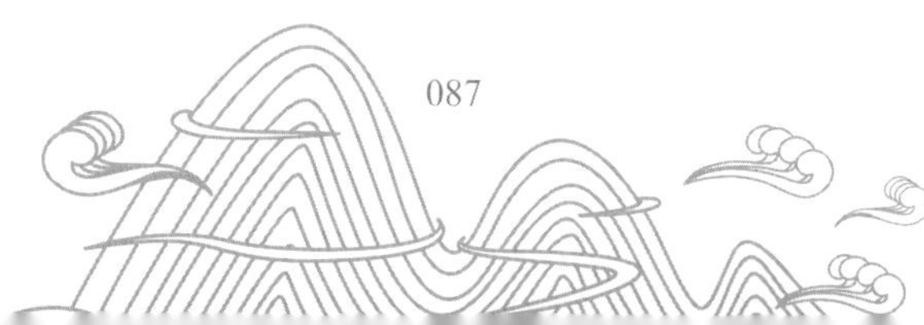

二、徵聖

夫立言徵聖，文章之上業也，故學者搦管，每每競引孔父，以自寵光。左氏著傳，既以明夫子之經，故往往借聖立言，以相發明：鄭伯入陳，以文辭為功（襄公二十五年）；宋置折俎，以多文舉禮（襄公二十七年），劉勰固先我言之矣。《左傳》之援用孔聖之語，是莊子所謂重言也。其用皆在裁斷是非，維繫名分，其類或以論贊事跡，或以品題人物，折衷聖論，恰好收束通篇，蓋非聖言無以為標準也。如天王狩于河陽（僖公二十八年）、仲叔于奚請曲縣繁纓（成公二年），子產論政寬猛（昭公二十年），范宣子為刑鼎（昭公二十九年）、汪錡殉社稷（哀公十一年），諸篇之徵乎聖言，多藉以論事也。其它借孔子之言以為重，皆所以抑揚人物也，如褒揚孟僖子、叔向、子產、魏絳、董狐、楚昭王、汪錡等；而貶刺臧文仲、鮑莊子、臧武仲、楚靈王、范宣子等，是其例也。⑨《左傳》之論贊品題，一準乎禮，夫然後知禮義之可以為國也。

聖人之心法，具見於《論語》；《左傳》所述，頗有與《論語》相表裏者，如「出門如賓，承事如祭」（僖公三十三年），此與孔子告仲弓問仁同；「君子無遠慮，小人從邇」（襄公二十八年），語亦同於孔子；顏淵問仁，而《左傳》稱：「古也有志：克己復禮，仁也」（昭公十二年）；推而至於治人之本，用民之教，節愛、敬信、時使，以論政治，德行、言語、政事、文學，以品評人物，《左傳》多妙契聖心。清姜炳璋《讀左補義》，綱領下，〈表裏論語〉，頁八而低回於周之德，三代之治，甚至以作史五例標榜《春秋》，知二人非特同恥而已，蓋亦妙同文心哉！

三、宗經

左丘明既與孔子同恥，又嘗同乘觀書於周史，歸而孔子作《春秋》之經，丘明爲之傳，共爲表裏。[10]蓋《春秋》有所褒諱挹損，微言大義不可以書見也，故丘明作傳發明之：或先經以始事，或後經以終義，或依經以辨理，或錯經以合異，隨義而發，夫然後聖人竊取之心法昭然若揭。漢桓譚《新論》謂：「《左氏傳》於經，猶衣之表裏，相待而成。經而無傳，使聖人閉門思之，十年不能知也。」洵哉斯言！

王船山《續春秋左氏傳博識》曰：「左氏之於經，翼而已矣。」雖持論甚嚴，然經傳之關係可知也。觀《左傳》之微顯闡幽，多愛博取，語大亦兼抱小，皆所以明《春秋》之聖心也。清周大璋《春秋左翼．凡例》謂：「至若《左氏》，人知其文詞超越百家，不知于聖經本旨實有心領神會，發明親切。

雖一字一句，亦必根柢乎義者。」《左傳》之發明經義，大抵歸趣於《春秋》，《春秋左翼》一書可徵也。姑舉數例以明之：

考叔純孝（隱公元年），石碏純臣（隱公四年），弁冕全書，千秋華袞，所謂義深於君父者，傳所以翼經也。又如晉侯秦伯圍鄭（僖公三十年），歸結鄭本服晉而晉圍之，以見《左傳》發明聖經罪晉之義（《讀左補義》卷十三）。又如解揚不辱命篇（宣公十五年），以無虞詐而守其信作收，見虞詐者獨晉人耳，傳所以發明孔聖專罪晉人之義也。又如弭兵之會篇（襄公二十七年），《左傳》欲釋經文（盟先楚而經先晉）之旨，故前則橫插仲尼文辭之譽，後則連綴鄭伯垂隴之享，若力形其獻酬贈答之長者，實反形其折衝禦侮之短，有不借信爲口實而不得者耳，則是經著其然，傳著所以然（《左傳日知錄》）。凡此，皆《左傳》宗經之例也。

四、寢兵

左氏善言兵，頗具六韜三略之奇，令人幾疑其爲窮兵黷武之兵家者流。及細考之，左氏之義不貴用兵，而在寢兵；不忍殘民，而在息民（《讀左補義．綱領下》）。故一則曰兵猶火也，弗戢將自焚也（隱公四年）；再則曰十年十一戰，民不堪命（桓公二年）；三則曰惡之易，如火之燎於原；見惡，如農夫之務去草焉（隱公六年）；四則曰禮樂慈愛為戰所畜（莊公二十七年）；五則曰德刑詳禮義信為戰之器（成公十六年）；以親仁善鄰為寶（隱公六年），以搆怨殘民為惡（僖公三十三年），稱止戈為武（宣公十二年），謂師克在和（桓公十一年），大抵與春秋無義戰之旨脗合，其有折衝樽俎之遺風乎？與戰國之殘民以逞，迥若雲泥矣。⑪

五、美刺

夫獎善懲惡，古史所同；而褒諱抑損之義，三傳不異。所謂義法，所謂竊取，即此是也。觀左氏之書，記吉凶禍福之隙，或出於滑稽之說，浮誇之詞，往往纖曲猥鄙而無遺。所以舍大釁而取其小，輕禍源而重其委者，謹始慎微也。吳闓生謂：「左氏褒譏，寄於浮誇」（《左傳微》卷二頁十二），如《左傳》敘狐突遇太子（僖公十年）、君子論季文子知懼不亡（成公七年）、子產駁臺駘為祟（昭公元年）、鄭龍鬬於洧淵（昭公十九年），要皆涉筆成趣，褒譏美刺寓乎浮誇滑稽者也。夫神怪之纖曲猥鄙而侈言之，此其所以為浮誇也。

褒善貶惡，美賢刺不肖，史書資鑑之精神也。左氏於忠正被禍之人，必極力表彰之，以為衰世之風聲，如齊襄之難（莊公八年），記費石孟陽；狄人伐衛（閔公二年），載渠孔子伯黃夷孔嬰；乃至於傳申生（閔公二年），寫宋昭（文公十六年）、述郤至（宣公十七年）、誌董安于（成公十三年），皆褒崇忠義也。若夫賢哲處世，志節足爲群倫之表率者，左氏尤極力褒美之，如管仲之佐桓創霸（僖公十二年），季札之器識襟抱（襄公二十九年），叔向之直，子產之愛，子皮之讓、叔向母之賢，皆極力稱揚之。即夷狄如蔿敖楚莊，亦未嘗不表章其英鷙雄發，可見其褒美之心矣。若夫以恩怨侵陵小國，最無霸者之量，左氏則深刺之，如齊師滅譚（莊公十年），晉文侵曹伐衛（僖公二十八年）是也。晉文召王（僖公二十八年），左公揭出不臣之實；庶其來奔（襄公二十一年），左氏痛斥季氏之姦，皆所謂一字之誅，嚴於斧鉞者。襄仲無道，季文子當國而不能討（文公十八年）；晉平淫亂，趙孟執國柄而不思救（昭公元年），左氏皆借事以深諷痛責之。清顧炎武《日知錄》所謂「古人作史，有不待論斷而於序事之中即見其指者」（卷二十六，《史記》於序事中寓論斷），《左傳》敘事傳人，往往見之。此固善善惡惡之史筆所宜有也，左氏寫來，尤見微婉雋妙，奇趣橫生。

至如《左傳》褒貶之法，《左繡》言之詳矣，其言曰：「有虛美實刺之法，如鄭莊貪許（隱公十一年）方才贊他知禮，即刻便譏其失政刑，有此一刺，連美處都認眞不得。又有美刺兩藏之法，如荀息不食言，（僖公九年）有得有失；引白圭作斷，兩意都到。又有怒甲移乙之法，如衛朔入衛（宣公十八年），既不便掃諸侯，又不當貶王人，因曲筆反責左右二公子，眞有觸背兩避之巧也。」〈讀左巵言〉此雖但舉一例，足以隅反矣。

六、報應

《易經．坤卦．文言》：「積善之家必有餘慶，積不善之家必有餘殃。」福善禍淫之人生觀，起自《周易》，便爲人倫教化之基本思想。以行爲之因果報應，取代宗教預言之神秘性；以行爲自身之因果關係，證明善惡所得之歷史審判，自較空言判斷爲深刻有力，此則左氏所建立，由宗教通向人文之史觀也[12]。

《左氏》一書，每以舉動容止，決人之吉凶禍福，無不奇中。蓋由道德之因果關係，作爲吉凶禍福成敗興廢之準據也，絕不聽憑宗教迷信。故艮八之占（成公十六年），南蒯之筮（昭公十二年），解《易》全以人事爲言，見吉凶由人，不在卦象也。而宋襄問隕石之祅祥，內史叔興謂是吉凶由人，無關陰陽（僖公十六年）。可見命占之要，取決於身、位、時、事、占五者，其大要皆歸於人事，天道云乎哉？

左氏好言前知禍福，億則屢中，人徒病其浮夸，而不知左氏皆從禮敬道德上作斷，非苟言而已，觀北宮文子論威儀（襄公三十一年），其意可知也。蓋「禮，天之經也，地之義也，民之行也。……禮，上下之紀，天地之經緯也，民之所以生也。」（昭公二十五年）違是則罹禍而不得救矣，是以郤至多怨而明稱其伐，單襄公論其必亡（成公十七年）；齊侯衛侯會朝怠禮不敬，叔向斷二君將不免（襄公二十一年）；子容專，司徒侈，司馬侯謂二子皆將不終（襄公二十九年）；邾子執玉高，定公受玉卑，子貢稱二君皆有死亡（定公十五年）；乃至於齊襄之無常，晉靈之不君、楚靈之無厭，晉厲之侈，魯哀之妄，早萌於亂亡之初，遂皆見弒，以此見道德之因果報應不爽也。積惡餘殃有固然矣。而積善餘慶，亦無所不在：是以宣公立宋穆，而其子饗之（隱公三年）；弗父何讓德，正考父謙德，乃誕至聖（昭公七年）；敬仲有禮于齊，宜其子孫莫之與京（莊公二十二年），魏絳舉義命忠，固當長有後於晉國（昭公二十八年）。凡此，皆左公之特識，而亦杜預所謂「先經以始事」之逆攝文學手法也。

七、愛奇

左氏愛奇，故傳多記誕幻詭奇之事，以自娛娛人，此亦韓愈所謂浮夸也。清朱軾序《左繡》稱：「《春秋》主常，而《左氏》好怪；《春秋》崇德，而《左氏》尚力；《春秋》明治，而《左氏》喜亂；《春秋》言人，而《左氏》稱神。舉聖人之所必不語者，而津津道之，有餘甘焉。」《左氏》言怪力亂神之恢奇，亦猶《周易》之取象幽渺，詩人之自紀祥瑞，雖曰窮天地之變，實亦直書當時之事。故所謂言誣，乃春秋人物之言誣，何有於《左氏》哉？事既多誣，《左氏》言之安得不誣？何況，春秋時代爲巫史文化，《左傳》所記災異、占卜、預言、形法，因應巫史意識，遂表現爲象徵敘事與因果敘事之雙重模態。⑬

春秋史事既多怪力亂神，左氏秉筆直書之，要亦有其旨趣：或託以示鑒戒，如晉景夢大厲（成公十年）；或藉以見詼詭，如宋襄問石隕（僖公十六年）；或用以蕩寫胸臆，如邾文公知命（文公十三年）；或資爲詭麗之觀，如子產弗信裨竈（昭公十八年）是也。雖然，左氏卻不惑於神怪，非徒記占驗，必以不可信終之；即人事之興廢，亦必強調吉凶由人，故一則曰：「下民之孽，非降自天，僔沓背憎，職競由人」（僖公十九年）；再則曰：「在道，國亂無象，不可知也」（襄公九年）；三則曰：「石不能言，或馮焉；不然，民聽濫也」（昭公七年），此皆左公閎識也。

《左氏》志怪，雖近誕戲，然史筆有法，故不與齊諧惡道等。《左繡》嘗例舉其描寫之妙法，謂「登僕見巫篇（僖公十年）凡寫兩遍；二豎大厲篇（成公十年），凡寫三遍；鄭瞞凡寫五遍（文公十一年），伯有妙于突起（昭公七年），蛇鬥妙于插入（莊公十四年），陸渾妙于倒煞。（昭公十七年）」〈讀左卮言〉觀此，可以想見《左氏》慘澹經營之匠心矣。至於《左氏》志怪之內容，可詳《左傳之文學價值》六章二節，此不再贅。

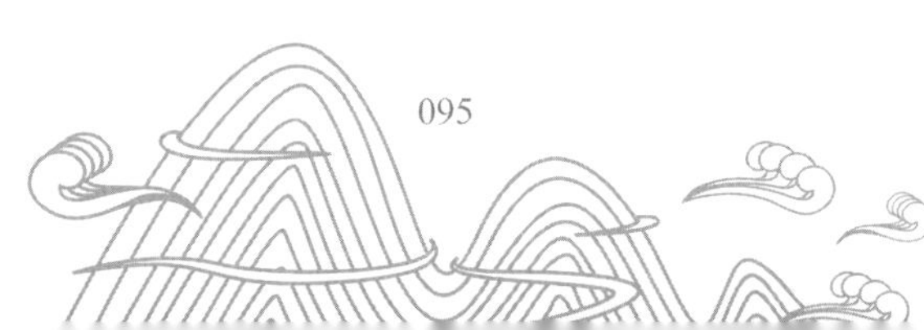

八、寄慨

人生而有性，接於物而有情。情動於中，則形於言而見乎辭，是文章者情性之風標，作者心靈之投影也。左丘明生當春秋之季，既感異端而作傳，於世變之日亟，自不能無感慨：土功繁興，災異荐至，弒君三十六，亡國五十二，諸侯奔走不得保其社稷者，不可勝數；朝聘盟會，侵伐入滅，無時無之。於是發為文章，感慨繫之矣。

左丘明之為人也，忠鯁出乎天性，嫉惡本於良知，時懷憂時閔亂之心，常存扶持名教之志。是故敘及周事，輒有無限悲涼嗚咽之音，如衛朔之亂（宣公十六年），深歎王室之不振；茅戎之敗（文公十七年），極傷王室之式微；王子朝之亂（昭公十八年），悲憤王室之內鬨；勾踐滅吳（哀公元年），憤慨王室之不競，皆左公忠鯁之懷所發也。左氏稟性既忠鯁，疾惡如仇乃性所固有，是以所載，語語有噤齘之聲，如商人之亂，記齊商人之陰謀（文公十四年），見切齒之慨；襄仲之亂（宣公十四年），忿恨子家首惡，聞切齒之音；鄭靈之弒（宣公十年），述子家卒而斵棺逐族改謚，明左氏憤邪嫉惡之衷；而豎牛見殺（昭公五年），誅奸除賊，覺左氏意興勃然，此皆忠鯁而嫉惡之天性使然也。

世衰道微，左氏憂閔之情可知也，如宋昭之弒（文公十六年），借蕩意諸語以表章昭公，深致惋惜之意；衛孫甯之亂，託大叔文子語以見憂時閔亂之情（襄公二十五年）；黃父之會（昭公二十五年），士伯詰宋，左氏太息古今盛衰之變耳；羊舌氏之亡（昭公二十八年），左氏深傷叔向之賢，竟不獲嗣也。若夫扶持名教之志，左氏善言禮，可爲明驗。吳闓生謂：「左氏於倫紀蕩亡之世，輒玩弄一切，以寄慨，所以寓其孤憤也。」（《左傳微》卷六頁十二）噫！此亦無可如何也！

第三節 命意之概況

凡爲文辭，宜先命意，意趣具於筆前，故文成而神足氣勁，不求工巧而自多妙處。明唐順之曰：「須有一段不可磨滅之見，然後能勦絕古今，獨立物表。」（《文編》）清歸有光曰：「作文須立大頭腦，立得意定，然後遣詞發揮，方見意氣渾成。」（《文章指南》）所謂有不可磨滅之見，所謂立大頭腦，即東坡所謂畫竹必先得成竹於胸中，羅大經所謂畫馬必先有全馬在胸中之概念（《鶴林玉露》卷六）。蓋必如此，行文方有離合變化之妙。否則，有若無帥之兵，烏合之衆。雲烟泉石，花木禽魚，皆散卒也；以意遣之，則無不如志矣。命意之用大矣哉！

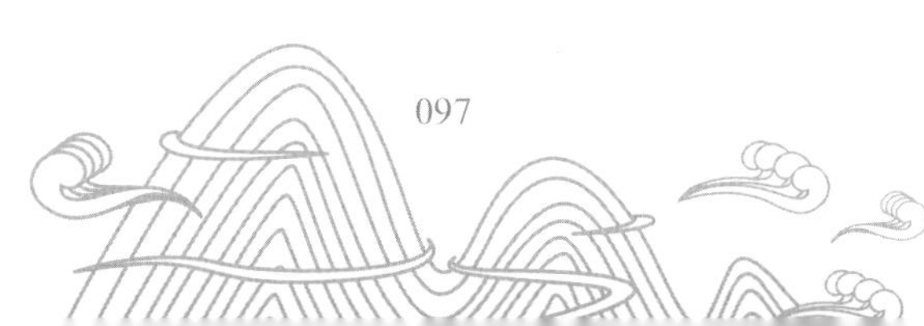

為文之首要既在命意，且文章之高華入勝處亦往往由於意妙，「左氏之文，萬世古文之祖也」林琴南語，命意之可觀，有固然矣。蓋《左傳》之命意，類多因物賦形，各盡其妙。吳闓生《左傳微》體則紀事本末，用則評點文章，於篇名之下，皆標明斯篇命意之所在，雖不必盡然，要可見《左氏》命意之梗概也。今董理諸家所論，參以己見，得《左傳》所以命意之法十有二：一曰脈注，二曰詭辭，三曰微辭，四曰飾辭，五曰托辭，六曰諷喻，七曰借事，八曰翻空，九曰深曲，十曰因勢，十一曰象徵，十二曰迴護。要之，皆《春秋》屬辭見義之流韻也。詮述如次：

一、脈注

夫文章之有旨趣者，必如眾星之拱辰，百鳥之朝鳳，萬壑之歸海，項莊之舞劍。賞文者宜求其旨趣，尋其脈絡，夫然後乃可以探驪而得珠。《文心雕龍．章句篇》曰：「啓行之辭，逆萌中篇之意；絕筆之言，追媵前句之旨；故能外文綺交，內義脈注，跗萼相銜，首尾一體。」此謂文章命意以脈注為尚也。

焦竑《春秋左翼．序》極稱《左傳》之敘事，謂「絲牽繩聯，迴環映帶，如樹之有根株枝葉，扶疎附麗，使人優游浸漬，神明默識，而忽得其旨歸。二百四十年之成敗宛如一日；七十二君之行事，通爲一事，故曰奇也。」金聖歎《唱經堂彙稿》亦云：「《左氏》每立一傳，必指一人爲主，然後盤舞跌頓，千變而不失其度。」可見《左氏》善於命意貫說，目注此意，卻不直寫，乃千波萬浪，作朝宗之勢。正如鴻門之宴，不特舞劍者意在沛公，即項、范、張、樊，意人人殊，然神光皆落一人身上也。此即所謂「外文綺交，內義脈注」之命意法也。林紓《左傳擷華》謂：「善于文者，用一人爲貫串，則穿插提頓，皆有所憑依。」鞌之戰，頁八〇，其命意脈注之謂乎？

以脈注之法命意，《左氏》家法也，如晉人執虞公僖公九年，通篇只一「易」字盡之，前後議論處處伏一易字，至末一筆點出。又如秦伯納惠公後，左氏敘晉事僖公十三—十五年，皆以「忌則多怨」該之。遷延之役襄公十四年，節節寫來，俱有一遷延之意在內。崔慶之亂襄公二十五、二十八年，盤舞跌頓只在寫一淫字，有如網在綱之妙。聲子說楚襄公二十六年，意在楚材晉用，楚之大害；左氏行文不鬆不緊，筆筆皆與關注，卻千迴百折而後出之，斯爲大善。衛靈之立昭公七、昭公二十年，末段引孔子言單斷宗魯，以見處亂世之善道，並以收束全篇，有萬派朝宗之勢。諸如此例，皆《左氏》脈注之命意法也。

二、詭辭

明顧凝遠《山水法》論作畫之取勢曰：「凡勢欲左行者，必先用意於右；勢欲右行者，必先用意於左；或上者，勢欲下垂；或下者，勢欲上聳，俱不可從本位逕情一往。」（《中國畫學全史》頁四二八）夫文之陰予陽奪、正言若反者，亦若是而已矣。作畫需取勢，行文則詭辭也。

吳闓生〈與李右周進士論左傳書〉，楬櫫《左傳》之微旨曰：「凡其所推崇褒大者，皆必有所不足；其所肆情詆毀者，必有所深惜者也。一言以蔽之曰：正言若反而已矣。」[14] 劉熙載〈文概〉亦云：「左氏敘戰之將勝者，必先有戒懼之意。如韓原秦穆之言，城濮晉文之言，邲楚莊之言皆是也，不勝者反此。」是故齊桓、晉文、秦穆、楚莊之盛，而左氏皆有微詞；至於宋襄，顧獨若有所推重者。左氏所嘗詆毀，如子玉、先穀、賈季、郤至諸人，皆其所甚惜者也；而其所嘗褒美，若鄭莊、宣孟之徒，皆其所深訶痛斥而極之於不堪者也。[15] 晉滅虞虢（僖公五年），虞虢實無罪，以見欺於強大而滅，文若責之者，詭辭也。

晉平公之疾，實由於女色（昭公元年），子產已論其詳矣；既不悟而再問，即以詭辭答之。黃池之會（定公十三年），吳之極盛矣，而語語有衰颯之聲；越圍吳之役（定公二十年），吳亡矣，而傳寫出夫差之英氣勃勃，皆詭辭也。《左傳》莊公八年：「君子是以善魯莊公。」吳闓生《左傳微》稱：「此所謂詭辭謬稱，全書皆一種筆法。」頁三十九《左傳》之詭辭謬稱，《公羊傳》謂之「實與而文不與」。⑯斯時，上無天子，下無方伯，天下滔滔，有能救亡圖存者，《春秋》往往出以「實與而文不與」之書法，謂辭文貶責之，而實際稱許褒獎之。此種書法，《左傳》薪傳之，遂多詭辭謬稱之書例，矛盾逆折，反常合道，左氏或出於不得已。

三、微辭

《史記．匈奴列傳》「太史公曰」曰：「孔子著《春秋》，隱桓之間則章，至定哀之際則微。爲其切當世之文而罔褒，忌諱之詞也。」所謂微言，即隱約之言，與章明較著之言相反；避開正面，以側面表達意旨者也。《春秋》義昭筆削，筆削而見刺譏褒諱，所進退褒貶者皆公卿大夫、主人得以習其讀而問其傳，故不得不微辭、曲筆、諱書。《春秋》既多推見至隱之微言，《左氏》傳聖人之心法，自亦多微辭隱義，特不限於定哀之際而已。

夫春秋，權臣之世也，故詞多忌諱：誅姦多用微辭，而貶時君反得直謫之。如周鄭交質隱公三年，將周鄭等夷相待，甚而目為二國；申生見殺閔公元年二年、僖公四年，由於獻公無道，卻未嘗一言及之；昭公之難昭公三十一—三十二年，於公則直謫其短，於季氏則深隱其詞；孔子論鑄刑鼎昭公二十九年，深惜晉國之將亡，而深隱逆臣之無道；晏嬰與齊侯論禮昭公二十六年，眼光注射陳氏代齊，而正意不肯輕露，微辭深切之至。大抵左氏於大奸慝，往往不明斥之，而以微文刺譏之也。

且《左氏》之極端褒美者，皆有微辭，如齊桓之霸，詳蔡姬蕩舟僖公三年，見侵蔡伐楚僖公四年起於閨闈；晉文之伯，志在請隧僖公二十五年、召王昭公二十八年之事；敘介推上下相蒙之論僖公二十四年，尤誅及隱微。它如魯桓魯宣之弒立，《左氏》載臧哀伯之諫納鼎桓公二年，季文子之逐莒僕文公十八年，指桑罵槐，用意絕微至；伍員之諫許越成哀公元年，引少康中興為喻，見左氏之寄望吳興復周室之微意也。而左氏述小國之滅，必疏其所以失國之罪，從無一言斥責強大之蠶食，如楚滅夔僖公二十六年，要皆左氏命意之微辭婉稱處也。

韓席籌《左傳分國集註》稱：「《左氏》鄭重褒美，無不適如其量。凡極端稱贊者，皆有微辭。」蓋本吳闓生之說，證之《左傳》，信然！

四、飾辭

左氏作傳，大抵依據孔子之《春秋》，復參考百二十國寶書，加以左氏之歷史想像，討論潤色，故能千載如見。晉徐邈稱孔子作《春秋》，「事仍本史，而辭有損益。」⑰《左傳》屬辭本之，事則猶是也，而文辭加美矣；文雖千迴百折，而萬變不離其實，此其所以爲實錄也夫！考左氏作傳之命意，有飾辭之法，蓋其想像潤飾之一端也。原夫春秋之際，朝聘不時，行李相望，折衝尊俎，辭命是尚。苟事關榮辱，理涉曲直，則可修辭專對，據實答難，以彌縫瑕隙，此之謂飾辭。

指義，往往藉《春秋》連屬辭文以表見。《左傳》本之，亦屬辭以見義。左氏造旨立言，出以飾辭者，如陰飴甥對秦伯（僖公十五年），若答說和，便文趣全無；妙在答說不和，然後將唐突秦伯處，放在小人心中；哀求秦伯語，放在君子口中，自己只從容述得一遍，遂成絕妙好辭。吳蹶由對楚子（昭公五年），開口便答吉，若云不吉，便難措辭，與呂甥對秦伯有異曲同工之妙。展喜對齊侯（僖公二十六年），分君子小人以對，恐矣是就其辭而入之，則否是反其辭而折之，而後陡然擡出先王之命，何等名正言順，亦占盡許多地步，堪稱飾辭妙品。賓媚人對晉人（成公二年）劈頭大正其名，謂母亦晉之母，懍然嚴重，便使晉人放肆不得；然後言稱先王，引證詩說，層層駁斥，極談言微中之妙。子產以幣謝秦勞（襄公二十六年），子產藉口，使秦有受貨之實，而無不廉之名，飾辭冠冕，故能成事。子產論壞晉館垣（襄公三十一年），其措辭之妙，閒閒而來，不言壞垣，卻遠引文公相為反映，晉罪遂不可勝言，夫然後略點壞垣作結。飾辭不卑不亢，剛柔並濟，詞令神品也。

五、托辭

《左氏》之文，緣於歷史想像，出乎討論潤飾者，托辭又其一端也。錢氏《管錐篇》謂：《左傳》之記言，實乃擬言代言。要皆左氏設身處地，依傍性格身份，假之喉舌，想當然耳（頁一六五—一六六）。由是觀之，《左氏》記言，自有其命意之法也。托辭者，宛轉假託虛飾之命意法也，所以拒人之請，規人之失；無損於人，而曲盡其情，《左傳》亦多此種屬辭與筆意。

《左氏》之命意，出於托辭者，如鄭莊戒飭守臣（隱公十一年），托辭稱其有禮，即刻便識其失政刑；魯桓在齊遇弒（桓公十八年），托辭彭生乘公，便影射齊侯文姜之罪；晉文召王（僖公二十八年），而書曰天王狩于河陽，便明正其無君之失；皇武子辭秦客（僖公三十三年），托爲脯資餼牽竭矣之辭，不道破其間諜之謀；晉侯夢大厲（成公十年），托神怪之辭，以深雪趙同趙括之冤；臧孫論季孫孟孫（襄公二十三年），美疢不如惡石之喻，即臧孫瞻前顧後、懊恨無窮之托辭；衛靈之立（昭公二十年），《左氏》取子石之忠君，而終以孔子之言，以爲處亂世之托辭；晏子論和同（昭公二十年），稱古以節公之情，正義而以寓言，見晏子和而不同。要之，皆《左氏》命意之善用托辭者也。

六、諷喻

《左氏》記言，多爲代言擬言。其命意之法，又有所謂諷喻者，針對一事物諷刺與勸誨，而以比喻之法寓於他事表現之者。《後漢書．李雲傳》〈論曰〉：「禮有五諫，諷爲上。」唐李賢《注》：「五諫，謂諷諫、順諫、闚諫、指諫、陷諫也。諷諫者，知患禍之萌而諷告也。」（卷五十七，頁十一）左氏有此諷諫之法，洵爲後世譎諫開示不少法門。

諷喻之法，或以虛構之故事烘托本意，或就眼前實事表現本意，載諸《左傳》者，如郤缺諷趙孟歸衛田（文公七年），引書處露出九歌，掉尾緊收「盍使睦者歌吾子乎」，悠然竟住，神遠不測。臧武仲諷季孫賞盜（襄公二十一年），比興寄意，季武子即魯之大盜也，文借庶幾諷之，猶有恕詞。子產論尹何爲邑（襄公三十一年）通篇共用五喻點染，勸諫而不傷人，開後世大題小做法門。晏嬰諷諫緊刑（昭公三年），就目前屨賤踊貴實事，挑逗諷諫之，於是景公省刑。申無宇諷納亡人（昭公七年），引制援詩，直指盜有寵，是以盜諷刺楚靈，而能令其解頤赦人。屠蒯諫晉侯（昭公九年），大類優孟優旃之勸諷，隱約刺晉侯之昏樂，此以譎諫勝也。子革諷楚靈王（昭公十二年），前半之說已具諷諫之旨，令人不覺；迨楚子聞〈祈招〉之詩，始悟前語無不含譏帶諷，譎諫之善者也。晏子諫誅祝史（昭公二十年），兼直諫、譎諫之勝，故言無不入。魏絳辭梗陽人（昭公二十八年），閒閒佈置，絕不點破，亦諷諫之極則也。

七、借事

《史記·太史公自序》引孔子謂：「我欲載之空言，不如見之於行事之深切著明也。」宋胡安國《春秋傳·序》亦稱：「空言獨能載其理，行事然後見其用。是故假魯史以寓王法，撥亂世反之正。」[18]孔子以一介平民，而欲行天子賞罰之事，故作《春秋》，因事屬辭，深切著明，而義在其中。

孔子之作《春秋》，論斷褒貶，見諸行事，或借事以明義，或假事以託義，或藉事以張義，或託文以見義，或因文以見義，或因事以見義，或變文以託義。⑲左氏依經作傳，亦深得《春秋》著述之法門，借事命意，其深切著明者也。

《左傳》之借事命意也，字句之間皆與其事相映照，絕不流於浮泛。如臧僖伯諫觀魚（隱公三年），借矢魚一事，以見隱攝桓立所謂不軌不物之亂政也。衛文滅邢（僖公二十五年），譏衛之滅同姓，卻假禮至銘中以見意。趙盾弒其君（宣公二年），通篇借旁人寫趙盾，以見趙盾弒而不弒，不弒而弒之意。孔子惜曲縣繁纓（成公二年），借桓子辭賞事，以譏晉侯失權，強臣之恣橫。郤至辭楚享樂（成公十二年），借郤子辭享，以見《春秋》變亂之由，盛世治平之故。僑如以夫人婦姜氏至自齊（成公十四年），借舍族一端，揭示《春秋》「如何書」之法，與「何以書」之義，史法盡於此矣。⑳子罕論向戌弭兵（襄公二十七年），借子罕之論，以見弭兵而斥斥於文詞，不足以折服蠻夷也。晉鑄刑鼎（昭公二十九年），借孔子言以痛斥逆臣之無道，並以惜晉國之將亡，意皆不為刑鼎而發也。

晚清皮錫瑞著《經學通論》，稱：「借事明義，是一部《春秋》大旨。」（四、《春秋》，論《春秋》明義之旨）孔子因魯史記而作《春秋》，其取而筆之者，皆所以明義。孔子作《春秋》如此，左丘明因孔子《春秋》而作《左傳》，參考列國史乘以成書，取而書之者，亦皆所以闡發著述之指趣也。

八、翻空

《文心雕龍．神思篇》曰：「意翻空而易奇，言徵實而難巧。」立意有翻空之法，憑空造設，虛建旗鼓，以動蕩心志，誘導入彀。蓋意出於揣摩想像，故多見詭譎灑脫之奇。《左氏》載言命意，亦不乏此等手法。

左氏命意之用翻空法者，如周鄭交質（隱公三年），君子曰云云，乃就上文王子狐公子忽字翻剔出來，空靈揮灑之。公伐邾（僖公二十一年），任宿須句顓臾風姓也云云，憑空立案以爲後文張本。郤缺論歸衛地（文公七年），歸地於起手一點，以下皆空中立論，文境灑脫。魏絳論和戎（襄公四年），中間一段諷諫，最是憑空設色，極絢爛可觀文字。北宮文子論鄭有禮（襄公三十一年），先寫身分，後敘贊歎，都作憑空落筆，留于後半發覆。豎牛之亂（昭公四年），歷寫其譎詐百端，只是兩面駕空一法，不啻若自其口出。郯子論名官（昭公十七年），通篇皆凌空之文，郁郁于文哉！勾踐滅吳（昭公三十二年、定公十四年、哀公元年—哀公二十二年），通篇皆凌空取影之筆，無一語輕犯正面，超妙絕倫之文也。

九、深曲

《文心雕龍．神思篇》謂：「思表纖旨，文外曲致，言所不追，筆固知止。」夫文之命意有深文曲筆，意在言外者，此之類也夫！

《左傳》所載，文饒蘊藉之致者，其詞旨多深曲，如五父諫許鄭成（隱公七年），君子曰云云，詞若譏陳桓之失鄭，意實諷其不能逆誅五父也，旨特深曲。秦伯伐晉（僖公十五年），敘秦晉之怨，皆用深文曲筆，故渾然無迹。趙盾滅狐氏（文公六年），因臾駢之言，而太息狐氏之不終，卻不明揭趙盾之姦，最是文情深曲處。曹劌諫觀社（莊公二十三年），實譏其有姦不能討，非爲觀社而發，皆深文曲致也。乃至於士會相晉，晉國之盜逃歸于秦；邾庶其來奔，於是魯多大盜；凡左氏敘事用晦處，要皆其例也。

《左傳》成公十四年，君子論《春秋》五例，其中，「微而顯，志而晦，婉而成章」三者，往往爲忌諱之詞，深曲之筆。《史記．司馬相如列傳》太史公曰稱：「《春秋》推見至隱」；朱熹謂《春秋》：「都不說破」、「蓋有言外之意」（《朱子語類》卷八三，頁二一五二、二一四九）其中，既「有所刺譏褒諱挹損之文辭，不可以書見」，故多深曲之筆，意見於外。《左傳》得《春秋》之神髓，故敘事傳人亦多文外曲致。

十、因勢

《左傳》命篇，大多因物爲文，或因篇題生出意思，或緣情事以爲波瀾，或別求義理以寄襟抱，《左傳》「君子曰」一體，要皆如此也。如周鄭交質（隱公三年），因王子公子四字，便生出澗溪沼沚四句妙文來；又如秦伯西戎（文公三年），論斷秦穆孟明，而因勢旁及子桑，以爲秦霸生色，是其例也。

《左傳》載文，有因勢命意者，除君子曰外，如鄭伯蘭卒（宣公三年），筆筆從蘭字生情，鄭穆因蘭而出，中間御蘭、徵蘭、名蘭，結以刈蘭而卒；魏絳論和戎（襄公四年），中段說田獵，述虞箴，蓋因晉侯好田而語勢遂及之；齊侯使晏嬰請繼室於晉（昭公三年），起手一請一對，正文已畢，卻因晏嬰與叔向相語，遂生出一段豐腴悽惻之文；又因屨賤踊貴句，乃補敘一段奇幻諷諫之文；又因更宅一句，化出一段秀峭之文。因勢命篇，出奇無窮；造意如此，自能簇簇生新也。

十一、象徵

《左傳》之命意，又有所謂象徵法者，蓋緣理性之關聯與社會之約定，運用具體之生活意象，以表達抽象之觀念與情事者。象徵與寓意近似，惟象徵採間接方式，與寓意以直接指稱不同。㉑此法之運用，於《左傳》不甚普遍，間亦有之。

象徵命意法之見於《左傳》者，如辛有適伊川，見被髮而祭於野者（僖公二十二年），被髮象徵左衽，故曰不及百年，此其戎乎。公子重耳之亡（僖公二十三年），乞食於野人，野人與之塊；塊，得土有國之祥也，故子犯曰：天賜也。晉獻使太子申生帥師（閔公二年），公衣之偏衣，佩之金玦，尨涼冬殺，金寒玦離，是以申生不免於難。鄭穆公卒（宣公三年），以蘭象徵穆公之生死，是以因蘭而生，刈蘭而卒。鸜鵒來巢（昭公二十五年），象徵《春秋》之局將變，正不特昭公出奔之兆也㉒。史墨論季氏出君（昭公三十二年），引詩「高岸為谷，深谷為陵」，以象徵世事變遷，高下易位，故曰三后之姓，於今為庶。皆其例也。

清汪中〈《左氏春秋》釋疑〉：「《左氏》所書，不專人事，其別有五：曰天道、曰鬼神、曰災祥、曰卜筮，曰夢，其失也巫，斯之謂與！」（《汪中集》卷一，頁五五）《左傳》敘事傳人，往往借助神秘意象，以理

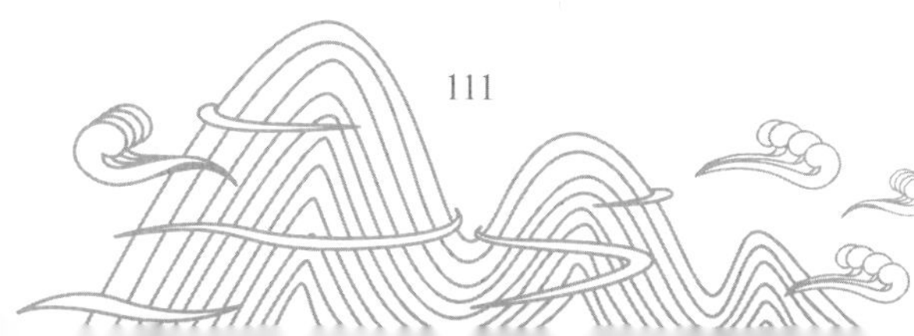

解現實生活，象徵方法乃表現形式之一。如《左傳》之預言，或經夢寐而逆料，或因卜筮而億中，或依形相而前知，或據機祥而暗示，或藉歌謠而先覺，多億則屢中，不爽錙銖，此之謂象徵性敘事。㉓

十二、迴護

作文命意，有尊題法，迴護亦尊題之意也。蓋以一偏之曲筆，立說斡旋，而有理足詞圓之勝者，是迴護之法也。《左氏》傳經，有所謂尊君命者，如公子遂如齊逆女（宣公元年），叔孫僑如如齊逆女（成公十四年）；有所謂尊夫人者，如遂以夫人婦姜至自齊（宣公元年），僑如以夫人婦姜氏自齊（成公十四年），此即為君與夫人迴護也，亦《左氏》釋經之一例。

《左氏》載言，命意或出以迴護者，如展喜犒師（僖公二十六年），不言魯無以保聚，而以爲不敢保聚；不言齊侯毒害，而言必不加害，絕妙迴護。呂相絕秦（成公十三年），曲在秦者，恣意舖張；曲在晉者，百方迴護。妙文而利口，惜其言多誣也。穆叔答范宣子論不朽（襄公二十四年），「此之謂不朽」句，是迴護己說；「不可謂不朽」句，是斷他誤會。凡此，皆迴護法之例也。

註釋

① 張高評〈朱熹之《春秋》觀——據實直書與朱子之徵實精神〉，中國經學研究會主編《第八屆中國經學國際學術研討會論文選集》，臺北：萬卷樓圖書公司，二〇一五年，頁三五四—三五八。

② 張高評〈屬辭比事與《春秋》之微辭隱義——以章學誠之《春秋》學為討論核心〉，《中國典籍與文化論叢》第十七輯（二〇一五年十月），頁一五二—一八〇。

③ 張高評〈《春秋》書法與「義」在言外——比事見義與《春秋》學史研究〉，《文與哲》第二十五期，二〇一四年十二月，頁七七—八一。

④ 宋家鉉翁《春秋集傳詳說》，〈綱領‧明凡例〉，卷首，頁四一。文淵閣《四庫全書》，冊一五八，頁二一—二二。

⑤ 劉師培〈春秋左氏傳古例詮微‧明傳篇第三〉，臺北：華世出版社，一九七五。《劉申叔先生遺書》第一冊，頁三，總頁三九〇。

⑥ 參考余英時《歷史與思想》，聯經出版公司，一九七六、一九七七年，《章實齋與柯靈烏的歷史思想》，頁

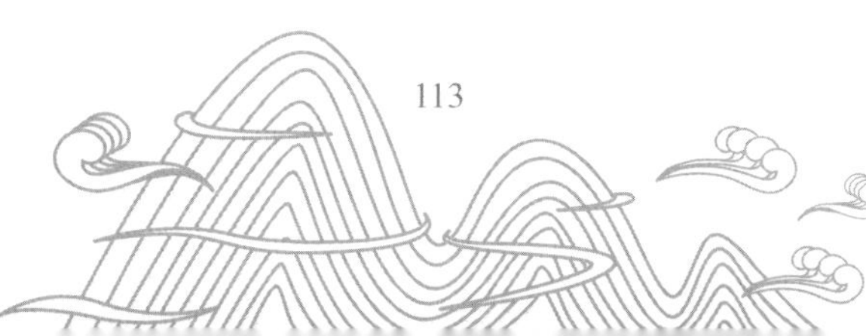

一八〇—一八八、一八八—一九四。

⑦詳參李啓原《左傳載語之禮義精神研究》一章二節，二章二節，四章一節二節四節五節諸文。

⑧參張高評《左傳導讀》四章二節十、歸本於禮；六章一節〈左傳之經學價值〉。

⑨李隆獻〈《左傳》「仲尼曰敘事」芻論〉，輯入氏著《先秦兩漢敘事隅論》，臺北：臺大出版中心，二〇一七年。四，「仲尼曰敘事」的敘事策略及其效用，頁四六三—四七六。

⑩西漢嚴彭祖《嚴氏春秋》引《孔子家語》〈觀周篇〉，載孔子與左丘明同乘如周，觀書於周史云云。文見《春秋經傳集解·序》，唐孔穎達《疏》引陳沈文阿之說。卷一，頁十一。

⑪參考張高評《左傳之武略》，高雄：麗文文化公司，一九九四。貳〈《左傳》之兵學思想〉，一、寢兵以息民，頁五—一〇。

⑫詳參徐復觀《兩漢思想史》卷三原史頁二八〇—頁二八八。又伊根撰，張端穗譯〈左傳之敘事文〉載東海大學中文學報第三期，亦可參閱。

⑬過常寶《原史文化及文獻研究》，北京：北京大學出版社，二〇〇八年。第四章〈《左傳》研究·《左傳》的二元敘事邏輯〉，頁一三六—一四八。

⑭吳闓生桐城吳氏古文法〈項羽本紀贊評〉亦有類似之論：「凡文字滿口頌諛，其中必有不足；盡致譏姍，必有

所痛惜也。」知左氏命意之弔詭，史公盡得眞傳云。

⑮ 說詳《左傳微》卷首，錄吳闓生〈與李右周進士論左傳書〉。

⑯ 漢公羊壽傳，漢何休解詁，唐徐彥疏《公羊傳注疏》僖公元年《春秋》書桓公「救邢」，《疏》：「謂雖文不與，其義實與，故言起文從實」，卷十，頁二。僖公二年：「城楚丘」，《注》：「主書者，起文從實也。」《疏》：「謂經文雖不與，當從其實理而與之。」卷十，頁七。臺北：藝文印書館，一九五五，《十三經注疏》本。

⑰ 晉徐邈《春秋穀梁傳注義》，見清馬國翰《王函山房輯佚書》，揚州：廣陵書社，二〇〇四年，頁一四〇八。

⑱ 宋胡安國《春秋傳》，臺北：臺灣商務印書館，《四部叢刊》續編本，一九六六年。卷首，〈春秋傳序〉，頁一。

⑲ 職是之故，公羊學者或稱春秋爲「張義之書」，「明義之書」。說參阮芝生《從公羊學論春秋的性質》，臺大文史叢刊之廿八，一九六九年，頁一二五。

⑳ 張高評《左傳英華》，臺北：萬卷樓圖書公司，二〇二〇年，叁，議論文，〈君子論《春秋》五例〉，頁三五四—三六二。

㉑ 詳參黃師慶萱《修辭學》第十八章〈象徵〉，頁三三七—頁三六三。法·茨維坦·托多羅夫著，王國卿譯《象

徵理論》，北京：商務印書館，二〇一〇年，〈象徵與寓意〉，頁二五三—二五四。

㉒ 過常寶《原史文化及文獻研究》，〈《左傳》的二元敘事邏輯〉，頁一三六—一四一。張高評《春秋書法與左傳學史》，臺北：五南圖書公司。二〇〇二年，〈《左傳》預言之基型與作用〉，頁四九—五四。

㉓ 邵雍曰：天下將治，則天地之氣自北而南；天下將亂，則天地之氣自南而北；禽鳥飛類，得氣之先者也。鸜鴿不踰濟而至魯，則氣自南而北矣。說見《左傳分國集註》卷三，頁一〇四引。

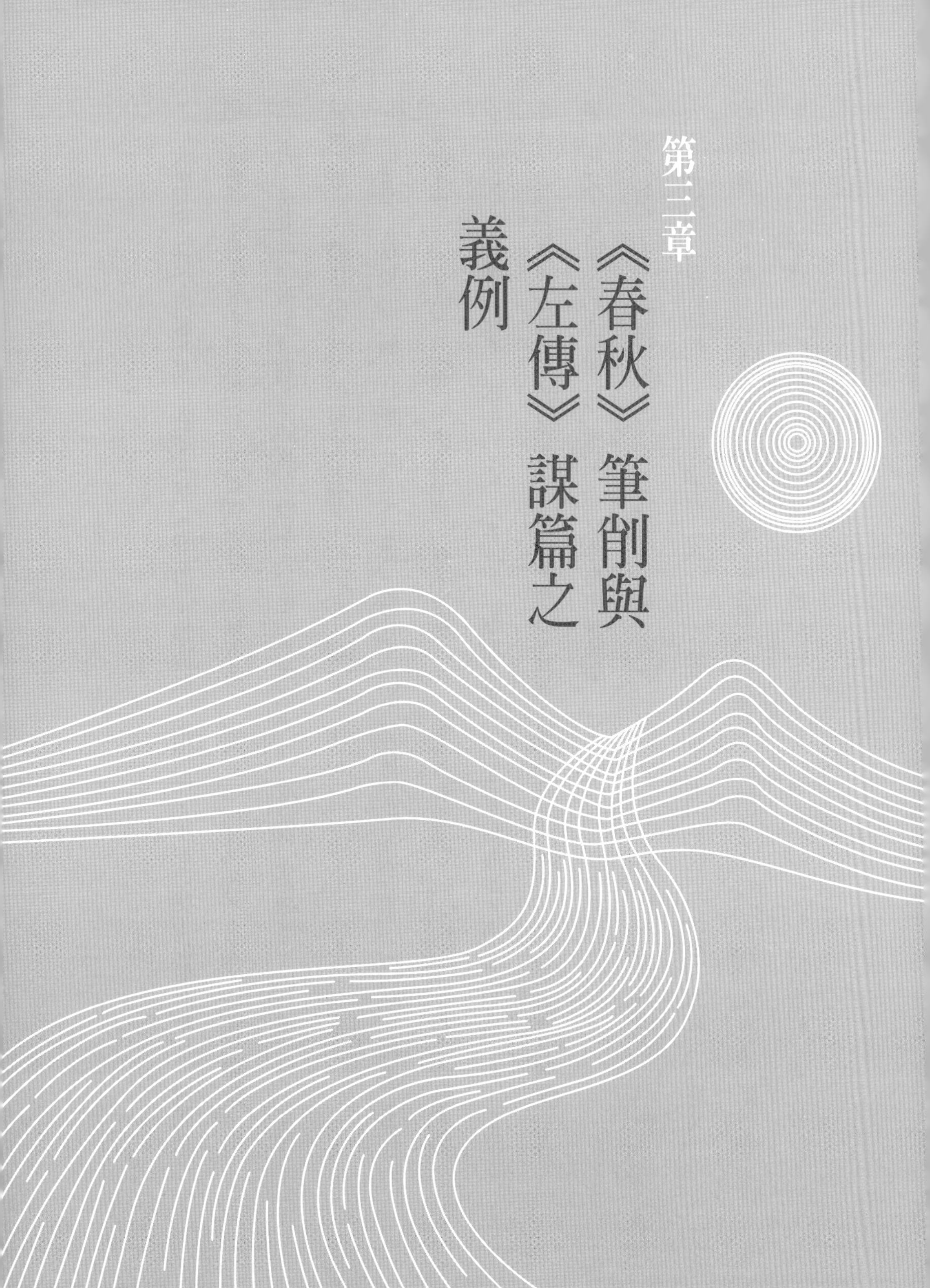

第三章 《春秋》筆削與《左傳》謀篇之義例

《史記．孔子世家》稱：孔子「為《春秋》，筆則筆，削則削，子夏之徒不能贊一辭。」或筆或削，或書或不書，其中自有指義，而義實出於「丘竊取之」。換言之，《春秋》之義，乃孔子獨斷之別識心裁，故其中之微辭隱義，孔門高弟難知。於是「惟義之求」，成為自《左傳》、《公羊傳》、《穀梁傳》以下，歷代《春秋》學追求之志業。

《孟子．離婁下》稱：其事、其文、其義，為孔子作成《春秋》之三大元素。《禮記．經解》云：「屬辭比事，《春秋》教也。」朱熹所謂「都不說破」、「蓋有言外之義」（《朱子語類．春秋綱領》）；指《春秋》因或筆或削，生發微辭隱義。求索孔子於《春秋》「竊取之義」，學者多以屬辭比事之《春秋》教，為登堂入室之金鎖匙，或經由史事之排比、或憑藉辭文之連屬，多可破譯索解《春秋》之義。其義寓於其事、其文，此顧炎武《日知錄》所云：「於序事中寓論斷」之法（卷二十六）。

《史記．十二諸侯年表序》謂：孔子論史記，而次《春秋》，「約其辭文，去其煩重，以制義法。」元趙汸《春秋屬辭》云：「孔子作《春秋》，以寓其撥亂之治，而國史有恆體，無辭可以寄文。於是有書、有不書，以互顯其義。其所書者，則筆之；不書者，則削之。」（卷八，假筆削以行權）《春秋》斷截魯史，藉筆削以寄意。「約其辭文，去其煩重」之屬辭比事法，可以考求異同，推求詳略重輕之義，故學者多用之。

第一節 《春秋》筆削與詳略重輕、異同變常

中唐陸淳著《春秋啖趙集傳纂例》，揭示「趙氏損益義」，以辭文之損益指稱筆削。南宋胡安國《春秋傳》：仲尼因事而屬辭，智者即辭以觀義（述綱領、進表），主張藉比事與屬辭以求義。南宋陳傅良《春秋後傳》、元趙汸《春秋屬辭》則凸顯「筆削」之書法，所謂「以其所書，推見其所不書。以其所不書，推見其所書。」（卷八，假筆削以行權）清方苞《春秋通論》提倡：按全經之辭，而比其事（通例，七章之一）；《四庫全書總目．提要》稱其書：「按所屬之辭，核以所比之事」，據此而判別舊文或筆削。

清方苞〈春秋通論序〉稱：「凡諸經之義，可依文以求；而《春秋》之義，則隱寓於文之所不載。或筆或削，或詳或略，或同或異，參互相抵，而義出於其間。」（《望溪先生文集》卷四）章學誠《文史通義》本此而發皇之，稱：「史之大原本乎《春秋》，《春秋》之義昭乎筆削。筆削之義，不僅事具始末，文成規矩已也。」以夫子義則竊取之旨觀之，「必有詳人之所略，異人之所同，重人之所輕，而忽人之所謹，……有以獨斷於一心。」①拈出筆削之義，可以從詳略、異同、重輕、忽謹等關鍵處考求得之。

宋胡安國《春秋傳》稱：「《春秋》何以謂之作？曰：其義，則斷自聖心，或筆或削，明聖人之

大用。」卷六，桓公十四年，夏五《春秋傳．序》又曰：「《春秋》，魯史爾。仲尼就加筆削，乃史外傳心之要典也。」[2]宋陳傅良、元趙汸所云：「以其所書，推見其所不書。以其所不書，推見其所書。」或筆或書，可以互發其蘊，互顯其義，故可作爲推求指義之捷術。清莊存與《春秋正辭》約以兩言：「以所不書知所書，以所書知所不書。」《皇清經解》卷三百八十七，春秋要旨 亦頗得筆削顯義之鰓理。

清章學誠《文史通義．答客問上》稱：「《春秋》之義昭乎筆削」。〈言公〉謂：「載筆之士有志《春秋》之業，固將惟義之求。其事與文，所以藉爲存義之資也。」《春秋》之旨義，寓存於比事、屬辭之中。章學誠〈論文示貽選〉：「夫比，則取其事之類也。屬，則取其言之接續也。紀述文字取法《春秋》，比屬之旨自宜遵律。」[3]定義比事、屬辭之功能，揭示敘事文字之宗法。誠如清孔廣森《公羊通義》所謂：「辭不屬不明，事不比不章。」《皇清經解》卷六百九十一，春秋公羊經傳通義敘 屬辭比事之法，攸關或詳或略、或異或同，或重或輕之書例。兩兩對照參透，可以推求孔子《春秋》之微辭隱義。

魯十二公之婚配，桓公、莊公、僖公、文公、宣公、成公，皆娶齊女，《春秋》皆書逆、書至，獨詳。襄公、昭公、定公、哀公，皆不娶齊女，則逆與至，皆從略，削而不書。詳於書齊女者，以齊女荒淫其性，好殺其行，孔子深惡魯君之娶齊女也，故筆而書之，此以或詳或略見聖人「竊取」之義。[4]又如魯十二公之逝世，正常死亡皆書地、書葬。唯隱公、桓公、閔公遭弒，意外死亡者不然。

但書「公薨」，而不書地、不書葬，此以或異或同見義。[5] 孔子假魯史以示王法，書寫魯事，特重君臣之義，故君弒則書薨，滅國則書取，出奔則書遜。其他書及、書會之倫，以及內諸夏而外夷狄之《春秋》書法，[6] 多可見名位稱號修辭、或重或輕之筆削見義。宋蘇轍稱：「略外而詳內，此聖人處己之厚也。」《春秋集解》卷九 宋陳傅良謂：「《春秋》之法，內外恆異辭。」《春秋後傳》卷一 由此可見一斑。漢董仲舒《春秋繁露》〈竹林〉篇稱：「《春秋》無通辭，從變而移」；〈精華〉篇云：「《春秋》無達辭，從變從義」，其此之謂。

《春秋》因內外遠近、貴賤尊卑，而書法有書，有不書；其中之詳略異同、進退予奪，亦隨之有別。宋李明復《春秋集義》謂：「《春秋》之法，正大事則書，明是非則書，著褒貶則書，斷危疑則書。外此，皆《春秋》所不書也。」綱領，卷上 或筆而書之、或削而不書，皆以孔子「竊取」之義為依歸。元趙汸《春秋師說》則云：「《春秋》書法，須考究前後、異同、詳略，以見聖人筆削之旨。事同而書法異，書法同而事異，正是聖人特筆處。」卷下，論學春秋之要 從考究書法之前後、異同、詳略，可以窺見孔聖筆削之旨義。

《左傳》成公十四年「君子曰」，揭示《春秋》五例。前四例「微而顯，志和晦，婉而成章」，緣於「有所刺譏褒諱挹損之文辭不可以書見」，故出以曲筆諱書，於《春秋》書法為「削」之，刪略不書。「盡而不汙」，爲直書不諱，於《春秋》書法爲「筆」之，取而書之。無論曲筆或直書，皆指「如何書」之「法」。「懲惡而勸善」，則歸本於「何以書」之「義」。⑦清莊存與《春秋正辭》云：「辭若可去可省而書者，常人之所輕，聖人之所重。《春秋》非記事之史，不書多於書。以所不書，知所書；以所書，知所不書。」《皇清經解》卷三百八十七，春秋要旨，以詳略、重輕見筆削，固然爲比事之常法；自莊存與《春秋正辭》觀之，重輕、詳略，亦往往藉屬辭以表述。

以《春秋》五例言之，微、晦、婉諸書法，推見以至隱，於書法爲削而不盡書。顯、志、成章、盡而不汙，爲筆而書之，直書見義。即使筆而書之，亦往往因內外遠近、貴賤尊卑，而有詳略、重輕、前後、異同諸筆削書法。彼此參互相抵，而義出於其間。或筆或削之際，進退予奪，褒貶勸懲，自見於言語之外。此章學誠所謂「《春秋》之義，昭乎筆削。」

自《春秋》書法轉換爲史家筆法，由或筆或削而衍化爲詳略、異同、重輕、忽謹、前後、曲直、顯晦諸敘事義法。對於史傳之謀篇安章，敘事之布局措注，開示不少法門。於是書法、史學、敘事、古文，脈絡潛通，同源而共本。⑧一言以蔽之，皆源本於《春秋》或筆或削之書法。

夫作文始於有法，終於無法；非無法也，神而明乎法律之外也。今囂囂然昌言《左傳》之義法，生數千年後而欲逆尋古人之匠心，寧非太執成法乎？曰唯唯！否否！先儒多稱《左氏》有意爲文，一則曰左氏屈原，始以文章自成一家；再則曰左丘明莊周之下，無有文矣；三則曰《左傳》爲文章之冠，四則曰聖文之羽翮，記籍之冠冕；五則曰著述罕聞，古今卓絕，六則曰《左氏》之文，萬世古文之祖也；如此妙品，定爲天工，而非人巧，所謂工侔造化，思涉鬼神者也；此所謂無定法而有定法，有定法而無定法者也。今謂《左傳》篇有篇法，章有章法，句有句法，字有字法者，亦當作如是觀。明唐順之論文，以爲古文諸法，韓柳歐蘇諸大儒始設之⑨；順之專屬意唐宋之文，故有是論。其實，後世諸文法，已略備於《左傳》，唐宋大家特加恢廓之耳，非始創也。謂吾不信，此篇所論，可爲明驗。

《左傳》，編年也，爲體裁所限，前後之事不得接書，故事雖未完，而必使其篇法完整，以自成一篇。所謂篇法者，文之有頭，有腹，有足者也《拙堂文話》卷七。如邲之戰宣公十二年，歸宿在楚莊定霸。晉以軍佐愎而師進，楚以令尹果而轅北，此爲首幅，頭也。鄭皇戌之誘，楚少宰之成，局勢一拓；楚之致師，晉之二憾，局勢一迎，此皆衍幅，腹也。晉三軍之敗績，楚七德之偃武，完戰事，成霸業，此爲面幅，足也鄒美中《左傳約編》卷八。清沈宗騫《芥舟學畫編》稱：「先要將疏密虛實，大意早定。灑然落墨，彼此相生而相應，濃淡相間而相成。拆開則逐物有致，合攏則通體聯絡。」卷一，〈山水·布置〉夫文亦如畫，文以虛實旁正諸法相間爲相成，以眉目線索等法相生而相應，分之以虛實等法，合之以眉目線索等法，而文之篇法略盡矣（文見《古文辭通義》卷十一）。《曾文正公日記》稱《左傳》：「每一篇空處較多，實處較少；旁面較多，正面較少。精神注於眉宇目光，不可周身皆眉，到處皆目也。線索要如蛛絲馬跡，絲不可過粗，跡不可太密也。」（己未八月）如楚莊之霸，專從晉師一面敘去；句吳之無道，專從列國大夫眼中看出；晉侯使太子申生帥師，眼光專注於太子不立，而反覆猜疑，不輕揭破；楚之初起，所滅極夥，而前後均以伐隨緯之，其蛛絲馬迹，巧不可階。此現代小說家所標榜之敘事觀點也，其妙何可勝道也？故所謂頭也，腹也，足也；所謂虛實也，旁正也，眉目也，線索也，固篇法也，而未足以盡篇法。馮李驊《左繡．卮言》稱：「《左氏》格調，變換不窮，長者千萬言，短者一二字，却都筆筆有法。其中有獨自成篇者，有類聚成篇者，有絕不相蒙而連綴成篇者。」更有事相同而反分為兩篇者，可見《左傳》文章結構剪裁配搭之妙，而《左傳》謀篇之義法，亦於是乎在矣。本章探究《左傳》謀篇之義例，分三節以說：一曰篇什架構之安排，二曰情境對比之設計，三曰脈絡統一之規畫，論次如左：

第一節　篇什架構之安排

夫文章之為物也，若一有機體然。自篇章以至字句，莫不有其結構。骨架誠懸矣，然後肌理生焉，精神存焉，文章之結構亦然。文章結構之法式既經建立，然後表達文學內容始能完整確當而了無遺憾。結構，文之粗者也；內容，文之精者也，然苟舍其粗，則精者又何以寓焉？是以本章論謀篇，首先探究篇什結構之安排。

所謂結構之法式，固非一成不變者，其中最富彈性與變化性。故論篇什結構之完整安排，有所謂三準⑩、四法⑪、六術⑫者，可知法式只是形式之基礎，而技巧全在運用之美妙。亞里斯多德論戲劇之完整，指有開始、中間、與結束⑬；劉熙載謂筆法之大者三：曰起，曰行，曰止⑭；而杜預稱《左氏》之傳經，或先之，或後之，或依之，或錯之⑮。

作文之道，構思為先；而後謀篇安章，可以具體落實。日本遍照金剛《文境秘府論》稱：「建其首，則思下辭而可承；陳其末，則尋上義不相犯；舉其中，則先後須相附依，此其大指也。」南卷論體 總

之，構思與謀篇，當採行宏觀視角，運用系統思維，方可勝任愉快。

本節參綜前賢之說，順應《左傳》之義，折衷一己之見，定《左傳》篇什之結構法八：一曰前驅，二曰履端，三曰中權，四曰關棙，五曰後勁，六曰收結，七曰餘波，八曰論斷，詮述如次：

一、前茅

《左氏》最多經前起傳之文，手寫此處，卻神注彼處，先寫得一段作楔子，以為後文照眼作地，兼以蓄勢；筆法總如東海霞起，總射天台也。蓋《左傳》為編年文字，除每篇皆有結束外，又咸有遠體遠神，留下後來地步。此《史通·模擬篇》所謂：「將敘其事，必預張其本，彌縫混說，無取晻言。」林紓所謂：「《左氏》往往于遠處埋根，後來為絢爛之文，皆非不根之論。」（《左傳擷華》頁三六）諸家稱張本、前驅、前茅、楔子、背景、預留地步、移堂就樹云云，名雖不同，其為篇什結構之初階，《左傳》先經以始事之慣法則一也。

《左氏》經前起傳之例，發自《左氏》前傳「惠公元妃孟子」云云，所以闡明隱公元年《春秋》不書即位之故。是後，斯法屢用，杜注所謂為某某張本，為某某傳者皆是也。如陳敬仲辭卿（莊公二十二年），為田氏篡齊張本；又如晉公子重耳之亡（僖公二十三年），不特為侵曹伐衛救宋張本，更為秦晉圍鄭、秦納重耳前驅。且重耳與楚穆之應對，楚子玉之治兵（僖公二十七年），晉文公之蒐齊，在在為城濮之戰預張其本（僖公二十八年）。及敘至城濮之戰，寫謀畫獨多，文字佳處，俱在戰事之前，千瀾萬波全為制勝張本。又如吳入州萊（成公七年），爲吳楚興衰張本；鄢陵之戰（成公十六年），全爲晉亂張本；而吳季札來聘（襄公二十九年），論列國名卿，更爲後半部《左傳》張本。

可見《左氏》於興衰交關處，必有一篇大文，牢籠後來全局，并以爲前驅。猶荊楚之軍制，前茅慮無，中權後勁。（宣公十二年）譬如奇葩未放，先見滿庭綠影；明月未來，先見一天星斗，令人游目騁懷。實則爲後文之張本，兼以蓄養文勢也。

二、破題

《文心雕龍．鎔裁篇》謂謀篇定勢之法有三準，其一曰履端，謂謀篇始於立意破題，然後分段陳述也。《藝概．經義概》論起承轉合曰：「起者起下也，連合亦起在內；合者合上也，連起亦合在內；中間用承用轉，皆兼顧起合也。」此說雖對制義而發，覈諸古文之縝密，要不外是。案諸《左傳》起行之法，亦深合符節也。明孫鑛《評春秋左傳》云：「綜括諸事以發因，《左氏》每多此法。」此破題起行之一法。

《左傳》起筆之法良多，蹊徑屢易，茲舉數例，以見一斑：《左氏》喜用突起之法，如聲子說楚（襄公二十六年），起法突兀，而有風神；子產止厲（昭公七年），突如而起，鬼氣襲人；要皆凌空變幻，斬然崢嶸者也。《左氏》又擅直起法，如臧孫紇出奔邾（襄公二十三年），以季武子無嫡直起，下陪入訪申豐則不直；申豐論雨雹（昭公四年），徑從聖人在上說起，下伏雙提作綱則不板；起處平直，爲下文轉旋留餘地也。

《左氏》起筆又好用總提之法，如吳季札來聘（襄公二十九年），請觀於周樂一句，總提下花團錦簇之論樂文字；衛北宮佗聘鄭（襄公三十一年），總提子產從政擇能而使一筆，下各就能就使一一分應，眉目清秀，一篇之主腦也。凡史事頭緒繁多者，《左傳》皆以另提法補寫，如河神篇（僖公二十八年），補寫子玉敗績文尾；宛濮篇（僖公二十八年），補寫衛侯奔楚文尾；風澤篇（僖公二十八年），補寫伐木益兵文尾；師曠論衛出君篇（襄公十四年），別從天生民說起，便展拓一番大議論，此《左氏》另提開局之法也。

《左氏》大多起筆即立一篇之局，如臧僖伯諫觀魚（隱公五年），楚子伐隨（桓公八年），呂相絕秦（成公十三年），鞏朔獻捷（成公二年），起首立局，則以下殆如破竹，不迎刃而自解矣。亦有起筆即斷一篇之案者，如郜鼎之諫（桓公二年），晉靈之弒（宣公二年），齊莊之弒（襄公二十五年），弭兵之會（襄公二十七年），疑讞既定，則文萬變不離其宗，所謂擒賊擒王也。且喜開口一句喝破，亦《左氏》家法，如季梁諫隨侯（桓公六年），謂天方授楚，楚羸誘我；大叔謂叔向（昭公五年），楚王汰侈，子其戒之；有醒豁動盪，驚心動魄之觀。《左傳》又多以伏筆爲起筆，如蹇叔

哭師 僖公三十二年，遷延之役 襄公十四年、欒施來奔 昭公十年，籍談數典 昭公十五年，起首設伏，呼應便自然生色。《左氏》又或以追敘爲起筆，如盜殺鄭三大夫 襄公十年，楚靈乾谿之亂 昭公十三年，悠遠不測，文情入妙。又《左傳》起筆有先解經後敘事者，如戚之會 成公十五年，彭城之會 襄公元年，大抵所敘之事，不出所解之經。《左氏》起筆又有借物起興之法，如鸜鵒來巢 昭公二十五年，借鸜鵒攝起全篇，最爲超俊，不可方物。

由此觀之，《左傳》精善起筆之法，此古文家所以馨香尸祝者乎？[16]

三、中權

夫行軍用兵之道，將帥居中，以出令畫謀，是謂中權[17]。唯篇什結構之安排亦然，將篇內要義，於中間發揮，使前文後文相互迴抱，連成一氣，以求緊密無隙者，是篇法之中權也。

《左傳》於中權之運化，最好用常山蛇勢，如泓之戰 僖公二十二年，以中幅宋公數語爲主，前後文皆會歸於此；崔杼弒其君 襄公二十五年，以晏子語爲中權，首尾文字俱回復相應；孟僖子訓其大夫學禮 昭公七年，以鼎銘作中權，四面伏應圓潤精緻；楚靈誘殺蔡侯般 昭公十一年，以蔡般拒諫爲中權，通篇照應，虛實都到。

其它，有以中權爲轉棙者，如韓原之戰（僖公十五年），晉大夫反首拔舍從之一段是也；有以中權貫串前後者，如楚子于出奔晉（昭公元年），叔向曰底祿以德云云是也；有以中權作結束者，如齊人歸公孫敖之之喪（文公十五年），惠伯論兄弟致美云云，遙應「和之如初」篇（文公七年）作結束是也；或以閒文爲中權，如楚子奔晉（昭公元年），傳敘叔向語是也；或以點綴爲中權，如蹶由對楚（昭公五年），前後點綴備字是也；或以賓筆爲中權，如黃父之會（昭公二十五年），詳論大叔論禮是也。若斯之比，不一而足，舉此以概其餘。

四、關棙

門戶之有關棙也，則能開闔自如；器械之有樞紐也，則能運轉無窮。夫物如此，文亦宜然。關棙之於篇什也，如出幽谷而遷喬木，如絕處而逢生路，一變情景，而展拓局面，重振氣勢。其巧生過接，如月度迴廊；其筋脈流通，如藕斷絲連；其文勢相生，如佛珠成串也。要之，其變化之妙，在不即不離，若即若離之間耳。

篇什之關棙，多爲文章之轉接處，其中宛轉變化，有一氣過乎其間。此處轉化得宜，則文勢如順流推舟矣。《左傳》最工轉棙，是以文章矜麗，百家莫及。《左繡．讀左卮言》許爲《左氏》慣用家數，且謂《左氏》所以運量萬有不齊者，有兩大關棙筆訣：「一是以牽上爲搭下，如曲沃伐翼（桓公二年），本以建國弱本對上成師兆亂，却以惠之二十四年，與下三十年四十五年作類敘；又如王巡虢守（莊公二十一年），與之酒泉本連下請器，卻抽出與上文與之虎牢作對敘是也。一是以中間貫兩頭，如邲戰（宣公十二年）前後十六轉，只以「盟有日矣」一句爲關棙；重耳出亡（僖公二十三年），前後凡歷六國，卻以宋襄贈馬一節爲界畫是也。此兩法處處皆是，蓋得此則板者活，斷者聯、渙者聚、紛者理。不獨敘事，即議論亦以此爲機抒，乃全書極精極熟極得力極得意處。」

《左氏》用心於關棙，又有結上生下之法，如晉侯殺其世子申生（僖公五年），申生既殺便結上文，接寫士蔿築城一段議論，便爲二公子出亡緣起；秦晉崤之戰（僖公三十三年），正敘崤師，收應上哭師、滅滑兩篇文字；勤敘三帥，弔動下遂霸西戎數篇文字是也。又有束上領下之法，如鄭伯納王（莊公二十年），以虢公曰寡人之願也作拖逗之筆，即以領起明年鄭伯惡王之傳，跨節生枝，束上即以領下；韓原之戰（僖公十五年），秦獲晉侯以歸句，束上即以領下反首拔舍，一篇之中權，上下之關棙也。《左傳》此等才落便提手法，最爲可愛。而轉換自然，略無滯礙，通篇如一筆書者，關棙渾然無迹故也。

《左傳》不特篇有關棙，以爲文章之血脈，即全書亦有之：馮李驊《左繡》謂：「聲子說楚襄公二十六年，與呂相絕秦成公十三年，皆《左氏》聚精會神，借一段議論，爲全部《春秋》前後作關鎖，非苟作者。」卷十八頁十四賀濤亦稱：范山言於楚子曰：「晉君少，不在諸侯，北方可圖也。」文公九年此語爲全書關鍵《左傳微》卷四頁八引。信乎《左傳》文勢如貫珠，通篇如一筆書也。

五、後勁

《左傳》敘邲戰楚軍之布署曰：「前茅慮無，中權後勁」宣公十二年；行軍如此，爲文亦爾。軍行必以輕裝精選之勁旅殿後，行文則留肯綮精妙之言辭壓軸也。文家有所謂避就留餘之法者，後勁之謂也。

《左傳》篇什之結構著力於後勁者，如陳敬仲辭卿莊公二十二年，重在後幅兩段卜辭，故後段雖繁，卻是後勁；韓原之戰僖公十五年，敘史蘇之占後，即儘力縱橫排宕寫陰飴甥復惠公語，有波憾岳陽之勢；鞌之戰成公二年，敘齊師既敗後，輒以濃至恣肆之筆寫賓媚人一番詞令，具氣蒸雲夢之奇；城濮之戰僖公二十八年、敘完晉勝楚後，輒以鋪張揚厲之筆寫晉文朝王事，以爲通篇後勁；晏嬰諫誅祝史昭公二十年，前略後詳，末段痛快實言之，正言其不修德，不宜誅及祝史；黃父之會昭公二十五年，謀王室，正傳也，卻略寫；不恤王室，無禮之大者，以爲後勁而詳之，倒實作主之法也。

由此觀之，篇什而有後勁，則遒健峭拔，波瀾疊起，終篇雋妙也。為文而有再而衰，三而竭之病者，最宜奉為救弊之良方。

六、收結

收結者，通篇之關鎖，所以緊切收束全文者也。清李紱《秋山論文》謂：「文章精神，全在結束。」梁章鉅論文亦曰：「後人文字之不及秦漢者，所爭在結處。」可見結法之重要。蓋為文放筆易，收筆難；收筆要如嚼橄欖，有餘味；如撞金鐘，有餘響；又如高山放石，一去不迴；如狂風落帆，簡勁俐落；能放能收，始謂之絕妙好文。

《左傳》為編年之體，故每篇咸有結束。其敘一事也，必有本人一言為之安頓，作為小小結束；凡事體之蕪雜者亦然，是以事雖煩而文不紊。如崔杼弒君篇（襄公二十五年）、齊豹之亂篇（昭公二十年），可觀也（詳《左傳擷華》）。《左傳》收結之法夥頤，舉數例以說：一曰隨敘隨結，凡大篇佳處，全在每段自為提結，如韓之戰（僖公十五年）、城濮之戰（僖公二十八年）諸篇是也。二曰引用作結：或引經，如天王出居于鄭（僖公二十四年）；或引詩，如周鄭交質（隱公三年）；或引書，如郲庶其來奔（襄公二十一年）；或引諺，如士蔿論申生不立（閔公元年）是也。三曰自贊作結，如彭衙之戰（文公二年），秦殉三良（文公六年），凡《左傳》引君子曰者皆是也。四曰借言作結，如葵丘之盟（僖公八年），借宰孔口中斷定作束；桓子請曲縣繁纓（成公二年），借聖言立意作收是也。五曰懸空作結；如宋之盟（襄公二十七年）、子革對靈王（昭公十二年）、鄫之會（哀公七年），皆另尋去徑，不由故道，文情宕逸。六曰拈字作結，如皐落氏之役（閔公二年），滅庸之役（文公十六年），皆以兩不可作結是也。七曰拖序作結，如崤之戰（僖公三十三年）、子產壞館（襄公三十一年），結尾拖序，纏綿盡致是也。八曰論說作斷，如春秋五大戰：城濮之戰（僖公二十八年），以仲尼論晉侯召王作結；韓原之戰（僖公十五年），以韓簡論筮作結；鄢陵之戰（成公十六年），以范文子論內憂作結；鞌之戰（成公二年），以賓媚人莊言作結；邲之戰（宣公十二年），以楚莊謙言作結是也。

其它，或以感歎作收，如楚人滅六（文公五年）；或以反詰作掉，如宮奇諫假道（僖公五年）；或以譬喻收結，如子產論輕幣（襄公二十四年）；或以補敘爲收煞，如卜楚丘論穆子之生（昭公五年）是也。要之，《左傳》之收結，皆筆有餘妍、悠然不盡，如秋水盈盈，一舟輕漾，能令觀者神遠。

七、餘波

夫日月有餘暉，聲籟有餘音，山嶽有餘脈，川流有餘波，皆含盡而不盡，不盡而盡之妙諦者也，唯文章亦有之。文既收結矣，而或又敘一事以爲波瀾，有添花作錦之致，游絲裊空，聲韻悠揚之妙者，是文章之餘波也。

左氏工於敘戰，於未戰前作無數翻騰，於既戰之後又作無數鋪襯，正寫戰況不過數言而已。文欲與事相稱，因物賦形，有固然也。其鋪寫戰後也，或敘結局，或寫影響，率取瑣事細故表現之，作爲餘波，頗見黃昏夕陽，餘霞散綺之致。如繻葛之戰（桓公五年），敘鄭伯況敢陵天子之言；韓之戰（僖公十五年），敘晉又饑秦伯又餼粟之事；城濮之戰（僖公二十八年），寫筮史論復曹伯之語；大棘之戰（宣公二年），序華元歸國二事；邲之戰（宣公十二年），述士貞子諫復荀林父；鄢陵之戰（成公十六年）記苗賁皇於戰罷徇曰明日復戰；柏舉之戰（定公五年），贅以由于城麇事是也。要皆以餘波映前，使旨趣因烘托而更凸顯。

其它，如鄭穆公卒（宣公四年），以刈蘭作餘波，弔詭可愛，收不枯寂；越椒之亂（宣公四年），追敘越椒生之奇幻，以與前文映帶成趣；弭兵之會（襄公二十七年），以鄭七子賦詩爲餘波，與前仲尼謂「是盟多文詞」相輝映；楚靈之弒（昭公二十年），後幅以追述爲餘波，烟波萬狀；晏嬰論和同（昭公二十年），末從飲酒樂拖出古而無死一段餘波，與前若不相關，實乃正映晏子之不宜同處出。由此觀之，《左傳》之餘波，皆有「反照入江翻石壁，歸雲擁樹失山村」之妙。

八、論斷

史書之有論斷，始於《左傳》，「君子曰」特其彰明較著者而已。實則《左傳》之論斷，不盡藉君子曰表現之。《左傳》之論斷，有正側之分：凡《左氏》釋經之文，如蔑之盟（隱公元年），公伐莒取向（宣公四年），皆正論也。若夫《左氏》於事之論斷，每借他人口中言中，不另起波瀾，最是全書勝處（吳闓生《左傳評·眾仲論州吁》）。是側論也。或直書見意，如華登以吳師救華氏（昭公二十一年），細記戰狀，曲直自見；王子朝告諸侯（昭公二十六年），詳載書詞，論斷自明。或借聖立言，如孔子借曲縣繁纓（成公二年），子產獻捷於晉（襄公二十五年），折衷聖論，出以重言也。或借言論斷，如宋及楚平（宣公十五年），借盟詞作斷；遷延之役（襄公十四年），借士鞅口論欒黶之罪是也。或寓斷制于敘述之中，如鄭門蛇妖（莊公十四年），齊侯小白卒（僖公十七年），省卻無數筆墨。

《左氏》之論斷，或對事，或對人；論斷文字之表出，或在前，或在中，或在後，因事命篇，隨地流出。若夫論斷之文字，有極短捷者，如君子曰知命（文公十三年），君子以爲知禮（襄公八年），皆只二字便足。有極酣暢淋漓者，如周鄭交質（隱公三年），邾黑肱來奔（昭公三十一年）是也。至於論斷之作用：或定褒貶，如君子謂狼瞫于是乎君子（文公二年），君子是以知齊靈公之爲靈也（襄公二年）。或以申大義、示書法，如大事躋僖公（文公二年），叔孫僑如如齊逆女（成公十四年）。或辨疑惑，如齊人殺哀姜（僖公元年），趙盾弒其君（宣公二年）。或補遺闕，如臧文仲三不二（文公二年），管仲平戎于王（僖公十二年）。或貫脈絡，如申繻曰云云，逆提文姜之禍（桓公十八年）；君子曰云云，總結隨之妄動（僖公二十年）；君子曰非禮與叔詹論楚王不沒，則前後映帶，論定楚王之取鄭二姬也。大抵《左氏》之論斷，於大義、成案、罪狀，不過數語揭明，卻無絲毫罅漏，誠哉如老吏之斷獄也。太史公傳贊每祖此意，亦皆神妙可誦。

總之，《左氏》謀篇之義例，切合古春秋「爰始要終，本末悉昭」之記事成法。於結構之安排，大抵把握「完整動作」之原則，亦即包括開始、中間、結束之步驟，含概過去、現在、將來之階段，是以結構緊湊縝密，通篇一氣貫注，此其安排穩貼之妙也。篇什必出於匠心之巧構，而後下筆爲文，方能振采克鮮，負聲有力。故《文心雕龍．風骨篇》曰：「沉吟鋪辭，莫先於骨，故辭之待骨，如體之樹骸。」「故練於骨者，析辭必精。」「若瘠義肥辭，繁義失統，則無骨之徵也。」可見《左傳》所以能文明以健，篇體光華者，附辭會義，精於練骨故也。侯方域論文謂：《左傳》斂氣於骨者也（〈與任王谷書〉），旨哉斯言！

第三節 情境對敘之設計

辭之待骨，如體之樹骸，固矣；而「結言端直，則文骨成焉」，亦不刊之論也，可見辭共體並，結構與意辭初非有二也。《文心雕龍．附會》所謂「附辭會義，務總綱領。」《左氏》既精於練骨，自然析辭必精。而《左氏》析辭之精者，於謀篇莫若情境對比之設計，與夫脈絡統一之規畫。出於對比，而歸乎統一，以此見《左氏》情境設計之巧運，脈絡規畫之匠心也。《春秋》書法有比事見義者，或類比敘事，或對比敘事，《左氏》之謀篇往往宗法之，宜乎藻耀而高翔，文章之鳴鳳也。

所謂情境之對敘者，指作者處理情感或意念時，對列相異甚至相反之事實或情境，使相映襯，藉資比較，從而促成文氣之遒勁，旨趣之凸顯者[18]。易言之，情境之對敘，乃是將兩種截然不同之事物、現象或概念，安排於相對之位置，以此照顯露或強調彼此間之差異，而達到相反相成之效果者。其表現之形式，或以結構之對列，或以寫作技巧之相對運用[19]。就歷史編纂學、傳統敘事學言之，《春秋》或以比事見義，或以屬辭顯義。排比史事以見義者，或以類比，或以對比，或以比興，不一而足。相近、相似、相關者，為類比；相反、相對、相異者，為對比。史事如是編纂，辭文亦如實體現。自《春秋》

《左傳》以來，往往因事定辭，由辭見事。因此，言屬辭，可以兼賅比事。清張應昌《春秋屬辭辨例編·凡例》早有此說。本節論情境對比敘事，亦兼比事與屬辭而言之。

張潮《幽夢影》論作文之法，所謂：「意之曲折者，宜寫之以顯淺之詞；理之顯淺者，宜運之以曲折之筆。題之熟者，參之以新奇之想；題之庸者，深知以關繫之論。至于窘者舒之使長，縟者刪之使簡；俚者文之使雅，鬧者攝之使靜，皆所謂裁制也。」準此以考察《左傳》情境之設計，除抑揚一法具論於《左傳之文學價值·詞命》章外，餘得對比之法十有四：一曰映襯，二曰賓主，三曰虛實，四曰明暗，五曰離合，六曰斷續，七曰順逆，八曰輕重，九曰擒縱，十曰開闔，十一曰寬緊，十二曰詳略，十三曰奇正，十四曰變常，論次如左：

一、映襯

《易·坤》曰：物相雜故曰文，蓋彼此交相經緯而文生焉。文章者，屬辭比事之敎也，惟《左傳》最得《春秋》之義。而對比一法，回互激射，則亦屬辭比事之道，是乃《左氏》之慣技也。方苞《左傳義法舉要》稱：「敘事之文，最苦散漫無檢局，惟《左氏》於通篇大義貫穿外，微事亦兩兩相對。」

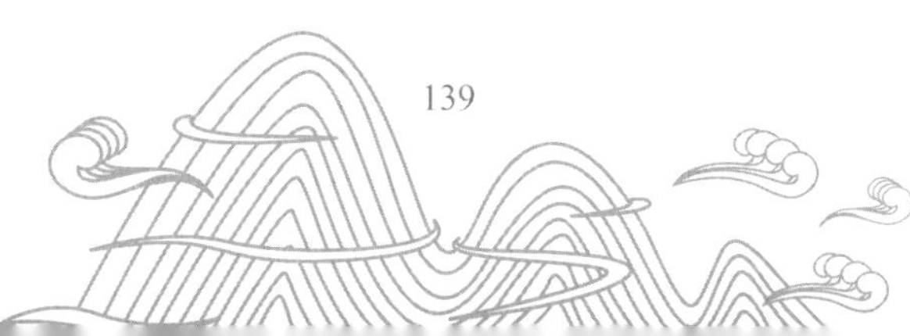

卷一，頁十二林紓《左傳擷華》亦謂《左氏》：「文字之美，美不勝收，然以大勢論之，實得一偶字法。何云偶？每舉一事，必有對也。」頁一〇六今試檢閱《左傳》城濮之戰、邲之戰、鄢陵之戰諸什，其謀篇雖各有別，然其對敘之手法卻自一貫，要皆兩兩對照，相映成趣⑳。

《左氏》不惟敘戰好用對敘，即敘他事亦不忘情，如管仲斥鄭子華僖公七年，累用德字，處處與姦字對照；陰飴甥說秦伯僖公十五年，分君子小人作對比以答說；子產告范宣子輕幣襄公二十四年，將德名與重幣作對比以勸諷；叔孫成子逆公喪定公元年，則純是忠奸對鏡文字矣。凡此皆情境之對比，又有人物之對比者，如楚子伐隨桓公八年，敘少師則兼寫季梁，寫季梁之忠智，以形少師之愚佞；韓之戰僖公十五年，《傳》著穆姬之知義，正與晉惠之敗德反對；鄭伯嘉卒昭公十一年，寫子產之賢而知禮，妙在以子太叔之不知禮形之；邲之戰宣公十二年，凡寫彘子之壯銳，皆所以反形桓子之畏葸無能；平丘之會，子產子太叔相鄭伯以會昭公十三年，欲讀者見子產之敏，乃極言子太叔之不敏；諸如此類，皆人物對比之例，是謂映襯之對比，簡稱對襯，乃對比之狹義也。

狹義之對比，本屬映襯之一法，《左傳》所見，除對襯法外，尚有反襯與雙襯㉑，皆比事以見義之法也。《左傳》設計情境，頗多反襯之法，吳闓生先我言之矣，其〈與李右周進士論左傳書〉曰：「莊公之不子，則以潁考叔之孝形之；齊豹之不臣，則以公孫青之謹形之；季孟之怯耎縱敵，則以冉有之義公叔務人林不狃之節形之；臧孫紇之無罪，則以東門逐叔孫僑如之盟首形之。推之崔慶欒高之亂齊，而以晏子正君臣之義；昭公之亡國，而以子家子主反正之策；言出于此，意涉于彼，如湯沃雪，如鏡鑒幽。若此者，皆其相反而益著者也。」它如韓之戰僖公十五年，呂甥敎晉惠言，句句反映晉惠敗缺；大棘之戰宣公二年，狂佼反陪華元，羊斟語反映役夫；三郤之亂成公十七年，厲公不忍殺欒書欒偃，襯誅三郤；書偃不敢忘君德，襯執厲公，俱是反襯；楚子以棄疾爲蔡公昭公十一年，寫無宇之言愈切，而楚靈之昧愈顯，此亦反襯法也。

單篇短什如此，長篇尤然：如敘晉惠懷之事，都遠遠爲重耳將王作襯托之筆；重耳之出亡創霸，處處以從者陪說，言從者之賢，則晉文之爲凡人而天實置之可知；衛侯之出奔也襄公十四年，傳寫伯玉子展子鮮之敏忠，則孫甯之罪反差可見，皆長篇之反襯法也。若夫雙襯之法，則如子玉治兵僖公二十七年，國老皆賀，襯蔿賈尚幼不賀，以實照子玉剛而無禮；殽之戰僖公三十二年，蹇叔之何知對鄭必知之，中壽之知對尚幼之知，以映照秦師之必敗；遷延之役襄公十四年，名曰遷延，實則不盡遷延；一路寫去皆勝秦良機，乃壞在欒黶放恣敗事，而全局瓦解，遂成不遷延之遷延。絕妙雙襯，善於謀篇設計情境，比事之法也。

二、賓主

分賓分主，爲謀篇布局第一要著。然賓主判分則章法平，賓主淆亂則章法混，平則無奇，混則無正，無奇無正而文之道亡矣。然則賓主之道爲何？曰唯並舉以爲奇，單抽以爲正而已（說本王源《左傳評》一）。是以善於文者，用一人或事爲貫串，則穿插提頓皆有憑依，此用主之法也。若夫用賓之法，則非與主相類，即與主相反；相類者以正映，相反者以反映。反正雖不同，未有不與主相映者。一言以蔽之，賓主之道，不過借賓形主而已。譬若作畫之借景生情，意不在景而在寫其人之情；又如烘雲托月，意不在雲而固在於月也。賓可多，主無二，文之道也。㉒

《左傳》之謀篇，於情境對比之設計，最見賓主離合之妙。《左繡．讀左卮言》曾拈出《左傳》借賓形主之法三，謂：「有添賓並主之法，如反自箕，竟將胥臣與先軫郤缺雙結；遂霸西戎，竟將子桑與秦穆孟明雙結，所謂水鏡造元，直不辨誰爲賓主者。又有略主詳賓之法，如要寫太子不得立，却將畢萬必復其始，極力鋪張；要見晉文憐新棄舊，卻通身詳寫叔隗，而季隗只須起手一句對面一照，無不了了。又有賓主互用之法，如克段是主，却重在姜氏；殺州吁是主，却重在石厚；于事爲主，于文則爲賓；于事為賓，于文則為主。」其實《左傳》於賓主對比法之設計，尚不止此，它如倒賓作主之法，如繻葛之戰（桓公五年），傳王伐鄭，文却詳寫鄭伯禦王；齊侯使晏嬰請繼室於晉（昭公三年），事以葬少姜請繼室為主，文却詳敘晏嬰與叔向論齊晉國政；黃父之會（昭公二十七年），謀王室，主也，却詳大叔論禮，要皆倒賓作主，詳賓略主之法也。又有從賓見主之法，如曲沃伯為晉侯（莊公十六年），意不重子國，而重在晉；介之推不言祿（僖公二十四年），極寫介推母子，以見晉重之得國以天置；北宮文子論威儀（襄公三十一年），透說有威儀者，而令尹圍之無威儀益明是也。又有以主包賓之法，如椒舉如晉求諸侯（昭公四年），椒舉叔向一請一許，主也；中間卻詳述晉人許不許一番商榷，賓詳主略，而實以主包賓；子產救災（昭公十八年），未寫火，先寫風，寫得風勢極猛，便令火勢十分奕奕。洮之會（定公十四年），會牽會洮合傳，中夾入帥狄襲晉事，以兩主包一賓也。

藉賓形主之妙者，莫若聲子說楚（襄公二十六年），向戌弭兵（襄公二十七年），前者四賓陪一主，將賓位寫得透徹，便反映得此主十分精神來。後者極寫楚之無信，便自透正面晉之有信，最是藉賓形主妙法。敦煌寫卷〈祇園圖記〉（伯三七八四卷），主題為風與樹之鬥：風為主，無形，故畫人、樹、幄帳之受風，藉其紛亂狀態，以體現風之怒吼與狂飆。無形藉有形表現，此亦烘雲托月，詳實略主之法。

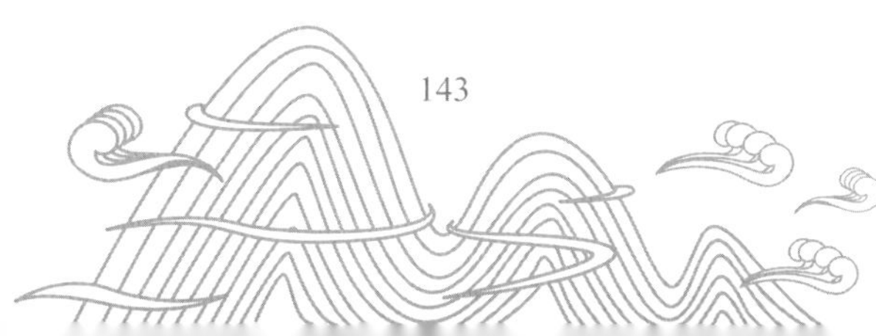

三、虛實

清惲壽平《畫論》稱：古人用筆極塞實處，愈見虛靈；虛處實，則通體皆靈，愈多而愈不厭引見《中國畫學全史》頁五二六。夫藝術有其共相，此其一也。畫之佈局既要虛實互用，文之謀篇實亦宜然：虛處用實，實處用虛，虛實相涵，此文境所以靈活不板也。《藝概．文概》稱：「《春秋》文見於此，起義在彼，《左氏》窺此秘，故其文虛實互藏，兩在不測。」《曾文正己未八月日記》亦云：「《左傳》每一篇空處較多，實處較少。」可見《左傳》於情境之設計，善于虛實之對比法，每見堆垛化爲煙雲，頗富海市蜃樓之觀者，以此也。

《左傳》虛實對比法之設計，其要不外虛實互用，運虛於實，運實於虛三者。虛實互用者，如鄧曼論莫敖必敗桓公十三年，先就大夫意中虛猜一遍，次就莫敖身上實說一遍，虛實複說，一意翻作兩層；子魚論用人於社僖公十九年，前論饗神，後論求霸，各有虛實兩轉，曲折明快之文；展喜犒師僖公二十六年，開首著「使受命于展禽」一句，通篇皆柳下語矣，虛實互用當學此法；周公辭聘饗僖公三十年，象德句虛說，獻功句實說，虛實互用，氣韻生動；呂相絕秦成公十三年，前多虛浮惝恍之言，以指斥穆康，後揭著實之罪狀，實書秦桓召狄與楚，以見絕秦之非無爲也；弭兵之會（襄公二十七年），以文辭爲主，然其辭不能盡載，故以虛寫之筆括之，如「子木與之言，趙孟弗能對；叔向侍言，子木亦不能對」是，而始書向戌爲名，終書請賞，則實紀其功罪矣；子產秦醫和論晉侯疾（昭公元年），子產論上三生疾皆虛說，醫和論後六疾方實指，極虛實步驟之妙；柏舉之戰（定公四年），三戰五戰皆用括敘法虛寫，而前半敘計謀與後半寫詞令皆實說；凡此，皆虛實互用之對比法也。

又有運虛於實之法，如周鄭交質（隱公三年），秦殉三良（文公六年），中段是實理，起結呼應乃虛神，避實擊虛，空靈蕩漾之至；燭之武退秦師（僖公三十年），前是實事，不闕秦將焉取之句是虛揣，其層層逼進處，將實影虛，虛者皆實矣；邲之戰（宣公十二年），實敘楚莊之霸略，而從士會欒書口中虛寫，文境空靈之至；鄢陵之戰（成公十六年），晉軍部勒形勢，在楚子目中望見，從伯州犂口中說出，幻化萬狀，俶麗奇詭，運虛於實之極筆也，近乎小說伎倆矣；晏嬰諫誅祝史（昭公二十年），齊之所以亡者，藉晏子口中述之，亦實者虛之之法也。若夫運實於虛之法，《左傳》較不經見，如孟僖子訓其大夫學禮（昭公七年），起處一行是正文，卻用虛寫，及其將死以下是證佐，偏用實筆，實者虛之，虛者實之，平板處便圓活；沉尹戌論子常必亡郢（昭公二十三年），實處皆以虛運，故愈排疊愈玲瓏，是其例也。

四、明暗

明暗，本指繪事之濃淡配置。畫而有明暗，猶鳥之有雙翼，不可偏廢，蓋明暗對比，神氣乃生也。不唯畫有明暗，文亦有顯晦。舉凡文章之出以微辭、詭辭、寓言、諷喻，而文境之盪以虛者，皆暗筆也。反之，文章之淋漓顯露，文境之鶩以實者，皆明筆也。《左傳》成公十四年君子曰：「《春秋》之稱，微而顯，志而晦，婉而成章，盡而不汙，懲惡而勸善。非聖人，孰能脩之？」所謂《春秋》五例，前三者爲曲筆諱書，用晦暗筆，盡而不汙，爲直書，顯筆。明暗交寫，顯晦互藏，則柳暗花明之妙見矣。《藝概》所謂：文之善於抒理者，顯者微之，微者顯之，此之謂也。

《左傳》於情境之設計，亦多採用明暗對比之手法。埋伏呼應，明暗法之最常見者焉，將有專題討論，此不贅述。修辭法中，示現、存眞、比擬、取譬、直截、提振、烘托等，皆明筆也；而離合、斷續、呑吐、蘊藉、藏詞、諧隱、過脈等，則暗筆也。《左傳》謀篇，往往錯綜明暗，以形成對比，明者雲蒸霞蔚，暗者薄霧花影，明暗迭用，最見波致。如臧哀伯諫納郜鼎桓公二年，上截寫昭德，卻暗拖塞違；下截寫塞違，則明帶德字作聯絡，昭違則明抱昭字作回應。樂豫諫昭公去羣公子文公七年，就庇字複說兩遍，前則暗引《詩》，後則明引諺，一層本，一層末，文情濃至。趙盾弒其君宣公二年，宣子弒而不弒之故，暗敘于前；不弒而弒之故，明斷於後。穆叔重拜鹿鳴襄公四年，曰弗敢與聞，曰臣不敢及，用暗應法，應三拜。曰敢不拜嘉，敢不重拜，用明應法，應有明暗，而對比見矣。吳楚庸之戰襄公十三年，謀用明寫，戰用暗寫。楚殺其大夫公子追舒襄公二十二年，以子馮襯子南，以八人襯觀起之寵而多馬，明也；以申叔豫能正其友，襯棄疾不能諫其父，暗也。宋華向之亂襄公二十六年，於向戌獨抉其邪佞之隱，於子產則諱莫如深。絳老之年襄公三十年，史趙謂亥有二首六身，是暗說；文伯言二萬六千六百有六旬，是明說。葉公定亂哀公十六年，欲召勝而葉公止之，子西不從，一明寫一暗敘。

用筆有明暗之對比，屬辭有曲直之穿插，而後文章靈活不板煞。諺所謂鴛鴦繡出，金針莫度者，其明暗之說乎！

五、離合

離合相生之妙，王源《左傳練要》尤有精闢之論：「文之妙在離，離未有不合者也。顧一離便合，死規耳，曷貴乎？唯其將合復離，又將合又復離，幾合矣，終復離，而後蹊徑絕焉，局陣奇焉，變化生

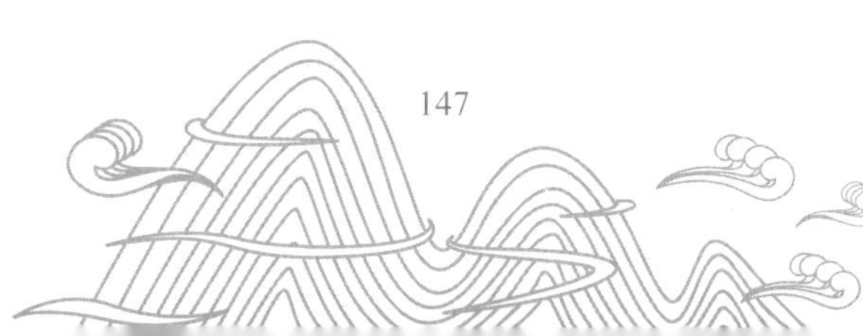

焉。」卷三，頁十二，最能道盡離合相生，不即不離之個中奧妙。

《左傳》採取離合相錯之對比法多矣，而莫妙於城濮之戰之出神入化：于未戰之前，敘晉欲戰，楚却不戰；楚欲戰，晉又不戰。晉用多少陰謀譎計，以圖一戰，及至將戰，卻又不戰；楚負多少雄心橫氣，以邀一戰，及至將戰，却又不戰。盤旋跳盪如此者四，方入城濮。及入城濮，又生出無限烟波：只是盤旋，只是跳盪，只是欲戰，只是不戰，千迴萬轉，方將一戰敘出。使讀者神蕩目搖，氣盈魄動，不知手之舞之，足之蹈出，而其實不過離中之妙境而已《左傳評》卷三，頁十三。夫謀篇安章而能若即若離，不即不離，於是文有光怪恍惚，虛靈不測之妙，此文之勝境也。

外此，《左傳》篇章之離合幻化者，如彭衙之戰文公二年，原敘殽箕二役，合到彭衙本事，忽離而敘狼瞫殉師，再突接秦伯猶用孟明，合到念德不怠之不可敵。魏絳論和戎襄公四年，閒閒引古，不即不離，若遠若就，如煙籠水，如月籠沙。聲子說楚襄公二十六年，論析公、雍子、子靈、苗賁皇之楚材晉用，若離若合，不離不合，若鏡中花，若水中月；然後用「今又有甚于此」句，接到椒舉身上，再拍合到今在晉矣，晉將與之縣以比叔向。離合相生，蕩漾搖曳，唐錫周《左傳咀華》許爲宇宙間千萬劫不朽妙文見《左繡》卷十八所引。北宮文子論威儀襄公三十一年，忽合忽分，忽整忽散，離奇恣肆，不可端倪。子產論晉侯疾昭公元年，妙在先從實沉臺駘序入，若疾由於崇者，實乃離幻之筆也；然後以結上轉下之筆，跌落君身而正言之：先以時節渾言，次言同姓不殖，皆不及色也，迷幻惝恍，不即不離；而終以四姬生疾爲結，拍合到本旨，婉曲超妙之至。

清唐彪《讀書作文譜》引周安士曰：「世間文字，斷無句句著題，句句不著題之理，其法在於離合相生。」所謂離合相生者，謂將與題近，忽然颺開；將與題遠，又復掉轉迴顧也（《作文譜》語）。觀上述《左傳》謀篇安章之離合相生，猶如詠物詩詞之美妙者，如駱賓王〈在獄詠蟬〉、杜甫〈孤雁〉、蘇軾〈水龍吟·楊花〉、周邦彥〈六醜·薔薇謝後〉，多妙在不即不離，若即若離之間。《左傳》之敘事，信有此妙。

六、斷續

《曾文正公日記》謂：爲文全在氣盛，欲氣盛，全在段落清。每段分束之際，似斷不斷，其一法也。劉熙載《藝概·文概》則稱：章法不難於續，而難於斷。先秦文善斷，所以高不易攀。而謂文法當以明斷暗續爲尚，此即方東樹《昭昧詹言》所謂「語不接而意接」者也（卷一）。謀篇而能斷續錯比，藕斷絲連，此文章所以有峰巒波瀾也。《左傳》釋經，作橫峰隔斷之勢，往往有此妙。

清周大璋《左傳翼》稱：「《左氏》文間見似斷，錯出似亂。而究之斷者不斷，亂者不亂；尋其血脈，如藕斷而絲牽。會全文讀之，始知其妙。」（僖公三年盟楚人伐鄭評）今觀《左傳》，其有語斷而意連者，斷以盡其變，續以歸其趣，夫然後曲折頓挫生焉。如鄭厲反國（莊公十四年），正敘傳瑕貳君以納厲公，忽斷而插敘蛇妖一案，篇法遂有橫雲斷嶺之奇。鄭伯蘭卒（宣公三年），中間追敘羣公子不立一段，將上下文隔斷，有橫峯側嶺之妙。衛侯出奔齊（襄公十四年），雜序諸人，燦如錯繡，斷續開合，情致芊眠。司馬侯論晉有三不殆（昭公四年），先破險，次破馬，既破二件，便先結過，文情若連若斷，終再破多難作煞，便令路徑絕而風雲通。子產立伯有後（昭公七年），前段追序，後段遙接；有追敘一段，方突兀生動，而斷續之妙無窮。子革諫楚靈王（昭公十二年），子革正說得興會淋漓時，忽插入工尹路請剝圭一段，變作冰冷雪淡境界，有江雲飄練之妙。白公勝之亂（哀公十六年），中段前後插敘宜僚與亂，葉公在蔡、子閭辭王、圉公負王數節，若斷若續，極組織之工，盡波詭雲譎之妙。

由此觀之，謀篇而能多用追敘、插敘、錯敘、突敘、逆敘、補敘諸法，則有斷續之致矣。絕句律詩，斬盡一切枝葉，歸於精淨，其法在斷。韓愈古文亦長於斷，故簡峻明健，難以企及。

七、順逆

文章取勢，宜用順逆相生之法。有逆即有順，而莫難於用逆；凡離卻題目，別從反面、旁面、對面發議者，皆謂之逆。順承後，恐落平衍，最須用逆筆救之。包世臣《藝舟雙楫．文譜》稱：「文勢之振，在於用逆；文氣之厚，在於用順。順逆之於文，如陰陽之於五行，奇正之於攻守也。」大抵前路宜用順，後路宜用逆，蓋一戒凌躐，一避板直也。謀篇而能用順逆之對比，則迴環往復，風神靈動矣。

《左氏》敘事，大抵不出一順一逆，如鄭伯克段于鄢（隱公元年），前段是順寫鄭志，後段是逆寫鄭志。臧僖伯諫觀魚（隱公五年），講大事、備器用，兩層俱順說，恐勢太直，都用逆筆兜住，文氣疎宕。臧文仲論無畀邾小（僖公二十二年），提一小字，順逆翻駁。宋公殺母弟須及昭公子（文公十八年），先從武氏說到司城須，次從須說到武氏，又從武族說到司城。季武子立武宮（成公六年），一反一正，只以順逆見筆法。單襄公論郤至必亡（成公十六年），斷語兩層用順承，釋書兩意用倒承。叔孫豹論三不朽（襄公二十四年），反正各寫兩番，總以一順一逆爲章法。閔子馬論學（昭公十八年），周亂先提後註，原亡先註後煞，一順一倒，《左氏》慣家。雞父之戰（昭公二十三年），解經以滅獲別君臣，不但字義，經亦于一例一順見書法。陳寅論樂祁使晉（定公六年），知難而行，伏下賈禍；子孫得志，顧上立後，一順一倒，兩截遂成一串。楚子西論無患吳（哀公元年），上段七不字總說在前，在國在軍分說在後；下段兩必字兩是字，總說在後，次有宿有分說在前，奇偶順逆，頗見法度。

由此可見，情境之設計，能用順逆對比者，是運用比事屬辭之對敘法，往往能化文勢之板直為靈活，將兩截文字融成一串，雖疊用複說，亦不覺其犯重。

八、重輕

馮李驊《左繡》論輕筆重筆之法曰：「凡賓位人多事多者，須將輕筆零星筆安頓；然後抽出重筆，整片寫主人，則事有條理，文亦有精神。」（卷二十二頁二十六）林紓《左傳擷華》亦謂：「凡能文者，注重其事其人，轉以輕筆出之，則在於通篇之關鍵處著眼，即可反輕而為重。」（頁一五一）此皆示學者以重輕變化之法也。文有輕描淡寫者，亦有重筆提振者，亦有以輕運重者，蓋與賓主詳略大小有關，其法則不越乎是也。

《左傳》於情境之設計，多有以輕重對比者，如晉滅虞虢（僖公五年），重筆詳述虞國之所以亡，虢國則輕筆帶敘而已。晉文召王僖公二十八年，召王本重使狩，故特用重筆；而以諸侯見，只用輕筆。扈之盟宣公元年，文于盟晉用輕筆，盟楚獨用重筆，攘夷重霸之義呼之欲出。邲之戰宣公十二年，專罪先穀之剛愎敗師，特美士會之老成全軍，故兩人俱五見，以重筆烘托之；荀林父非罪首，荀首爲會之亞，故三見，其它諸人不過一兩見，可悟賓主重輕所在。宋殺其大夫山成公十五年，華元七見，魚石五見，魚府四見，蕩澤三見，其餘俱二見，罪戾大小與輕重筆法合符也。呂相絕秦成公十三年，稱己用重筆，而文過飾非則用輕筆；沒善用輕筆，而責過則用重筆，則其混淆是非，顚倒黑白可知。子產輕幣襄公二十四年，說賄字用輕筆，述德字用重筆。宋公殺其世子痤襄公二十六年，文但輕描淡寫左師之婪狀，以形伊戾；而左師之奸醜，罪甚於伊戾處畢見，最是以輕運重之法。子產立公孫洩昭公七年，只是陪客，故敘議皆只輕寫，而首尾全重伯有也。南蒯之叛昭公十二年，前半零敘多人，後半整片寫南蒯，輕重有法也。宋衛陳鄭災昭公十八年，以天道人道數語作主，于人道用重筆，于天道則用輕筆，可得主題烘托之法。文而有輕筆重筆，則篇章之旨趣見矣，宜與賓主詳略諸法互用之。

九、詳略

柴虎臣曰：「詳略者，要審題之輕重為之：題理輕者宜略，重者宜詳。詳者宜鋪敘，否則傷於淺促；略者宜剪裁，否則傷於浮冗。」唐彪《讀書作文譜》引 夫略輕詳重，用筆之大凡也；若詳而繁，簡而略，則非文法矣。文必詳而簡，簡而詳，而無一字之繁之略，乃為至文。蓋布局務詳，詳以養勢，妙在精彩；敘事務簡，簡以盡神，妙在蘊藉；使蘊藉中無漏義，精彩中無費詞，斯則鎔鍊之妙也。《左氏》之為文，蓋字字詳，卻筆筆簡。夫然後知詳簡而簡詳者，乃可以言文。

清馬驌《左傳事緯》稱：「《左氏》文字，或簡而備，或詳而核，故寥寥數語而不覺其少，長篇累紙而不見其煩，此所以為古今絕響也。」卷十頁十 《左氏》敘戰，最能見詳略對比之意。蓋《左氏》每敘大戰，戰前之醞釀，戰後之收拾，既已曲折詳盡，故敘戰正面，只用簡筆一點便足。如三敗及韓，次於城濮、殽之戰、楚師軍於邲、晉楚遇於鄢陵，皆用簡括之筆，此《左氏》文所以不平直也。

敘戰之外，左氏於情境之設計，亦善用詳略對比法，如敬仲辭卿莊公二十二年，兩段占辭，前段猶略，後段則浪湧霞鋪，詳而不繁。晉侯作二軍閔公元年，略主詳賓，兩賓中又詳一置一，絕妙反射。宮之奇諫假道（僖公二年、僖公五年）、兩次進諫，前略後詳，見設計之妙。晉重出亡（僖公二十三年），前後敘事極詳，獨敘宋只點得一筆，變化有法。鉏麑觸槐（宣公二年），詳寫鉏麑行刺之言行，而略寫趙盾，而趙盾之恭敬可見。王孫滿對問鼎（宣公三年），文從鑄鼎說到定鼎，都用詳筆，主也；中間兩寫遷鼎，而于商只著「載祀六百」四字，獨用略筆，賓也。吳入州萊（成公七年），前半序楚所由衰，詳練而不冗；後半敘吳所由興，精雄而不肆。秦晉麻隧之師（成公十三年），前半敘詞令極詳，後半敘戰事極略。子羽卻楚逆女以兵（昭公元年），子羽所言，前略寫，所以避下文之詳載也。葬我小君齊歸（昭公十一年），前史趙之論簡，後叔向之論詳，合之正相發足，鎔為一片。伍員諫許越成（哀公元年），詳說少康，便可略寫勾踐，絕妙對襯。

屬辭比事之《春秋》教，發用為謀篇安章，或詳前略後，或詳後略前；或事多文略，或事寡文詳；或詳經所略，或略主詳賓，要皆情境對敘之變化設計也。

十、擒縱

明李騰芳《山居雜著．文字法之十九》，論擒縱曰：「此二法互用，實是一法：欲擒他，須先縱之，使他諸路都走盡，及至無頭可奔，然後一手擒住，使他死心蹋地，再不想走也。欲放他，須先拏住，使他分毫動彈不得，及至放處，如絛鷹鞫馬，脫然而逝矣。」《古文辭通義》卷十二引此雖就比方為言，而其法可知矣：一縱一擒，且擒且縱，擒縱在手，方可言文也。若夫瀉水於地，縱而不能擒者也；膠柱鼓瑟，擒而不能縱者也，皆不足以言文。

《左傳》之設計情境，頗精於擒縱之對敘，如周鄭交質隱公三年，君子曰苟有明信云云用縱，行之以禮云云用擒。陰飴甥說秦伯僖公十五年，就小人君子作一縱一擒，妙筆妙舌。呂郤畏偪僖公二十四年，明明欲見，却說到何辱命焉，故意推開；而陰恃上文又將及難之語，自為擒縱，緊切簡括。范鞅論納昭公昭公二十七年，極言納君之難，凡說兩遍已盡情致，卻又兜轉說吾亦願納，以縱為擒。叔向對鄭罕虎昭公三年，前云辱有，則思盟便是好處；後云不有，則來告便是不好處，一反一正，一縱一擒，往復圓警。薳啓彊論辱晉昭公五年，可字作縱，備字作擒；又以有備作縱，無備作擒，正反翻說，回環圓密。子革對靈王昭公十二年，前半用縱，後半用擒，閒閒佈置，諷諫常法。

《左傳》用擒縱之法，莫善於邾庶其來奔篇襄公二十一年，左氏之文開手即撇却庶其，陡入魯多盜，所謂縱也；武仲以盜不可詰不能詰翻駁之，然後落到庶其，所謂擒也。正義既畢，又繳轉詰盜，則擒而且縱。後幅拓開，又句句正義，則縱而且擒。最是擒縱自如，文情飛越之文也。

十一、開闔

唐彪《讀書作文譜》論開闔曰：「開闔者，乃於對待諸法中，而兼抑揚之致，或兼反正之致者是也。」又曰：「有對待而無抑揚反正之致，則賓主自賓主也，擒縱自擒縱也，虛實自虛實也，不可云開闔；惟對待中有抑揚反正之致，譬如水之逆風，風之逆水，一往一來，激而成文，而波瀾出焉，乃眞開闔也。」由是言之，斷續擒縱皆得統名之曰開闔。以一篇言之，或反或正，或賓或主，或虛或賞，此開合之大者；以一段言之，或斷或續，或明或暗，或擒或縱，此開合之小者也。文而熟於開合，則斷續擒縱等對敘手法，亦無不如志矣（文參楊重恆課文六條）。

文章之妙，全在多作開闔，此最是左公擅場。舉例言之，如城濮之戰（僖公二十八年），乃開合之至奇極變者。《左繡》評之曰：「如齊秦未可則一開，宋人之畀則一合；楚子入申則一開，伯棼請戰則一合；宛春告釋又一開，曹衛告絕又一合；至子玉怒晉師竟可合矣，又退三舍著實一開。使讀者目光一閃一落急不得就，方才落到次于城濮，以爲今而後可以徑寫戰事矣。忽然接寫晉侯聽誦而疑，則又開；再寫夢搏而懼，則又開，然後跌落鬬勃請戰，晉侯觀師，著實一合，而以敘戰終焉。」（卷七）如此大開大合，層峯疊巒，起伏變化，遂成文章鉅觀，其巧不可階也。又如文嬴請三帥（僖公三十三年），文嬴語與孟明語，俱以兩意開合，作參差筆調。韓穿來言歸田（成公八年）。一開一合，有呼有應。宋華臣出奔陳（襄公十七年），必逐一合，舍之一開，懼逐奔陳又一闔，便結。華向出奔楚（昭公二十二年），通篇蓋以楚人患之，宋人從之，作一開一合。沉尹戌論子常必亡郢（昭公二十三年），篇中屢開屢合，不過發明「苟不能衛，城無益也」之義而已。于太叔對范獻子問王室（昭公二十四年），引諺以憂，引《詩》以恥，似對非對，筆法圓活，全在多用開合。

要之，情境設計而能多用開闔對比，則局自縱橫而壯闊，氣自泱漭而沉雄矣。

十二、寬緊

凡文章由淺入深，由粗入細，由外入內，由賓入主，一步緊似一步，如剝筍抽絲者，是寬緊之法也。寬緊對敘之法，欲其寬處好跑馬，緊處不容針，如驚風激雷，忽爾皓月疎雲；峭壁危巒，接以平岡幽徑；意之所在，不可寬不可緊，筆筆皆與關注，卻千迴百折而後出之，斯爲善也。蓋寬所以蓄勢養局，緊所以赴節練局，故設計情境，以寬緊對敘間用爲妙。

《左傳》謀篇，於情境之設計，亦多用寬緊對敘之法，蓋精神無鬆不緊，情致有緊不鬆，寬緊相濟相反，乃成天地之至文。《左傳》運用寬緊對比之例甚夥，如臧僖伯諫觀魚（隱公五年），布置極寬，鞭逼極緊，中間兩開兩合，一寬一緊，步步相生，語不迫而意獨至。如臧哀伯諫納郜鼎（桓公三年），布局極寬，取勢極遠，然愈遠愈逼，愈寬愈緊，辭鋒文度兩不相妨如此。晉太子申生之死，驪姬亂晉（莊公二十八年）、晉侯作二軍（閔公元年），太子帥師（閔公二年）三篇，一步緊一步，至申生之縊（僖公四年），便寬緩餘裕不費手，申生之死必矣。富辰諫以狄伐鄭（僖公二十四年），純用寬勢，而局自遒緊；彭衙之戰狼瞫從師（文公二年），君子謂云云，一寬一緊，剝筍抽絲之意，繁絃急擊之音。魏絳論和戎（襄公四年），寬便極寬，緊便極緊，筆法如印沙畫泥。中無宇對執亡閽（昭公七年），措詞一步緊似一步，末乃以閒閒趣語收之，純用鞭逼之法，神妙不測。子革諫楚靈王（昭公十二年），前路都做寬縱之筆，後乃一手擒定，鬆便極鬆，緊便極緊；而前路之鬆，都爲後來緊處蓄勢也。

《左傳》寬緊對比之運用，莫善於聲子說楚（襄公二十六年）：開口即將楚材晉用說破，緊也；不言楚害，泛泛推論刑賞，寬也。既而一句打轉，直指楚害，震悚透悚，令聽者神悸，緊也；下却不入椒擧，另提四人，爲擧作引，寬也。四段後夾序子木一語，瀏灕輕轉，其下方出椒擧，而直截了當，更不粘滯，緊也。洵爲極意結構之文矣。

十三、奇正

文章之妙，不外奇正。奇正者，本兵家之說：正，是規矩方圓，欲部伍分明；奇，是不爲法度所縛，不以常律，不由軌道，純乎神明之運。文章之道亦然！如敘一事，始終次第有條不紊，是非得失判然以分者，正也；借賓相形，反筆相射，若斷若續，忽離忽合，奇也。此不難知也。若夫以正爲奇，以奇爲正，加雷電鬼神變化，不知其何自來，何自去，何自出，何自沒，是則難能而可貴者矣（王源《左傳評》二）。

《左傳》敘戰，最工奇正對敘之設計，如韓原之戰，意在晉惠見獲，而以正爲奇，以奇爲正，如千靈百怪，倏來忽逝。城濮之戰，意在一戰，而筆筆用奇，如萬疊洪濤，驚風逆折，天地爲之簸蕩，山谷爲之崩摧。邲之戰，意在先穀，而筆筆用正，略間以奇，如帝庭天闕，瓊樓玉宇，恢宏巧詭，非復人間（文見《左傳評》五）。鄢陵之戰，只爲晉亂張本，不爲晉勝序功，故文以瑣細爲正面，但零寫一人一事，而勝敗帶序其中，如十洲三島，橫斜參錯，景勝萬千，則亦奇正相生之妙也。又如越子伐吳（哀公十七年），文極奇正之變，而該兵法之能，變化不測，左氏敘戰之絕筆也。

其它，如鄭伯克段（隱公元年），莊公是正，考叔是奇；莊公之母是正，考叔之母是奇；莊公之不孝是正，考叔之孝是奇；請京是正，請制是奇；不友是正，友愛是奇；莊公之陷弟是正，羣臣之慮公是奇，奇正相生，如循環之無端同上卷一。鄧曼論莫敖桓公十三年，將撫小民、訓諸司，威莫敖三者平說，並舉以爲奇；又將莫敖獨說一段，單抽以爲正也。奇正辨而賓主明章法出矣。齊人歸公孫敖之喪文公十五年，以惠叔之仁親爲主，卻借聲己襄仲之賊親，惠伯之勸仁，孟獻子之親仁，莒二子之誣仁以映襯之，文欲得其主而亂其緒，奇正相生之道也。信乎文章與物理相通，實亦《左氏》因物賦形之家法也。

十四、變常

王源《左傳評》稱：「文章貴乎變化，變則生，不變則死；生則常新，死則就腐。」卷一宋姜夔《白石道人詩說》論活法亦云：「波瀾開闔，如在江湖中，一波未平，一波已作。如兵家之陣，方以爲正，又復是奇；方以爲奇，忽復是正。出入變化，不可紀極，而法度不可亂。」石濤《畫語錄·變化章》曰：「至人無法，非無法也。無法而法，乃爲至法。凡事有經必有權，有法必有化。一知其經，即變其權，一知其法，即功于化。」此文以變化爲工之說也。爲文者不歷其變，則不足以言文，然變化中自有不變者存；必得其所以不變，而後始可以言變。變乎其所不得不變，不變乎其所不得變，知文有變有不變，而後可以言文。

昔人有贈詩曰：「百首如一首，卷終如卷初」，蓋譏其不善變化也，《左傳》則異於是。戴名世《南山集．左氏辨》謂：「自隱桓以至定哀，文格已屢變；而各國之事之所序述，筆勢亦迥有不同。」馮李驊《左繡》亦以爲：《左傳》之文前後有淳樸、縱橫、矜麗，婉約四種不同氣象㉓。王源《左傳評》則謂：顛倒主賓，變亂奇正，此宣成以前手法也（卷九）；而《左傳》文字以骨勝，襄公以後之文則多用氣矣（卷八），此謂《左傳》文章變化中自有不變者在也。推而至於一篇之中，文字亦變與不變互見，如晉之亡（僖公二十三年），中間及齊及曹及宋及鄭及楚，五段一樣提頭；而適齊、過衛、奔狄、處狄、送秦，五段則變化以原始要終。季札觀樂（襄公二十九年），前用十三歌字，後用五個舞字，一筆不換；評語則十七樣句調，文字逐節變換。晉侯有疾（昭公元年），子產之論疾也，曲而婉；醫和之論疾也，直而悉，處處不同；而二人之言時、言節、言不時，言不節，則符同也。大抵《左氏》家法：不變則索性不變，若變則段段變、句句變；極變，所以令錯綜盡致；極不變，所以見片段分明也。《左傳》之變與不變，要皆因乎自然，而亦出神入化也。

《左傳》之謀篇摛辭，或文隨事變，或事不變而文變，或事變而筆調不變，大抵如相體裁衣，因時制宜。事變而文隨之，此常法也，如寫鄭莊之陽爲仁厚，而心實陰賊；誓不見母，終爲母子如初（隱公元年）。

邲之戰宣公十二年，孫叔敖不欲戰，欲戰者伍參也，及出陣而急進以薄晉軍者，敖也，非參也；敖之忠智固見，文之變換亦見。又如陳乞弒其君哀公六年，寫陽生之狡黠，其去魯也，用筆淡以潔；答鮑牧，用筆精以緊，弒孺子，用筆嚴以約，文生於情有如此者。又如宋公伐鄭哀公九年，卜三段，筮一段，段段變，句句變；荀躒唁公昭公三十一年，眞眞假假，變幻百出。凡此，皆有流水渡旁渡，夕陽山外山之妙。《左傳》之文，事不變而文變者，如傳人、描鬼、寫火、敘戰，各有面目，不自相襲是也，詳參拙作《左傳之文學價值》描寫章，不贅。若夫事雖變而格調不變者，則《左氏》文章之風格，可以法於後世者，如敘土功多作三字排句，數典之文必詳實整贍，將於本書第七章作專論研討，此從略。而《左傳》篇什間，有格法同妙者，如子產對晉人徵朝襄公二十二年，敘事調法祖〈子家告趙宣子書〉，又兼用〈呂相絕秦〉文法。晏子諫誅祝史昭公二十年，大抵與〈薳啓彊論辱晉〉同法。晉祁勝與鄔臧通室昭公二十八年，蓋與〈晏子論和同〉篇一調也。觀此，可見《左傳》篇篇換樣，而又章章有法，蓋所謂左手畫圓，而右手畫方者乎！清劉大櫆〈論文偶記〉稱：「文貴變。故文者，變之謂也。」《左傳》之謀篇安章有之。

以上綜論《左傳》情境之對敘法十有四，他如抑揚、散整、疏密、曲直、剛柔、濃淡、收放等，亦皆彼此對比相形，將闡入第六章〈左傳屬辭與文章神味之表出〉探究，此概從略。

第四節　脈絡統一之規畫

凡藝術作品皆如有機體，有其完整之統一性。文學，藉文字表現之藝術也，自不能外是。所謂藝術之統一性者，不惟各組成部分間構成外在形式之關聯，即內在之本質亦呼吸相通；抑有進者，表裏一體，內外交融，呈現一種和諧之組合㉔。文學之完整性亦然：既藉形式之關聯，亦賴內在之交通。以謀篇而言，作者欲表現作品之完整性，除安排篇什之結構，設計情境之對敘外，尚需規畫脈絡之統一。如此，始能寓變化於整一，綜雜多為一貫。宋文蔚《文法津梁》稱：「古人文字，段落分明，雖每段之中，自為起訖，而互相聯絡，互相映帶。分之為各段，合之仍為一篇」上冊頁九十五；此所謂聯絡映帶，實即統一與對敘之原則。要之，皆自《左傳》之屬辭比事，敘事見本末衍化而出。前節既論情境之對敘，今當更言脈絡之統一，庶幾無遺珠之憾，而謀篇之大全於是乎在也。

姚一葦先生《藝術的奧秘》第八章論完整，析論動作之統一，與情節之統一、人物之統一、情緒之統一、主旨之統一間之關係，而以動作之統一為其它一切之基礎，陳說精當可觀，不可移易。唯動作之統一為一切統一之基礎，此特指文學之形式而言㉕；若夫脈絡之統一，即「外文綺交，內義脈注」

《文心雕龍·章句》；「驅萬塗於同歸，貞百慮於一致，使衆理雖繁，而無倒置之乖，群言雖多，而無棼絲之亂」《文心雕龍·附會》者也。文章而有脈絡，則篇中神氣往來，流行無滯；如人之氣血，行於脈絡之中，環轉周身，無一處不到，亦無一息之停。爲文而能脈絡統一，則雖議論橫溢，意思傍出，猶能終篇一義相貫也。譬如萬派同源，百枝共本者然；蓋不如此，則氣脈斷隔，而篇法爲之裂矣。謀篇必留心脈絡統一之規畫者，以此也。

然則何謂脈絡？《文法津梁》稱：「一篇之中，其前後中間互相呼應，互相聯合處，即文之脈絡。」謀篇·脈絡貫注又謂：「起伏，即文之脈絡」運調·用筆起伏；起伏呼應爲文章之脈絡，固矣，而文章之脈絡不止於起伏呼應。凡前後承接處，有嶺斷橫雲之妙，使文章血脈流通，骨節靈活者，皆脈絡統一之效也。《藝概·文概》稱：「《文心雕龍》謂：貫一爲拯亂之藥；余謂貫一尤以泯形迹爲尚，唐僧皎然論詩所謂抛鍼擲線也。」此乃脈絡統一之說，即廣義之起伏呼應也。《左氏》作傳，於脈絡之統一，曾作多方之規畫，除伏應外，籀繹《左傳》文理，尚有逆攝、激射、旁溢、側筆、線索、原委、類從、集散、配稱諸法，皆脈絡統一之道也。蓋萬笏奇峰，總由一脈；奔龍過峽，而脈絡潛通也。論述如次：

一、伏應

《春秋》一書，多「前伏案，後照應」之書法。清華學泉《春秋疑義》稱：《春秋》書「尹氏卒」，於隱公三年；而書「尹氏立王子朝」，於昭公二十三年之後。中間二百餘年，而其禍始驗。以此意讀全經，其旨趣之妙，未有不在於伏案照應者。故讀《春秋》，而觀其伏案照應者，此讀《春秋》之大法也。[26]孔子《春秋》既有此書法，《左傳》敘事傳人，「爰始要終，本末悉昭」，故亦薪傳前伏後應之書法。

《文心雕龍·章句篇》曰：「啓行之辭，逆萌中篇之意；絕筆之言，追媵前句之旨，故能外文綺交，內義脈注，跗蕚相銜，首尾一體。」此首尾照應之說也；陳善《捫蝨新話》謂之常山蛇勢，取其擊首則尾應，擊尾則首應，擊其中則首尾俱應之義，以兵法爲喻也。蓋行文有伏筆，猶行軍之設覆；設覆所以待敵之入彀，伏筆則待後文之必應者也。故用伏筆，須在人不著意處，又當知此不是贅筆才佳。其法在陽斷陰聯，有一脈過接乎其間，然後可也[27]。

林紓《左傳擷華》稱：「《左氏》往往于遠處埋根，後來爲絢爛之文，皆非不根之論」（評頁一三八），此謂《左傳》規畫脈絡，善作伏應之統一法也。馮李驊《左繡》論《左傳》之埋伏有八：或倒伏、或順伏、或明伏、或暗伏、或正伏、或反伏、或因文伏事，或因事伏文；用筆雖不同，而皆有輕雲籠月之奇，迴龍顧主之勢也。如楚丘卜筮成季（閔公二年），脈注於一友字，而以將生、及生、名友、文友綺交其文，此起結呼應之最現成者。泛舟之役（僖公十三年），篇中句句都照定韓戰落筆，無一閒話：子桑語照閉糴，百里奚語照秦飢，秦伯語直照到戰韓結，所謂欲注射彼處，先在此處著眼也。蹇叔哭師（僖公三十二年），起手寫卜偃之先見，以照定諫師哭師兩段文字；其誰不知，暗應將有西師；禦師于殽，明應擊之大捷，回環聯絡之文也。

又如宋人弒其君杵（文公十六年），前半篇筆筆伏，後半篇筆筆應，經緯穿插，首尾相應。楚越椒之亂（宣公四年），起首記越椒之象，即爲前半滅若敖氏伏筆；記子文將死之言，即爲後段改命曰生伏筆。申叔時諫縣陳（宣公十一年），猶可辭乎，王曰可哉，因縣陳，乃復封陳，以類字前後照應有致。晉侯夢大厲（成公十年），妙巧全在一應字訣：晉侯述夢，巫應之；晉侯再述夢，醫又應之；小臣亦述夢，晉人即以爲殉，亦應之也。偪陽之役（襄公十年），伐偪陽封向戌，荀罃知其不可，而向戌亦未嘗當面辭者，一留下文二子請班師之伏脈，一留下文向戌不肯之伏脈也。子產爲政（襄公三十年），短篇中已略見照應矣：伯石豐卷皆豐氏也，應大族之難御；賂邑反田，應善相國；孰殺之歌，應不可爲；誰嗣之歌，應國乃寬，照應天成。雞父之役昭公二十三年，敘謀筆筆伏，敘戰筆筆應，團結生動，率然蛇勢也。凡此，皆規矩繩步，前伏後應者也。

別有照應之以神，不以形迹者，如楚人滅庸文公十六年，戎麇後無應筆，秦巴前無伏筆，皆以不照應爲照應，照應在空際也。富辰諫以狄伐鄭僖公二十四年，脈注於親親字，而拈出德字、姦字、周召字、文武字、禍字與之照應，異於字字照應者，局勢使然也。晏嬰請繼室於晉昭公三年，晏子與叔向論國政時，憑空插入屨賤踊貴一語，不倫不類，必待詮釋，後文晏子諫公，即以爲補義，而從更宅敘入，從容閒暇，一一帶出，埋伏之不覺，叫應之自然，眞有鴛鴦繡出，金針何在之奇也。

《左傳》不惟段有段之伏應，篇有篇之伏應，即一部《左傳》，亦有其全部之照應也。今觀《傳》于春秋之末，記悼之四年；于春秋之始，記惠之季年，見世系之源流，亦所以攬一書之顛末，蓋全部一大照應也本《左繡》說。左公之面面俱到，有如此者。

二、逆攝

逆攝者，憑空特起，逆筆提敘，以厚集文氣，令筆墨空靈，文勢遒緊，脈絡一貫者是也。吳闓生〈與李右周進士論《左傳》書〉，論《左傳》文法之奇，其一曰逆攝，謂「吉凶未至，輒先見敗徵，此猶其易識者已！至城濮之戰（僖公二十八年），猶未戰也，而蔿賈質責子文，以痛子玉之敗；三郤之難（成公十七年），猶未兆也，而范文子怒逐其子，以憂晉國之亡，此皆憑空特起，無所附著，蕩駭心目，莫此爲尤。故重耳之奔走流離（僖公二十三年），一亡公子耳，而所如皆有得國之氣；楚靈夫差，方其極盛，踔厲中原，而勢已不能終日。若此者，皆其逆攝之勝也。」用逆攝取勢，則如波濤洶湧、峰巒特起，於脈絡之貫注，的有統一之妙也。

《左氏》行文，爲使通篇局勢緊湊，往往用逆攝之筆提振於前。若倒置文後，便索然無味矣，此爲文所以貴用逆也。左公敘事，好用逆攝之法，尤以敘大戰爲然，必再三逆提之，以重其事。除吳闓生所云者外，如韓之戰（僖公十五年），以卜徒父筮戰語、慶鄭論小駟語、史蘇占繇語逆攝後事，有澄潭倒影之妙。又如邲之戰（宣公十二年），楚之必勝，先于士會荀首欒書口中透出；晉之必敗，又于伍參口中透出，後文大局，已于前路一一提明，有玉山照眼之勢。又如鄢陵之戰（成公十六年），獻子決晉勝，申叔姚句耳決楚敗，用預透之筆，作返照入江之勢，此《左氏》常法也。

考《左傳》之逆攝成敗也，或以占筮，或以果報，即論天道，亦必歸於人事，如懿氏之卜，周史之占，所以明陳氏將有齊也，而倒影於敬仲來奔之始（莊公二十二年）。辛廖之占，卜偃之說，所以見三家將分晉也，而預發於申生將下軍之際（閔公元年）。崔杼之敗（襄公二十五年），早見於陳文子解困之大過之初；南蒯之亡，顯兆於惠伯釋黃裳元吉之時（昭公十二年）。此《左氏》以占筮逆攝成敗者也，而說解未嘗不本於人事。

其以人事之果報逆攝後事者，如鄭忽辭昏，先以鍼子斷其不爲夫婦（隱公八年）；晉滅虞虢（僖公五年），則藉晉君臣之言，倒攝虞之必亡，及宮奇之不能強諫，是其例也，說已詳第二章〈報應〉，不贅。所謂奇葩未放，先見滿庭綠影；明月未來，先見一天星斗，《左傳》逆攝法之於脈絡，信有此妙矣。

三、激射

林紓《畏廬論文》稱：「所謂激射者，語所不盡，而眼光先到之謂也。」（頁三十）金聖歎〈西廂記讀法〉所謂：「文章最妙，是目注彼處，手寫此處；若有時必欲目注此處，則必手寫彼處，一部《左傳》都用此法。」是也。蓋爲文而用激射之法，則如天半紅霞，崢嶸萬態，少陵「返照入江翻石壁」詩境，頗可比擬。包世臣《藝舟雙楫．文譜》謂：「順逆集散者，激射之事」，可悟激射於脈絡貫注之作用也。

金聖歎稱，一部《左傳》都用激射之法，非虛言也。蓋《左傳》體爲編年，一篇之中，不能貫徹首尾，故神光激射，使讀者能了然於其後來，此《左氏》之長技也（《左傳擷華》頁一三四）。如楚人伐絞（桓公十二年），詳寫伯嘉膽智，見羅大有人，非絞之比，而趾高自用所弗能敵也，絶妙激射法。鄭厲刖強鉏（莊公十六年），君子譏強鉏不能衛其足，亦所以深惜昭公之不立，而出以烘托激射之筆者。晉獻使太子帥師（閔公二年），篇中只懷一憂慮太子不立之意，此眼光注射處，而反覆猜疑，詞氣吞吐間，皆爲此事而發，文情何等生動！晉作爰田州兵（僖公十五年），見挽回全賴人力，亦所以反照首尾，令激射有波瀾也。狄人歸季隗（僖公二十四年），於季隗只點一筆，通篇單敘叔隗一邊，了無一句回顧起句，止句句對起句作激射，而晉文公不如趙衰可知。城濮之戰（僖公二十八年），末段隱隱見子玉之能，晉非眞能以德攻也，激射之妙，都在無字句處耳。彭衙之戰（文公二年），首段結前事，末段起後事，而拜賜之嗤，增修之避，兩兩激射。士會歸晉（文公十三年），前日六卿相見，後日無謂秦無人；前日患秦之用，後日吾謀適不用；前日執其帑，後日歸其帑，皆是兩兩激射，章法匀密。邲之戰（宣公十二年），楚莊戰勝告成一番議論，句句與彘子之剛愎、士會之持重、欒書之料楚相激射，前後映帶，有東海霞起射天台之妙。鄢陵之戰（成公十六年），手寫大戰，眼光却專注三郤之難，最爲意鬱神遠。衛靈公卒（哀公二年），前後寫來，總是映照出輒據國拒父之非，文雖無一筆點明，而意無不躍然生動，絶妙激射法也。

激射之法，眼光注射一物，却不輕易揭破，而詞氣千迴百轉都脈注於此事。《文心雕龍·章句》所謂「外文綺交，內義脈注」，激射之法，最有助於脈絡之貫串也。

四、旁溢

所謂旁溢者，謂假軼事小文，泛爲異采，使文勢放縱奇肆，令通體精神俱振者也。吳闓生〈與李右周進士論《左傳》書〉論《左氏》文法之奇，其三曰旁溢。如「蹇叔哭師（僖公三十二年）」，知其敗之必於崤，而三陵風雨，后皋之墓，覃然有憑高弔古之思焉。徐關之入（成公二年），勉保者以愼守耳，而子女之辟，銳司徒之問，殷然有家人父子之誼焉。推之華元皤腹之謳（宣公二年），以著其雅量；叔展麥麴之問（宣公十二年），以極其艱窮；叔儀佩蘂之歌（哀公十三年），以彰其匱竭。皆假軼事小文，肆爲異采，則其橫溢而四出者也。」吳汝綸曾稱：「文外曲致，乃精神旁溢處。惟《左氏》太史公時時有之，他人皆不能逮也。」（《左傳分國集註》頁四九二引）又稱美《左傳》精神旁溢處，以爲「俶儻詼麗，極文章能事，後人無能及之者。太史公所以不如《左氏》，止爭此等，他更無論矣！」（《左傳分國集註》頁七〇四引）旁溢雖事外曲致，而旁縈側拂，意歸一貫，實亦脈絡所以統一之方也。

《左傳》一書，每多精神旁溢之文，除吳氏所舉外，尚多有之：如鄭伯克段於鄢（隱公元年），篇意在誅莊公之不孝，未免直率，故幻出潁谷封人以襯之，遂成文字之波瀾曲致，而亦精神旁溢處也。又如臧哀伯諫納郜鼎（桓公二年），文末旁及周內史之贊哀伯，尤見文情旁溢之致。衛州吁之亂（隱公四年），插入眾仲對公問州吁之成一段，通體俱振，所謂精神旁溢處也。鄭厲公之入（莊公十四年），借申繻之對妖，以指斥當時之棄常，亦精神旁溢之妙也。宮奇諫假道（僖公五年），涉及桓莊，精神旁溢，文勢一縱。先蔑奔秦（文公七年），旁及荀林父送帑及器用財賄，以見關切同寮之意，亦文情旁溢處也。齊公孫青聘衛（昭公二十年），詳載賓之有禮，所以愧衛諸臣也，此精神旁溢處，亦文字極奇肆處也。史趙論陳氏不亡（昭公八年），逆攝陳氏之得齊，此亦文情旁溢處也。

要之，《左氏》好奇，故多軼事小文，橫溢四出，能令文勢放縱奇肆，而又饒事外曲致。因以救直率死板，且使通篇靈動一貫者，皆旁溢之法也。

五、側筆

夫《春秋》推見至隱，左氏作傳本此意，故多微言側筆。蓋隱之所在，即歷史真象之所在，亦即歷

史解釋關鍵之所在，有難言之隱，故以微言側筆出之。《左傳》多微言，已詳前節，側筆尤爲左公所習用。所謂側筆，蓋藉瑣事叢語，互見相襯，以表露歷史之眞實，或顯現主文之意識者也[28]。其間消息相殊，然亦相反相成。此固史家之不得已處，亦文章之蘊藉曲折處也。文章之脈絡，由對立而歸於統一，側筆旁擊之法其一焉。

左氏著傳，每於鋪揚中微揭陰謀，而又借他人言論以亂之，吳闓生《左傳微》稱爲詭詞謬稱（莊公八年），此則左公側筆之法也。如鄭伯克段於鄢（隱公元年），君子曰數句，極贊考叔，正是極誅鄭伯，善用側筆旁擊之法也。齊仲孫湫來省難（閔公元年），於殷殷垂詢中，忽問魯可取乎；而前之省難，皆變爲窺伺矣，頗富反諷效果，側筆使之然也。內史叔興答宋襄問石隕鷁飛（僖公十六年），退而告人曰「君失問……吾不敢逆君故也」云云，側筆以見左公不信妖祥，於是乎前所對魯喪齊亂將得不終諸事，皆全盤否定矣，此《左傳》詼詭之趣也。晉公子重耳之亡（僖公二十三年），全篇聲勢氣燄全在從者，不在公子；既在從者，則公子所以反國爭雄，取威定伯，非公子之賢，乃從者之賢；非公子之才，乃從者之才也，故開首埋伏得人二字，其餘則旁敲側擊，皆爲表現此一旨趣也。諸侯盟於扈（文公十五年），末敘書法二例，見非諱非後，特以無能爲耳，是旁敲醒筆法。趙盾弒其君（宣公二年），記聖言以兩贊之妙，極謂其爲法受惡，見其惡固已無可辭矣。

宣子弒而不弒，不弒而弒之意，藉側筆表之，昭然若發其蒙。晉侯使鞏朔獻齊捷成公二年，結處旁敘私賄勿籍，以周旋晉之使朔，而王之畏晉，獻捷之非禮，意在言外矣。弭兵之會襄公二十七年，以子罕之論去兵作結，以見向戌弭兵之爲名爲利耳，踢倒當場傀儡，劈開立地乾坤，議論大反前文，所謂旁筆側擊法也。王子朝告諸侯昭公二十六年，末藉閔馬父語輕輕斷結以亂之，而王子朝之干命遠大專志無禮，於是乎見之，有大海迴風生紫瀾之妙。昭公出奔昭公二十五年，季孫與公室之隙久矣，不自季孫之殺展與夜姑始也，而《左氏》載之，所以假支離之辭以亂之也。穆姜之占襄公九年、南蒯之占昭公十二年，所以見吉兇由人，不在卦象也。

吳汝綸稱：「每記占驗，必以不可信終之，此左氏闊識。」《左傳分國集註》頁四七二所謂以側筆見闊識也。全書如此者多，皆《左氏》微言側筆所寄也。因側筆之供托，以顯露事實眞相，愈於直言評斷千百倍矣。

六、線索

俗稱事有可尋之端緒，可藉以探求事情之眞相者曰線索，唯文亦有之。文章之線索，乃宗旨之所繫，一線相生，直貫通篇，如蟻穿九曲之珠，宛轉周折，而又無所不到也。文章所以能累千萬字，而仍

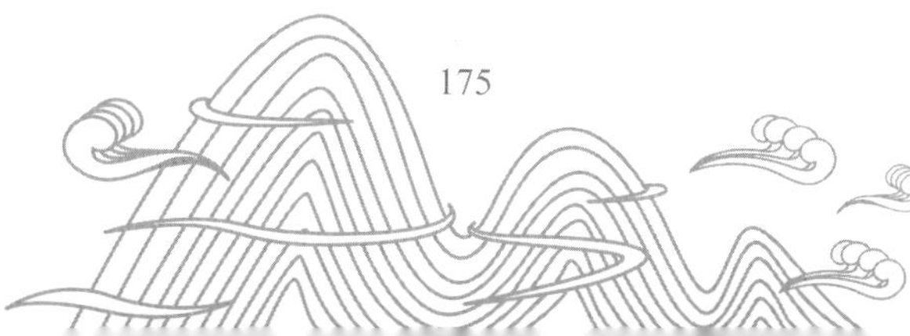

如一筆書者，其中有線索焉，是以能脈絡貫注，通體靈活也。顧文章之線索，不可過粗，亦不可過細，當如草蛇灰線，蛛絲馬迹，方稱至善。文而有線索，則篇中靈氣往來，神明見意，否則文意將渙而不屬矣。線索之於脈絡統一，有如此者。

馮李驊〈讀左卮言〉稱：「《左氏》有絕大線索：于魯，則見三桓與魯終始，而季氏尤強；于晉，則三晉之局，蚤定於獻公之初；于齊，則田齊之機，蚤決于來奔之日；三者爲經，秦楚宋衛鄭許曹邾等紛紛，皆其緯也。洵乎魯之《春秋》，其事則齊桓晉文，一言以蔽之矣。」此全書之線索也，若全書各篇亦自有其線索，舉其要者言之：如宋衛齊鄭之成隱公十年，以王命爲線索；曲沃併晉桓公二年，以師服之言爲線索；楚之始強桓公六、八、十一年，前後均以伐隨緯之，以爲線索；曹劌論戰莊公十年，以謀字貫串，以爲線索；韓原之戰僖公十五年，分四大段，而以天人兩字作線索；亦可以慶鄭爲線索，以明晉惠之乖戾也。王子帶之亂僖公十二、二十二、二十四年，專以富辰之論爲線索，以見兄弟小忿，不廢懿親之意。城濮之戰僖公二十八年，前云上德，末云能以德攻，德字爲線索，通貫全篇。秦晉崤之戰僖公三十二年，以師字爲線索，而以西師潛師勞師出師禦師秦師遂東，一線穿成，章法絕佳。郤至辭楚享樂成公十二年，文情一線相生，鋒芒發越在針鋒緊對處，尤在針鋒暗指處也。崔慶之亂成公十七年，以女子之事爲線索；晉逐欒盈襄公二十一年，以趙盾之事爲線索。季札觀樂襄公二十九年，通篇以德字政字爲線索，樂以觀德，聘以觀政故也。

凡《左傳》縱橫貫串如一筆書者，有線索故也。《左傳》屬辭約文之講究，於此可見一斑。周大璋《左傳・凡例》七云：「《左氏》載二百四十年事蹟，雖各自爲章，實前後一線也。」《左傳》既全書一線，則各篇自有其線索，亦可知矣。

七、原委

文家之立意遣辭，往往順應時間之先後，以爲行文之次序，劉師培〈古春秋記事成法考〉所謂「爰始要終，本末悉昭」，如此則通篇連成一線，脈絡貫串統一矣。《左傳》義經體史而用文，故於推原究委，最稱慣家。不惟於無經之傳，原始要終，尋其枝葉，究其所窮；即先經、後經、依經、錯經之文，亦窮本探委，前後脈絡一貫也。

《左傳》之謀篇，有原始要終者，最見脈絡之貫串，如呂相絕秦成公十三年，將春秋以來，秦晉搆兵之無寧歲，盡滙其原委於呂相口中。雖出以矯誣誇詐之辭，而前半部《春秋》之綱領脈絡於是乎在也。

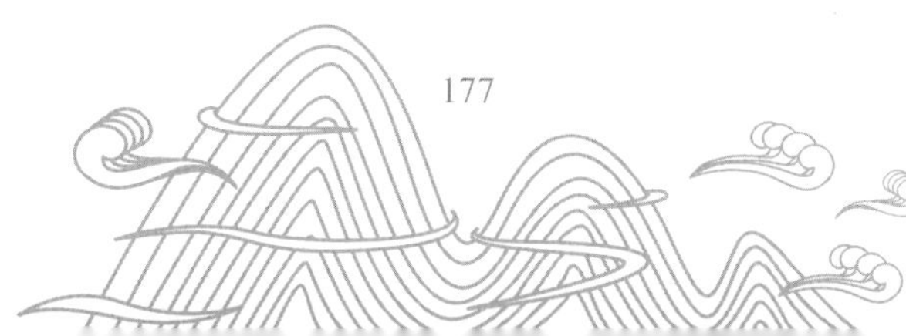

又如子產對晉人徵朝（襄公二十二年），首段從朝晉說到朝楚，次段從朝楚說到朝晉，三段單敘朝晉，皆點明年月日，原始要終，以見晉徵朝之非宜也。又如季札來聘觀樂（襄公二十九年），論樂始字起，止字住，爲一篇大局段；且于十五國之風俗，六代之功德，列國之國勢人才，無不表微知著，原始要終，《左傳》中有脈絡之文字也。又如閔子馬論學（昭公十八年），論周之將亂，原始要終，極關極確，論學語尤爲名雋。又如晏子與齊侯論禮（昭公二十六年），德以禳穢，禮以已亂，從源頭說下，理極精警，而筆亦疎宕雋逸，姿態橫生。凡此，皆以時間之先後爲脈絡，亦即麥勒克莫（Mammel komroff）所論結構圖式中之單線結構也[29]。

外此，《左傳》中又有雙線結構與三線結構，附論如下：若齊人執陳轅濤塗（僖公四年），師出於陳鄭，出於東方，一利一害，却以迴環表現之，雙線並舉，開後人對股法門；申無宇論棄疾爲蔡公（昭公十一年），前論兩城字，後論兩大字，雖兩事分說，而意則一串，麗密之文也。此雙線之結構也。若三線之結構，則如城濮之戰（僖公二十八年），以德、禮、勤民三義相貫，間見層出，融洽無間，黃父之會（昭公二十五年），子大叔論禮，以天地民三義平提，却照應參錯，最見博奧瑰雄，脈絡潛通，皆謀篇安章之規畫足爲法式者也。

八、類從

凡事繫言碎者，左公則示以連類而書之法。就《春秋》書法言，此比事見義之類比敘事法。蓋敘事記言而能以類相從，筆墨始成片段；否則，使以事之先後爲序，則意脈不貫，拳曲臃腫而不中繩墨矣。行文苟不泥次序，使中者前之，後者前之，前者中之後之，彼此唯以類相從，則文章如神龍騰霧，首尾略無定處，可以盡活潑變化之觀。唯類敘數事，必以一事爲主，用筆方有輕重，立格方有剪裁，此所當在意者。

《左傳》文字，多以類相從之例，舉其著明者言之，如狄人伐衛（閔公二年），開口敘一好鶴乘軒事，以後便從此附麗類敘作章法，極生色之文也。韓原之戰（僖公十五年），類敘晉惠之失，以明秦所以伐晉之故；鄋瞞侵齊（文公十一年），敘僑如一人，連類以及緣斯，又連類以及焚如，又連類以及榮如簡如；蓋敘新事，直追敘舊事；又倒挈後事，重敘前事，皆以類相從。若敖氏之滅（宣公四年），通篇都以奇語結撰而成：於盡滅若敖氏句下，帶出若敖；因若敖遂類及伯比，因伯比遂類及子文；一及子文，則恣意發揮虎乳之事矣。邲之戰（宣公十二年），因楚人致師晉人逐之，連類而及晉人請戰，楚人逐之；因魏錡求公族不得，欲敗晉師而請使，連類而及趙旃求卿不得而請使；因彘子不肯設備，連類而書設覆具舟二事；因敘楚乘廣，連類而及晉以廣隊不能進；又因廣隊之奔，連類而及趙旃授綏。蓋捨是，別無可安置處也，以類相從，則脈絡綰合，貫而不雜矣。晉侯夢大厲（成公十年），始也因夢而病，繼又由病變爲夢，末更因夢而殉死；因夢之奇，類而敘之者也。平陰之役（襄公十八年），以萩樹竹木類敘之，頗有情致；衛襄公卒（昭公七年），以晉如衛弔，類及周如衛弔，是兩事類敘之例。周原絞虐其輿（昭公十二年），一是虐民而爲民所逐，一是去族而爲族所誅，亦以類相從也。聲子說楚（昭公二十六年），敘析公等四楚材，爲晉所用，不以年次爲先後，但隨口吐出，以類相從而已。

凡此，皆同類相及也。亦有異類相及者，如弭兵之會（襄公二十七年），子木問于趙孟曰一段，二事不同類，而裁之使整，鉤聯成文，亦類從之變格也。

九、集散

蔣祖怡《文章學纂要》，論統一全篇文章之法有二：一曰歸納式，一曰演繹式，前者先分敘後總結，後者先總起後分敘。唐彪《作文譜》謂：「文章有總有分，則神氣清而力量勝。故前總發者，後必分敘；前分敘者，後必總發。又有迭總迭分錯綜變化者，此又古文中之化境也。」此則集散之一道也。《藝舟雙楫文譜》論集散之作用曰：「或以振綱領，或以爭關紐，或奇特形於比附，或指歸示於牽連，或錯出以表全神，或補述以完風裁。是故集則有勢有事，而散則有縱有橫。」此所謂集散，凡謀篇裁章諸法如分總，轉棙、附載、類從、互見、補述等，要皆包括其中，類從已論述於前，其它將詮說於後，今特言分總於脈絡一統之規畫而已。

《左氏》行文謀篇，善用總提分疏之法，大抵起筆即立一篇之局，以後分疏處，多用回應之筆，如此則通篇脈絡貫注，局法自然活潑矣。如臧僖伯諫觀魚（隱公五年），首提講大事、備器用，以為一篇之綱領；次又提軌物二字以擒定觀魚，下乃申明講事備用，言有收放，文有起落。盟於寗母（僖公七年），前以禮德提綱，後以禮德分應，參差見於詳略，文情繚繞，紙落烟雲。城濮之戰（僖公二十八年），先軫曰：報施、救患、取威、定霸，於是乎在矣（僖公二十七年），以先軫語總挈全篇大意，以下逐段逐節分應之，以前照後，以後映前，通篇如一筆書。秦師入滑（僖公三十三年），以鄭必知之總提於前，以下弦高段是外謀已洩，武子段是內應已空，一一收應。楚子圍宋（僖公二十七年），以「一戰而霸，文之教也」收煞，以束為提，所謂前分敘，後總發者也；秦人伐晉（文公三年），以「遂霸西戎，用孟明也」束提，妙亦同前也。王孫滿對楚子問鼎（宣公三年），前提

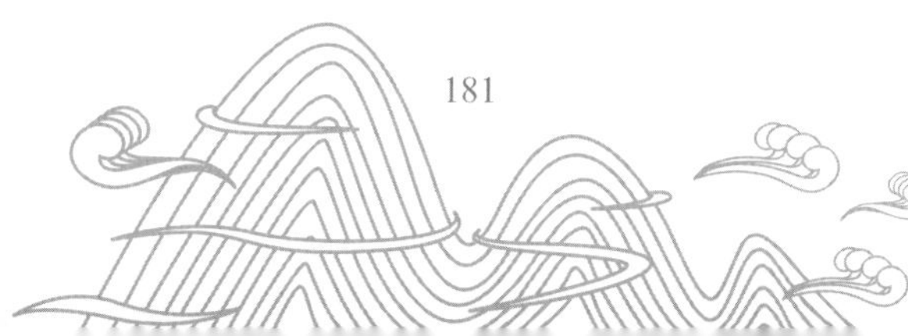

鼎之大小輕重，以下分應敘說，語婉嚴而勢如環。邲之戰宣公十二年，隨武子論楚不可敵，以德刑政事典禮六者之不易總敘在前，繼則分承六項敘說，末以「德立刑行政成事時典從禮順」總提總束。而楚子不爲京觀，則以「禁暴戢兵保大定功安民和衆豐財」七武德整敘綰合於前，再以止戈爲武冠焉，以下則分承串遞七德，而以「武有七德，我無一焉，何以示子孫」，總提總束。謀篇之正法，於此見觀止矣。宋殺其大夫山成公十五年，先總列九人名氏職官，後分序九人事迹，賓主輕重，因物賦形。鄢陵之戰成公十六年，申叔對子反論楚師，以「德刑詳義禮信，戰之器也」虛說總提，以下就六者分承串說；然後總合德刑、詳義、禮信敷陳之，再自楚師一邊切實分應，以見子反之敗不返也。穆姜釋艮八之占襄公九年，引易隨元亨利貞總提作綱，以下就正反二義，分疏元亨利貞，有迴龍顧主之勢。

外此，理則學上之歸納與演繹，亦文章分總之法也。如魏絳以爲和戎有五利襄公四年，叔向申明取國有五難昭公十三年，定姜數襄公之罪三襄公十四年，子產數公孫黑之死罪亦三昭公三年，子產論大適小有五美，小適大有五惡襄公二十八年，孔子謂臧文仲不仁者三，不知者三文公二年，凡此，皆枚舉歸納法，先總後分者也。

謀篇之總提分疏，於敘事手法謂之提敘。《左傳》敘事傳人，於浩瀚繁雜之人或事，往往提綱挈領而敘之，是先總後分之歸納法也。若夫演繹法，則先分後總矣，詳參《左傳之文學價值》論說推論節，茲不再贅。要皆集散之格法，而脈絡一統之方術也。

十、配稱

文章之道，與衆事相通，是以不惟寫生之筆，須肖本人，即敘事議論詞命，亦當因物賦形，雅與事稱。謀篇而能如此，則文事相配，筆有化工。於是由外而內，渾然一體，最有助於脈絡之貫串。馮李驊《左繡．讀左巵言》稱：《左傳》之妙，尤在無字句處：「凡聲情意態，緩者緩之，急者急之，喜怒曲直，莫不逼肖，筆有化工。」此《左傳》謀篇法必歸諸配稱之說也。

《左傳》謀篇，或因物賦形，雅與事稱，如周史以《周易》筮陳侯（莊公二十二年），詞有光氣，與其得國之事相稱。城濮之戰（僖公二十八年），文於未戰以前，聲光精彩絕倫；既戰之後，亦極力鋪張，纖細不遺，繁稱不厭。寫得赫赫奕奕，炳炳煌煌，文欲相稱故也。越椒之亂（宣公四年），全篇皆以奇語奇事點綴成文，中段無奇可出，而文氣文勢兩奇；通體皆用短促急疊句法，寫極戾虐人，極悖戾事，便作極亢厲之筆，化工肖物之筆也。吳入州萊（成公七年），文筆峭直孤勁，有鐵馬金戈之氣。左氏筆墨，具因物賦形之妙，此其一斑也。范文子論鍾儀（成公十年），純是直致語，老實語，終是忠厚人談吐。呂相絕秦（成公十三年），純是讏言，將無作有，飾罪爲功，左氏亦還他千佻百狡之言。鄢陵之戰（成公十六年），純爲晉亂張本，故敘戰勝文字，却以范文子之憂爲起結，然確是當年情形時勢如此，所謂因物賦形，非由造作也。且敘楚王中射，戰事勝負已決，無可再記：左公乃加入往還酬對之詞令，頓開異境，蓋長篇必如此收束，方爲配稱也。晉悼初政（成公十八年），製局極典重，敘事有體裁，雅與事稱也。欒盈入晉（襄公二十三年），寫宣子克亂既詳，故前序曲沃亦詳，後序力戰郤盈亦詳，因乎局也。昭公如楚（昭公七年），末段敘昭公夢襄公祖，頓跌搖曳，不但其文相配，其事亦復相偶，此見因物賦形之妙。句踐滅吳（定公十四年），專以陰鷙取勝，通篇一色，即閒文亦有沉鷙之氣也；楚勝之亂（哀公十六年），生氣颯爽，俠烈之慨滿紙；不如是，不足盡白公之爲人也。

蓋《左氏》文章所以百出不窮者，皆因乎自然也，是以輕重濃淡繁省廉肉，皆相配相稱，非筆有化工乎？邲之戰（宣公十二年），大篇鉅製若此，輕雋之筆，須彈壓不住，故文後鋪排七德，味厚而色濃，以與前幅士會欒書兩節妙文相應，足見經營匠心。而申包胥乞師敗楚（定公五年），前路文勢太重，故以錯綜承之，不如是則不稱；而後幅頗嫌平淡，乃淬厲精神鋪揚之以作束，所謂大廈高堂，繼以龍樓鳳闕也。凡此，皆《左氏》謀篇，必欲相配相稱之例也。

左氏規畫脈絡貫串之法，除上述十法外，又有拖逗、層遞、頂眞、頓挫諸法，屬章法句法，乃脈絡統一之小焉者，留于下文論述，此處從略焉。

註釋

① 清章學誠著，葉瑛校注《文史通義校注》，北京：中華書局，一九八五、二〇〇八，卷五〈答客問上〉，頁四七〇。

② 張高評〈史外傳心與胡安國《春秋》詮釋法〉，《經學文獻研究集刊》第二十輯（二〇一八年十二月），頁二五〇—二七九。

③ 章學誠《章氏遺書》，臺北：漢聲出版社，一九七三。卷二十九，外集二，〈論文示貽選〉，頁七五，總頁七五二。

④ 清張自超《春秋宗朱辨義》，臺北：臺灣商務印書館，一九八三，文淵閣《四庫全書》本。卷八〈僑如以夫人婦姜氏至自齊〉，頁三四，冊一七八，總頁一八八。

⑤ 張高評《左傳英華》，臺北：萬卷樓圖書公司，二〇二〇。壹，敘事文，二，〈魯桓公薨于齊〉鑑賞，頁一六—二五。

⑥ 宋胡安國《春秋胡氏傳》，臺北：臺灣商務印書館，一九六六，《四部叢刊》續編本。卷二十，成公十六

年，〈秋，公會晉侯、齊侯、衛侯、宋華元、邾人于沙隨，不見公〉，頁八，總頁九六。參考清張應昌《春秋屬辭辨例編》，上海：上海古籍出版社，二〇〇二，《續修四庫全書》本。卷十一，〈內盟書及書會〉，頁三三一—三三五。卷二十一，〈不書滅〉，頁五七四—五七六。卷三十，〈魯公書孫書次書居書在〉，頁七五〇—七五五。卷三十二〈內諱弒君〉，頁五二—五四。卷五十，〈夷狄稱號總論〉，頁五五一。

⑦張高評〈《春秋》五例與《左傳》之忌諱敘事〉，《國文天地》第三五卷第五期（總四一三期），二〇一九年十月，頁一〇三—一〇七。

⑧張高評〈書法、史學、敘事、古文與比事屬辭——中國傳統敘事學之理論基礎〉，香港中文大學《中國文化研究所學報》第六四期（二〇一七年一月），頁一—三三。

⑨文見明羅萬藻《此觀堂集》卷一，〈韓臨之制藝序〉，詳郭紹虞著《中國文學批評史》下卷，頁二三三引。

⑩梁劉勰《文心雕龍．鎔裁篇》：「草創鴻筆，先標三準：履端於始，則設情以位體；舉正於中，則酌事以取類；歸餘於終，則撮辭以舉要。」

⑪清金聖歎《尺牘》云：「詩與文，雖是兩樣體，卻是一樣法。一樣法者，起承轉合也。除起承轉合，更無文法；除起承轉合，亦更無詩法也。」

⑫元陳繹曾《文筌》論佈局定勢有六法：起、承、鋪、敘、過、結是也，參徐芹庭撰《文章破題技巧及修辭方法之研究》頁一四所引。

⑬文見姚一葦譯註《詩學箋註》，第七章，頁七九。

⑭清劉熙載《藝概．經義概》云：「筆法之大者三：曰起、曰行、曰止，而每法中未嘗不兼具三法。如起便有起之起，有起之行，有起之止也。」

⑮參詳晉杜預〈春秋經傳集解序〉，此不獨釋經爲然，作文之法亦如此。

⑯起首之重要及不易，詳兒島獻吉郎著《中國文學概論》第三篇形式論，〈篇法〉，頁二一三。

⑰清劉文淇《春秋左氏傳舊注疏證》，宣公十二年「中權後勁」，引沉欽韓說，其意如此，異於杜註所謂「中軍制謀」也。

⑱說本姚一葦《藝術的奧秘》第七章〈論對比〉，頁一八九－頁一九一。

⑲意本王熙元著〈詞的對比技巧初探〉序論，見《古典文學》第二集，頁二四二。

⑳文繁未能備載，詳參方苞《左傳義法舉要》，馮李驊《左繡》，林紓《左傳擷華》各篇所評。

㉑關於反襯、對襯、雙襯之界說，可參黃慶萱著《修辭學》，映襯三法，頁二九〇－頁二九四。

㉒楊萬里〈答徐賡書〉：「作文始治兵，擇械不如擇卒，擇卒不如擇將。」賓可多，主無二之說也。

㉓清馮李驊謂：「隱桓莊閔之文，文之春也；僖文宣成之文，文之夏也；襄昭之文，文之秋也；定哀之文，文之

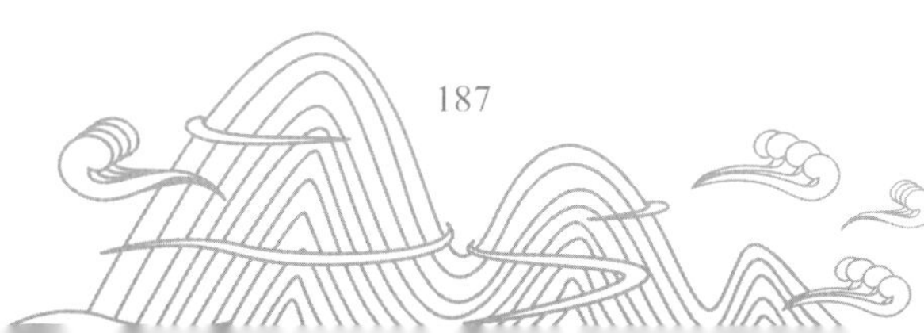

冬也」云云，詳見《左繡．讀左卮言》。

㉔ 參閱克羅齊《美學原理》，正中書局，頁二一〈藝術作品之整一性與不可分性〉；又姚一葦《藝術的奧秘》第八章〈論完整〉，頁二二二。

㉕ 姚一葦《藝術的奧秘》，稱：「所謂動作，是人類的活動的一種普遍的模式，是一切藝術所從而模擬的，是情節的核心部份，是一種有組織的完整的形式。此種動作，構成所謂動作的統一，或動作律。」頁二二六。

㉖ 清張應昌《春秋屬辭辨別例編》，上海：上海古籍出版社，二〇〇二年，《續修四庫全書》本。卷五十二，〈比事屬辭書法〉，頁一—二，總頁五九二，引華學泉〈疑義〉。

㉗ 參閱林紓《畏廬論文．用伏筆》，王葆心《古文辭通義》卷十一「文中首尾照應之比較」。至於如何能前呼後應？宋文蔚《文法津梁》曾有明言：「先在造意時，分出層次，謀篇時立定間架，乃至布局時分出段落，使意思聯貫，自然前後相應。尤在每段鍊字得法，使閱者有線索可尋。」，見〈前後呼應〉。

㉘ 意本徐復觀論《史記》之言，詳見《兩漢思想史》卷三，頁四一九—頁四二二。

㉙ 詳參陳森譯《長篇小說作法研究》，頁二一。又佛斯特《小說面面觀》，論圖式之作用謂：能「從外至內緊緊的連接起來，將散亂無章的語句連成一張網，並使其有條不紊」，頁一四六。

第四章

《春秋》比事與《左傳》安章之心法

《史記・太史公自序》引孔子曰：「我欲載之空言，不如見之於行事之深切著明也。」宋胡安國引申之：「空言獨能載其理，行事然後見其用。」（《春秋傳》序）孔子作《春秋》，藉由史事之編比，以體現褒貶勸懲之義。宋呂大圭《春秋或問》稱：「因其事以著其義，而事實矣；明其義以錄其事，而義著矣。」因此，事與義可以轉相發明。史義、史觀、史識云云，亦經由歷史敘事，得以考索呈現。

元程端學《春秋本義・序》論《春秋》之屬辭比事，引邵雍稱「錄實事，而善惡形于其中」；朱子謂：「直書其事，而善惡自見」，以爲「蓋有以識夫筆削之意」。元趙汸《春秋師說》亦曰：「學者只當考據事實，以求聖人筆削之旨。」（卷下，論學春秋之要）經由詳略之取捨，重輕之權衡，精心之編比，然後方見筆而書之之史事。試作反向思考，自然可以「識夫筆削之意」、「求聖人筆削之旨」。

孔子之筆削，可以自《春秋》之比事考求之。日本安井衡《左傳輯釋》稱：「《左氏》之解《經》，五十凡之外，每寓於序事之中。細繹其文，其義始顯。」（卷首，自序）《春秋》經義，「每寓於序事之中」。因此，從《春秋》比事，可以推究前後措注、本末終始之書法。[1]對於史傳、敘事、古文之謀篇安章，已揭明許多法門，開示若干津梁。《春秋》，堪稱傳統敘事學之源頭活水，端在如何利而用之而已。

第一節 《春秋》比事與前後措注、本末始終

《墨子．明鬼》敘列國春秋，劉師培據以說古春秋記事之成法，爲「爰始要終，本末悉昭。」《左盦集》卷二 孔子《春秋》之史法，當有所傳承。歷代詮釋《春秋》之書法，以屬辭比事爲應用策略，關鍵因緣亦在於「爰始要終，本末悉昭」。[2] 宋陳亮序《春秋比事》，稱美劉朔：「即經類事，以見其始末」；清毛奇齡《春秋傳》亦謂：「《春秋》須詳審《經》文，備究其事之始末。」卷八 所謂見事始末、備事始末，皆屬辭比事之課題，唯較專注於編纂史事，比次始末之功夫。

始、微、積、漸，爲歷史發展之通則。因應歷史通則，故須運用比事屬辭之詮釋法，方能解讀詮釋《春秋》隱微之旨意。章學誠〈論文示貽選〉稱：「夫比，則取其事之類也。屬，則取其言之接續也。紀述文字取法《春秋》，比屬之旨，自宜遵律。」《章氏遺書》卷二九，外集二 解讀《春秋》旨義，詮釋《左傳》敘事，何以非屬辭比事之法不可？元程端學《春秋本義》云：「大凡《春秋》，一事爲一事者常少，一事而前後相聯者常多。其事自微而至著，自輕而至重，始之不愼，至卒之不可救者往往皆是。」卷首，春秋本義通論 故解說《春秋》，有大屬辭比事，合二百四十二年之事而比觀之；有小屬辭比事，合數十年

之事而比觀之。《春秋》之比事見義如是，《左傳》安章謀篇之義法，多從此衍化。

清張自超解經，有所謂「反覆前後所書，比事以求其可通。」（卷首，總論）方苞亦云：「案全《經》之辭而比其事」；「經文參互，筆削之精義每出於其間」。[3]此亦原始察終，張本繼末之方法。屬辭比事所以為解讀《春秋》書法之要領者，亦由此可見。清顧棟高《春秋大事表》發現：《春秋》「有屢書、再書、不一書以見義者」；治《春秋》者於此等處，若能「合數十年之通觀其積漸之時勢」，則「聖人之意自曉然明白于字句之外」（卷首《讀春秋偶筆》，頁三十、三二）此即屬辭比事之《春秋》教，以經解經之要領，在「究終始」而已矣。[4]比次史事以見旨義如此，於是聚焦於前後措注、本末終始之書法義法，乃應運而生。

清孔廣森《春秋公羊經傳通義．敘》稱：「辭不屬不明，事不比不章。」（《皇清經解》卷六百九十一，頁七）清張應昌《春秋屬辭辨例編》亦云：「聖經書法，必聯屬其辭，排比其事，而乃明」；列舉宋元以來，《春秋比事》、《春秋屬辭》、《屬辭比事記》、《春秋比事目錄》諸作，以及《統紀》、《提綱》、《通論》、《大事表》之屬，謂「皆以屬比顯筆削之旨也。言屬辭，則比事該之矣！」（《續修四庫全書》本，卷首，奏章）屬辭比事，可以顯見《春秋》筆削之旨，此《春秋》宋學治經之共識。[5]說屬辭，其實多不離比事，趙汸《春秋屬辭》、張應昌《春秋屬辭辨例編》可作典範代表。《左氏》著傳，本《春秋》而作，屬辭比事之書法，本末始終之敘事，於《三傳》中體現凸出，運用最為頻繁。

《左傳》體雖編年，然如〈重耳出亡〉僖公二十三年、〈呂相絕秦〉成公十三年、〈聲子說楚〉襄公二十六年、〈季札出聘〉襄公二十九年、〈王子朝告諸侯〉昭公二十六年諸什，以及〈鄭穆公刈蘭〉宣公三年、〈衛侯出奔〉襄公十四年、〈子產爲政〉襄公三十年諸文，皆因事命篇，原始要終，側重事件之本末而敘事之。[6]《左傳》之以史傳經、敘事策略，多不離劉師培所云「古春秋記事之成法」。《春秋》據史事而筆削之，然後比次史事以見義，《左傳》以歷史敘事說經，即其衍化。宋蕭楚《春秋辨疑》謂：「史之紀事，必須本末略具，使讀者可辨。」卷一，春秋魯史舊章辨 唐陸淳《春秋集傳纂例》稱《左氏》：「博采諸家，敘事尤備，能令百代之下頗見本末。因以求義，《經》文可知。」卷一，三傳得失議 宋葉適《習學記言序目》亦云：「既有《左氏》，始有本末」，「故徵于《左氏》，所以言《春秋》也。始卒無妍，先後有據，而義在其中。」卷九，春秋 可見一斑。

清章學誠《章氏遺書補遺》，〈論課蒙學文法〉謂：「傳有分合，事有始末，或牽連而並書，或因端而各出，可以知屬辭比事之法也。」又稱：文章以敘事爲最難，其法莫備於《左氏》。枚舉類敘、對敘、順敘、逆敘、類敘、次敘、牽連而敘、斷續敘、錯綜敘，以及插敘、明敘、暗敘、顛倒敘、迴環敘之倫。林紓《左傳擷華》稱：「《左傳》爲編年文字。然每段咸有結束，又咸有遠體遠神，留下後來地步，此《通鑑》所萬萬不能及也。」卷下，子產爲政 蓋傳有分合，而事有始末，故《左傳》敘事，不得不轉化前後措注、本末始終之書法。關注比次史事以見旨義，此敘事義法、安章佈局之法所由出。

宋眞德秀《文章正宗》云：敘事之體有三，有紀一代之始終者，有紀一事之始終者，又有紀一人之始終者 綱目，敘事類。此以事具首尾，原始要終界定敘事。元盧摯《文章宗旨》謂：「前之說勿施於後，後之說勿施於前。其語次第不可顛倒，故次序其語曰序。」⑦以「次序其語」解說「序」字，點明敘事之一特色。蓋敘事之要領，在前後位次，有倫有序。方苞論「言有序」，所謂「前後措注，各有所當」；《史記評語》所謂：「紀事之文，去取、詳略、措置各有宜也。」⑧清阮元《經籍纂詁》，解說「敘」、「序」二字，或訓爲次序、次第，或釋作比次、倫次；⑨可知敘事之具備始末，講究次第，與屬辭比事之探究終始，皆關注行文次序之先後、異同，事物比次安排之重輕、詳略，而其要歸，則在有倫有序。「爰始要終，本末悉昭」，自是古春秋記事成法。

章太炎《檢論》云：「屬辭比事，謂一事而涉數國者，各國皆記其一耑。至《春秋傳》，乃爲排比整齊，……同爲一篇，此爲屬辭比事。自非良史，則耑緒紛然，首尾橫決。」卷二，春秋故言 史家編比史事，文家布局安章，章氏提示《左傳》屬辭比事之難能可貴。此即章學誠〈與陳觀民工部論史學〉之類比：「工師之爲巨室，度材比於燮理陰陽；名醫之製方劑，炮炙通乎鬼神造化；史家銓次群言，亦若是焉已爾。」《春秋》之編纂史料，斟酌先後、異同；銓次群言，權衡詳略、重輕。《左傳》面對耑緒紛然，首尾橫決者，爲之排比整齊，進行布局安章，正如工師之爲巨室、名醫之製方劑，或調配段落位次，或權宜主題表達，或建立一篇警策，要皆比事見義之衍化。

「爰始要終，本末悉賅」，爲古《春秋》記事之成法。《左傳》敘事傳人，於謀篇安章多傳承之。文論家有所謂關棙者，《左傳》最工爲之：或以牽上爲搭下、或以中間貫兩頭、或結上以生下，或束上以領下，往往才落便提，轉換自然，通篇如一筆書（詳參本章，關棙）。以約文屬辭體現史事編比，此《左傳》敘事之常法。由於《左傳》敘事具見本末，故曰：「因以求義，經文可知。」

《說文》謂樂竟爲一章，後世泛以施之篇籍：稱著文摛辭告一段落爲一章。闡明段與段間之結構關係者曰章法，假音樂爲名也。詳言之，論述篇中每段每節之構造，推論前段後段之關係，楬櫫起承轉結之相互照應情形，謂之章法⑩。是以開闔、抑揚、賓主、擒縱、正反、虛實，章法也；舉凡一切對比與統一之原則，皆章法也，亦篇法也。蓋一篇所載多章，皆同一主意，猶《春秋》書法之比事以見旨義。由是謂文義首尾相應爲一篇，而章者篇之小者也，故可以相通而無礙。

陸機《文賦》論安章之術曰：「或仰逼於先條，或俯侵於後章，或辭害而理比，或言順而義妨，離之則雙美，合之則兩傷。考殿最於錙銖，定去留于毫芒，苟銓衡之所裁，固應繩其必當。」《文心雕

龍·章句篇》亦謂：「搜句忌於顛倒，裁章貴於順序，斯固情趣之指歸，文筆之同致也。」可見安章之術，以句必比敘，義必關聯為歸⑪；此即《文賦》所謂「苟達變而識次，猶開流以納泉，如失機而後會，恒操末以續顛」。由此觀之，識次與達變，誠安章之方術，亦文家之能事也。下文所論，段落位次之調配，識次也；主題表達之權宜，達變也；若一篇警策之建立，則達變而識次矣。清方苞說義法，稱「法，即《易》之所謂言有序也。」比事，貴在比次有序；屬辭，貴在言語有序。世所謂之章法，不過對比與統一之運用，固鎔裁附會之事，非安章所得而專也，既已揭示大凡於謀篇，故今不復贅述，別論《左傳》安章識次達變之心法焉。

清馮李驊《左繡·讀左卮言》稱美《左傳》，謂「自全篇以至一字，剪裁配搭，順逆分合，提束呼應，無一點錯亂，無一點掛漏，無一點板滯，無一點偏枯。極參差，又極整齊；極變化，又極均勻。」又謂：「凡讀左氏書，當看其同此事實，而詳處略處，斷處續處，顯出剪裁妙用。後世史材不及，蓋緣只會記賬，不會行文耳。」卷十五頁九評 此稱《左傳》擅長剪裁，即化用筆削，巧於識次，妙於達變也。馮氏又謂：「左氏有絕大剪裁：傳于晉文寫來獨詳，然其鋪張神王處，都暗暗露出詐偽本色。齊桓則老實居多，又生平全歸管仲提調。而管氏亦都不甚鋪排，只一寫其救邢，一寫其服楚，一寫其辭子華，一寫其受下卿而已。只此四端，足以該括此公一生勳略。內政軍令等，概從割愛，此何等眼界筆力？」〈讀左卮言〉《春秋》或筆或削，而孔子「竊取之」之義可見。能去其所愛，而不一味剽襲，此剪裁篇章之第一義也；舉此以例其餘，亦可知《左氏》工於安章之梗概也。

左氏之精於安章，劉熙載《藝概．文概》亦曾言及：謂「《左氏》敘事，紛者整之，孤者輔之，板者活之，直者婉之，俗者雅之，枯者腴之，翦裁運化之方，斯為大備。」《左傳》之所以如此翦裁運化，筆削見義，方苞《左傳義法舉要》所謂「皆義之所不得不然」也。謀篇安章而皆義之所不得不然，則為文之能事畢矣。知《左傳》行文結構皆不得不然，然後知《左傳》所以為古文義法之最精而最備者矣。茲分三節，以論《左傳》安章之心法：

第一節　段落位次之調配

夫作畫之術，在先定位置，次講筆墨；如何取景位置，而見氣勢，如何用筆落墨，而見神化，此所當用心者，而定位尤要於用筆；唯文也亦然。作文講究「言有序」，類敘先後之間，尤當以剪裁為第一要義，位次之調配，其首要之務焉。《春秋》比次史事以見義，日本遍照金剛《文境秘府論》說位

次曰：「凡制於文，先布其位，猶夫行陣之有次，階梯之有依也。」南卷定位 唐彪《作文譜・論先後》亦云：「文章當先當後，苟得合宜，雖命意措詞不甚過人，而大概已佳。若位置失宜，當先反後，當後反先，雖詞采絢爛，思路新奇，亦紊亂不成章矣。且位置失宜，則步步皆成窒境，欲成篇且難，而遑問其美惡乎？故先後位置，臨文不可不細心斟酌也。」方苞《左傳義法舉要》稱《左傳》敘事：「或順或逆，或前或後，皆義之所不得不然」，以此而論義法，所謂言有序，是《左傳》敘事所以卓絕也。

世之爲文者，多究心於筆法，而於章法位次往往忽之。不知古人邱壑生發不已，時出新意，別開生面，皆胸有成竹，先成章法位次也。左氏爲文，頗留心於位次，如秦師滅滑僖公三十二年，平敘當以孟明語連弦高語後，因中間遽告一氣遞下，故先以杞子奔齊結過後段，而倒以孟明遙結前段，便令犒師辭戍兩文併在一處，剪裁妙法也。又如晏子諷諫繁刑昭公三年，有未請昏前事，有既請昏後事，有方請昏時事，或敘事，或議論，或斷制，變化莫測，古今少雙。又如子產立伯有後昭公七年，起句鄭人相驚以伯有，乃是國人愈懼下文字；然移之于後，而以或夢從頭順敘，則同此數語，而一奇一庸，不啻霄壤。可見文章死生，只於落筆爭先後也。《左氏》釋經，有先之、後之、錯之、依之之法，此比事位次之恆見者。《左傳》先書後書之例，主盟主會者先書，如瓦屋之盟隱公八年，宋公序齊上；鹿上之盟僖公二十一年，宋在齊楚上；

而戲之盟（襄公九年），經書鄭盟，而實如未盟，故《左傳》先書同盟鄭服也，以還經；後敘盟時情形以紀實，結構巧絕。《春秋》征伐主兵先書，如郎之戰（桓公十年），先書齊衛，王爵也；下陽之滅（僖公二年），《傳》敘請先伐，遂起師，正是實寫經文虞先晉故也。它如宋督弒其君（桓公二年），《春秋》以督有無君之心，故誅其心而先書；趙鞅荀寅賦鐵鑄鼎，直書之以見首從之分（昭公二十九年）。若斯之此，皆假字句位次以見義，位次之小者也，今不細論，但論一章位次之安排調整。

《左傳》段落位次之調配，有突起、提敘、暗接、勒轉諸術，亦句法也，別於下章討論之。今所述史事比次，言之有序十有一：曰順帶、曰穿插、曰橫接、曰遙接、曰側敘、曰逆述、曰夾寫、曰互見、曰補筆、曰附載、曰自注，亦各有其心法眼藏，分別詮述如次：

一、順帶

文字最難於整章中夾敘瑣事，或於百忙中夾入一事。《左氏》卻能以從容之筆帶敘之，既不用力，又能鎔入下文。不但了無塡砌之迹，亦無臃腫之病，可謂妙極⑫。此《左傳》順帶之法，所謂帶敘也。

《左傳》安排位次，最妙於用順帶之法，如鄭厲公反國（莊公十四年），中間順帶「六年而厲公入」一語，帶起本文，復歸宿下文，渾然天成，不見膠聯牽強之迹。鞌之戰（成公二年），於師敗齊侯入徐關時，順帶辟司徒之妻問齊侯，復問其夫，兒女英雄，干戎馬倥偬中，寫出溫柔情懷。可見左氏之神閒氣定，瑣事必摭，而又安置有法也。鄢陵之戰（成公十六年），於左右違淖下，忽帶敘楚鄭之君；於偪仄處順帶，故能寬展不迫。遷延之役（襄公十四年），魏莊子一段話，卻夾入欒黶言下敘出，從容整暇，又無鑿痕，所謂帶筆也。衛侯出奔（襄公十四年），敘公取郲糧之醜行，則帶敘其後來之不得入，隨寫隨結，毫不著力。季札來聘（襄公二十九年），帶敘晏子免于欒高之難（昭公八年），順帶後事，點染生色。齊侯使晏嬰請繼室於晉（昭公三年），諷諫繁刑段，一起手即栽入更宅一節，由更宅帶出近市，由近市帶出屨踊之貴賤，從容不迫，一絲不曾著力、順帶之法也。

帶敘之法，摭拾瑣事，順帶略及；起結隨時，從容不迫，《左傳》之夾敘帶敘，亦安章之一法也。

二、穿插

穿插之於文章，猶杼梭之於布帛也；無杼梭則不能成經緯，無穿插則不得爲文章。文章之作穿插，皆因其人其事原有關涉，可以交互，因得以成章耳。惟交互穿插，故見錯綜變化之妙，所以其文如蛺蝶穿花，游魚戲水，令人讀之色舞⑬。其實情境對敘諸法，皆具交互穿插之妙，特其穿插不著痕迹而已，已論列如前，不再贅述。

《左傳》之穿插，多於閒閒中補入數行文字，卻穿插在最恰適之處，如天衣無縫，自然成文。如敘楚之始強（桓公二、十一—十三年、莊公四、十八—十九年），以鬥伯比、莫敖、季梁、鬻拳諸人，穿插錯見其中，以爲章法。宋人弒其君杵（文公十六年），通篇以公子鮑爲經，君夫人爲緯，而以大夫國人穿插其間，頗見經緯穿插之妙。三郤之亂（成公十七年），全篇以厲公爲綱，前後以欒書穿插錯敘其間，即以爲一篇之線索，有螢輝遶欄之妙。衛侯出奔（襄公十四年），此篇以衛君爲主，孫文子爲賓，而其中納入無數君子小人，穿插相融，使自相形襯托，以見孫甯之罪，最爲蘊藉多姿。齊豹之亂（昭公二十年），篇中頭緒雖多，處處留意宗魯，則前後串成一片；中間穿插六子從君、公孫青聘衛，衛侯入衛、齊侯賞大夫，則見錯綜變化之妙。公子慭出奔齊（昭公二十年），以南蒯爲主，子仲與叔仲穆子爲賓，全篇分合詳略，不過敘此三人，而變態百出，蹤影莫辨，所謂穿插之妙也。可知文雖瑣瑣碎碎，而無處不有精神者，善於布置穿插故也。

外此，《左傳》於段落位次之調整，又有所謂橫插法、例插法、插筆法之目，亦皆斟酌位置，插敘其事，或從中變，或自旁入者也⑭。已具論於《左傳之文學價值》敘事章，見〈插敘法〉，此不再贅。

爲文能善於穿插，則神閒氣定，初不著力，善學者惟司馬遷，《史記》〈酷吏列傳〉，〈廉藺列傳〉，其最著者也。

三、橫接

吳闓生〈與李右周進士論《左傳》書〉，稱《左傳》文法之奇，其二曰橫接：「必然之勢，無可避免，而語意所趨，未嘗徑落：惠公之擒也，先之以小駟；齊侯之敗也，先之以轏蛇；共王之傷也，先之以射月；督戎之死也，先之以焚丹書，必有所藉而後入，必有所附而後伸，若此者，皆左氏橫接之勝也。」（《左傳微》卷首）

橫接之法，在必有所藉而後入，必有所附而後伸，有似於插敘；而其原則在「必然之勢，無可避免，而語意所趨，未嘗徑落」，則又大類於逆攝也。《左傳》調整位次，運用橫接法，除吳氏所舉者外，如衛獻之亡，兆於師曹之誨琴鞭妾；宋襄求霸（僖公十九年），預提陳欲修好於諸侯；三郤將亂，先見於范武子之憂亂請老（成公十七年）；越之圍吳（哀公二十年），忽接入趙孟居喪，最爲驃姚奇肆，見晉憂吳而不能救，爲越滅吳起本。凡此，要皆橫接於間隙，而又迹近自然，了無嵌附塡塞之弊者也，所以爲佳。

四、遙接

文章有意未完盡，而勢不得不暫住者，遂即插發一段，令神氣振動華贍；發揮之後，復接前意立論。於是前後若斷若續，空靈跳脫，而有一脈過乎其間，此所謂遙接法也。⑮

《左傳》之安章，於帶敘相關之事理後，未竟之意不得不接敘之，則用遙接法，使體勢雄闊，而脈絡一貫。如鄭伯克段於鄢（隱公元年），中因解經而隔斷，乃以寘姜氏遙接上文，如天外三峯，若遠若近，文情特妙。狄人入衛（閔公二年），於又敗諸河之下一斷，以敘昭公，出戴公與宋桓，復以及敗二字遙接上文，便見筋絡通暢。荀息傅奚齊（僖公九年），先敘里丕，既而追敘荀息一段，然後再遙接里丕，又敘荀息，文勢迴環如抱。晉欒盈出奔楚（襄公二十一年），以「欒盈過于周」句遙接上出奔楚，迴龍顧祖，然脈已從懷子嬖之句暗渡下矣。季札來聘（襄公二十九年），其出聘也，離卻觀樂，遙接來聘，是接法之妙者也。椒舉如晉求諸侯（昭公四年），椒舉遂請昏句，遙接起落求諸侯，歸到本題作結，又伏後送女一篇妙文。楚子會申（昭公四年），椒舉論三代會盟事，遙接前文六王二公事，體勢雄闊，且伏敗徵。南蒯之叛（昭公十二年），以將適費承枚筮下，遙接南蒯之將叛，錯綜回互，前後俱動。齊侯衛侯次于五氏（定公九年），齊為正、衛為賓，衛橫斷于中為奇，齊前後遙接為正也。凡此，皆《左傳》遙接法之例也。

五、側敘

文章有專敘某一點，或某一方面，其餘或帶敘，或竟不敘者，是謂側敘法。蓋文忌平直，爲免斯累，故扼重其一而敘之，其餘都用作烘托，亦位次調配之一法也。

《左傳》之側敘，要皆準乎文章意勢，慘澹經營出之，如召陵之盟（僖公四年），側重敘齊桓一邊，而帶敘楚事；葵邱之盟（僖公九年），結齊局，起晉事，祇從旁面敘出。晉重之亡（僖公二十三年），得人二字，于說話帶出，從者五人，從奔狄帶出，通篇線索以旁見側出伏之；富辰諫以狄伐晉（僖公二十四年），雙雙平說，忽用側擊，卻專說親親一邊。邲之戰（宣公十二年），文似雙收，實側重晉之敗，曰餘師，曰不能軍，曰終夜有聲，可知矣；巫臣惑夏姬（成公二年），寫申公巫臣得夏姬之喜，妙在不用正寫，只就旁觀口中一筆點睛，便令神氣活現紙上。麻隧之師（成公十三年），凡敘戰，皆兩邊夾寫，此只寫晉一邊；魚石出奔楚（成公十五年），不向右師華元一邊敘去，却從魚府一邊看出，筆法最佳。勾踐滅吳（哀公十二年），吳之無道，專從列國大夫眼中寫出，不肯使一平筆。凡此，皆《左氏》文章所以峰巒起伏、波瀾翻疊者，善用側敘故也。

《周禮》敘設官分職，書法多方，有互見、偏載、詳事、略舉、舉大該細、即細見大之倫。清方苞著《周官析疑》、《周官集注》、《春秋通論》、《春秋直解》，以爲與《春秋》書法可以彼此發明。[16]試以此觀點檢視《左傳》之《春秋》書法、敘事義法，亦多相通。側敘作爲安章之心法，其一端也。

六、逆敘

史事比次之法有逆敘者，將其人其事之結局扼重先敘，然後逆溯從前，以著本末。王源《左傳評》所謂：「先提正傳，追敘前事，復接正傳而敘之，逆敘法也。」（卷四頁十）逆敘法因將上文隔斷，而有一脈過乎其間，故文筆出沒不測，有橫雲側嶺之奇，具凌空跳脫之妙。

《左傳》章節間之位次調配，出以逆敘者多，如周公欲弒立（桓公十八年），倒敘致亂之由；若敖氏之滅（宣公四年），下半節倒繞子文死後，說其生時；太子申生將下軍（閔公二年），追敘畢萬筮仕，錯綜對映；彭衙之戰（文公二年），中間追敘前戰右箕之役，有凌空跳脫之奇；鄭伯蘭卒（宣公三年），中間追敘羣公子不立一段，隔斷上下文，有橫峯側嶺之妙。鄢陵之戰（成公十六年），因共王中射，故倒插呂錡之夢；又因呂錡爲由基所中，又倒插由基與潘黨之射於前，純用逆筆之法。魏絳論和戎（襄公四年），前突敘有窮后羿，後乃註明晉侯好田，是用倒敘法。豎牛之亂（昭公五年），覺首尾照應未臻完審，故又倒敘初生以足之。郊之役（昭公九年），倒插公叔務人之言，生氣奕然。晏嬰請繼室於晉（昭公三年），章法之妙，全在追敘，遂爾情趣生動。楚靈王乾谿之亂（昭公十三年），後幅遞作追敘，其一追敘靈王詬天，其一追敘五子拜璧，其一追敘子干歸楚，波疊浪翻，如行嚴子灘頭，逆泝而上，峰巒林木，刻刻改觀，追敘法之極筆也。

吳闓生《左傳微》稱《左傳》：「凡敘大戰，必再三逆提，以重其事，且厚集其文勢。」（鄢陵之戰評語）。所謂逆提，指逆敘提敘二法之合成化用。《左傳》爲編年體，相關史事或相隔五年、十年，或數十年，始、微、積、漸，終始本末聯貫不易。於是比次史事，多用逆敘提敘以振濟之。此比事屬辭《春秋》教之化用。

七、夾寫

文章有夾寫之法，如張璪畫松，雙管齊下，或敘議夾寫，或正喻夾寫，皆所謂左手畫圓，右手畫方者也。《左傳》於設章立節之安排，多有之。

所謂敘議夾寫者，指一章之中，敘事與議論相爲貫注而言也，見於《左傳》之例，如鄭厲入國莊公十四年，敘事間忽然夾入蛇妖一案，章法遂有横雲斷嶺之奇。蹇叔哭師僖公三十三年，前後皆穆公語，中間著「不替孟明」，《左氏》之敘事也。令狐之戰文公七年，通篇以敘爲斷，敘議兼行，多用敘議夾寫筆法。魏絳論和戎襄公四年，前半極言伐戎之害，後半極言和戎之利，皆用敘議夾寫之法，藉賓形主之筆。衛侯出奔齊襄公十四年，《傳》處處敘衛侯自取，而以定姜之言斷之，以見《春秋》罪君之書法。晏子辭宅昭公三年，「且諺曰」以下是晏子之語，以上乃《左氏》記事之辭也。南蒯之叛昭公十二年，將子服惠伯一番議論，夾敘于一歎一歌間，便令首尾回互，若斷若續，錯綜盡致也。宋衛陳鄭災昭公十八年，通篇敘議夾寫，以天道始，以人道終，人道用重筆，天道用輕筆，而天道總不出人道中也。

所謂正喻夾寫者，在借喻意以發明正意，故正喻必須互見，載諸《左傳》者，如衆仲論州吁不免隱公四年，以治絲而棼喻亂，引火自焚喻兵，論斷之妙在於正喻夾寫也。仲孫論去慶父閔公元年，本字器字，正喻夾寫，前後相映，章法不雜不渙。樂豫論去羣公子文公七年，前喻暗引詩論勢論情，見公族之不可去；後喻明引諺論理，見公族之不必去，純用正喻夾寫法。鄭子家告趙宣子書文公十七年，後幅語語正喻夾寫，是通體見精神處；雖泛說，而筆調卻極有風致。凡此，皆意象所以浮現之原理也，參詳下章一節「取譬」。

八、互見

宋蘇洵研究《史記》之書法，其〈雜論．史論中〉提出互見法，所謂「本傳晦之，而他傳發之」；「於傳詳之，於論於贊復明之」（《嘉祐集》卷九）。此本比事屬辭之《春秋》教，忌諱敘事往往用之。王源《左傳評》云：「史傳文字，全要彼此互見，法則取其相間，義則取其相形，參錯互交，而至文生焉。」（卷三、頁十五）互見之法，即《文心雕龍．史傳篇》所謂：「或有同歸一事，而數人分功，兩記則失於複重，偏舉則病於不周。」其用凡三：免複重、飾忌諱、寓褒貶是也。

《左傳》薪傳《春秋》比事屬辭之教，最多互見之法，不惟詳略，輕重、虛實、奇正相生互見於一篇，亦參錯互交於全帙，故《左傳》宜綜觀而讀之，方能得其謀篇安章諸妙之大全。茲援十例，以見《左傳》安章之互見法，如高克奔陳（閔公二年），師者清邑之兵，前不敘明，留于引詩點出，互見法也。富辰諫以狄伐鄭（僖公二十四年），前明點親字，乃不咸則暗貼德字；後明點德字，而宗族則暗貼親字，乃互見法也。晉敗狄于箕（僖公三十三年），起處寫郤缺獲狄，只輕點一筆，而重敘先軫死狄；中幅重敘郤缺本末，卻略寫先軫，詳略互見之變極矣！夏父弗忌躋僖公（文公二年），尊僖公者，初不及臧文仲，後引孔子言謂：縱逆祀爲文仲三不知之一，然後知夏氏之躋僖公，實文仲爲之也。趙盾始爲國政（文公六年），前提陽子謂趙盾能，下半乃詳寫趙盾能處，史家得失互見法也。楚子伐宋宣公十三年，救蕭下，宜補入伐陳事，下文乃明，只用斷續互見法，總要簡耳。杞梁華周殉國襄公二十三年，兩人同載甲夜入，同先遇賂盟，自應同辭而對，同獲而死；傳於華周詳其却賂之辭，於杞梁詳其却弔之婦，是作史者互見之法也。宋之盟襄公二十七年，約盟詳略互見，數許字窮姸盡態。子產醫和論晉侯疾昭公元年，醫和所謂近女室，爲子產後半語左券；非鬼非食，爲子產前半語映發。良臣句，又補出子產未盡之意，二人論疾相互發明如此，互見法之極則也。叔向與晏嬰論國政昭公三年，晏子自處之道，前幅未曾說明；後毀室一事，即是保家之策，是虛實互見法也。

清章學誠《文史通義》稱：「史之大原本乎《春秋》，《春秋》之義，昭乎筆削。」卷五，答客問上《春秋》或筆或削之間，多互發其蘊，互顯其義。元趙汸《春秋屬辭》引陳傅良語，所謂「以其所書，推見其所不書；以其所不書，推見其所書。」卷八，假筆削以行權若此之論，自或筆或削求義，以或書或不書，互發互顯，即《左氏》《史記》互見敘事之本始。

九、補筆

凡頭緒紛紜者，既不能並寫一處，則留於閒處以另提法補寫之，謂之補敘，或稱補筆。可以著其是非，見其本末，所以完風裁而表全神也。史事之編比，於篇章位次之調整，頗見匠心。

補敘之文，必置於篇中或篇尾，敘事簡鍊，下語工穩。見於《左傳》者，如慶父之亂（閔公二年），定亂立君，成季之功獨大，故借卜筮重筆補敘於後，全文一振，最妙於位置。晉獻公卒（僖公九年），獻公使荀息傅奚齊一段，補述托孤，以明荀息所以殉難之因。楚商臣之變（文公元年），謚之曰靈，不瞑；曰成、乃瞑，言其忍也，微詞補筆。狄人伐衛（文公二年），衛侯不去其旗，是以甚敗，此亦補敘法也。賈季對豐舒問衰盾孰賢（文公七年），此寫賈季庸才，不能制盾而畏之特甚，是爲補筆。棐林之會（宣公元年），宋文盟晉，鄭穆盟楚，陳靈盟晉，三者皆補敘舊案，極零星事，卻寫得如許整齊，見剪裁烹鍊之妙。趙盾弒其君（宣公二年），中敘宣子食靈輒事，皆補傳法也。

邲之戰（宣公十二年），敘倉卒合戰，首將中軍先濟作一安頓，然後另提筆補寫上軍，再換筆補寫下軍，而以「餘師不能軍」云云結之。邾庶其來奔（襄公二十一年），季孫明知庶其爲賊，卻甘受國人指責不顧者，重地耳，故《左氏》於傳末補敘其隱微。晏嬰請繼室於晉（昭公三年），篇末忽然敘出景公從諫，晏子反宅，絲毫不見牽強者，蓋即用為屨賤踊貴之補義也。孟僖子病不能相禮昭公六年，只起一行，寫僖子能補過，以下俱是補敘後一事，作能補過之證佐。凡此，皆補筆之例也。

十、附載

文章有附載之法，將可附之人，與可附之事，附敘於某篇章中，而不更立篇章者是也。萬物並育而不相害，道並行而不相悖，安章附載之法也。不以其事蹟微小而掩沒之，遂牽連得書，並著附出之法。以傳後世而資考鏡，此史筆所以可貴也。《史記》敘事傳人，有附傳，有附見，《左傳》已開其端。

左氏好奇，多愛不忍，苟事有可記，名有可傳，則必牽連附載之，如公孫敖之亂文公十五年，文末附記襄仲二子之志節，凜然生動。齊崔慶之亂襄公二十三年，杞梁妻以善喪著聞，故附載之，以表其賢。黃父之會昭公二十五年，首尾是會中正文，中間子大叔論禮，却是附載。以此見左氏不肯割愛，故附寄於此篇中也。王子朝之亂定公五年，附記女寬數語，有曲盡情事之妙。凡此，皆所以獎善彰賢也。

若夫禮俗風尚，左氏亦多連類附及，因革損益，得以考見，如崤之戰僖公三十三年，晉於是始墨；狐駘之敗襄公元年，魯於是乎始髽；邲之戰宣公十二年，楚乘自是廣先左；宋文公會卒成公二年，始厚葬，始用殉；瓦之會（定公八年），范獻子執羔，魯於是始尚羔，是其例也。

又有兼存異議，含包他事者，兩載並書，一以考同異，一以厚文氣，亦作史者所宜有也，如子產作丘賦（昭公四年），渾罕謂國氏其先亡，是兼存異議也。叔向詒子產書（昭公六年），《左傳》後半部極力表彰子產，此則不沒異己之長，亦稱揚叔向之賢，《左傳》所以可貴也。又如晏嬰諷諫繁刑（昭公三年），文中含包他事，最見古人雄厚浩博處，後世文家所不易及也。

十一、自注

史家有自注之例，清章學誠力主著述必具之，謂：「誠得自注以標所去取，則聞見之廣狹，功力之疏密，心術之誠僞，灼然可見於開卷之初，而風氣可以漸復於質古。」（《文史通義．史注》）考自注之法，莫早於《左傳》，有類乎插敘者，有同乎互見者，亦安章識次之法也。

姜炳璋《讀左補義》稱：「自注一句，左氏慣用之法：有注于事先者，提筆也；有注于中間者，前後關鍵也；有注于後者，通體歸宿也。」（卷一頁四）如蔑之盟（隱公元年），「邾子，克也」，提筆自注；又如獲杜回——秦之力人也（宣公十五年）；公會齊侯於祝其——實夾谷（定公十年），皆是也。注於中間者，如衛莊公娶于齊東宮得臣之妹曰莊姜，美而無子——衛人所爲賦〈碩人〉也——又娶陳曰厲嬀（隱公三年）；鄭伯克段於鄢（隱公元年）——段不弟，故不言弟；如二君，故曰克；稱鄭伯，譏失教也；謂之鄭志，不言出奔，難之也，皆以爲前後關鍵，章法一片矣。崔杼弒其君（襄公二十五年），晏子爲前後注脚，前後爲晏子注脚；鄭人殺良霄（襄公三十年），中間「罕駟豐同生，伯有侈汰，故不免」，插筆作註，一篇消息在此。若夫注于後者，有如齊侯使晏嬰請繼室於晉（昭公三年），末段引辭室事，爲中段踊貴屨賤語作注；復敘反宅事，爲齊其陳氏作註，承轉卸抱，如珠走盤，即以爲通篇之歸宿也。

其它，如陳嬀，實惠后（莊公十八年）；伯比，實爲令尹子文（宣公四年）；羽淵，實爲夏郊（昭公七年），于夷，實城父（昭公九年）；食我，祁盈之黨也（昭公二十八年）；垂葭，實郥氏（定公十三年），皆自釋之例，異名同實者，得以歸一，亦考證之一助也夫。

第三節　主題表達之權宜

孔子因魯史而作《春秋》，《孟子》稱其事、其文、其義，爲著成《春秋》之三元素。《禮記・經解》云：「屬辭比事，《春秋》教也。」章學誠《文史通義・言公上》稱：「載筆之士，有志《春秋》

之業，固將惟義之求。其事與文，所以藉爲存義之資也。」孔子「竊取之」之義，即是《春秋》著述之旨義。其義，寓存於史事之編比，辭文之連綴之中。排比其事，聯屬其辭，旨義乃顯。此示歷史編纂之法，古文義法之方術。

《文心雕龍．神思篇》謂：「意授於思，言授於意。」可知建言修辭，其首要在立意。故〈鎔裁篇〉曰：「情理設位，文采行乎其中。」劉氏所謂「意」、「情理」，即今所謂之主題思想，《孟子》所謂其義，章學誠所謂存義。〈鎔裁篇〉之三準論，即在明示表達主題之法度也，其言曰：「凡思緒初發，辭采苦雜，心非權衡，勢必輕重。是以草創鴻筆，先標三準：履端於始，則設情以位體；舉正於中，則酌事以取類；歸餘於終，則撮辭以舉要。然後舒華布實，獻替節文。繩墨以外，美材既斲，故能首尾圓合，條貫統序。若術不素定，而委心逐辭，異端叢至，駢贅必多。」主題表達方術之重要，可以想見矣⑰。劉勰稱規範本體謂之鎔，鎔則綱領昭暢，足以謀篇安章，貴乎鍊意；所謂鍊意，即是有條理有層次之表現主題也。而表現主題之術多方，要在通其變，權其宜而已矣。

《左傳》篇章之鎔裁也，絕無錯亂掛漏，板滯偏枯之病，既參差又齊整，極勻稱而富變化。《左氏》之表達主題意識，可謂權宜通變矣。《左傳》命意謀篇之法，既臚陳於前，今復著其表達主題之術於後，以見安章之妙，亦在權宜達變也。稽考異同，類聚羣分，得《左氏》表達主題之方十有四：曰表現，曰直書，曰說明，曰點綴，曰渲染，曰閒筆，曰錯綜，曰奇偶，曰想像，曰形容，曰析分，曰援引，曰概餘，曰時中，皆各有其心法，茲舉證論說如下：

一、表現

文學因形式以表達其內容，內容即存在於形式之中，兩者相依相存，不可分割。文學之本質，旨在求美；所謂美，即是意識之恰當表現，亦即內容與形式之最適切表現。質言之，所謂文學之表現，指藉文學之特殊技巧，眞確而美妙表達作者內心之意識型態，使人人可見可聞者[18]。文學藉文字以表現，猶其它藝術之用線條顏色聲音也，此表現法之廣義也，今將取其狹義爲說。

《左傳》之表達主題意識，有「不說而說」之表現法者，對說明法而言，指訴諸客觀之表達，體物傳神，照樣再現；雖曰切合自然，實即模倣自然之自然也[19]。王靜安論境界，所謂以物觀物，不知何者爲我，何者爲物——無我之境，即狹義之表現法也[20]。細考《左傳》之表達主題思想，有類乎以物觀物者，是其「無我」之表現法也。其法式凡四：或藉言記事，或以史傳經，或以敘爲議，或直書其事，除「直書」另文論述外，其它分論如左：

《左傳》之藉言記事，乃以記言爲敘事，所欲敘之事，假借說者口中敘出，不唯晤對如面，別饒風情，抑亦來歷分明，備資考信，此文家所謂語敘法也㉑。《史通》《敘事》篇論敘事之體，所謂「因言語而可知者」；〈模擬篇〉所謂「善人君子，功業不書，見於應對，附彰其美」，即此是也。《左傳》之語敘表現法，直接敘語，間接敘事，實後世小說院本中，對話賓白之椎輪草創，頗足規摹。《左氏》於事之論斷，每借他人或本人口中言之，不另起波瀾，最是全書勝處；如衆仲對問州吁之成（桓公四年），屈完應對召陵之盟（僖公四年），藉郤缺口中責趙盾之不德（文公七年），自穆嬴啼語見羣臣之謬妄（文公七年）。趙盾之弒君（宣公二年），意現董狐口中；晉之敗邲戰（宣公十二年），盡在伍參語內；晉失諸侯，於季文子口中點出（成公八年）；楚敗鄢陵（成公十六年），於郤至口中盡之；晉悼霸業之不競，借戎子口中見微意（襄公十四年）；衛君臣之成敗短長，因臧孫言語而瞭然（襄公十四年）；叔向之母，爲公族嗚哀怨之聲（襄公二十一年）；季孫之言，予臧孫證無罪之實（襄公二十三年）；季孫對謝息，見魯三家之分立（昭公七年）；叔向論魯卑，以咎魯君臣之非禮（昭公十年）；借子西口中，論定夫差之自敗（哀公元年）；因乞糧之詞，表見句吳實匱乏（哀公十三年），凡此皆直敘他人言語以記事者也。假本人言語以敘事者，如鄭莊之叛逆不臣，出乎一己之口（桓公五年）；《左氏》之表章壽子急子，即借二子口中見之，是其例也。而秦師滅滑（僖公三十二年），「能無敗乎」，出自王孫旁觀；「不可冀也」，出乎孟明自審，秦師之勞而無功可知矣。後世之古文戲曲小說，凡詳載其言，而略述其事，若《紅樓夢》者，其法盡出於《左傳》

也。

《左傳》以敘爲議之表現法，蓋以敘事爲議論，議論即寓於敘事之中。雖不著議論，自能使人得其旨於言外者也。如梁伯益其國（僖公十八年），首句「梁伯益其國而不能實也」直起，以敘爲議；令狐之戰（文公七年），先蔑奔秦至末是帶敘，以敘爲斷；鄭人圍許（成公九年），以「是則公孫申謀之」穿下，分明有不滿公孫申之意；衛侯出奔齊（襄公十四年），《傳》處處敘衛侯自取，而以定姜之言斷之，《經》不書孫甯逐君之意可知矣，是其例也。清顧炎武《日知錄》稱：「古人作史，有不待論斷，而於序事之中即見其指者」，雖指目「惟太史公能之」（卷二十六，史記於序事中寓論斷），然驗之《左傳》，早已發端起例矣。

左氏以史傳經之法，爲表現法之絕大者。《左傳》以敘事爲解經，使歷史自己說話，使人物事迹保持其原來面目，且還原聖經之微言大義爲具體之歷史，與《公》《穀》之以義傳經，代歷史說話，大異其趣[22]。《左氏》以史傳經，表現二百四十年中，時代與人物生動而具體之形象，其意義實遠在傳經之上。如隱公元年經：春王正月，《左氏》僅加一「周」字於正月上，而大一統之義已明；蓋「周正月」乃歷史事實，此即以史傳經之表現法。且於隱公不書即位一事，只著「攝也」二字，直揭隱公十一年心疑，以史實傳經，亦大勝《公》《穀》解經之紛紛，不爲歷史代言。外此，「傳或先經以始事，或後經以終義，或錯經以合異」者，要皆《左氏》以史傳經之表現法也。

二、直書

《左傳》成公十四年載君子曰，揭示《春秋》五例，其四曰盡而不汙。是即據事直書，爲《春秋》屬辭比事之教，亦文學之表現手法也。蓋直書其事，而善惡自見，無待褒貶，此《春秋》筆削之大義也，左氏以史傳經，頗得此旨，故「具文見意，據事直書，無非實錄」凌瓊王〈左氏節萃序〉。或言《左傳》有浮誇失誣者，殊不知左氏之言巫，乃歷史人物之言巫；言人事，亦歷史人物之言人事，何有於《左氏》之是非好惡哉？亦曰直書而已矣！

《左氏》之直書也，只是如其人，如其事、如其言，而興亡得失，燦然畢陳，此其主題表達之妙也。如直書周鄭交質交惡隱公三年，而天王下威，鄭伯不臣，種種情事，固已畢露。繻葛之戰桓公五年，並無一語責鄭伯，然逆節至此，正無待乎筆伐也。文姜之亂桓公十八年，直錄魯人告齊之言，而魯不仇齊之意自見。齊桓侵蔡伐楚僖公三年，緣由蔡姬蕩舟；華元辱國喪師宣公二年，實因羊斟敗事；齊人弒其君商人文公十八年，讀至竹中，知左右無一人；讀至舍爵，知國中無一人，齊侯孤立之況可見；同盟於戲襄公九年，追序鄭之別立盟言，與武子兩用載書一段，見盟所以終不信，俱就事直寫；孫甯之亂襄公十四年，衛君臣之過失，皆直書而各不相掩；射者三耦襄公二十九年，而公臣不足，公室卑微，皆直書而義自見；平丘之盟昭公十三年，但直序其事，而晉之罪無容逭；華登救華氏昭公二十一年，特細紀戰狀，自見君臣大義之乖；諸侯之叛晉定公六年，晉卿爭納賂，遂失霸業而開釁於諸侯，此篇皆直書其隱微；陳乞弒其君哀公六年，正寫陳乞之奸狡，本末既詳，弒君之罪案乃定，敘之而無貶詞可也。凡此，皆直書其事，不待乎論斷，所謂反映主題之表現法也。

三、說明

說明法者，與表現法反對，乃涉身其中，代歷史發言。王靜安論境界，所謂有我之境，以我觀物，故物皆著我之色彩者也。表現與說明，一具體，一抽象；一偏客觀，一重主觀，一主敘事，一尚論理，一則以史傳經，一則以義傳經，此其大較也。

《左傳》凡解經、論斷，辯駁文字，皆說明法也。左氏大多以史傳經，亦有以義傳經者，其法有四：一曰以補《春秋》者傳《春秋》，凡言不書之故者皆屬之；二曰以書法之解釋傳《春秋》，如五十凡例是，雖然凡例不止五十也；三曰以簡捷之判斷傳《春秋》，如以豫凶事，非禮也，傳經文「天王使宰咺來歸惠公仲子之賵」是；四曰假君子發論以傳《春秋》，君子曰云云之形式是也。

徐復觀《兩漢思想史》卷三，〈原史〉要之，凡《左氏》依經以辯理者，皆說明也。其它如子服惠伯釋黃裳元吉昭公十二年，穆姜釋艮八之占襄公九年；穆叔辭樂襄公四年，說〈三夏〉、〈文王〉、〈鹿鳴〉、〈四牡〉、〈皇皇者華〉之用；魏獻子辭梗陽人昭公二十八年，明《詩經．大雅．皇矣》之確詁，皆說明法也。

外此，《左氏》辯駁文字，其體爲表現，其用則說明也，已詳《左傳之文學價値》論說章，此不再贅。

四、點綴

凡敘大事，有不能詳，不必詳者，《左傳》則敘一二事以爲點綴，而大局已畢見。或於百忙中點染連綴一二瑣事，以見全局，而幽花小石，往往引人入勝。蓋文字最忌枯寂，故於敘事描情寫物中，不嫌點綴取致也。

文章有設色處，苟不設色，則易枯寂，《左傳》於此，皆爲之點綴生色，如宋閔之難莊公十一、十二年，特於宋萬、猛獲多力處生色，如金僕姑則寫矢生色，生搏之則於擒之設色，批殺仇牧則於其凶惡設色，以乘車輦其母一日至陳，則於其逋亡設色；以犀革裹之，比及宋手足皆見，則於其被縛生色也。城濮之戰（僖公二十八年），敘侵曹伐衛，無甚波瀾，故特從入曹拖序魏犨顛頡之怒，奇文駭觀，卻是閒文點綴。大棘之戰（宣公二年），通篇皆以趣事趣語點染連綴，嘲謔最見風致。鞌之戰（宣公十八年），敘齊高固賈勇桀石，好整以暇，點綴生色。蕩澤弱公室（成公十五年），後幅用兩則字閒閒點綴，華元魚府二詐相逢，便分外出色。三郤之亂（成公十七年），前雜一清沸魋，後拖一匠麗氏，分外點綴有情。偪陽之役（襄公十年），寫三力士，紙上軒昂躍起，字字如生，固是閒筆點染，非正傳也。子產不與晉玉環（昭公十六年），點綴「庸次比耦」數句，所以溯昔者相盟之故，生色有致。葉公定亂（哀公十六年），只就胄與免胄極力形容，而勝之必破已顯然。凡此，皆《左氏》點綴一二小事，以見全篇主題之家法也。

唐劉知幾《史通・敘事》，標榜尚簡、用晦，所謂「文約而事豐」，「覩一事於句中，反三隅於字外」。《左傳》之敘事傳人，畫龍點睛處，往往在細節描寫。敘事如齊襄公田于貝丘（莊公八年），豕人立而啼；長勺之戰（莊公十年），視其轍亂，望其旗靡；展喜犒師（僖公二十六年），齊侯稱室如懸罄，野無青草；邲之戰（宣公十三年），中軍下軍爭舟，舟中之指可掬也。鞌之戰（成公二年），齊師敗之，逐之，三周華不注。傳寫人物形象，如宋督弒其君（莊公元年），目逆而送之，曰美而豔；鄭公子歸生弒其君（宣公四年），相視而笑，染指於鼎；鞌之戰（成公二年），齊侯曰：余姑翦滅此而朝食；楚子次於乾谿（昭公十二年），王皮冠，秦復陶、豹舄，執鞭以出。《左傳》敘事傳人，選擇人與事之本質特徵，作細節描寫，以少勝多，意在言外。

史家敘事傳人，發揮系統思維，自大處著眼，選取細節，以凸顯對象之本質特徵，謂之細節描寫。《春秋》一書，未有細節描寫。史傳營構細節描寫，始於《左傳》，成形於《史記》。上述所言點綴，即是《左傳》安章之細節描寫。

五、點染

文章最忌平實質直，故當設色潤澤，刻意鋪張渲染，以使情趣風調倍增，此則藝術性表達主題之一端也。蓋寫來花團錦簇，讀之心花怒生，文不若是，不足以移人也。

《左氏》之文，有以渲染鋪張之法，表達其主題意識者，如臧哀伯諫納郜鼎（桓公二年），鋪敘禮文，絕不見堆垛之迹；狄人入衛（閔公二年），結尾假齊侯戍曹，歸公乘馬云云，極力鋪張，極其熱鬧；申生帥師（閔公二年），中間從衣佩倒提，趁勢鋪敘諸人議論，以開下文；城濮之戰（僖公二十八年），晉文公峻功偉烈，光昭宇宙，《左氏》極力鋪張，精彩百倍；王命晉文宥（僖公二十八年），鋪張王命，文中應有之義；猶宰孔賜齊侯胙（僖公九年），鋪張策命，皆極堂皇！鄭穆公卒（宣公三年），中間點染出夢蘭、御蘭、徵蘭、名蘭、刈蘭，無數蘭字，使人目迷五色。邲之戰（宣公十二年），將敘大戰，則先鋪述將帥，震川所謂鋪張程節也。駒支對范宣子（襄公十四年），專敘己功，特作鋪張；齊莊公朝（襄公二十一年），標一雄字，點染生情；弭兵之會（襄公二十七年），敘諸大夫至宋，與垂隴宴趙孟，是篇中潤色處；衛靈之立（昭公二十年），鋪陳公孫青之聘衛，兼及齊侯之飲酒，是閒文點染處：它如北宮文子論威儀（襄公三十一年），楚公子設服離衛（昭公元年），周景王詰晉不獻彝鼎（昭公十五年），亦皆鋪張文采，瑰麗奪目者也。

六、閒筆

爲文有閒筆之法，於百忙中敘入細事，閒處著色，冷處著墨，若國手布子，閒著乃要著也。《左氏》之文，多在閒處用筆，或閒閒著筆，爲佳文之引子；或閒閒著筆，作佳文之收場。不即不離處，如月窗花影，波鏡雲光，超脫變化，此其體勢所以雄遠也。

《左氏》之文，往往於最小最微處，寫得分外出色，用閒筆法其一端也。吳曾祺云：「《左氏》敘次之文，每於百忙中插入細事，如敘高固桀石是也。蓋文字最易枯寂，故不嫌點綴取致。」（鞍之戰評語）夫閒者，非散漫之謂；《左傳》極閒之筆，都與正義關涉，或以爲色澤，或以爲奇兵，文之最耐觀處皆在此也。如慶父之亂（莊公二十二年），慶父無上下之則，長幼之序也，丹楹刻桷，無財用之節也，皆於閒文中見義。城濮之戰（僖公二十八年），寫分曹私復之謀，伯棼鬭伯之請戰，與人之謀誦，子叢戍衛，鄭伯致師，一路散散敘來，都用閒筆對應聯絡。鄢陵之戰（成公十六年），郤至三遇楚子必下，欒鍼見子重之旌而請，雍容閒雅，極文章之勝境。大抵春秋五大戰，皆以瑣細為閒情，左氏之筆所謂好整以暇者是也。尤其鄢陵之戰，敘戰共七事，前二事序楚，中三事敘鄭，後二事又敘楚，散散閒閒，最耐觀玩。晉侯有疾（昭公元年），行人揮答子晳一事，局外閒情，隨手寫出，以為點綴也。齊侯使晏嬰請繼室於晉（昭公三年），晏嬰與叔向兩段布答詞命俱佳，雖係正傳，於主題却是閒文。子革對楚靈王（昭公十二年），前後描寫楚王未與子革問答前，先點染雨雪一段；既與子革問答之後，又點染剝圭一段，隱隱襯出靈王驕滿之氣，却以閒筆見致。勾踐滅吳（哀公二十年），篇末著一二閒筆，英氣凜然，最足發明夫差霸略，且與篇首史墨之言相呼應，章法尤佳。

章學誠《文史通義》稱：「陳平佐漢，志見社肉；李斯亡秦，兆端廁鼠。推微知著，固文家之相機；搜問傳神，亦文家之妙用也。」（〈內篇二・古文十弊〉）此閒筆之說也。由此觀之，為文誠能於閒處冷處著筆，則敘大典禮，記大戰功，曲直繁簡，手法自高，斷無蔓延疏略之失。

七、錯綜

一篇之中，有數行齊整處，數行不齊整處；齊整中不齊整，不齊整中齊整，間用之，此李性學之說，所謂章法也（見《拙堂文話》卷七頁三引），實乃章法之錯綜者也。王源《左傳評》論錯綜曰：「錯綜之法不一，以參差為錯綜，固矣，亦有以整齊為錯綜者。整齊矣，烏得錯綜？曰：不應整齊而整齊，即錯綜也。」（卷十、頁十二）又曰：「必錯綜而後可以言文，未有印板整齊而謂之文章者。」（卷十頁十）觀此，可見錯綜之法矣。

《左傳》最多錯綜章法，皆變化盡致，如雲崩濤湧，若宋大水（莊公十一年），罪己虛描，稱孤實寫，却以「且列國有凶，稱孤禮也」單行變上排偶，而以言懼二語總束之，整齊中綜變之法也。晉獻使太子帥師（閔公二年），滿堂議論紛紛，不過就衣玦二者，錯綜變化，竟無一字雷同，絕世奇觀也。晉殺子臧（僖公二十四年），君子曰，《詩》曰，《夏書》曰，詞複句複，錯綜盡致，如海上蜃樓，氣象萬千。王孫滿對楚子問鼎（宣公三年），敘夏商周三代之德，錯綜有局，變化入神。穆叔重拜鹿鳴（襄公四年），應有明暗，而錯綜見矣；釋有詳略，而錯綜又見矣；叔孫豹論不朽（襄公二十八年），借六謂字，將不朽非不朽錯雜出之，文章遂不可勝用。弭兵之會（襄公二十七年），約盟詳略互見，敘諸大夫至宋，錯綜盡致。北宮佗聘鄭（襄公三十一年），前敘諸賢，有印段而無裨竄，後則有裨竈而無印段；後敘諸賢各詳其能，前則各詳逆客，似不甚照應者，皆錯綜之妙也。魏獻子舉賢（昭公二十八年），先將十人平列，次分三段複述，乃複述中段段變化，又有不舉名字者四人，已見錯綜；再則特詳魏戊與賈辛，極錯綜之致；末引孔子之言，又將命辛配舉賢雙結，錯綜中更見錯綜矣！楚子入郢（定公五年），一筆提起九人，而王孫圉王孫賈宋木闕懷，不敘其事；子西子期，不敘其賞，詳略明暗，極其錯綜。陽虎之亂（定公八年），極紛亂事寫得極清晰，極倉卒事寫得極次序，只是將陽虎與桓子處父相間而寫，遂得如此錯綜而有條理也。

清高士奇《春秋左傳類對賦．序》稱：「《春秋》之教，比事屬辭，《左氏》獨得其宗。有事同而辭異者，有事異而辭同者，錯綜變化，間見層出。」此又《左氏》傳經，錯綜之一法也。

八、奇偶

大抵文章之氣勢，關乎奇偶頗重：奇則動，動則變化，故奇多流美；偶則靜，靜則齊整，故偶多凝重。動靜之間，奇偶錯綜，參伍之妙所從出。是以體雖駢，必有奇以振其氣；勢雖散，必有偶以植其骨。所以散文無意為偶，而不能獨奇；駢儷之辭，固無取乎奇，而不能皆偶[24]，此兼用變化統一之原則也。

《左傳》於奇偶，多參伍互用，大別有二：曰前偶後奇，曰前奇後偶。前偶後奇法，如楚人陳侯蔡侯鄭伯許男圍宋（僖公二十七年），前兩於是乎，一虛唱一實應；後三於是乎，兩邊賓一邊主，是前偶後奇法。晉膳宰屠蒯諷君（昭公九年），飲工飲嬖是賓，自飲是主；司聰司明爲偶，司味爲奇。南蒯將叛（昭公十四年），待盟請盟對敘，末以歸費結之，亦前偶後奇。宋華亥向甯華定出奔楚（昭公二十二年），以楚人患之，宋人從之作開合，以靖國人作掉尾，亦前偶後奇法也。若夫前奇後偶法，則如屈瑕敗鄖師（桓公十一年），重在敗鄖爲奇，何卜爲偶，上重下輕，前奇後偶。乘丘之役（莊公十一年），凡以九之字爲章法，後三之字乃前奇後偶法。叔孫豹如晉（襄公十六年），兩賦詩暗頂引領西望等語，兩敢字明頂不敢忘，前奇後偶，章法一片。晉侯使韓起來聘（昭公二年），觀書另提，享宴對寫，爲前奇後偶章法，末段一享兩賦亦然也。

九、想像

思想、感情與想像，爲文學內容之三要素。思想感情，尤藉想像以表現之，故無想像，即無創作。想像，《文心雕龍》謂之神思，黃季剛先生釋之曰：「此言思心之用，不限於身觀，或感物造端，或憑心而構象，無有幽深遠近，皆思理之所行也。」（《札記·神思篇》）文學如此，史學亦然。歷史想像，乃合理合法之歷史建設。史著所以圓而多神，渾如天成，幾於藝術品者，歷史想像使然也。㉕

《左傳》之記言，往往多擬言，大抵設身處地，依傍性格身分，假之喉舌，想當然耳之辭也。如介之推與母偕逃前之問答（僖公二十四年），其誰聞之？左氏何得而知之也？鉏麑自殺前之慨歎（宣公二年），此語又對誰言？左氏緣何而聞之？要皆想像當然，故隨筆粧點如此也。此就史事所作設身處地，揣情度變之詞也，此之謂歷史想像。它如楚屈瑕伐羅（桓公十三年），前幅就伯比猜度，後幅就莫敖想像，一意翻作兩層寫。齊侯使敬仲為卿（莊公二十二年），通篇沉吟想像，目視心度，情態俱出，眞寫生妙手也。吳季札觀樂（襄公二十五年），歌〈周南〉以下，字字是反複想像光景。蓋歌屬聞，聞虛而疑，文亦因之也。梓愼論火出（昭公十七年），因除火而知火災，因火昏見而知其月，因自火及漢而決四國，因水火交而知干支，俱作懸空想像之辭也。凡此，皆歷史想像，即王船山所謂「取僅見之傳聞，而設身易地以求其實」者也（《讀通鑑論》卷二十）。

十、形容

凡作文字，猶相體而裁衣，欲狀寫何人，即當肖其人之口吻；欲狀何事，即當似其事之情態。司空圖《詩品》所謂「俱似大道，妙契同塵，離形得似，庶幾斯人」，此形容之眞諦也。蓋形容之道，宜細、宜詳、宜文、宜正，宜描寫其對面，不可描寫本位；宜描寫其旁面、對面、反面，不可描寫中間。能如此，則文未有不工者也。

《左傳》之圖形寫事，有極工巧者，如狀寫楚子急遽之容，曰「投袂而起，屨及於窒皇，劍及於寢門之外，車及於蒲胥之市」宣公十四年；形容衛侯變節之速，曰「大夫逆於竟者，執其手而與之言；道逆者，自車揖之；逆於門者，頷之而已」襄公二十年；申生顯靈僖公十年，篇中並不點明夢，但曰太子，又曰君，曰遂不見，皆是恍惚之辭，便是摹寫夢境；蹇叔哭師僖公三十二年，二陵風雨，后皐墳墓，睪然有憑空弔古之思焉，是謂情景兼描；邲之戰宣公十二年，或寫晉師羣言淆亂，或寫晉師臨戰逡巡；楚師則聲勢精悍，詞氣俱盛，栩栩如生；平陰之役襄公十八年，摹寫晉之以疑形喝敵，及齊師遁歸，諸人相告之狀工絕，妙於寫兵形，傳神絕技；伯州犂上下其手襄公二十六年，寫子圍之氣燄，而姦諂骫法之情如見；魯爲郊戰伐齊昭公九年，敘諸人之決死歷落有致；齊陳逆之亂哀公十四年，諸御鞅之明，公孫之直，陳豹之狡，陳逆之橫，東郭賈之正，一一莫不曲肖。若此之比，《左傳》形容之一斑也，詳參拙作《左傳之文學價值》描寫章。

十一、析分

昔人論文，有謂布局宜知分析者，曰：「局生於意，意之始終本末，即文之層次首尾，然意之變化不可端倪，而要必有一定不移之用。故意或頭緒紛多，必籍局以範之，而後無旁雜分歧之虞。」更進而揭明局法有四：曰籠起，曰探源，曰實發，曰收束㉖，其中除探源外，皆已於本篇第二章第一節論述，故不再贅。今只就探源一端，論列《左氏》章法析分之一斑。

杜維運先生《史學方法論》嘗論分析之法，謂歷史事件之淵源、原因、背景、影響及其意義，都有待解釋；而數者解釋清楚，無不需經過分析（頁一二四）。又謂敘事之清晰，合乎邏輯，非經過仔細之分析不爲功；而盛稱《左傳》敘事之歷歷如繪，謂在取材與行文之際，必曾預作一番精密分析云（頁一二六）。杜先生舉城濮之戰爲例，而《左氏》析分之精實不止此。凡被弒之君，《左氏》必疏其無道之由，如敘齊襄被弒之由曰無常，晉靈曰不君，楚靈曰無厭，晉厲曰侈，莒共曰虐，魯哀曰妄。以此爲其終身斷案，使後世讀者開卷如見其人。蓋春秋弒奪之禍最烈，推原其故，不得謂非握君權者之所自開，故凡列國君臣之叛，《左氏》無不罪其君而恕其臣者，此固是正本清源之論，若師曠論衛出君（襄公十四年），是其例也。

外此，鄧之會（桓公二年），《左氏》曰始懼楚也，記楚人猾夏之始也。而春秋變亂之由，盛世治平之故，《左氏》則借楚之平於郤至辭樂時發之成公十二年；且周之替也，自原伯魯之不說學，《左氏》獨有明文襄公五年；乃至於晏子與齊侯論禮昭公二十六年，推原魯三桓，齊田氏，晉六卿不可制之故，由於失禮；晏子對齊侯問美室昭公二十六年，分析陳氏代齊，雖有施於國，然實非有德以取之。析分明白若此，所以爲良史也。

安章行文之際，《左氏》亦擅長以各角度剖析事理，多見鞭辟入裏，如燭之武退秦師僖公三十年，說之利害以反間之，說利只一層，說害却用三層，蓋極言如此之利，不如極言如彼之害之見效也。又如子太叔論禮昭公二十五年，首敘禮之所由制，中敘禮之細目，末敘禮之效驗，是所謂冷靜之頭腦，清晰之思想，善於安章析分者也。

十二、援引

凡文章訴諸權威，或引用前代之成語，或援用現成之語句者，謂之援引，實安章鍛句之要法也。大抵援引之效有四：一曰化用以明旨趣，如子產答子皮云：子於鄭國，棟也，棟折榱崩，僑將壓焉襄公三十一年，此引《易》棟橈凶之義，而不明言；魯穆叔論伯有不敬曰：濟澤之阿，行潦之蘋藻云云襄公二十八年，此乃

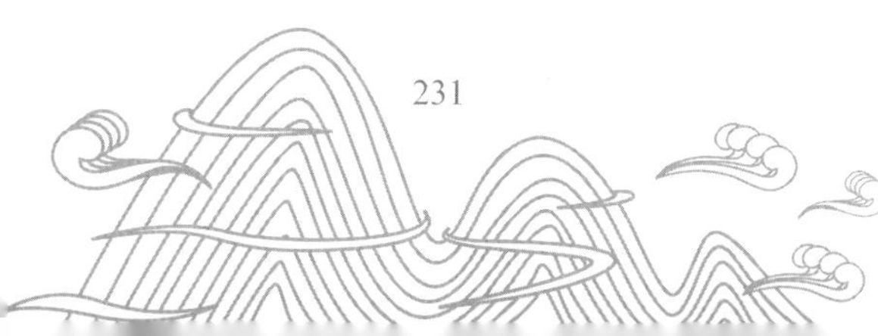

引《詩・齊風・季女》全詩之義，而《左傳》亦不明言；《左傳》引《尚書・泰誓》所謂：「商兆民離，周十人同者」成公二年，化二十字爲八字，取其精意，是其例也。二曰援引以斷行事，如《左傳》引《詩》曰：「自詒伊慼」，其子臧之謂矣僖公二十四年；秦霸西戎文公三年，《左傳》君子之論，引《詩》以斷秦穆公、孟明、子桑。三曰引古以徵新義，如趙盾弒其君宣公二年，宣子引逸詩，以見自遺憂戚之義；子產論政寬猛昭公二十年，仲尼兩引《詩》，以發明寬猛並濟之義。四曰比類以證得失，如郤至聘楚辭享成公十二年，連引《詩・周南・兔罝》之詩，以襯治世與亂世武夫之不同；子革對楚靈王昭公十三年，子革明引〈祈昭〉之詩，以諷諫楚靈驕滿汰侈之非，是其例也。

若夫《左傳》之解經，尤援引之大者也。其徑稱「書曰」者，明引也，不者暗用也。援引之位次，或在首，或在中，或在尾，因文制宜，圓活靈妙。雖寥寥數筆，然於通篇之章法，或爲起，或爲結，或爲順帶，或爲頂接，或爲樞紐，或爲呼應，不一而足。或先敘事而後解經，解經則與敘事相應，且以收束通篇；或先解經而後敘事，輒所敘之事不出所解之經，則爲通篇立案矣；其將書法安在中間者，大類因上下敘事太密，故插入解經之文，以疏其氣，長文間架往往在此也。要之，《左氏》援引成文，只是行所無事，故於章法能相稱如此。

十三、概餘

文章有舉一以概其餘之法，蓋欲讀者因而觸類旁通，舉一隅而以三隅反也。夫文不能亦不必備載衆事，概餘一法，剪裁運化之方也；否則，連篇累牘，尙有章法可言乎？林紓《左傳擷華》稱：「左氏喜爲鉤心鬬角之文，寫戰事，必寫其極瑣屑者，千頭萬緒，一一皆出以緜細之筆，令讀者眉宇軒然。」（頁一九九）此概餘之法，非獨敘戰爲然也。

《左傳》表達主題意識，出以概餘之法者，如晉楚弭兵之會（襄公七年），此會以文辭見長，傳不備載，特舉七子賦詩一端，以概其餘也。鄭子皮授子產政（襄公三十年），伯石豐卷兩事，皆舉一以類其凡，以見子產行法制之一斑。屠蒯諫平公（昭公七年），晉平公無道，左右非一人，此但舉一嬖叔，以槩其餘也。平邱之盟（昭公十三年），十四諸侯同盟，人各有辭，國各有事，連篇累牘尙不能罄，左氏祇將事作提綱挈要之敘述，而情勢大局洞見了然。華登以吳師救華氏（昭公二十一年），左氏舍却諸侯之師不敘，却敘華豹；猶之華登以吳師至時，不寫齊宋合兵之敗吳，卻專寫華登，概餘之法也。柏舉之戰（定公四年），戰數實五，而不一一言之，蓋備載則文不能復振，此見《左傳》布局虛實措注之妙也。召陵之會（定公四年），祝鮀論長蔡於衛，自成妙文，然非此會之全豹！試思十八國同會，王臣下臨，其事其言，豈止於此？以此知《左氏》剪裁之妙，由鍊意也。

清方苞《周官析疑・序》謂《周禮》之設官分職：「有略舉而不更及者，有舉其大以該細者，有即其細以見其大者」；據此，而轉化爲《春秋》書法、古文義法。就《左傳》安章之詳略、偏載，即是概餘之法。

十四、時中

王源《左傳練要》稱：「時中二字，亦文家要訣。文能時中，則無偏倚之弊，過不及之疵，而恰止其所。」（卷五，頁十八）蓋時中者，得其環中，隨時適用，權宜通變之謂也。謀篇安章而時中，則因其常以爲常，因其變以爲變；因其正以爲正，因其奇以爲奇；因其純以爲純，因其雜以爲雜，只在筆削得宜，剪裁得法，安頓恰妙而已也。

林紓《左傳擷華・序》稱：「《左傳》敘戰事之規畫，或極力敘戰而不言謀，或極力抒謀而略言戰，或在百忙之中，而間出以閒筆，或從紛擾之中，而轉成爲針對。其敘戰事，尤極留意，必因事設權，不曾一筆沿襲，一語雷同，眞神技也。」所謂因事設權，即時中也。如城濮之戰，傳晉文之譎；邲之戰，傳楚莊之武；鞌之戰，寫郤克之憤兵；鄢陵之戰，則著晉厲之不終；故左氏於四大戰之安章布局，隨意而發，不自相犯：城濮之戰，君臣輯睦，上下成謀，故勝；鞌之戰，極敘齊侯之驕，極寫郤克之憤，故晉亦勝；邲之戰，則晉大夫咸有虞心，人多口雜，彘子亂之，故敗；鄢陵之戰，則晉大夫咸不欲戰，而倖勝，由子反醉而共王傷也（引見《左傳擷華》頁三十六）。前三戰皆直接實寫，鄢陵之戰却以對話虛寫；城濮等役敘謀詳而言戰略，鄢陵却獨詳戰況；前三篇斷勝敗皆在局內，鄢陵却在旁觀；而每篇各具精神，可見其脫換之妙，蓋得乎時中者矣！

不唯敘戰如此，《左氏》命篇，要皆因事設權，妙協時中，使人不覺，如展喜犒師（僖公二十六年），分君子小人立論，似與呂甥對秦伯相犯（僖公十五年），然細考中幅，卻無絲毫相似。欒盈出奔楚（襄公二十一年），以欒祁通室起案，後以向母虎母映之；而晉殺祁盈及楊食我（昭公二十八年），則以祁勝通室起案，後亦以向母并夏姬等映之；章法相同也，然局陳迴別，因乎時中之勢耳。推而至於《左氏》傳經，所謂先之、後之、依之、錯之云云，則亦權宜時中之法而已也。

第四節　一篇警策之建立

陸機《文賦》論警策曰：「或文繁理富，而意不指適；極無兩致，盡不可益；立片言而居要，乃一篇之警策。雖衆辭之有條，必待茲而效績；亮功多而累寡，故取足而不易。」《文心雕龍．鎔裁篇》亦謂：「歸餘於終，則撮辭以舉要。」所謂警策，即杜工部所謂「語不驚人死不休」之驚人語，亦即現代小說戲劇論所謂之「高潮」、亮點。一篇之中，警策之建立，或在起首，或在煞尾，或在中間，大抵達變識次，不拘一例；然撮取妙辭，舉出要點，總括題意，以表達主題意識，是其所同也。故警策居於一篇之中，必爲雲中之霓采，珠中之鯨目，神精而句研，然後足以稱之也。

警策，乃一篇文章精神彙集處，猶畫龍之點睛，無此，則覽諷恐臥矣。考《左傳》安章之心法，於一篇警策之建立，頗在意焉：有以波瀾爲警策者，如楚武王侵隨（桓公六年），篇中反復鋪陳，凡其蕩漾處，皆其警策處也。有以眼目爲警策者，如王孫滿對楚子問鼎（宣公三年），將德字，輕、重、大、小字，橫空獨發，爲一篇之警策。有以點睛爲警策者，如向戌弭兵之盟（襄公二十七年），事在未盟之先，而頻點信字，一篇之警策在此。有以關鍵爲警策者，如子革對靈王（昭公十二年），以「磨厲以須，王出吾刃將斬矣」爲前後關鍵，子革之妙用于此見，作者之手法亦于此見，矯健橫辣，乃一篇之警策。有以特筆為警策者，如楚白公勝之亂（哀公十六年），前後散散敘去，而葉公就胄免胄一段，特作整鍊以特寫之，乃一篇之警策。有以警句為警策者，即後世之格言寶訓也，如「以欲從人則可，以人從欲鮮濟」（僖公二十年）；「唯器與名，不可以假人」（宣公十八年、昭公三十二年）；「亟肆以罷之，多方以誤之」（昭公三十年），是其例也。

元陶宗儀《南村輟耕錄》稱：「作樂府亦有法，曰鳳頭、豬肚、豹尾六字是也。大致起要美麗，中要浩蕩，結要響亮。」（卷八）作樂府如此，文章作法亦然，世稱為六字法。警策，猶六字法之豹尾，響亮吸睛、聚焦、精要，兼而有之。

除以上警句外，茲分六者論述如下：一曰眼目，二曰點睛，三曰波瀾，四曰關鍵，五曰特筆，六曰取影，以見《左傳》建立警策之一斑。

一、眼目

文章用意，有立柱之法，柱意既立，全篇之意即抱定柱義闡發。立柱所用之字，即文之眼目也。《藝概．文概》曾論文章之眼目曰：「揭全文之指，或在篇首，或在篇中，或在篇末。在篇首則後必顧

之，在篇末則前必注之，在篇中則前注之，後顧之，顧注抑所謂文眼者也。」蓋文有眼目，則線索分明，脈絡一貫，若眸子之於人然，固一篇之警策，而通體之精神與靈魂也。

《左氏》家法，好以一人之言爲眼目，或拈一二字爲眼目，如有神降于莘莊公三十二年，上下以兩德字爲眼目，前以德字起，後以德字結，一順一逆，首尾呼應爲章法。子魚諫用人於社僖公十九年，專以子魚言作眼目，所謂天之棄商，亡國之餘二語，乃其見意處，爲一篇之眼。猶昭公之難昭公三十二年，以子家子言「民不知君，何以得國」作眼目也。城濮之戰僖公二十八年，前半以「我欲戰矣」句爲眼目，而下文能無戰乎，既戰圖之，反覆推敲；後半以「若楚惠何」句爲眼目，而下文小惠大恥，君惠敢忘，又反復推敲，必淋漓盡致而後止。晉楚弭兵之盟襄公二十七年，以多文辭三字作眼，足見他無可取，惟文辭可觀而已！晉平公城杞襄公二十九年，以子太叔語作文中眼目，蓋晉失諸侯實以杞也。子產壞晉館垣襄公三十一年，以不敢輸幣，亦不敢暴露爲眼目，極言兩難，以見壞垣出於不得已，一篇之警策實在此也。又如王子朝告諸侯昭公二十五年，以振救二字爲眼目，前寫五振救，下寫振救無人，而以振救望之結正意。

《左傳》敘事傳人，立一二字爲柱，以作眼目者，尤觸手可得，如石碏諫寵州吁隱公三年，以禍字爲眼；臧哀伯諫納郜鼎桓公二年，以德與違爲眼目；申繻論名桓公六年，以命字作眼；曹劌論戰莊公十年，以戰字爲眼目；晉厲反國莊公十四年，以二心或貳字作眼目；晉獻使太子帥師閔公二年，以孝字爲眼目；晉侯納王僖公二十五年，以王字爲眼目；郤缺請歸衛地文公七年，以德字爲眼目；鞏朔獻齊捷成公二年，以王命爲眼目；呂相絕秦成公十三年，以我字爲眼目；鄢陵之戰成公十六年，以戰字爲眼目；樂喜救災襄公九年，以使字爲眼目；晉侯有疾昭公元年，以時節字爲一篇之眼目；薳啓彊論辱晉昭公五年，以備字爲通篇之眼；石言於晉昭公八年，以言字作眼目；夾谷之會定公十年，以禮字爲眼目，皆是也。詳參王源《左傳評》，可以知全豹矣。

二、點睛

文章有醒筆之法，凡文字頭緒繁多，事體轇轕，則當下字警醒，所謂立片言而居要，以爲一篇之警策，如此則眉目清楚，通篇俱有歸結。猶張僧繇畫龍，點睛而破壁飛去矣。曾文正論文，所謂文章精神注於眉目，不可周身皆眉，到處皆目，爲文點睛之謂也。蓋文章經此點睛，則全篇皆爲之振動，語語皆有精神著落矣。

《左傳》有著一語，而通篇旨趣全出者，亮點傳神，俗語所謂「會說話的眼睛」，此點睛之筆也。《左傳》點睛之筆，或點於首，或點於中，或點於尾，隨義而發，得乎時中，如季梁諫隨侯修政

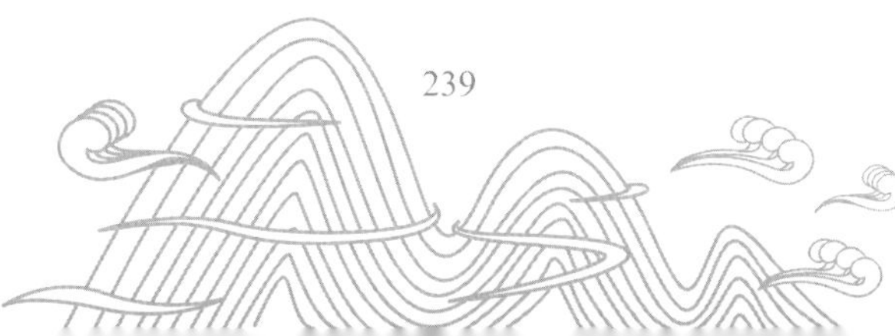

（桓公六年），以君姑修政而親兄弟之國句爲點睛，揭破楚之本謀；且一路寫懼字正面而不點明，及到「隨侯懼而修政，楚不敢伐」句，畫龍點睛，始將全局作一收束，湧現出一懼字。晉人執虞公（僖公五年），文於篇末罪虞外，添一易字，令通篇議論俱有歸結，尤爲神龍點睛手法。韓原之戰（僖公十五年），點睛在結處引詩，僧繇之龍破壁飛去矣。士會歸晉（文公十三年），文末突出繞朝贈策，迴龍顧主，畫龍點睛，傳神盡在阿堵。晉侯使鞏朔獻齊捷（成公二年），末借使相告一語，爲全文點睛，以襯出王命，有意在言外之妙。申公巫臣娶夏姬（成公二年），以申叔跪之言爲點睛，而揭巫臣之陰謀，裨讀者恍然有悟。

鄢陵之戰（成公十六年），整暇是晉所以勝，文於晉先歷敘整暇，至末方點明；輕佻是楚所以敗，文於楚先點破輕佻，以後逐節摹寫，文章之達變如此。盜殺鄭三卿（襄公十年），子孔當國句，結上生下，恰爲全文點睛。宋公殺其世子痤（襄公二十六年），中幅用「則皆曰固聞之」句一點，全意豁然。末幅與本事無關，乃正爲全文點睛也。聲子說楚（襄公二十六年），上文已將楚材晉用事實盡力鋪張，再以「今在晉矣」四字點睛，如此則全篇精神俱振；謀主二字亦點睛之筆，前後四段文字不過爲此二語。妙在一點即住，更不多著。宋之盟向戌弭兵（襄公二十七年），在未盟之先，即頻點信字，故一篇之警策在此。屠蒯諫晉侯（昭公九年），以「公欲廢知氏而立其外嬖」爲醒筆，見屠蒯譎諫有因，此畫龍點睛筆也。平丘之會（昭公十三年），是會也，諸侯離貳甚矣，再敘叔向之託謙辭以絕魯，以爲點睛，旨趣全出。凡此，皆《左傳》點睛之筆，即以爲一篇之警策者也。

蘇軾〈傳神記〉云：「凡人意思各有所重，或在眉目，或在鼻口。虎頭云：『頰上加三毛，覺精彩殊勝。』則此人意思，蓋在鬚頰間也。優孟學叔孫敖抵掌談笑，至使人謂死者復生。此豈舉體皆似，亦得其意思所在而已。」㉗得其意思所在，謂掌握人物之個性特質，事件之本質特徵，如此則傳神矣。《左傳》敘事傳人之點睛，即具傳神之功。

三、關鍵

兒島獻吉郎《中國文學概論》稱：「文章之章法，有死中求活法，百尺竿頭進一步法，及畫龍點睛法，亦自轉結處而生之名目也。」（頁二一五）爲文法度及意理所在，曰「關鍵」。文章之轉棙，當如絕處逢生，一變情景，斯可展開局面，振作氣勢。故絕句之轉聯謂之警聯，必期以疾雷破山，觀者駭愕也，夫文之關鍵亦然。足以知轉棙者文章死活之關鍵，一篇警策之所託也。

《左繡》稱：「兩截中間用轉棙，乃通部筆法之大凡。」（卷一，頁十四年）轉棙猶戶鑰之關鍵，《左傳》則多以轉棙爲關鍵，而建立一篇之警策，如石碏諫寵州吁（隱公三年），以寵而不驕等聯鎖句法作開宕之筆，束

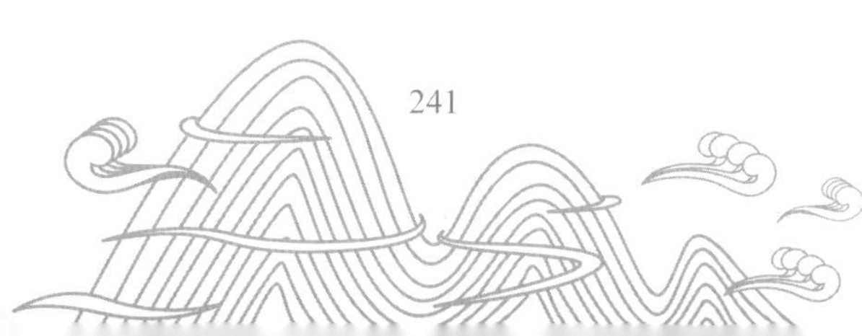

上動下，文勢靈活，亦一篇之警策也。宮之奇諫假道（僖公五年），以虞不臘矣三句，煞住上半篇，呼起下半篇，乃一篇之轉棙警策處。韓原之戰（僖公十五年），晉惠使郤乞告飴甥且召之，乃一篇關鍵處，所謂武夷九曲，遇絕則生也。寺人披對晉重（僖公二十四年），以「今君即位，其無蒲狄乎」作轉棙，以爲竦動，尖穎蘊藉之至。晉文大蒐命帥（僖公二十七年），以「出穀戍、釋宋圍、一戰而霸，文之教也」作關鍵，以振起上下文勢，爲城濮之戰預作一襯，驚心動魄之警策也。宛濮之盟（僖公二十八年），聞盟不貳句，轉棙最佳，煞得上文足，便跌得下文起也，左氏往往于此等著精神，皆警策處也。邲之戰（宣公十二年），以「盟有日矣」句爲一大關鍵，乃通身轉棙處也。蓋楚之懷詐，晉之受欺，勝敗全伏於此四字中，固一篇之警策也。晉楚弭兵之盟（襄公二十七年），借子罕之論，以痛折弭兵之誣，爲通篇之關鍵，亦警策處也。子革對靈王（昭公十二年），以「摩厲以須」二語，作前後之關鍵，矯健橫辣，即一篇之警策也。

曹基《左氏條貫．例言》曰：「《左氏》轉關棙柁處，又極警策，只用一二語撥掉，便有兔起鶻落之勢。」關鍵語，爲敘事傳人最緊要之話語，爲理解文章登堂入室之鎖鑰，故史家、文家多重之。

四、波瀾

語云：「文如看山不喜平」，誠哉斯言也。欲救文章平板之病，使文境靈活，則當多作波瀾，使文勢如峯巒之層出，如波濤之疊湧，然後爲得也。文章而有波瀾，則高潮迭起，文不枯寂，一篇之警策往往在焉。

大抵文章有波瀾，即無直瀉之病；而欲文章波瀾壯闊，峯巒秀出，則安章多用逆筆、伏筆、奇筆、追敘、頓跌、離合，可以有功。《左傳》文勢層疊起伏，見一篇之警策者多，如齊襄之難（莊公八年），遂田于貝丘，見大豕數句，突然而起，以爲波折，以下接入亂事，離奇突兀，章法神變不測，大抵是逆筆伏筆之妙。鄭厲反國（莊公十四年），插入蛇鬥，借起峰巒，變幻離奇，一篇之警策也。齊侯使敬仲爲卿（莊公二十二年），周史之筮辭，層翻疊轉，浪湧霞舖，眩惑迷離，崩騰繚亂，所謂高潮迭起也。介之推不言祿（僖公二十四年），之推與其母對答云云，均是文中應有之波瀾，不必確有其事。城濮之戰（僖公二十八年），未戰之前，敘晉欲戰，楚却不戰，楚欲戰，晉又不戰；及入城濮，又生出無限波瀾，幻態萬狀，只是欲戰，只是不戰，千迴萬轉，方將一戰敘出。狄人入衛（閔公二年），中間史華龍滑與禮孔之言，就二人語作波折，無一平筆，以見衛之亡而復存也。齊商臣之亂文公十四年，才了懿事，便攝惠公，所謂一波未平，一波又起也，此等處極可愛，皆警策也。季文子論出莒僕文公十八年，天下如一同心戴舞五句，跌落復起，文勢如大海之上，風起潮湧，蔚爲異觀。鄢陵之戰成公十六年，邀戰一段，波瀾萬狀，一篇最奇警跳盪之處。楚公子棄疾殺公子比昭公十三年，遞作追敘，一波未平，一波又起。要之，只爲寫棄疾一人，而叠巒復嶺，無非環拱主峯也。韓起聘鄭昭公十六年，開首提出子產戒曰四字，最有情趣，文字之波瀾處，亦警策處也。

五、特筆

趙汸《春秋屬辭．自序》稱：《春秋》筆削之義有八，其六曰特筆以正名，謂正名之大義，藉特筆以表現之者也。《左氏》傳經，亦秉斯旨，於一事一語之長，必特寫之以傳其人。其尤加意者，諸侯則晉悼一人，大夫則管仲子產二人也。夫特筆書寫，則一篇之精神聚焉，而一篇之警策亦在焉。

《左傳》安章之心法，有以特筆見警策者，如士會爲春秋之龍鳳，故傳中往往以特筆寫之文公七年；趙盾弒其君宣公二年，借齊太史之筆，大書特書，以揭宣子弒君之虛實。鄭子皮授子產政襄公三十年，特筆寫子產之善政。子產爭承（昭公十二年），一路不輕出正意，後乃以子產二語「晉政多門，貳偷之不暇，何暇討之？」特筆喝破之，一篇之警策也。黃父之會（昭公二十五年），開宗藉「謀王室也」句，大書特書，已爲全文之主幟，亦一篇之警策也。召陵之合（定公四年），起首「謀伐楚也」句，大書特書，跌起全篇，氣呑雲夢，固一篇之警策也。

六、取影

《左氏》建立一篇之警策，又有所謂取影之法：藉一具體事迹，把握其人之個性，或顯現篇章之宗旨，即由此而解釋其人一生之行爲，或闡明一書之凡例者，其表現個性宗旨，如燈取影，固一篇精神聚集處，亦全書精神匯歸處。若此者，亦警策之所在也。

《左傳》或藉一篇，而取影聚義，即以爲全經之發凡起例者，如卷首鄭伯克段於鄢（隱公元年），石碏諫寵州吁（隱公三年），賈逵稱左氏義深於君父，於此開宗明義中見之。鄭厲篡國（莊公十年），厲公之無道，但記殺傳瑕，原繁兩事已見，史法峻潔，取影之妙者也。《春秋》比事屬辭之大略，所謂「微而顯，志而晦，婉

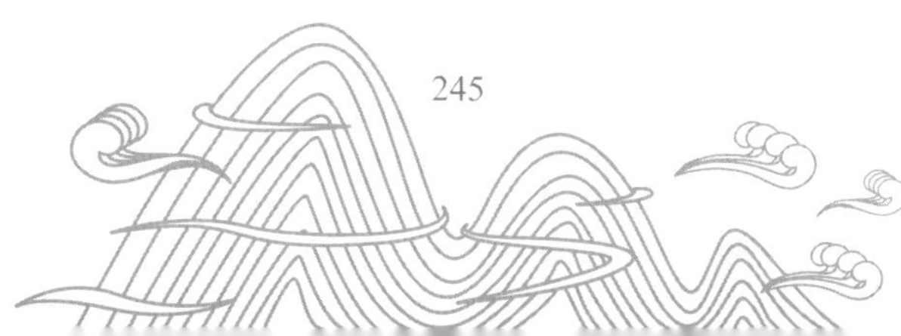

而成章，盡而不汙，懲惡而勸善」，則於僑如以夫人婦姜氏至自齊篇（成公十四年），闡發楬櫫之。《春秋》特筆以正名，以名治天下後世之義，則於邾黑肱以濫來奔篇（昭公三十一年），發其凡而起其例，《春秋》書法可以窺見一斑。若此者，皆全書之警策也。

又如楚子玉不予河神瓊弁玉纓（僖公二十八年），以此見子玉之剛愎自用，爲城濮之戰敗取影；邾文公卜遷于繹（文公十三年），以此見邾文公之知命，爲其人一生個性取影。邲之戰（宣公十二年），戰前詳寫楚莊許鄭平，戰後詳敘楚莊不肯爲京觀，二者皆楚莊霸業之取影也。邾莊公卒（定公三年），以此見其人卞急好潔，爲其一生個性剪影。子產論尹何爲邑（襄公三十一年），以此見子產婉愛，所以能爲鄭國，此篇乃子產個性之凸聚取影也，亦文章中之警策處也。孔文子訪仲尼（哀公十一年），拈舉「擇木」一語，其它棲皇不遇之事不必盡述，自然可知矣。

註釋

① 張高評〈《春秋》書法與「義」在言外——比事見義與《春秋》學史研究〉，《文與哲》第二十五期（二〇一四年十二月），頁七七—一三〇。

② 張高評〈屬辭比事與《春秋》之微辭隱義——以章學誠之《春秋》學為討論核心〉，《中國典籍與文化論叢》第十七輯（二〇一五年十月），頁四。

③ 清方苞《春秋通論》，文淵閣《四庫全書》，臺灣商務印書館，一九八三年，卷四《通例七章》之一，第十九頁；冊一七八，總第三四六頁。方苞《春秋直解》，《續修四庫全書》，上海古籍出版社，二〇〇二年，卷首《自序》，第一頁，總第三頁。參考張高評《比事屬辭與方苞之《春秋》學——無傳而著《法門之三》，中興大學中文系二〇一四「經學與文化研討會」，二〇一四年十二月，第一—二三頁。

④ 張高評〈屬辭比事與《春秋》之微辭隱義〉，頁七—八。

⑤ 張高評〈屬辭比事與《春秋》宋學之創造性詮釋〉，《杭州師範大學學報》（二〇一九年第三期），二〇一九年五月，頁八九—九六。

⑥張高評〈《左傳》敘事見本末與《春秋》書法〉，《中山大學學報》二〇二〇年第一期（一月，第六十卷，總二八三期），頁一－十三。

⑦元盧摯《文章宗旨》，詳張健《元代詩法校考》，北京大學出版社，二〇〇一年，第四頁。

⑧清方苞《史記評語．高祖本紀》，《方望溪先生全集》，《四部叢刊》初編，臺灣商務印書館，一九七九年，《望溪集外文補遺》，卷二，第十四頁，總第四三四頁。

⑨清阮元《經籍纂詁》，臺北泰順書局，一九七二年，上聲六語「敘」、「序」，頁四七九－四八〇。

⑩淩厚生《文法與修辭》，頁一五八。兒島獻吉郎《中國文學通論》上卷，頁一二七－頁一二八。

⑪說詳黃季剛先生《文心雕龍札記．章句》第三十四，〈論安章之總數〉，頁一四一－頁一四三。

⑫意本唐彪《讀書作文譜．帶敘》，又林紓《左傳擷筆》〈鞌之戰〉、〈遷延之役〉、〈晏嬰請繼室〉諸篇評文。

⑬作文之議論穿插，參傅庚生《中國文學欣賞舉隅》，〈穿插與烘托〉，頁八五－頁九二。

⑭林紓《畏盧論文》，〈用插筆〉，頁五十四、頁五十五。

⑮意本唐彪《讀書作文譜》，〈論文章諸法〉之二十一，「遙接」。

⑯張高評《比事屬辭與古文義法—方苞「經術兼文章」考論》，第七章〈比事屬辭與方苞論古文義法〉，二、《周官析疑》、《周官集注》與屬辭比事。頁三二二—三二六。

⑰劉勰三準論之解詮，諸家說各異辭，此處採廖蔚卿先生〈文心雕龍三論〉之意，見所著《六朝文論》，頁一六一—頁一六二；又參考莊嚴出版社編輯《文心雕龍與詩品研究》〈關於劉勰的三準論〉，頁五八—頁六二。其它可參閱黃季剛《文心雕龍札記》，頁一一二，以及劉永濟〈釋劉勰的三準論〉，見《文心雕龍論文選粹》，頁四七七—頁四八五。

⑱表現之意義有三：其一，為自然科學之意義，如羞赧則面紅耳赤，惱怒則豎眉睜目是。其二，為內在之意義，即克羅齊所謂之表現，即心靈審美活動之綜合，即直覺也。其三，為審美或傳達之意義，即是藉物質為媒介或工具，將內心之活動表現出來，使人人可以見聞者，見涂公遂著《文學概論》第三章，頁五四。本文採第三意。

⑲參見王夢鷗《文藝美學》下篇〈美的認識〉，「美的存在」，頁一三五—頁一三八。

⑳語見王國維《人間詞話》，詳參李炳南撰〈王國維境界說之研究〉，見《師大國文研究所集刊》第二十一號，〈有我之境與無我之境〉，頁九三九—頁九四四。

㉑參閱錢基博《模範文選》卷上，〈語敘法〉，頁一四六。

㉒章本徐復觀〈原史——由宗教通向人文的史學的成立〉，見《兩漢思想史》卷三，頁二七一。

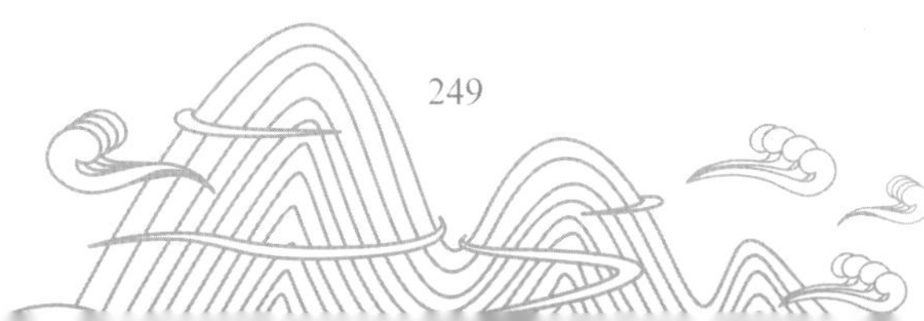

㉓參考可永雪《史記・文學成就論說》，呼和浩特：內蒙古教育出版社，二〇〇三年。第四章〈《史記》的寫人藝術〉，第四節〈《史記》的細節描寫〉，頁一四四－一五八。

㉔意本陳介白《修辭學講話》〈奇偶法〉，頁九〇。又參高師仲華《高明文輯》下冊，〈中國文學的散文與駢文概述〉，頁一五－頁二二。

㉕廖蔚卿〈劉勰的創作論〉三「文學與想像」，見《六朝文論》頁一五一－頁一五四。又，杜維運先生著《史學方法論》，第十二章〈歷史想像與歷史眞理〉，頁一九一－頁二〇五。

㉖見王葆心編著《古文辭通義》卷九，頁二十九，引湘潭黃氏家塾所刻《菱谿精舍論文》四卷，所附楊重恒課文六條之三〈布局宜知分析〉。

㉗蘇軾〈傳神記〉，《蘇軾文集》卷十二，孔凡禮點校本，北京中華書局，一九八六年。頁四〇〇－四〇一。

第五章 《春秋》屬辭與《左傳》鍛句之方術

其事、其文、其義，爲《春秋》書法之三大頂樑柱。之後，衍化爲《左傳》《史記》歷史編纂學之三大要素。又其後，經由轉換，成爲歷史編纂、敘事模式、古文義法、辭章要領。其事，以比事爲主；其文，以屬辭爲宗，皆爲「如何書」之法，皆脈注綺交於「何以書」之旨義。要之，皆脫胎於屬辭比事之《春秋》教。

清章學誠《文史通義・言公上》稱：孔子因魯史而作《春秋》，「其事與文，所以藉爲存義之資也。」憑藉其事、其文，孔子「竊取」之《春秋》指義，苟以考索推求而得。其事如何編比，方足以表述微辭隱義？已見前章概說。其文如何安排連屬，方能表現文外曲致，以及「《春秋》以禮法脩辭」之書法？（元趙汸《春秋屬辭》卷四）此則與文句鍛練，辭文修飾較有關連。

《左傳》「君子曰」揭示《春秋》五例：「微而顯，志而晦，婉而成章」，爲曲筆；「盡而不汙」，即直書。「懲惡而勸善」，是旨義。（成公十四年）無論曲筆或直書，種種表達方法，皆爲體現「懲惡而勸善」之旨義。唐劉知幾著《史通・敘事》，指《麟經》「是爲屬詞比事之言」；引揚雄語稱：「說理者莫辨乎《春秋》」。《春秋》微顯闡幽，婉而成章，實有其美。足以「師範億載，規模萬古，爲述者之冠冕，實後來之龜鏡。」要之，《春秋》既爲史之大原，乃成書法、史筆、敘事、古文之蠶叢。

辭文與旨義之間，有極密切之交互關係，《文心雕龍》〈附會〉所謂「附辭會義，務總綱領」；

〈風骨〉所謂「辭之待骨，如體之樹骸」。[1] 清方苞說義法，所謂「義以為經，而法緯之。」（又書〈貨殖傳〉後）換言之，法以義起、法隨義變。[2] 總之，文章義法之說，自是屬辭比事《春秋》教之流衍。

第一節 《春秋》屬辭與曲筆直書、變文特筆

綜觀《春秋》學研究史，《三傳》中以《公羊》學家最注重修辭，往往一編之中三致其意。如漢董仲舒《春秋繁露》稱：「《春秋》無通辭，從變而移」（《春秋繁露義證》卷二，竹林）、「《春秋》無達辭，從變從義」（同上，卷三精華）、「書之重，辭之複，嗚呼！不可不察也。其中必有大美惡焉。」（同上，卷一六祭義）藉屬辭「如何書」之法，以見《春秋》「何以書」之義，此《公羊》學主軸論述之一。漢何休《公羊解詁》、清莊存與《春秋正辭》三書，尤為顯著。[3]

孔子筆削魯史記，而作成《春秋》，「事仍本史，而辭有損益」，乃其修纂之準則。[4] 其辭文或損或益，於是詳略之例以成，褒貶之義亦由是而生。錢穆《中國史學名著》論《春秋》，稱孔子「所修者主要是其辭，非其事。」史事客觀存有，不容私造篡改；惟可藉辭文之損益、修飾、調整、設計，以表現褒貶勸懲之旨義。換言之，損益也者，辭文之筆削也。元趙汸《春秋屬辭》稱：「特筆者，所以正

名分，決嫌疑也。筆削不足以盡義，然後有變文。變文亦不足以盡義，是故有特筆。」（卷十三，特筆以正名）《春秋》藉文字之或損或益，以見指義，謂之變文。特筆，如諱會天王，以王狩書（僖公二十八年）；鄭伯之弟段出奔，書鄭伯克段（隱公元年）；紀侯出奔，書去國（莊公四年）；戰稱楚人，敗稱楚師，書入郢（定公四年）。所謂變文示義、特筆見義云云，皆不離辭文之損益、修飾、潤色。

《春秋》之義，昭乎筆削。或取而書之，謂之筆；或捨而不書，謂之削。或筆或削，皆有其義。清莊存與《春秋正辭》所謂「不可書則辟之，不忍書則隱之，不足書則去之，不勝書則省之」；「而書者皆隱其所大不忍，辟其所大不可」，（《皇清經解》卷三百八十七）與微婉顯晦之曲筆書法，大抵不殊。於是，在避之、忍之之際，或書、或不書之間，即見重輕、詳略、顯晦、曲直之筆法。「以所不書，知所書；以所書，知所不書」，即是藉由或筆或削，以推求《春秋》之旨義。

《春秋》之修辭，於所尊、所親、所哀、所痛、所善、所賢、所危、所賤、所惡、所誅、所矜，分別致以嚴、愛、戚、重、喜、美、憂、辨、尤、法、疑諸情性，莫不見乎辭。（《春秋正辭》春秋要旨）經由上述情性語言之表達，《春秋》之愛憎憂戚自見於言外。元趙汸稱：「《春秋》以禮法脩辭」；（《春秋屬辭》卷四）清鍾文烝謂：「《春秋》以義脩辭，脩其辭以取其義」（《春秋穀梁經傳補注》，卷首，論經）仲尼作《春秋》，固因事而屬辭，讀者觀《春秋》，則即辭以顯義。文辭位居其事與其義之中間媒介，故《春秋》學家普遍重視文辭之表述與詮釋。⑤

《文心雕龍·宗經》稱揚《春秋》之一字見義，婉章志晦：「五石六鷁，以詳略成文；雉門兩觀，以先後顯旨。」拈出詳略、先後，即是藉屬辭以見義之法。《春秋》僖公三十三年書：「隕霜，不殺草」；定公元年書：「隕霜殺菽」。錢鍾書著《管錐編》，欣賞《穀梁傳》詮釋《春秋》之互文見義，謂辭文有「舉重」、「舉輕」之別：「草」輕而「菽」重，舉「不殺草」，則霜不殺菽可知；舉「殺菽」則霜亦殺草可知。據此斷定：「《春秋》之書法，實即文章之修詞」。⑥或重或輕，或偏或全，亦是屬辭顯義之書法。

史家莫不工文，此屬辭比事《春秋》教之遺緒。唐劉知幾《史通·敘事》稱：「夫飾言者爲文，編文者爲句，句積而章立，章積而篇成。篇目既分，而一家之言備矣。」從積句、而立章、而成篇，要皆屬辭之能事。論說能否成爲一家之言？取決於屬辭造詣之高下。史事因取捨筆削，而見詳略、重輕、異同、先後之義；辭文因損益筆削、而有顯晦、曲直、虛實之義。劉知幾談史家敘事，極推崇用晦之道，所謂「能略小存大，舉重明輕，一言而巨細咸該，片語而洪纖靡漏」。（《史通通釋》卷六，敘事）《老子》云：「損之又損，以至於無爲」（四十八章），此即屬辭約文之功夫，筆削之能事。

左丘明說《經》，既師範孔子之筆削，故《左傳》之屬辭約文，亦得《春秋》之眞傳。劉知幾《史通．敘事》所謂：「《經》以數字包義，而《傳》以一句成言，雖繁約有殊，而隱晦無異。故其綱紀而言邦俗也，則有士會爲政，晉國之盜奔秦（宣公十六年）；邢遷如歸，衛國忘亡（閔公二年）。其款曲而言人事也，則有犀革裹之，比及宋，手足皆見（莊公十二年）；三軍之士，皆如挾纊（宣公十二年）。」如此屬辭，所以含蓄有味者，多以損益辭文爲能事，或直書成效，或直言心態，或寫出結局，或凸顯溫馨，多爲含蓄蘊藉之修辭手法。

外此，《史通．模擬》又舉左氏「文雖缺略，理甚昭著」之例，如魯桓公薨於齊，《左傳》但書「彭生乘公，公薨於車。」（桓公十八年）刪省遇害過程，爲尊者諱恥也。晉楚邲之戰，晉中軍下軍爭舟，《左傳》刪略晉軍無備，亂軍爭渡，不言楚軍追亡逐北，不言晉軍「攀舟亂，以刃斷指」；而但書「舟中之指可掬也」（宣公十二年）；亦以結局替代原因，而場景如見如聞。若此之類，「望表而知里，捫毛而辨骨，睹一事於句中，反三隅於字外」，是劉知幾所謂用晦之法。[7]實則，不過爲屬辭之筆削，「損之又損，以至於無爲」而已。

「《春秋》之義，昭乎筆削」，而筆削之義，藉由屬辭之詳略、異同、分合、虛實、去取體現之。《左傳》薪傳《春秋》，清章學誠〈論課蒙學文法〉，列舉「同事異敘、同敘異言、同言異用，或此詳而彼略，或彼合而此分，或虛實而實虛，或有去而有取」諸敘事法，可見一斑。《左傳》敘事，頗致力於辭文之去取損益，如士蔿曰：「不如逃之，無使罪至，爲吳太伯，不亦可乎？猶有令名，與其及也。」（閔公元年）妙在吞言咽意。苟盡其詞，則當增「不如奔也」或「寧奔也」一句。二年，狐突曰：「孝而安民，子其圖之，與其危身以速罪也。」（閔公二年）妙在引而不發。吞言咽意、引而不發，猶言含蓄蘊藉，即《史通・敘事》所謂「用晦」之道。

《春秋》書法之連綴文句，修飾辭語，無異文章之修辭。舉凡顯晦、曲直、虛實、詳略、重輕、異同、先後、損益、偏全，固是屬辭之法，亦即文章鍛句之方。桐城義法稱：「法以義起、法隨義變」；何妨下一轉語：文以義起，辭隨義變。

夫神理情韻，文字之精者也；章句之討論潤色，文字之粗者也；然苟舍其粗，則精者亦何以寓焉？《文心雕龍・章句篇》稱：「夫人之立言，因字而生句，積句而成章，積章而成篇。篇之彪炳，章無疵也；章之明靡，句無玷也；句之清英，字不妄也。振本而末從，知一而萬畢也。」其此之謂乎！蓋字句者，篇章之礎石也，故鍊字度句雖爲文之粗迹，然神理氣味之精妙亦不外是。以比事屬辭之書法言之，其義寓存於其事其文之中。作者固因事屬辭，讀者則由辭見義。屬辭約文，位居求義之媒介環節，其重要可知。

黃季剛《文心雕龍札記》論章句與文辭之關係云：「凡爲文辭，未有不辨章句而能工者也。凡覽篇籍，未有不通章句而能識其義者也。故一切文辭學術，皆以章句為始基。」又曰：「若夫文章之事，固非一憭章句而即能工巧；然而捨棄章句，亦無更趨于工巧之途。」章句，即是屬辭約文之工夫。誠得乎琢句鍊字之巧，猶規矩以馭方圓，而文章之能事畢矣。故劉大櫆《論文偶記》云：「論文而至於字句，則文之能事盡矣。」又曰：「近人論文，至語以字句，則必笑以為末事；此論似高實謬，作文若字句安頓不妙，豈復有文字乎？」遣詞造句之重要性，由此可見矣！⑧謀篇安章之法，既已具論於前，今復論《左傳》鍛句之術，以見《左傳》文章義法之一斑。

夫鼓瑟不難，難於調弦；作文不難，難於鍊句。鍊句之所以不易，《藝概．經義概》曾有明言：謂「文家皆知鍊句鍊字，然單鍊字句則易，對篇章而鍊字句則難。字句能與篇章映照，始為文中藏眼。不然，乃修養家所謂瞎鍊也。」蓋詞句在篇章之中，如繭之抽緒，原始要終、體必鱗次；又如跗萼相銜，首尾一貫，故當外文綺交，內義脈注，是遣詞度句之所以難也。可見詞句貴鍛鍊，鍊則潔而峭，淳而簡，味腴而氣厚，譬如金玉出礦，必經鍛鍊琢磨，而後寶色璀璨奪目也。不者，是苟作而勿工耳。清邵以發論文書稱：「不讀《左傳》，不曉鍊法、鍊篇、鍊調、鍊句、鍊字，愼思勿措，久而入妙。」張秉直亦謂：學文者必先讀《左》以立其規，「不讀《左傳》，無以操文章之本。」⑨即桐城學者，亦推崇《左傳》義法之精深。鍛句亦多術矣，今師法黃永武《字句鍛練法》之理念，謹就修辭效用，探究《左傳》遣詞度句之方術。其大端有三：一曰意象浮現之樣式，二曰筆勢遒勁之規準，三曰辭章矜麗之法則。節分細目，條舉例句，期能相互印證發明云爾。

第一節 意象浮現之樣式

《易．繫辭上》引孔子曰：「聖人立象以盡意，設卦以盡情僞，繫辭焉以盡其言。」意象之出典在此，意近形象思維。[10]至於近代所謂意象，本屬心理學名詞。指過去之感覺、或已被知覺之經驗，能在心靈上再生或記憶者而言。後始推廣其意蘊，以為文學之研究題目[11]。文學上之意象，則稱作者之意識與物象相交，經觀察審思與美化，遂成有意境之景象。然後經由文字技巧之表現，假借感官意象之傳達，清晰重現完美之意境與物象，而令讀者感同親受親見者，謂之意象之浮現[12]。

意象浮現之術多方，而要歸於繪聲繪影，「狀難寫之景如在目前」。茲據諸家學說，參以己意，論《左傳》意象浮現之樣式有四：一曰直接意象，直陳其事，不假譬喻者是。或增多語句以浮現意象，或減省語句以浮現意象，要皆意象之直述也[13]。考諸《左傳》，若曲折、往復、對照、排比、錯綜、層遞、翻疊、移換、誇飾、類句、類字等，皆增多語句而使意象浮現之法也。若夫吞吐、蘊藉、轉品、濃縮，以及一切能令辭章矜鍊諸法，如本章第三節所述者，皆減省語句而意象浮現者也。除誇飾、類句、類字、轉品，與夫矜鍊諸法，將闢專文討論外，餘皆於本節論述之。二曰間接意象：借用具有類似點之他物，以表示原意象者屬之。凡《左傳》用譬喻、微辭法以表述意象者，即此是也。三曰繼起意象：連續使用譬喻之法，彼此輾轉相生，互為因果，遂使原始意象之發展，至於無窮深遠廣大者稱之，轉化、象徵，其著者焉。四曰再現意象：描摹感覺或經驗，使之凸顯重見，期能如覩其形，如聞其聲，所謂身歷其境者差可擬也。凡不屬前三類之意象，皆是；考諸《左傳》，如示現，存眞等修辭之法，皆其倫也。依次論述如後，且舉例以徵其實。

一、曲折

增益詞句以浮現意象之法，其一曰曲折，為文學語言、詩歌語言之常法。所謂曲折，又稱紆辭，凡遣詞造句不出以直接斬截，却故意以迂徐繳繞之法表達之者謂之。佛教開示衆生，所謂繞路說禪，殆近之。⑭曲折之修辭法，蓋用多種概念以譯述意象，實乃意象之擴充或細描也。

《左傳》載列國使臣之外交詞令，往往迂徐繳繞，委婉曲折：如召陵之盟（僖公四年），楚屈完對齊桓曰：「君惠徼福於敝邑之社稷，辱收寡君」；韓之戰（僖公十五年），秦穆使公孫枝對晉惠請戰曰：「君之未入，寡人懼之；入而未定列，猶吾憂也；苟列定矣，敢不承命！」又如荀罃對楚成（成公三年），分明怨楚，却不肯直說，但曰：「以君之靈，纍臣得歸骨于晉，寡君之以爲戮，死且不朽」；又曰：「雖遇執事，其弗敢違，其竭力致死，無有二心，以盡臣禮，所以報也。」曲折傳達，憤怨之意象如見。呂相絕秦（成公十三年），通篇飾過沒善，收結曰：「君若不施大惠，寡人不佞，其不能以諸侯退矣！敢盡布之執事，俾執事實利圖之。」曲折客套，外交辭令之特色也。衛孫文子來聘（襄公七年），穆子詞令，不說客當後，只說寡君未嘗後；不說客太過，只說寡君未知所過，委婉曲折，安頓恰妙。

《左氏》善於禮，故談說應對，多飾之以謙辭；用謙辭，則文句含義紆曲矣，如敬仲辭卿（莊公二十二年），稱「羈旅之臣，幸若獲宥，及于寬政，赦其不閑于教訓，而免於罪戾，弛于負擔，君之惠也，所獲多矣，敢辱高位，以速官謗。」措詞曲折，委婉多姿。鄭襄請平（宣公十二年），謂「孤不天，不能事君，使君懷怒，以及敝邑，孤之罪也，敢不唯命是聽？其俘諸江南以實海濱，亦唯命；其翦以賜諸侯，使臣妾之，亦唯命。」低頭伏罪，仰面乞憐，寫得情辭悱惻，悲鳴動聽。展喜犒師曰：「寡君聞君親舉玉趾，將辱於敝邑，使下臣犒執事。」（僖公二十六年），不敢斥尊也；燭武辭鄭伯：「臣之壯也，猶不如人，今老矣，無能爲也矣。」（僖公三十年）譏公之不早用材，語皆婉妙。晉文請隧（僖公二十五年），王曰：「王章也！未有代德，而有二王，亦叔父之所惡也。」不說我之所惡，曲甚！弦高犒師（僖公三十二年），曰：「寡君聞吾子將步師出於敝邑，敢犒從者。不腆敝邑，爲從者之淹，居則具一日之積，行則備一夕之衛。」不言外謀已洩，却句句柔順，意意曲折；而皇武子辭戍（僖公三十二年），云：「吾子淹久于敝邑，唯是脯資餼牽竭矣，爲吾子之將行也，鄭之有原圃，猶秦之有具囿也，吾子取其麋鹿，以閒敝邑，若何？」不言吾已知情有備，却以妙語打發，曲折入神。

其它，如不言得考終命，而曰「若以大夫之靈，得保首領以歿」（隱公三年、襄公十三年）；不言以卿之祿秩寵食之，而云「衛懿公好鶴，鶴有乘軒者」（僖公二年）；不言君子鄙薄之，却稱「魯人以爲敏」（文公十五年），皆曲折之筆，委婉多姿，意象歷歷之鍛句法也。

二、往復

黃永武《字句鍛鍊法》曰：「以一正一反，或一抑一揚、一縱一擒、一開一合之句法，使辭意往而復返，迴環生趣之句法，統名之爲往復。」（頁十七）蓋往復之爲術，其形如環，自身回轉，如瀨之旋，如蛇之蟠，如馬之奔，回複馳騁；如圓之周而復始，宛轉往復，首尾呼應，最能使意象浮現者也。蓋其爲法，或「承上文而加重其所表述，或承上接下而更推展其表述」王夢鷗先生《文學概論》頁一二九，是皆增多詞句以浮現意象者也。

蟠蛇往復之法，自是《左氏》慣家，如鄭厲反國莊公十四年，或以貳爲不貳，或以不貳爲貳，循環反覆、五色迷離。展喜犒師僖公二十六年，君子小人，一往一復，粲花之舌，生花之筆。又如郤缺諷趙孟歸衛田文公七年，先一語抉破，下俱反覆申明。邾文公卜遷于繹文公十三年，左右曰，邾子曰，兩番往復，語對而意遞。郤至辭楚享樂成公十二年，前一番往復，只論事；後一番往復，便輕帶事重論言，總寫楚之無禮。魏絳論和戎襄公四年，本論和戎，忽又諫獵；方才諫獵，忽悟和戎，有往復注射之妙。子產告范宣子輕幣襄公二十四年，寫德名則贊歎，寫重幣則危激，循環反復，逸趣橫生。張骼輔躒致師襄公二十四年，前後兩番往復，都囊括射犬語在中間作主意。叔向對鄭罕虎昭公三年，一告一對，都以兩意往復爲法。女叔齊論禮昭公五年，初曰無失禮，繼曰善于禮，後曰焉知禮，又曰不可謂禮，轉折環疊，情致嫵然。薳啓彊論辱晉昭公五年，首言有備則可，末言無備則必不可，而反言曰何不可，起結呼應銜接，如圓之周而復始，重沓文法也。葉公望重楚人哀公十六年，文勢一往一復，如波濤洶湧，最見奇特。國人望救之情，與子高負望之重，一一湧見毫端。後人兩意往復之法，蓋以此爲嚆矢。凡此，皆詞句往復，增多字數，以浮現其意象者也。

三、排比

《禮記．經解》云：「屬辭比事，《春秋》教也。」謂排比史事，聯屬辭文，即可推求《春秋》之微辭隱義。比事之比，指涉有二：相近相似者，謂之類比；相反相對者，謂之對比。《左傳》敘事傳統，薪傳《春秋》，敘事傳人謀篇安章，固然如此比事；其實，屬辭約文，章句亦多排比之法。

將結構相似之句法，接連並置，以表現同範圍同性質之意象者，謂之排比⑮。排比之為法，能使意象作交替或流動之浮現，且使筆勢呈遒勁雄壯之精神，最為文家所在意用心者也。而其形式，乃連續不斷並列三組以上文法結構類似之詞句，是亦增多語句以浮現意象之運用也。

《左氏》意象表述，喜作排比句法，妙在絕無堆垛之迹，自與後人之重疊取厭者不同也。如秦霸西戎（文公三年），「君子是以知秦穆公之為君也，舉人之周也，與人之壹也；孟明之臣也，其不解也，能懼思也；子桑之忠也，其知人也，能舉善也。」宣子始為國政（文公六年），「制事典，正法律，辟刑獄，董逋逃，由質要，治舊洿，本秩禮，續常職，出滯淹。」令尹蔿艾城沂（宣公十一年），「使封人慮事，以授司徒，量功命日：分財用，平板榦，稱畚築，程土器，議遠邇，略基趾，具餱糧，度有司。」鄢陵之戰（成公十六年），郤至曰：「韓之戰，惠公不振旅；箕之役，先軫不反命；邲之師，荀伯不復從，皆晉之恥也。」晉悼初位（成公十八年），「始命百官，施捨已責，逮鰥寡，振廢滯，匡乏困、救災患，禁淫慝，薄賦歛，宥罪戾，節器用，時用民，欲無犯時。」樂喜禦災（襄公九年），「火所未至，徹小屋，塗大屋，陳畚挶，具綆缶，備水器，量輕重，蓄水潦，積土塗，巡丈城，繕守備，表火道。」蔿掩治賦（襄公二十五年），「書土田，度山林，鳩藪澤，辨京陵，表淳鹵，數疆潦，規偃豬，町原防，牧隰皐，井衍沃，量入修賦，賦車籍馬。」秦醫和論疾（昭公六年），「陰淫寒疾，陽淫熱疾，風淫末疾，雨淫腹疾，晦淫惑疾，明淫心疾。」晏嬰論和同（昭公二十年），「聲亦如味，一氣，二體，三類，四物，五聲，六律，七音，八風，九歌，以相成也；清濁、小大、短長、疾除、哀樂、剛柔、遲速、高下、出入、周疏，以相濟也。」沈尹戌論子常必亡郢（昭公二十三年），「夫正其疆埸，修其土田，險其走集，親其民人，明其伍侯，信其鄰國，慎其官守，守其交禮；不僭不貪，不懦不耆……」邾黑肱來奔（昭公三十一年），君子曰：「若艱難其身，以險危大人，而有名章徹，攻難之士，將奔走之；若竊邑叛君，以徼大利而無名，貪冒之民，將寘力焉。」士彌牟營成周（昭公三十二年），「計丈數，揣高卑，度厚薄，仞溝洫，物土方，議遠邇，量事期，計徒庸，慮財用，書餱糧。」

由此可見，《左氏》每遇工役與措施，則用排比句法見姿致，見化工肖物之妙。強化意象，遒勁文勢，亦多用排句見精神，《左氏》家法也。

四、錯綜

凡交錯整齊之詞序，使不相統一，以期文義新穎，語氣崢嶸，意象浮現之修辭法，謂之錯綜。錯綜之法不一，有語意之錯綜，有事物之錯綜，有篇之錯綜，有章之錯綜，有句之錯綜，亦有字之錯綜。漢許愼《說文解字》釋「文」：「錯畫也，象交文。」可見未有不錯綜而可以言文者也。錯綜既著重於排列之交錯，勢必變化詞序，增損語句，方能化板爲活，浮現意象，而筆勢之遒勁亦在焉。

左氏爲文，有全篇錯綜者，如郡陵之戰（成公十六年），忽敘事，忽議論，忽辭令，忽描寫，錯綜變幻，出奇無窮。鄭子家告趙宣子書（文公十七年），歷敘以陳蔡朝晉年月，分明見己之無罪，文極錯綜變化之致。亦有以錯綜成章法者，臧僖伯諫觀魚（隱公五年），講事與備用，軌與物，兩扇也；然後之應講事，正且詳，應備用，反且略，錯綜之法也。申包胥乞師敗楚（定公五年），末幅收拾前文，拉雜敘之以相配，極錯綜之妙也。

若夫句法之錯綜，大率爲增多語句之運化，或伸縮文身，或變化句式，或交磋語次，或抽換詞面，或以複句見姿態，不一而足，舉例如下：以伸縮文身爲錯綜者，其例最夥，如臧哀伯諫納郜鼎（桓公二年），自「清廟茅屋，大路越席」，至「三辰旂旗，昭其明也」，七段文字，鋪述昭德，長短錯綜，逐段變化，眞鉅觀也。季梁諫追楚師桓公六年，隨侯答季梁，只講信於神一邊，而不提忠於民，有錯綜！季梁對隨侯作三段，長短變綜，七謂字，如大珠小珠落玉盤。季札觀樂襄公二十九年，歌詩作十三節，十七樣句調，文字八用「美哉」，而文法節節變、句句變，亦有八音相雜，不相奪倫之妙。祝鮀論長蔡於衛定公四年，論魯公康叔唐叔之分封，說魯公則詳氏略土，敘康叔則詳土而略氏，唐叔則氏土並略，錯綜盡致，文波流動，故不板拙。

以變換句式爲錯綜者，如呂甥對秦伯僖公十五年，「小人曰：我毒秦，秦豈歸君？君子曰：我知罪矣，秦必歸君！」將詰問句與直述句穿插使用，見錯綜之妙。晉侯使太子帥師閔公二年，太子曰：吾其廢乎？里克謂：何故廢乎？百里奚云：立可必乎？錯落綜變，以見不立之意；孤突曰：雖欲勉之，狄可盡乎？先丹木稱：盡敵而反，敵可盡乎？亦將句式變化錯綜，以見戰與不戰之猶夷也。女叔齊論禮昭公五年，一則曰：「自郊勞至于贈賄，無失禮」，再則曰：「魯侯不亦善于禮乎？」三則曰：「魯侯焉知禮？」四則曰：「自郊勞至于贈賄，禮無違者，何故不知？」五則曰：「言善于禮，不亦遠乎？」六則曰：「叔侯于是乎知禮」；轉折環疊，錯綜見態，筆勢遒勁之至。薳啓疆論辱晉昭公五年，首云：「可！苟有其備，何故不可？」末云：「而未有其備，使群臣往遺之，禽以逞君心，何不可之有？」亦極錯綜之妙。

若夫以交磋語次爲錯綜者，則如子太叔論禮昭公二十五年，「哀有哭泣，樂有歌舞，喜有施舍，怒有戰鬥；喜生於好，怒生於惡……生，好物也；死，惡物也。好物，樂也；惡物，哀也。哀樂不失，乃能協於天地之性，是以長久。」錯置語序，使參差不齊，最見妙處。欒武子論楚（宣公十二年），「其君無日不討國人而訓之……無日……無日……訓之……」亦屬之。至於以複句爲錯綜者，蔡朝吳出奔鄭（昭公十五年），曰王唯信子，故處子于蔡；又曰王唯信吳，故處諸蔡，又曰余唯信吳，故寘諸蔡；而始則曰害朝吳之在蔡，終則曰吳在蔡蔡必速飛；皆以複句見姿，搖曳生情，錯綜入妙也。若以抽換詞面爲錯綜者，屬字法，詳參下章二節「避複」，茲不贅述。

五、對照

《春秋》編纂學，有對比敘事者，自是比事見義之一大面向。既由事以定辭，故屬辭約文，亦有相反相對之章句。對照法者，含意相反之排比法也。謝无量《實用文章義法》第三章〈文勢論〉稱：「文章要善於蓄勢，有正說一段議論，復換數字，反說一段，與其相對。讀者但見其精神，不見其重複，此文勢之巧處。」此正反翻應取勢之法，即對照之法也。由正反之對照，則意象如刻木之彔彔，深刻而浮現矣。既正說一段，復反說一段，一意翻成兩說，是亦增添詞句之鍊句法也。欲令筆勢遒勁，對照法亦其一端，所謂反敲法也。

《左氏》鍛詞鍊句，善於正反翻應取勢，如鄭伯克段于鄢（隱公元年），闕地之謀，正寫其詐，與中幅寫其不友不孝一色；若夫純孝之贊，乃直揭鄭莊之心，此文家反敲之妙。滕薛爭長（隱公十一年），周盟後異姓，辱貺先滕君，意本直達；妙將周諺作一停頓，以朝薛作一反敲，遂令直處皆婉。周鄭交質（隱公三年），「信不由中」，一語斷定，以下只用反筆透寫，便見周之不王，鄭之不臣。臧哀伯諫納郜鼎（桓公二年），前一截「昭德塞違」並提，下一截以「滅德立違」並提，是一正一反之對照文字。陰飴甥對秦伯（僖公十五年），以脅制之辭，歸諸小人；以知罪歸之君子，是後便一正一反，極力推拓，遂令秦伯改館晉惠。

大事于大廟躋僖公（文公二年），「子雖齊聖……不先不窋」，是正敲法；「宋祖帝乙……猶上祖也」，是反敲法、正反對照推敲，意象全出。士會爲政（宣公十六年），引詩正說，引諺反說，以見士會之善政。單襄公辭鞏朔獻齊捷（成公二年），前從獻捷轉入使朔，就反面說；後從使朔轉到獻捷，自反面說，中間由反而正，轉接無痕。申豐論雨雹（昭公四年），古今二字，前後相呼應，只是一正一反文字，彼此對照，意象浮現。叔向詒子產書（昭公六年），「昔先王議事以制」以下，是正說，節節進步，如見先王之心；「民知有辟」以下，是言辟之失，正與先王段相反、得失相形，意象顯然可知。邾黑肱來奔（昭公三十一年），「求名不得，欲蓋名章」，就正面說；其下兩段，別從反面說，正反對照，意乃醒透。可見正反對照句法，乃筆勢遒勁，意象浮現之方術也。

清姜炳璋《讀左補義》稱：《左傳》本屬辭比事之《春秋》教以作傳，「一傳之中，彼此相形而得失見；一人之事，前後相絜而是非昭。」（卷首，綱領下）敘事傳人，明其是非，見其得失，類敘、對敘爲其中之要法。夷考其實，皆比事屬辭《春秋》教之發用。

六、層遞

排列若干句型相似之事類，或由淺入深，或從小至大，或自輕之重，或由低而高，或反其道而行，裨使辭章矜鍊，意象浮現之修辭法，是謂層遞。前所論排比與對照，皆假平行關係以增多語意，層遞則就淺深、小大、輕重、高低、遠近，以浮現意象。而意象之焦點，或置於後，是謂遞升；或置於前，是謂遞降。兩者之運用，皆兼反復對照與排比之妙，故文家多留心好用之。[16]

《左氏》遣詞鍊句，採行層遞法者甚夥，其用遞降法者，如「天子建國，諸侯立家，卿置側室，大夫有貳宗，士有隸子弟，庶人工商，各有分親，皆有等衰，是以民服事其上，而下無覬覦」（桓公二年），由上而下層遞，以見本大末小，是以能固之意。又如「夫戰勇氣也，一鼓作氣，再而衰，三而竭」（莊公十年），由盛而衰遞降，以見氣盈則勝之意。又如「太上以德撫民，其次親親以相及也」（僖公二十四年）；「太上有立德，其次有立功，其次有立言」（襄公二十四年）；「聖達節，次守節，下失節」（成公十五年）；「若大盜，禮焉以君之姑姊，與其大邑；其次皁牧輿馬；其小者衣裳劍帶，是賞盜也」（襄公二十一年）；「唯有德者，能以寬服民，其次莫如猛」（昭公二十年）；凡此，皆從深重至淺輕，氣勢直下之遞降法也。又如「諸侯有卿—卿置側室—大夫有貳宗，士有朋友，庶人工商皁隸牧圉皆有親暱，以相輔佐也」（襄公十四年）；「王臣公，公臣大夫，大夫臣士，士臣皁，皁臣輿，輿臣隸，隸臣僚，僚臣僕，僕臣臺」（昭公七年）；前者層遞中見錯綜之妙，後者亦兼有排比之勝，皆大小上下之遞降法也。

若夫遞升之句法，亦《左氏》所擅長，如「善鄰以勸來者，猶懼不蔵，況不禮焉，鄭不來矣」（隱公六年）；「若寡人得沒于地，天其以禮悔禍于許。無寧茲許公復奉其社稷，唯我鄭國之有請謁焉，如舊婚媾」（隱公十一年）；「武王克商，遷九鼎於雒邑，義士猶或非之」（桓公六年）；「齊桓公存三亡國，以屬諸侯，義士猶曰薄德；今一會而虐二國之君，又用諸淫昏之鬼，將以求霸，不亦難乎？」（僖公十九年）；「匹夫匹婦強死，其魂魄猶能馮依於人，以爲淫厲；況良霄，我先君穆公之胄，子良之孫，子耳之子……而強死，能爲鬼，不亦宜乎？」昭公七年；「若野賜之，是委君貺於草莽也，是寡大夫不得列於諸卿也；不寧唯是，又使圍蒙其先君，將不得爲寡君老，其蔑以復矣」昭公元年；凡此，皆以況、猶、無寧茲、不寧唯是等爲關係詞，作抉進一層之遞升句法也。

《左傳》亦有不假關係詞，而遞升之意自見者，如「雖君有命，寡人弗敢與聞」隱公十一年；「若不從三臣，抑社稷實不血食，而君焉其餘？」莊公六年；「雖君之有魯喪，亦敝邑之憂也」襄公三十一年；「若惠顧敝邑，撫有晉國，賜之內主，豈惟寡君，舉群臣實受其貺！其自唐虞以下，實寵嘉之」昭公三年；是其例也。爲文而能迭作層遞，則遠平衍而見波折，意象顯而矜鍊出矣。

七、翻疊

文章有翻疊之法，或借淺以翻深，或借非以翻是，或借惡以翻美，或借不肖以翻賢能；凡反用他人之語，或推翻自己之論，使原意之上，再複疊若干新意者謂之。蓋不翻則是者不見，深者不出，美者不著，賢者不昭；翻疊之，則文趣回環重疊，層折有味矣。此亦辭章矜鍊，意象浮現之道也。⑰

《左氏》之翻疊句法，有一意翻作兩層者，亦有翻作三四層者；有反用他人之語者，亦有推翻自己之說者，論證如下：《左氏》反用他人之語以翻疊者，如季文子論歸齊田成公八年，上已明言二命之失，復引《詩》就「二三其德」句，反覆批駁，一意翻作三層，生姿作態，絕世文情。又如子產問政然明襄公二十五年，然明只論政之大略，子產則致其精詳，一意折作兩層。臧武仲論詰盜襄公二十一年，就季孫「子盍詰盜」一語，翻疊爲不可詰不能詰兩意，文情飛越，意象凸顯。晏子論和同昭公二十年，就景公問和同而翻疊之：先正論可否、和也；繼引和羹之喻，更復引和聲之喻，亦皆和耳，所謂一意分爲數說，言之善文之善者也。晉趙鞅卜救鄭哀公九年，「救鄭」，本意也，四人總言鄭不可救，或以齊陪寫，或專寫，或從對面寫，一意翻作四層，用筆全別，文心之脫換變化，備于此矣！

《左氏》之翻疊，尤多推廣己說，翻駁己論之例，如宋穆公疾隱公三年，寫穆公之讓國，俱從先君轉出，一意翻作兩層，見其立殤之不疑，讓國之堅決也。蔿賈不賀子玉僖公二十七年，只一賀字，作三層批駁，折疊有味。祁奚舉善襄公三年，只一舉善，而一意疊作三層，極詠歎之妙。士弱對問宋災襄公九年，前說可知天道，後說到不可知作結，亦翻進一步法也。叔弓如晉賀虒祁昭公八年，就賀字翻疊出弔之意，所謂「賀者在堂，弔者在門」也。吳蹶由對楚子昭公五年，就吉字翻疊生波，曰克可知也，曰可謂吉矣，曰其爲吉孰大焉，只一句話，卻反反覆覆作三遍說，與呂甥對秦伯篇同妙。祝鮀論長蔡於衛定公四年，就蔡侯康叔之兄六字，分說合說，反說正說，橫說豎說，無不入妙，翻疊有法之文也。

八、移換

文章貴乎變化，能變化，始可遠板平而見靈活。變化之法多端，若往復、錯綜、層遞、翻疊等皆其方術也，而無若移換法之大者。劉大櫆《論文偶記》所謂「文貴變」，即此是也。蓋移換之法、在求文法之處處變化，段段變，句句變，如桃花之源，移步換景；若如何之樹，隨刀改味。苟能此法，則文章靈活不枯寂，而意象浮現矣。

左氏鍛句之法，出以移步換景者多，如燭之武退秦師（僖公三十年），用利害兩字，轆轤爲用，移步換形，言簡詞悚，娓娓動聽。呂相絕秦（成公十三年），四十三「我」字，幻化萬狀，深奇逼人。且其章法句法字法，眞如千巖競秀，萬壑爭流。飾辭駕罪，雖非詞命上品，却是妙文。鄢陵之戰（成公十六年），離合錯落，無一筆平複，又備極出沒隱見之奇。吳季札觀樂（襄公二十九年），逐節變換評語，一頓一折，詠歎低回，極得想像咀味之神。孫月峰稱：此篇文字，在古今亦無兩，妙處只在文法變化，有音有色，有味有態。鄭七子賦詩（襄公二十七年），每賦一詩，必換一樣謝答法，七語變七樣，情態妍濃，與季札觀樂篇，異璞同工。齊慶封來奔（襄公二十八年），通篇步步寫，步步伏，步步卸，步步結，馮李驊謂是一首極花草文字。北宮文子論威儀襄公三十一年，共十二威儀字，層峰複嶺，倒側離披，一轉一丘壑，一步一洞天。王子朝賓起有寵於景王昭公二十二年，其妙處只在文法變化，是《史記．平陽絳侯世家》之祖。凡此，皆左氏爲文著重移換之例也。

九、呑吐

黃師永武《字句鍛鍊法》論「呑吐」曰：表達辭意，不以直率噴薄之筆法，而只在將說未說之時，強自壓抑，用呑多吐少之語句，欲放還收者稱之。曾文正公謂：古人妙境，在似斷不斷，似咽非咽，似呑非呑，似吐非吐之際。姚範亦稱：歐公每於將說未說處，呑吐抑揚作態，令人欲絕。蓋呑吐之句法，避實擊虛，欲說還休，意在言外，含蘊無限，此所以令人玩味不倦者也。

呑吐，爲減省語句，以增加讀者想像，而使意象浮現之修辭法。《左氏》多事外曲致之文，已詳命意章「深曲」，旨趣之呑吐也。若夫章句呑吐之妙，則於此處論述之，如鄭伯克段於鄢隱公元年，明說止鄭莊不孝耳，却呑吐其詞，出似詭激譎宕，不肯徑指，文所以婉妙也。臧僖伯諫觀魚隱公五年，惜隱公謹小節而昧大體，而意指所寄，皆於隱約呑吐間見之，三代之奇文也。臧哀伯諫納郜鼎桓公二年，無限神情，盡在吞吐茹鬱之中，用意絕微至，所以譏魯桓之弒立也。韓原之戰（僖公十五年），妙在層層皆以「禍降自天」相爲吞吐，作松浮欲盡不盡雲，江動將崩未崩石之勢（《左傳日知錄評》）。鄢陵之戰（成公十六年），眼光專注三郤之亂，而文章若茹若吐，鬱爲至文，蓋愈鬱而其神愈茂也。曹人請于晉（成公十六年），請辭亦茹亦吐，婉轉有致。讀去若斷若續，似吞非吞，然神理之妙，正在于此。北宮文子論威儀（襄公三十一年），一語道破，則令尹圍之威儀非其威儀，而左氏故意半吞半吐，使其義半現半隱，此用筆所以高也。晏嬰論國政（昭公三年），既茹仍吐，傳神之至，下文未到已吞，頗見吞吐之妙。侯犯之叛（定公十年），「臣之業，在揚水卒章之四言矣」、若直言則曰：不敢告人而已；然則出以隱約吞吐之筆，所以備極其妙也。

十、蘊藉

梁劉勰《文心雕龍．隱秀》稱：「隱也者，文外之重旨者也。」唐司空圖《詩品．含蓄》云：「不著一字，盡得風流。」宋歐陽脩《六一詩話》：「含不盡之意，見於言外」，要皆含蓄蘊藉之說。

借詞婉意微，不迫不露之文句，表現溫柔敦厚之情，雄深雅健之風；此則用意十分，下筆三分，句中無其詞，句外有其意，言有盡而意無窮，含蓄深而丰采遠之蘊藉修辭法也。⑱蘊藉之法，在「覘一事于句中，反三隅於事外。」故最見作者筆削之致力，剪裁之匠心。「剪裁之得體，而含蓄之致存；含蓄之有章，而剪裁之工喻」，可見蘊藉亦因省減語句，而令意象浮現之修辭法也。

《左傳》之敘事，有以簡鍊見長者，其妙多在蘊藉。且蘊藉而無漏義，故爲天下之至文。如乾時之戰（莊公九年），鮑叔曰：「子糾親也，請君討之；管仲讎也，請受而甘心焉」，只四語而賓主輕重分明，又蘊藉，又斬截，最是《左氏》簡雋處。陳敬仲辭卿（莊公二十二年），羈旅之臣云云，詞令蘊藉。鞏朔獻齊捷（成公二年），蘊藉之處，風神穆穆。州綽論雄（襄公二十一年），君以爲雄云云五句，蘊藉可幾風雅。子產論晉侯疾（昭公元年），明于病源，婉曲蘊藉；較醫和之細及病症，直悉刻露，固不同也。且博物良醫之贊，見晉侯諱疾忌醫，忠言逆耳神理，又言外微旨也。晉侯以齊侯投壺（昭公十二年），誌晉之衰，只就宴會時語言進退生芒露角，文境雋異，蘊藉之甚。子太叔對范獻子問王室（昭公二十四年），一步一曲，語不迫而意獨至，令人玩索不盡。閻沒女寬諫魏絳（昭公二十八年），隱隱躍躍，蘊藉無雙。其雅馴處，無俳優詼詭之氣，固春秋文字也。公與大夫始有惡（哀公二十五年），機鋒穎雋，爲後世輕薄者所不及，蘊藉故也。若斯之此，皆《左傳》蘊藉之例也。

唐劉知幾《史通》論敘事，標榜尚簡用晦。所謂：「能略小存大，舉重明輕，一言而巨細咸該，片語而洪纖靡漏，此皆用晦之道也。」於是援引《左傳》敘士會之政善（宣公十六年），邢衛之安集（閔公二年），宋

萬之勇悶（莊公十二年）、楚軍之感悅（宣公十二年），而稱：「斯皆言近而旨遠，辭淺而意深，雖發語已殫，而含意未盡。使夫讀者望表而知裏，捫毛而辨骨，覩一事於句中，反三隅於字外。晦之時義，不亦大哉。」（卷六敘事），此所謂晦，即是蘊藉、含蓄，或指稱婉曲，《左傳》屬辭約文，不乏其例。

十一、取譬

《墨子・小取》：「譬也者，舉他物以明之也」；朱熹《詩集傳》：「比者，以彼物比此物也。」比方、譬喻、取譬，名異而實同。取所知之事理，以喻人之所不知，而使人知之之修辭法，謂之取譬。就心理學觀之，取譬之內容，乃因原意象引起之聯想，被記號固定後所繼起之意象，是爲間接意象。取譬之法，蓋借用彼此具有類似點之他物，以表達原意象之修辭法也。譬喻之功能有三：化陌生爲熟悉，變模糊爲清晰，轉抽象爲具體，最有助於意象之歷歷浮現。譬喻之類別，諸家分法不一，而要歸於明喻與暗喻而已[19]。

左氏著傳，凡難顯之情，他人所不能達者；或不刊之論，而爲他人所忽者，左公則取譬以形之。蓋言而無文，聽之難入，設喻取譬，則恍惚之概念，化爲具體之意象，而覽者忘疲，聽者悅耳矣。《左傳》取譬之法，或明喻，或暗喻，不一而足⑳，茲舉例如下：眾仲對問州吁之成（隱公四年），謂以亂和民，猶治絲而棼之；兵猶火也，弗戢將自焚也；二喻穿插，遂如錯繡，文境用虛，故少以勝多。又如「君處北海，寡人處南海，唯是風馬牛不相及也」（僖公四年）；「諺所謂輔車相依，脣亡齒寒者，其虞虢之謂也」（僖公五年）；「趙衰，多日之日也；趙盾，夏日之日也」（文公七年）；「畜老，猶憚殺之，而況君乎？」（宣公四年）；「殺老牛，莫之敢尸，而況君乎？」（成公十七年）；「譬如火焉，火中寒暑乃退。此其極矣，能無退乎？」（昭公三年）；「夫魯，齊晉之脣，脣亡齒寒，君所知也」（哀公八年）；皆鍛句之出於明喻者，此其簡短者也。

亦有取譬設喻，重複聯貫者，文境之翻空推廣，未嘗不由於此也，如「公族，公室之枝葉也；若去之，則本根無所庇蔭矣！葛藟猶能庇其本根，故君子以爲比，況國君乎？此諺所謂庇焉而縱尋斧焉者也」（文公七年）；「季孫之愛我也，疾疢也；孟孫之惡我，藥石也。美疢不如惡石。夫石猶生我；疢之美，其毒滋多。」（襄公二十三年）；「視民如子！見不仁者誅之，如鷹鸇之逐鳥雀也。」；「政如農功，日夜思之，思其始而成其終，朝夕而行之，行無越思，如農之有畔。」（襄公二十五年）；「我在伯父，猶衣服之有冠冕，木水之有本原，民人之有謀主也。」（昭公九年）；是其例也。

《左傳》有以取譬成章者，莫妙于子產論尹何爲邑（襄公三十一年），晏嬰論和同（昭公二十年），伍子胥諫伐齊

（哀公十一年）三篇。子產之論，疊設數喻，過商侯評之曰：「操刀使割，一喻也；棟折榱崩，二喻也；製錦，三喻也；田獵射御，四喻也。子皮悅其心，以衣服附身爲喻；子產申其說，又以子面吾面爲喻，此種文字，最是難學。」晏嬰之說，以音樂、烹調比況君臣政治，和羹之譬，和聲之喻，最爲精切，王源《左傳評》稱：「義則曲暢，詞則光華，娓娓而可以忘疲，侃侃而翻能悅耳，言之善，文之善者也。」子胥之諫，凡用四喻：豢吳，一也；心腹之疾，二也；猶獲石田，三也；使醫除疾，四也，其所以沉鬱警透，聲氣性情俱出者，博依善譬故也。

若夫借喻之例，則如「皮之不存，毛將安傅」（僖公十四年）；「象有齒以焚其身，賄也」（襄公二十四年）；「伯父若裂冠毀冕，拔本塞原，專棄謀主，雖戎狄其何有余一人？」（昭公九年）；「末大必折，尾大不掉，君所知也」（昭公十一年）；「牛雖瘠，僨於豚上，其謂不死？」（昭公十三年）；「鳥則擇木，木豈能擇鳥」（哀公十一年）皆借事以明意，最爲空靈虛幻。而莫妙於申叔時諫縣陳（宣公十一年），子太叔戒宛射犬（襄公二十四年）：申叔時之諫曰：「抑人亦有言曰：牽牛以蹊人之田，而奪之牛；牽牛以蹊者，信有罪矣，而奪之牛，罰已重矣！」借成喻說入，頗見罕譬之妙，以下便悠然推廣喻意，所謂喻意遠勝于正意，襯托得正意醒者也。子太叔之戒但曰：「部婁無松柏」而已，王源謂是孕奇毓幻，萬象包羅，瞬息變化，不可方物，絕世奇觀，洵不誣也。

十二、轉化

凡轉變事物原來之性質，以化成一本質截然不同之事物，而使意象益加明顯生動之修辭法，謂之轉化[21]。轉化，屬繼起之意象表現法，能發展原始意象，使之無窮深遠廣大，為文學藝術宗教之所由生者也。意象之衍生，得此可以不盡矣[22]。

左氏一書之轉化，擬人為物者多，擬物為人者鮮。蓋《左傳》為敘事之史，非詠物抒懷之篇，史欲傳人如活如現，故多物性化之筆。傳眞之史，固與求美之什異趣也。《左傳》擬人為物之例，如「戎狄豺狼，不可厭也」閔公元年；「三去之餘，獲其雄狐」僖公十五年；「是子也，熊虎之狀，而豺狼之聲；諺曰：狼子野心，是乃狼也，其可畜乎？」宣公四年；「帥我蝥賊，以來蕩搖我邊疆」成公十三年；「諸侯用寧，蝥賊遠屏」昭公三十一年；「彼美，余懼其生龍蛇以禍女」襄公二十一年；「臣不敏，平陰之役，先二子鳴」襄公二十一年；「不可使也，而傲使人，國之蠹也」襄公二十二年；「抑君似鼠，夫鼠晝伏夜動，不穴於寢廟，畏人故也」襄公二十三年；「戎，禽獸也」襄公四年；「吳在蔡，蔡必速飛」昭公十五年；「吳為封豕長蛇，以荐食上國」定公四年；「是豢吳也夫」哀公十一年；「勝如卵，余翼而長之」哀公十六年；或轉人為禽獸，或化人為昆蟲，要皆以繼起之意象為原質而比擬之，如此則新奇而意象活現矣。

若夫擬物爲人之例，《左傳》較不多見，有如「衛懿公好鶴，鶴有乘軒者」（閔公二年）；「鹿死不擇音」（成公十七年）；「何必瘠魯以肥杞」（襄公二十九年）；「大厲被髮及地，搏膺而踴。」（成公十年）；「石言于晉魏榆」（昭公八年）；「火踰公宮，桓僖災」（哀公三年）。外此，則凡神話志怪，亦皆以人性化浮現其意象也，可參《左傳之文學價值》神話小說章，不贅。王夢鷗《文學概論》稱：「繼起意象之表現，亦即由譬喻而趨向神話之路，而進入於純然創造之境界」[23]，洵不誣也。

十三、示現

藉文字之形容刻劃，使不聞不見之景象歷歷如繪；此種「狀難寫之景，如在目前」之修辭法，謂之示現，蓋出於創造之想像者。示現之法有三：或爲預言，或爲追述，或爲懸想，要皆意象之召回或經驗之再現也。[24]

唐啖助推尊《左傳》之敘事，以爲能令百代之下，頗見本末，此《左傳》善於爲追述之示現之說也。如左氏描寫諸大戰，陣法戰法，聲氣性情，曲曲折折，波詭雲譎，如親履戰地，目睹其形，紙上眞有無數甲兵，坐作進退，眞傳神示現之筆也。而描繪勝敗，莫妙於邲之戰（宣公十二年），一則曰：「中軍下軍爭舟，舟中之指可掬也」。再則曰：「吾不如大國之數奔也。」三則曰：「吾不可以苟射故也。」一時聲情神貌，溢乎目前。而楚子圍蕭（宣公十二年），拊勉三軍，「三軍之士，皆如挾纊」，感悅之況，如在目前，是其例也。《左傳》之示現，或爲懸想者，如慶鄭諫用小駟（僖公十五年），「亂氣交憤，陰血周作」云云八句，將小駟之變易人意，想像描繪，狀溢目前，此未戰前事也，固出於慶鄭之懸想，左公之示現耳。蹇叔哭師（僖公三十二年），所謂晉人禦師必於殽，必死是間云云，亦懸想示現之詞也。侯犯之叛（定公十年），武叔之圉人懸想劍殺公若之景現，亦其例也。而子胥將死之言（哀公十一年），曰：「樹吾墓檟，檟可材也，吳其亡乎！」亦懸想吳亡不久之詞也。

若夫預言式之示現，尤爲左氏家法，蓋左氏觀乎身位時事，考乎筮龜占驗，是以億則屢中，非徒然也。左氏作傳，以預言示現意象者，其類凡四：或以占卜，或以形相，或以機祥，或以歌謠，具論於《左傳之文學價值》小說神話章中，此從略，互參可也。

十四、存眞

黃永武《字句鍛鍊法》論「存眞」云：爲記存實事之情狀，遣詞或不避村俗文句，或保留談說語氣，以使聲情神貌，活躍筆端，此種浮現意象之法，即謂之存眞。

左氏之書，學者多稱實錄，爲其能傳歷史之眞也。如齊桓公使管夷吾平戎於王，王曰：「舅氏！余嘉乃勳，應乃懿德，謂督不忘，往踐乃職，無逆朕命！」僖公十二年；又載衛莊公使鄢武子告嗣位於周，王曰：「朕以嘉命，來告余一人。往謂叔父，余嘉乃成，世復爾祿次。敬之哉，方天之休，弗敬弗休，悔其可追！」哀公十六年《左傳》記錄二篇周王之言，可以想見春秋前官話之一斑。《左傳》有模擬一人之聲氣性情者，如「爾何知！中壽，爾墓之木拱矣！」僖公三十二年秦穆惱怒辱詈愎諫之意象如見！又如「呼！役夫！宜君王之欲殺女而立職也！」文公元年神傳婦人斥罵神理！又如盧蒲嫳泣請曰：「余髮如此種種，余奚能爲？」昭公三年雖哀鳴如見，却是奸詐語氣！又如伍子胥懼越饋賂，曰：「是豢吳也夫！」只五字，而字字傳太息之神！而莫妙於左氏敘崔慶盟國人于大宮襄公二十五年，曰：「所不與崔慶者……」，語未完即接過「晏子仰天歎曰」云云，神采勃勃。以及載晏子諫景公省刑昭公三年，謂「則使宅人反之……且諺曰：非宅是卜」云云，使宅人反之句，雖敘事之辭，却藏有反之之言在內，故下以且諺曰承接之。王源《左傳評》稱：「半句文字，《左傳》有二：所不與崔慶者，上半句也；且諺曰，下半句也。後人誰能爲之，總是將情景神詞逼眞傳出，方有此奇文。」卷八頁九外此，或傳說話之神采，或一人之辭而加曰字，所以別更端之語也，如「乞曰：不可得也；曰：市南有熊宜僚者」云云哀公十六年，是其例也。或兩人之辭而省曰字，因語氣相承，誦之易曉，如鄢陵之戰成公十六年，巢車之望一段對話是也。凡此，皆存眞以浮現意象之法也。

第三節 辭章矜麗之法則

夫明情者，總義以包體；局言者，聯字以分疆，故章句之宅情位言，如衢路之於交通，必慘澹經營之，然後方可以言善。而章者，句之所積；章之明靡，句無玷也，故辭章之矜麗有術，筆勢之遒勁有方，苟知修辭鍊句之要領，則可以極高明而道中庸矣。職是之故，本章探索《左傳》修辭鍛句之法，作爲進窺篇章奧府之鈐鍵；且示文法之津梁，以爲學文論道之資佐焉。《左傳》浮現意象之樣式，既論證於前，今當再述辭章矜麗之法則，後則詮次筆勢遒勁之規準，平列三節，冀能窺《左傳》鍛句之方術於萬一。

夫文章之筆力磅礴，筆勢遒勁，非得之緊湊密栗不爲功。辭章之緊湊縝密有道，章句剪裁簡當則緊湊矣，語氣之銜接不斷則縝密矣。章句之剪裁簡當有道：鍛捶壓縮，而精雄潔括，是鎔鍊之法也；微顯志晦，而意內言外，是藏鋒之法也；來去突兀，而驃姚奇肆，是跳脫之法也；執一以概餘，觸類而引申，是舉要之法也；外此，又有層遞法、翻疊法，亦縝密之道也，已具論於前，不贅。苟能此矣，則詞句如「空潭瀉春，古鏡照神」，文約而義豐，理稱而辭達矣。若夫語氣銜接不斷，亦有其術：轉折跌宕，而鼓舞振蕩，是頓挫之法也；撥轉繳應，如峻坂勒馬，是勒轉之法也；首尾背馳，却係緤爲一，是鎖紐之法也；終始同詞，以蟬聯串接，是頂眞之法也；苟能此也，則辭章如連山斷嶺，奔龍過峽，血脈流通，而骨節靈活矣！

辭章縝密之道八，已略述如上，而文句華豔之術六，亦提挈於下。夫咀嚼英華，厭飫膏澤，固文章之淵泉；而繁華損枝，膏腴害骨，亦摛采之烱戒。方苞《古文約選．凡例》云：「古文氣體，所貴澄清無滓。澄清之極，自然而發其光精，則《左傳》《史記》之瑰麗濃郁是也。左氏之文，或稱其富豔，或目爲浮誇，或謂其文勝，或美喻金碧山水，其才高詞贍，舉體華美，蓋如日月之輝麗萬有矣。尋左氏文章所以華美之故，在於修辭琢句之工，其琢句之術六：曰麗辭，曰用典，曰烘托，曰映帶，曰迴文，曰諧隱。迭用奇偶，辯雕藻飾，則文章華麗矣；映射陪襯，光采湧耀，則文章華贍矣；博洽掌故，雍容風雅，則文章華豔矣；映帶眷顧，聯絡有情，而文章華美矣；首尾迴環，新美呈巧，而文章華綺矣；諧趣隱語，風致嫵媚，而文章光華矣。摛文琢句若此，則如「露餘山青，紅杏在林，月明華屋，畫橋碧陰」，貌綺而神麗矣。若此者，是辭章矜麗之法門也，茲依次舉證論述如後：

一、鎔鍊

黃永武《中國詩學·設計篇》論鎔鍊之法曰：濃縮字面之方式有二：一則字數不增多，意義增多；一則字數減少，意義不減少。又云：濃縮字面，使字字著實，無一虛設，如百鍊精鋼者然。此種技巧，今人謂之壓縮，古人稱爲鍛煉，所以淘汰浮詞，倍增文意者也。要之，亦《春秋》筆削，損益辭文之流亞也。

簡鍊二字，乃文章要訣。《左氏》之文，簡矣、潔矣，千錘百煉矣，可以爲史法，亦可以爲文法。《史通·敘事篇》謂：「國史之美者，以敘事爲工，而敘事之工者，以簡要爲主。」〈雜說上〉極稱《左傳》之敘事，謂「工侔造化，思涉鬼神，著述罕聞，古今卓絕」；〈六家篇〉則直謂《左傳》：其言簡而要，其事詳而博。大抵《左傳》通篇精鍊雅潔，無一字之靡，加一詞之費者，俯拾皆是。其中，莫若敘工役措施之精鍊排偶，又莫若定六年後文字之簡峭凝鍊。近人唐文治《國文大義》論文，極稱美《左傳》之文，謂「其簡潔者，尤妙絕千古」。蓋《左傳》之文，其筆老，其意眞、其理當、其味淡、其氣蘊、其品貴、其神遠，是以簡潔若是，所以能臻文章之盡境也。

《左傳》之簡潔者，既已妙絕千古矣，而左氏之繁，錢大昕更以爲遠勝《公》《穀》之簡；何者？繁者不可減之使少，雖繁亦簡矣[25]。可見《左氏》之文，所以絕後人之追步者，繁簡各極其妙，其一端也。或以爲《左傳》之繁，不如〈檀弓〉之簡；此蓋昧於文章貴達，繁簡各有所當之義。以是而判優劣，猶槃澗清泉，與洪河比涓淨也，豈公論哉！「鳧脛雖短，續之則憂；鶴脛雖長，斷之則悲」，《左傳》文句，繁簡有法，不可增損，其類是乎？[26]

《左傳》文章之密緻簡括，除遠勝《公》《穀》，比肩〈檀弓〉外，亦獨步《國策》與《國語》。《藝概．文概》曰：「《左傳》善用密，《國策》善用疏。《國策》之章法筆法奇矣，若論字句之精嚴，則左公允推獨步。」宋李燾云：「《國語》辭多枝葉，不若《內傳》之簡直峻健。」崔述《洙泗考信餘錄》亦稱：「《左傳》紀事簡潔，措詞亦多體要；而《國語》文詞支蔓，冗弱無骨。」故凡有同載一事，必《國語》繁富，《左傳》簡雋，如長勺之役莊公十年，曹劌論小惠小信，《國語》文繁意寡，

《左傳》則括以四語，文簡意賅。又如有神降於莘（莊公三十二年），《國語》凡一九一字，《左傳》括以三九言。又如晉文請隧（僖公二十五年），《國語》王詞數百言，《左傳》但以二語約之，意足而語峭。又如秦穆享晉重（僖公二十三年），亦《國語》繁富，《左傳》簡核。又如陽樊之圍（僖公二十五年），蒼葛論德柔刑威，《左傳》二十八字盡之，《國語》却費一九〇言。又如晉重出亡（僖公二十四年），《左傳》括以九百字，《國語》則多至三千一百五十餘言。又如申生奔新城（僖公四年），《國語》敘其傅杜原款告語一百五十四字，《左傳》祇以七字表之曰：「公殺其傅杜原款」。凡此，皆《左氏》善用縮筆省筆之例。觀是，可悟文章繁簡之法矣。

《左氏》長於鍊句，多簡覈可法，林紓《畏廬論文》謂之省筆（用筆八則之六），《左傳擷華》謂之縮筆（連稱管至父之亂）。如寫華督色狂狹邪行徑，但云「目逆而送之，曰：美而豔」（桓公元年）；魏禧評曰：「練句，抵人十數語，有將來現在過去三節在！」又如楚圍鄾（僖公二年），鬬廉衡陳四語，只二十六字，而陣法戰法奇兵正兵，正中之奇，奇中之正，無一不備，精雄潔煉，卓立古今。又如辛伯殺周公黑肩（桓公十八年），魏禧評曰：「告王二字，有許多間諜在；遂與王殺四字中，有許多機權作用在。」並后匹嫡兩政耦國八字，千錘百鍊之文。又如齊襄之弒（莊公八年），全篇用縮筆省筆，節略無數閒語，故簡極鍊極，隱括之極，最是剪裁之極筆。又如驪姬譖申生，止「賊由太子」四字；譖二公子，只「皆知之」三字（僖公四年），可謂四字獄三字獄，簡括之至。又如城濮之戰（僖公二十八年），不滿百字，寫盡戰事；邲之戰（宣公二年），敘晉楚爭鄭；多用簡括之筆；左氏敘戰，或極力詳謀而略寫戰況，或極力敘戰而略言謀畫，因物賦形，不拘一例。

又如趙盾弒其君（宣公二年），寫不君，只二筆；寫拒諫，只四筆，而無不盡，無不活，簡奇之甚。豎牛之亂（襄公二十四年），「告之飢渴，授之戈」，止七字，而叔孫之見困豎牛，悔恨無策情事，已曲折詳盡。胥梁帶歸諸侯侵地（襄公二十七年），寫胥梁帶之權謀，只三筆，而筆筆簡練，妙用無一不傳。鄭子皮授子產政（襄公三十年），「國小而偪，族大寵多」八字，前言外交之難，後言內政之難，已盡括於此中。晉荀吳敗狄于大鹵（昭公元年），崇卒二字，雄瀾灝瀚，精簡莫比；只此二語，已抵一篇千萬言文字。秦伯之弟鍼出奔晉（昭公元年），簡鍊有致，此篇之特色；王子朝之亂（昭公二十二年），紀事專用簡括之筆，因以爲全篇之章法。

又如伍員謀伐楚（昭公三十年），語簡而意曲，不過十數語，而兵法謀略，無一不該。王源疑子胥當日之言，未必如斯之鍊，固左公之剪裁也。史鰌論享靈公（定公十三年），通篇簡勁峭拔，無一懈句，與前若小異也。吳越姚之役（哀公十三年），極意凝鍊，減縮不及百字，而事勢瞭然可見。楚白公勝之亂（哀公十六年），《左傳練要》評曰：「序太子建落到白公，不過一句；序白公之殺二子，與葉公殺白公，亦不過一句；非百分洗刷，不能如此高潔。」夫然後知《左氏》所以長於敘事者，蓋得一簡字訣，是以其筆老辭切，氣蘊神遠，若是之妙也。

二、藏鋒

清王原祁論畫曰：「作畫以理氣趣兼到爲重，非是三者，不入精妙神逸之品。故必於平中求奇，綿裏裹鐵，虛實相生。古人用筆，意在筆先，然妙處在藏鋒不露。」《中國畫學全史》頁五二九引 此雖論畫，可移以論文。《史通．敘事篇》論用晦之道，謂「省字約文，事溢句外」；「一言而鉅細咸該，片語而洪纖靡漏」；此正《文心雕龍．隱秀篇》所謂「餘味曲包，情在詞外」之意，亦即藏鋒不露之筆法，綿針泥刺之筆意也。

宋呂祖謙《麗澤文說》曰：藏鋒不露，則讀之有滋味。蘇東坡亦云：意盡而言止者，天下之至言也；然言止而意不止，尤爲極至，如《左氏傳》可見 呂氏童蒙訓引。《史通．敘事篇》尤推崇《左傳》之用晦，舉證說之曰：「其綱紀而言邦俗也，則有士會爲政，晉國之盜奔秦；邢遷如歸，衛國忘亡。其款曲而言人事也，則有犀革裹之，比及宋，手足皆見；三軍之士，皆如挾纊。斯皆言近而旨遠，辭淺而義深，雖發語已殫，而含意未盡，使夫讀者望表而知裏，捫毛而辯骨，覩一事於句中，反三隅於字外，晦之時義不亦大哉！」外此，則左氏用晦之法，或以藏詞，或以伏筆，或以歇後語，或以賦詩斷章，或以占筮繇辭，或以成語典故，詳述如下：

以藏詞見姿致者，如城濮之戰（僖公二十八年），寫晉文之譎詐，而首尾偏以上德德攻，極口稱贊，便將無數詭計負心一齊藏過；明明背惠亢讎，卻托之漢陽諸姬；若說皆獎王室，則又明明供稱必得諸侯，所謂綿針泥刺之筆也。叔孫豹重拜鹿鳴（襄公四年），序晉人失禮，穆叔知禮，禮固通篇之主矣，乃藏鋒不露，杜工部所謂「裁縫滅盡針線迹」也。柏舉之戰（定公四年），兩戰節節有子胥在內，力寫子胥，卻無一字明說，至末點出「伍員必復楚國」一語，而全身皆見。侯犯之叛（定公十年），齊侯空言市惠叔孫，傳中不著一字之痕，所以微妙也。乃至於曹劌論戰（莊公十年），子魚論戰（僖公二十五年），亦皆懸疑作態，而後和盤托出，皆藏詞之例也。以伏筆見情趣者，如楚武王荊尸（莊公四年），後半敘事，皆伏于前半鄧曼議論中，凌空起峭。宮之奇諫假道（僖公五年），層層駁難，處處伏一易字，至末一筆點出，遂成絕世奇文。要之，倒伏、順伏、明伏、暗伏、正伏、反伏、因文伏事、因事伏文諸法，皆伏筆之術，章句所以緊湊縝密之方也，例詳《左繡．讀左卮言》，檢尋即得，此不再贅。

以引詩賦詩見情韻者，如申豐論雨雹（昭公四年），以「〈七月〉之卒章，藏冰之道也」作煞，引《詩》用虛掉，風調絕佳。又如鄭駟歂殺鄧析（定公九年），君子謂「〈靜女〉之三章，取彤管焉；〈竿旄〉何以告之？取其忠也」；餘味曲包，音在弦外。它如賦《詩》斷章，亦隱晦之道也，詳參拙作《左傳之文學價值》詩歌章，茲不具論。以占筮繇辭見神理者，如晉獻筮嫁伯姬（僖公十五年），子服惠伯筮黃裳元吉（昭公二十年），與夫其它占筮，皆假繇詞隱約言之，而與後文之敘事相配，明暗互用，遂增緊湊縝密之致。以歇後語而見韻味者，如莊公曰：「不爲崔子，其無冠乎？」崔子因是（襄公二十五年），因是怒公也，此是歇後語。又如騶赤對叔孫曰：「臣之業，在〈揚水〉卒章之四言矣！」（定公十年）不敢告人四字，爲其歇後語，最爲隱約吞吐！陳恆弒其君（哀公十四年），「公曰：子告季孫」，「孔子辭」；二人言只作歇後語，而君之當討，與季孫之當討，皆在言表矣！凡此，皆剪裁密栗之方也。

三、跳脫

爲求行文氣勢之緊湊密栗，或爲順應情境之急迫突兀，常使文辭中途斷絕語路，以造成文氣之緊促，而表現心思之急轉。方東樹《昭昧詹言》所謂「語不接而意接，血脈貫續，詞語高簡。」（卷一，八二則）此種修辭方法，謂之跳脫[27]。跳脫之法有三：曰突敘，曰脫略，曰截斷，茲分論如下：

突敘之法，或凌空陡起，或徑落轉接，雖失之唐突，却可洗刷冗雜，遠離庸俗，而使章句緊湊密緻。《左氏》好作突然一句之法，如齊襄之弒（莊公八年），突接彭生化豕一段，離奇荒誕，扣人心弦。又如陳敬仲辭卿莊公二十二年，突接妻占，又突接史筮，又突接陳厲公蔡出也句，與上文若不相蒙，而實相承，極嶺斷雲連之妙。韓原之戰僖公十五年，方敘秦筮伐晉，忽就筮詞敗字，突接三敗及韓，減略戰事，文句緊湊。彭衛之戰文公二年，「戰于殽也」，突轉；「猶用孟明」，突接，筆筆有跳脫之勢。晉侯使郤犫來聘成公十一年，陡起追序曰「聲伯之母不聘」，石破天驚，不知其何自來，突兀而矜鍊。鄢陵之戰成公十六年，壓晉而陳，巢車望晉，兩事俱突兀爭奇，峰巒秀出。臧孫紇出奔邾襄公二十三年，接序臧孫入哭一段，空靈跳脫，前後俱動。北宮文子論鄭有禮襄公三十一年，引詩申說後，提筆突敘「子產之從政也，擇能而使之」句，凌空峭舉，筆路奇橫。齊請繼室於晉昭公三年，敘叔向之言了，乃突接「初景公欲更晏子之宅」句，有入不言兮出不辭之妙。鄭子產聘于晉昭公七年，反州田一事，與厲鬼絕不相蒙，突接于辨黃熊之下；轉筆忽入伯有，斷亂無端，其實固相為襯聯也。乾谿之亂昭公十三年，敘棄疾定亂，於觀從謀殺棄疾後，陡敘「每夜駭曰：王入矣」，可謂突起驚創，此下乘勢而入，如飄風急雨之驟至，緊密勁快，奇警無匹。宋衛陳鄭災昭公十八年，四國災案既結，突接裨竈以入子產，妙不可測。又如宋公衛鄭哀公九年，伐齊無其事且無其辭，突然而及之，突然而敘之，光怪陸離，剪裁勝境也。前人論文，以為突敘法於文中最奇最難，以其難得入手之端，與夫不見交合之迹故也。而左公長於此，是其所以卓犖者也。

脫略之法，語句省略，而文氣急切，有助于詞句之緊湊。見於《左傳》者，如臧僖伯諫觀魚隱公五年，「且言遠地也」一語，是絕妙跳脫之筆。齊襄之弒莊公八年，「走出，遇賊于門」句，跳躍而接，天衣無縫。又如申生之縊僖公四年，「君老矣，吾又不樂」云云，跳脫之筆，機警老辣。又如介之推不言祿僖公二十四年，「焉用文之」，與「是求顯也」間，跳脫「若使知之」一句。鄢陵之戰成公十六年，唐苟謂石首曰「子有君側」下，「敗者壹大」上，脫略「國君見禽」一句。晉師伐許襄公十六年，「晉人歸諸侯」下，當有「以諸侯之師伐許」，卻只半句頓住，留于下文旁筆寫足。子產論晉侯疾昭公元年，「抑此二者，不及君身」，子產知晉平之疾所由，卻脫略不言；轉筆跳脫，勢若騰蛟。孟之側不伐哀公十一年，「馬不進也」句上，跳脫「非敢後也」一句。又或有跳脫一字，以使語氣急切者，如若愛重傷，則「如」勿傷；愛其二毛，則「如」服焉僖公二十二年，跳脫一不字。又如吾「若」善逆彼，以懷來者宣公十七年；君若愛司馬，則「如」亡昭公二十一年；亦脫略一不字。又如「敢」辱高位？以速官謗莊公二十二年，跳脫一「豈」字，是其例也。

截斷之法，不待辭畢，輒戛然而止，雖語中斷，而脈實遙承，如橫風吹斷，而水波忽興；如雲翳消盡，而月在高梧。苟得其妙，則浮詞汰省，而文氣緊密矣。《左氏》之文，有敘事記言中途岔斷者，最見票姚奇肆，如王使宰孔賜齊桓胙僖公九年，齊侯將下拜，孔曰：且有後命！逆搶齊侯將下拜句在前，極其得勢。又如魏絳論和戎（襄公四年），謂「夏訓有之：有窮后羿……」公曰：「后羿何如？」絳詞未畢，而晉侯瞿然抄問，急遽切迫之神如見。又如崔慶盟國人於大宮（襄公二十五年），謂「所不與崔慶者……」晏子仰天歎曰云云，亦是讀盟書未終，晏子抄答，易其詞，景況歷歷在目。又如子革對靈王（昭公二十年），子革正說得熱鬧，忽插「工尹路請曰：王命剝圭」云云，橫風吹斷，前文遂爾收煞，異樣精潔。傳統古籍記言，詞句中斷，而氣脈相接者，不得不數《左傳》爲嚆矢焉，是亦斷續迭用之一法也。

四、舉隅

舉隅法者，敘事時僅舉示一隅，欲人因而類推以見其餘者也。梁啓超謂之臠嘗法，修辭剪裁之要法，辭章矜鍊之要術也。干寶《史議》稱：「丘明能以三十卷之約，括囊二百四十年之事，靡有孑遺。」《史通．敘事》謂《左傳》：「略小存大，舉重明輕。」此無他，善用舉隅之法故也。

舉隅之法，專寫局部一端，令人想見其餘。《左傳》之文約義豐而事靡有孑遺者，舉隅之效用也，正如畫家之畫龍，東雲見鱗，西雲見爪，而攫拏夭矯之勢，較全龍爲有神也。如晉秦河曲之戰（文公十二年），士會用趙穿以牽掣臾駢，全勝老謀，只於兩頭略見一斑。士會歸晉（文公十三年），後只敘趙盾、荀林父、郤成子三人，舉此以概其餘也。弭兵之會（襄公二十七年），是會以多文詞見長，傳述鄭七子賦詩，與趙孟贊詞，是其例也。然六月丁未宋人享趙孟，七月壬午宋公兼享趙孟子木叔向，皆略其文詞。蓋趙孟之善言如此，則子木叔向可知矣。若備舉前二享之文詞，則拳曲臃腫而不中繩墨，而文體爲之冗雜矣。故獨詳於終事，舉一以例其餘也。觀此可知，舊所載子木叔向之言甚多，傳盡薙芟，而約言以包舉之也（方苞《左傳義法舉要》）。魏獻子爲政（昭公二十八年），上文全敘者十人，則下文應十人並敘，乃祗敘出六人，已覺偏而不全矣；最後則單提魏戊賈辛二人，蓋各舉一人，則其它之克稱其舉，與不負其舉者具見。文末引仲尼之說，亦偏舉賈辛一人，此舉隅法之明著者也。勾踐使罪人三行（定公十四年），勾踐滅吳，專以陰鷙取勝，此其發端，故詳記之，以見一斑也。又如孔文子將攻大叔（哀公十一年），《左傳》寫孔子用魯，如畫龍者之偶露鱗爪，全身固未現也。此段偶舉擇木一語，則其它棲皇之事，不必盡述也（吳闓生《左傳微》）。

外此，尙有字法之舉隅，如「左師獻公合諸侯之禮六，子產獻伯子男會公之禮六」（昭公四年），俞樾《古書疑義舉例》卷二云：「其曰公者，蓋兼侯而言。公合諸侯，謂公侯合伯子男也；伯子男會公，謂伯子男會公侯也。」又如先王居檮杌于四裔，以禦螭魅（昭公九年），杜預注：「言檮杌，略舉四凶之一，下言四裔，則三苗在其中。」又如伯合諸侯，則侯帥子男以見於伯（哀公十三年），《古書疑義舉例》云：「其曰侯者，蓋兼公而言；其曰子男者，蓋兼伯而言，謂公侯帥伯子男以見於伯也。」凡此，皆舉此以見彼，所謂舉隅法也。參本篇三章二節「概餘」法。

五、頓挫

唐彪《讀書作文譜》論「頓挫」之法曰：「文章無一氣直行之理，一氣直行，則不但無飛動之致，而且難生發。故必用一二語頓之，以作起勢；或用一二語挫之，以作止勢，而後可施開拓轉折之意，此文章所以貴乎頓挫也。」又云：「抑揚者，先抑後揚也；頓挫者，猶先揚後抑之理，以其不可名揚抑，而名頓挫，其實無二義也。」方東樹《昭昧詹言》則謂：「頓挫之說，如所云有往必收，無垂不縮，將軍欲以巧服人，盤馬彎弓惜不發。」[28] 蓋頓挫法者，所以防文章之流宕忘返，所以避筆勢之平順挨接，故出以此法，使語不接而意接，句雖斷而血脈續貫，故多見言外之意，筆外之神。

大凡文章之轉處、折處、波處、斷處，皆見頓挫也。以《左傳》為例，如有許多說不盡，闡不透處，不欲直截宣洩，則出以頓挫之法，若鄭伯克段於鄢（隱公元年），莊公答祭仲公子呂之慮，左氏俱用頓挫之法，凡四，而後方一瀉千里敘去。鄭殺子臧（僖公二十四年），君子曰云云，四折筆法，裊裊曲曲，姿態絕世。

齊侯下拜受胙（僖公九年），只下拜一事，一筆化作五折，盤紆頓挫，生氣鬱勃。蔿賈論子玉（僖公二十七年），分三層六轉，說來字字是不知所賀神理。晉文大蒐命帥（僖公二十七年），筆筆皆頓挫聯絡，敘來句句是創霸張本，文勢極鼓舞。燭之武退秦師（僖公三十二年），前段寫舍鄭之無害，凡四折；後段寫陪晉之有害，凡三折，一頓一反，純用抑揚頓挫之筆。楚人滅六（文公五年），以「忽諸」「哀哉」兩字句，頓挫跌宕作章法。王孫滿對楚王問鼎（宣公三年），載祀六百，與卜年卜世爲偶，中插「德之休明，雖小重也；其姦回昏亂，雖大輕也」四句，以頓挫振蕩之，縱橫遒健之至。邲之戰（宣公十二年），此篇善用轉法，凡十六轉，見頓挫之鉅觀。未戰前作許多轉變，如疊嶂層巒；既戰後又作許多轉變，如幽溪別浦，放翁「山重水複疑無路，柳暗花明又一村」，未必有此勝境也（詳《左繡》評）。

又如呂相絕秦（成公十三年），及君之嗣也，我景公引領西望曰：「庶撫我乎！」此句即爲頓挫。會吳于向（襄公十九年），「晉人角之，諸戎掎之，與晉踣之」下，接「戎何以不免」，此句亦爲頓挫。季札論樂（襄公二十九年），自鄶以下無譏焉句，以變調作界畫，頓挫極佳。子產壞晉館垣（襄公三十一年），語語頓挫，只作六七勢，似盡非盡，而又無不盡。趙文子請釋叔孫豹（昭公元年），通篇無筆不轉，叔孫語一段六轉，趙盾語兩段亦各六轉，信乎轉則不滯，轉則不窮也。楚子次於乾谿（昭公十二年），「雨雪，王皮冠秦復陶，翠被豹舄，執鞭以出」，此段負聲振采，狀楚王之汰侈，於全篇尤爲極力頓挫處。伍員復楚（昭公二十年），「乃見鱄設諸焉，而耕於鄙」，此等乃長篇中之頓挫，所謂行氣之小小停蓄處也。昭公之難（昭公二十五年），「叔孫昭子如闞」，與「公使郈孫逆孟懿子」二句，皆一句頓斷，又及他事。長篇中有此等，最覺奇變不測。吳爲邾故將伐魯（哀公八年），文凡八波，最有頓挫。閔子馬論原伯魯不悅學（昭公十八年），清王源《左傳練要》評曰：「句一轉且再轉，十數句十餘轉，轉愈多，氣愈長，氣愈長，局愈闊。」《左傳》三四行文字，而觀之不盡者，頓挫之妙也。

六、勒轉

清魏禧《日錄論文》曰：「凡文之轉，易流便無力，故每於字句未轉時，情勢先轉；少駐而後下，則頓挫沉鬱之意生。譬如駿馬下阪，雖疾馳如飛，而四蹄著石處，步步有力。……有當轉而不用轉語，以開爲轉，以起爲轉者。以起爲轉，轉之能事盡矣。」（《歷代文話》第四冊）此勒轉之說也，文章絕處逢生之法，所謂以起爲轉者也。苟得其妙，則筆力千鈞，文勢奇絕，語氣通貫，最爲句法之要著也。

勒轉者，斷續無痕，而氣脈流通之法也。如《左傳》載鄭伯克段於鄢（隱公元年），敘黃泉相見之誓後，以「既而悔之」爲勒轉，幻化出下半篇文字，可謂絕處逢生妙法。宋督弒其君（桓公二年），「已殺孔父而弒殤公」句，作上下轉棙，複說轉落得法。宮之奇諫假道（僖公五年），「虞不臘矣」三句，煞住上半篇，呼起下半篇，絕妙勒轉法。子玉不畀瓊弁玉纓（僖公二十八年），用「既敗」二字，直接榮季「實自敗」語，渾然無迹，神施鬼設。宛濮之盟（僖公二十八年），「聞盟不貳」句，勒轉最佳，煞得上文足，便跌得下文起也。賓媚人說晉人（成公二年），「不然」二字以下，翻駁前論，不惜背城借一，作一決戰，是勒轉法也。繞角之役（成公六年），「于是軍帥之欲戰者衆」句，於中間作一勒轉，以轉筆爲提筆，如戶之有樞，妙絕。聲子說楚（襄公二十六年），上文稱楚材晉用，如潮奔海溢，忽以「今又有甚於此」一語斗然勒轉，筆力千鈞。季札來聘（襄公二十九年），論樂自成一段名論，而以「其出聘也，通嗣君也」八字撥轉，論樂仍歸出聘，轉盤如弄彈丸矣。叔向詒子產書（昭公六年），以「民知有辟，則不忌於上」，憑空作轉，文勢奇絕。季孫之亂（昭公二十五年），以懿伯之言勒轉，即以爲一篇之線索，是皆其例也。

七、鎖紐

林紓《左傳擷華．序》稱左氏爲文，「若首尾背馳，不能係縲爲一，則中間作鎖紐之筆，暗中牽合，使隱渡而下。」考其鎖紐之法，或結上生下，或牽上搭下，或以中間貫兩頭，皆所以令文章得勢，有簡勁雄峻之美者也。

鎖紐之筆，爲左氏慣用家法，或結上生下，如晉獻殺其世子申生（僖公四年），申生既殺，乃補寫士蔿築城一段議論，以爲前文收結，後文緣起。韓之戰（僖公十五年），著「故秦伯伐晉」句，一筆入題，束上即以領下。秦師過周北門（僖公三十三年），王孫滿論秦師「入險必敗」，上照二陵，下照囚帥，是一篇鎖紐處。賓媚人對晉人（成公二年），以「反先王則不義，何以爲盟主？其晉實有闕」爲鎖紐，束上轉下，左氏之擅長。鄢陵之戰（成公十六年），巢車望晉軍後，謂「伯州犁以公卒告王，苗賁皇在晉侯之側，亦以王卒告，皆曰：國士在，且厚不可當！」告卒二語，束上渡下，轉折圓捷之至。又有牽上搭下之法，以爲鎖紐，如趙盾弒其君（宣公二年），末段以「亡不越境」承上「未出山而復」，「反不討賊」起下「使趙穿逆公子」，爲牽上搭下之至妙者。鄢陵之戰（成公十六年），文中往往作牽上搭下之筆，如起處「鄭聞晉師告楚」，末段「日而戰，見星未已」，皆是鎖紐筆法，即以爲前後之章法也。范文子祈死（成公十七年），中間「難將作矣」，承上啓下，鎖紐尤佳。又如叔孫豹伐秦（襄公十四年），中以遷延之役頓斷，而另以報櫟之敗作提，亦牽上搭下敘法也。

馮李驊稱《左氏》所以運量萬有不齊者，有兩大筆訣，一是以牽上爲搭下，如上所述是也；一是以中間貫兩頭，亦鎖紐之筆也，如重耳出亡（僖公二十三年），前後凡歷六國，中以宋襄贈馬一節爲界畫。邲之戰（宣公十二年），前後凡十六轉，只以「盟有日矣」一句爲鎖紐。楚子重奔命而卒（襄公三年），以「所獲不如所亡」句爲鎖紐，以中間貫兩頭。楚子彊論速戰（襄公二十五年），以「隘乃禽也」，「必爲吳禽」二句起訖呼應，是中間貫兩頭法也。由此可見，爲文能善用鎖紐之筆，則語氣自然聚而復舒，連續不斷矣。

八、頂眞

以後句之開端字，與前句之結尾字相同，前後頂接，使語氣蟬聯銜交，令文意緊湊密緻者，謂之頂眞。又稱曰轆轤格，取轆轤汲水之蟬聯銜接，運轉無窮也。[29] 頂眞與聯鎖，修辭形式相近，然意義上並無因果關係，此所以相異也。

《左氏》鍊句，有用頂眞法銜續語氣，緊密文意者，如君行則守，有守則從；從曰撫軍，守曰監國（閔公二年）。公祭之地，地墳；予犬，犬斃；予小臣，小臣亦斃（僖公四年）。公子重耳之亡（僖公二十三年），「過衛，衛文公不禮焉……及齊，齊桓公妻之……以告姜氏，姜氏殺之……及曹，曹共公聞其駢脅……及宋，宋襄公贈之以馬二十乘……及鄭，鄭文公亦不禮焉……及楚，楚子饗之……乃送諸秦，秦伯納女五人……」。則以觀德，德以處事，事以度功，功以食民。作誓命曰：毀則爲賊，掩賊爲藏，藏賄爲盜，盜器爲姦（文公十八年）。將賞，爲之加膳，加膳則飫賜……將刑，爲之不舉，不舉則徹樂（襄公二十六年）。又如可以無學，無學不害，不害而不學，則苟而可（昭公十八年）。又如非是，君不舉矣。君舉必書，書而不法，後世何觀（莊公二十三年），皆頂眞之句法也。

外此，《左氏》於名詞之複說，亦多採頂眞之句式，如惠公元妃孟子，孟子卒，繼室以聲子……宋武公生仲子，仲子生而有文在其手（隱公元年）。齊侯欲以文姜妻鄭太子忽，太子忽辭（桓公六年）。且私復曹衛，曹衛告絕於楚……子玉怒從晉師，晉師退……非神敗令尹，令尹其不勤民，實自敗也（僖公二十八年）。寡人有討於郤氏，郤氏既伏其罪也……召士丐，士丐辭；召韓厥，韓厥辭（成公十八年）。莒人滅鄫，鄫恃賂也……齊侯滅萊，萊恃謀也（襄公六年）。我先大夫子駟從寡君以朝于執事，執事不禮於寡君。寡君懼，因是行也……楚人猶競，而中禮于敝邑，敝邑欲從執事，而懼爲大尤（襄公二十二年）。叔向告趙文子，文子以告晉侯，晉侯言衛侯之罪，使叔向告二君（襄公二十六年）。凡此，皆以名詞之複說，而頂眞文句，以使辭章矜密者也。

九、儷辭

凡將兩組相似、相反，或相對之意思，以類似之句法，相等之字數，和諧之音調，排成華麗之對句者，謂之儷辭，又稱對偶，乃後世駢文與律詩之構成要素。然考諸原始，則皆因乎自然，不勞經營；高下相須，自然成對，先秦之文可證也。蓋對句之安排，目的在完成意境上之對稱美，故《文心雕龍．麗辭篇》謂：「必使理圓事密，聯璧其章，迭用奇偶，節以雜佩，乃其貴耳。」《左氏》之文，大抵錯偶於奇，駢散兼行，自多儷辭也。

《左氏》之文，夸博典則，最近於駢文之藻飾。故馮李驊評《左繡》，於文章之奇偶相生，《左傳》之錯偶於奇，一篇之中，三致其意焉，《左氏》洵爲後世駢文之先河矣。劉大櫆《論文偶記》亦稱：「不著粉飾，而精彩濃麗，自《左傳》《莊子》《史記》而外，其妙不傳。」劉開〈與王子卿太守論駢體書〉亦謂：「《左氏》敘事之中，言多綺合，駢語之體製，於是乎生。」案：《左傳》雖駢行多於排偶，然亦不乏首尾相配，兩兩對應者，此亦最近駢言儷句之對仗，所謂意整言散之雙行意念也。凡世所傳誦，閎麗典則，姿致蔚然者，多《左傳》綺合之文也。以篇目繁多，不遑枚舉，可詳拙著《左傳之文學價值》駢文章。今特舉其中句式優美，辭彩豐贍，引人入勝者如下，以見一斑：

《左傳》之文，意義平行，輕重悉稱，兩相對偶，自然成趣者，如天而既厭周德矣，吾其能與許爭乎（隱公十一年）；武夫力而拘諸原，婦人暫而免諸國，墮軍實而長寇讎，亡無日矣（僖公三十三年），絕妙流水對也。又如衛文中興（閔公二年），「衛文公大布之衣，大帛之冠，務材訓農，通商惠工，敬教勸學，授方任能，元年革車三十乘，季年乃三百乘。」全篇多用對偶。召陵之盟（僖公四年），通篇純用排偶句調，結以德功雙舉，而復以方城漢水對收，覺上文東西南北，是徵是問，皆交影而舞。富辰諫王以狄伐鄭（僖公二十四年），通篇純用駢調，而氣自疏宕，迭用奇偶故也。秦師襲鄭（僖公三十三年），王孫滿一開口，即曰能無敗乎；孟明一悔悟，亦曰不可冀也，此二語是天然之照應，亦天然之對仗也。季文子論出莒僕（文公十八年），「見有禮於其君者事之，如孝子之養父母也；見無禮於其君者誅之，如鷹鸇之逐鳥雀也」；子木論吳患衛（哀公十二年），「長木之斃，無不標也；國狗之瘈，無不噬也」，皆喻而對，頰上添毫，背面傅粉之筆也。微而顯，志而晦，婉而成章，盡而不汙，懲惡而勸善（成公十四年）；國無滯積，亦無困人，公無禁利，亦無貧民，所以幣更，賓以特性，器用不作，車服從給（襄公九年）；君子尚能而讓其下，小人農力以事其上（襄公十三年）；言以足志，文以足言……言之無文，行而不遠（襄公二十五年）；篳路藍縷，以處草莽，跋涉山川，以事天子（昭公十二年）；余左顧而欬，乃殺之，右顧而笑，乃止（昭公二十四年）；若斯之例，或爲偶對，或爲當句對，或爲長偶對，雖對仗或不工，聲律或不美，然皆高下相須，自然成對也。

又如晉悼治兵命將（襄公十三年），君子曰云云，兩層句句整對，洵爲後世比偶之濫觴也。楚蔿掩治賦（襄公二十五年），左氏典制之文，皆作整齊對偶句式，三字句最多，此其一斑也。聲子說楚（襄公二十六年），以夙夜朝夕，對春夏秋冬；且前路參差反覆，後四段格整而勢橫，建安諸君多祖此體。申豐對雨雹（昭公四年），通篇文字偶句居多，得單句一宕，則板處皆活，奇偶相生之典制文字規準也。楚子以棄疾爲蔡公（昭公九、十一年），上對下排，整多於散：前以鄭莊與齊桓之寘答棄疾在蔡，後以京櫟等四城答城蔡不羹；前以五大不在邊，五細不在庭，親不在外，羈不在內，答棄疾在蔡；後以末大必折，尾大不掉答城蔡不羹，皆自然和應，天然匹配，最是工麗文字。士彌牟營成周（昭公三十二年），「計丈數，揣高卑，度厚薄，仞溝洫，物土方，議遠邇，量事期，計徒庸，慮材用，書餱糧」，《左氏》每遇工役措施，即作此等齊整筆法，其辭采之華贍對仗，固爲辭賦與駢儷之嚆矢也。

十、用典

黃永武《字句鍛鍊法》稱：凡綜採經史舊籍中之前言往行，皆謂之用典。據事類義，以倍增風趣；援古證今，而影射難言；摭拾鴻采，令文章典雅，詞面華美者，皆用典之功也。欲使辭章華麗，此又其一法也。

用典之法有二：一曰引證，二曰引經：《左傳》引經之法四：或化用以明旨趣，或援引以斷行事，或援古以證今義，或比類以證得失，或明引，或暗引，或正用，或反用，或省用，或借用，不一而足。計《左傳》之引《詩》一百五十餘，或斷章而取義，或摭句以證言，或先引以發其下，或後引以承其上，或意解以申其義，或合引以貫其意，或分句以釋其旨，或同文而異其事，引經之能事，畢見於此矣[30]。其它，引《書》凡五十見，引《易》十八見，而引君子曰，仲尼曰，更不計其數，要皆雍容典麗，文章爾雅者也。至若徵引歌謠諺語，以敘事斷案，尤見多姿生色，其不假雕琢，自然成文，固風雅之別支焉，詳參《左傳之文學價值》七章〈俗文學〉，不贅。

《左傳》之用典，有用典故者，如稽考古事古制者是；有用今典者，如數說今事今制者是；亦有新舊交用者，其要歸於觀往而驗來，察今以知古。文章中有此等，最爲遒逸典麗，所謂事實勝於雄辯也。

《左傳》之用典故者，如劉康公單襄公斷訟（成公十一年），據溫與郤之淵源本末駁斥之，遂令郤至勿敢與爭。

魏絳論和戎（襄公四年），遠徵虞人之箴，以爲晉悼好田之戒；椒舉諫楚成愼禮（昭公四年），述六王二公以禮成霸，與夫桀紂周幽汰侈不濟，相形對證，而楚王不悟，故辱於乾谿。凡此，皆借古以諷今，所謂引古事也。

又有引古制者，如單襄公辭鞏朔獻齊捷（成公二年），引舊典爲辭；臧宣叔論先晉於衛（成公三年），據古制爲說；獻子不許鄭成（襄公九年），稱先王之制：穆叔不欲立裯（襄公三十一年），述宗法之道，此皆援引禮秩以申己說者也。

若夫數說今典，所以審今知古，此《荀子．非相》所以有法後王之言也。見於《左傳》者，如呂相絕秦（成公十三年），列舉邇來秦晉六十餘年間事，由韓之師、殽之師，令狐之役，河曲之戰，輔氏之聚，至於令狐之會，以責秦之負曲，事據鑿鑿，駁賴豈易？聲子說楚（襄公二十六年），稱楚材晉用者四，曰析公，曰雍子，曰子靈，曰苗賁皇，此楚所以失華夏與諸侯者也；若遂不改，今椒舉又有甚於此者。將古今事類比相形，楚乃復椒舉。申無宇論棄疾爲蔡公（昭公十一年），前扇舉鄭莊之城櫟，與齊桓之城穀；後扇臚敘鄭宋齊衛之有大城，以見親內疏外，大城害國。其事信而有徵，其文典而華懋，是稱事之例也。其有稱引今制者，如子產辭邑（襄公二十六年），虞人辭招（昭公二十年），援《周禮》爲說；無宇執閽（昭公七年），叔孫治獄（昭公二十三年），稱周制以對，蓋其則不遠，故徵實而效易見也。

然單獨引古或徵今，皆不免有蔽，蓋遠擧則病繆，近世則病傭也，苟能兼引古今，則能免陸沉盲瞽之譏矣。《左傳》之用典，古今兼引者，如子產獻捷於晉襄公二十五年，對晉人問「陳之罪」，「何故侵小」，「何故戎服」三層，說古稱今，窮源究委，孔子稱之，《傳》亦美之。又如祝鮀論長衛於蔡定公四年，先以先王尙德不尙年辯駁之，繼則稱引古今，由遠而近，再以盟書切說，論證確鑿，遂令萇弘折服後蔡。凡此，皆辭藻綺麗，義蘊深婉，文家所以貴乎用典者，由此見其端倪矣。

十一、烘托

文章有烘托之法，蓋藉反襯或烘托，以描繪事態或心情，使意在言外，言在意中。此本繪事後素之法，金聖歎所謂烘雲托月之法也：「欲畫月也，月不可畫，因而畫雲；畫雲者，意不在於雲也，意不在於雲者，意固在於月也。」金批《西廂記》卷四頁三對比諸法，烘托之法也。爲文能善用烘托，則意境高妙，旨趣明暢，辭藻光彩，有華贍之致。前論對比，章法也；今述烘托，句法也。非可截然分畫，便於敘論而已！

《左氏》之文，最多烘雲托月句法：或對面渲染，如鄭伯克段於鄢隱公元年，君子曰數句，極贊考叔。正是極誅鄭伯，善用烘托之法也。楚令尹子元欲蠱文夫人（莊公二十八年），縣門楚言，諜告幕烏，皆對面渲染其蠱也。士會歸晉（文公十三年），郤成子所謂「賤而有恥，柔而不犯，其知足使也」云云，皆阿曲從諛之意，非眞以此譽士會也，乃反射諸人之得罪于趙氏者。武叔聘於齊（定公十年），齊侯以他境襯出敝邑，武叔以社稷襯出家隸，以天下襯出寡君，對面烘托法也。句踐滅吳（哀公二十年），趙孟評史墨：「進不見惡，退無謗言」八字，正爲夫差反面取影，藉以論定其人也。

《左傳》又有旁觀襯托之法，如臧哀伯諫納郜鼎（桓公二年），以賂鼎塞違爲主，而以昭德七段爲賓，借景生情，古豔高華之文也。富辰諫以狄伐鄭（僖公二十四年），前只爲一鄭，便陪出二十六國；後只爲一親親，便又襯出庸勳、暱近、尊賢、即聾、從昧、與頑、用嚚七賓來，一正一反，烘托入妙。子產壞晉館垣（襄公三十一年），叔向曰：辭之不可以已也如是夫云云，借他人之傾倒，作我文之贊揚，烘雲托月，文勢最妙。郯子論古名官（昭公十七年），起手提明吾祖，却引黃帝、炎帝、共工、大皞四賓，以陪少皞一主，博雅麗密，泛成異采，自是鋪排襯托之法也。子太叔對士景伯（昭公三十年），以事大陪字小，以慶陪不討，以豐陪省，全文之妙，總在用襯托，反反覆覆，曲折入妙。

左氏烘托句法，又有牽引上文而襯者，如狄人入衛（閔公二年），末段「曹歸公乘馬」七句，舉牛羊豕鷄狗魚軒等國家常需之物，以反映懿公好鶴，趣極巧極。魏絳論和戎（襄公四年），和戎有五利焉云云，反照入江，歸雲擁樹，將上文一齊收捲，烘托至妙。崔杼弒其君（襄公二十五年），申鮮虞所謂：「君昏不能匡，危不能救，死不能死，而知匿其暱」，藉其言爲晏子照映也。絳縣老人之年（襄公三十年），末段敘魯使歸，季武子曰：晉未可媮也云云，一番評贊，令前文加倍十分絢爛，蓋以旁筆烘托正文，遂令神氣一片，融洽無間，最是烘染妙法也。

外此，左氏又有逆取下意而襯之句法，如公子鮑禮於國人（文公十六年），連用四「無不」句，便句句直射不能其大夫，至于君祖母，以及國人，爲宋昭無道作反照之筆。楚共王卒（襄公十三年），子囊赫赫楚國等語，細按之，亦只是襯出「知其過」三字而已！宋衛陳鄭災（昭公十八年），先寫風，妙爲火作烘托，寫得風勢極猛，便令火勢十分奕奕！季孫意如逐其君（昭公二十五年），文妙在段段將子家語先事喝破，處處皆成澄潭倒影之勢。狄泉之合（定公元年），士伯怒謂：薛徵於人，宋徵於鬼；與下文女叔寬曰：萇弘違天，高子違人云云，前後烘托相映，是其例也。足見烘托句法，亦辭章華贍之道也。

十二、映帶

凡安章鍊句，能令彼此聯絡有致，迴環生情者，謂之映帶。本繪畫之事，指景物位置之巧妙安排，今借為文論之名。明焦竑《春秋左翼．序》，盛稱《左傳》之敘事，謂「絲牽繩聯，迴環映帶，如樹之有根株枝葉，扶疎附麗，使人優游浸漬，神明默識，而忽得其旨歸。」此謂《左傳》善於映帶之法，辭章華贍之術，此又其一端也。

映帶句法，最能令文章豐贍光華，緊湊密緻，以《左傳》為例，如晉侯作二軍（閔公元年），以天字聯絡，並敘士蔿卜偃辛廖三人：士蔿之語，句句映帶畢萬；卜偃之論，辛廖之占，則句句映帶中生，總見太子不得立之意，彼此射映，奇變神妙之筆也。晉獻公筮嫁伯姬（僖公十五年），與前幅秦卜徒父之占詞，遙遙相映，其間以吉字為聯絡，見晉惠之獲，由於人競，非關吉凶也，有映帶之妙。晉重之亡（僖公二十三年），以季槐、齊姜、懷嬴、及僖負羈妻諸語，前後映帶生情，即以為章法，最有機趣。城濮之戰（僖公二十八年），「令無入僖負羈之宮，而免其族，報施也。」此句前後映帶，煞有情趣。晉人敗狄于箕（僖公三十三年），冀郤與先軫合傳處，全在逞志于君，與數敬字為聯絡，映帶之法奇妙。邲之戰（宣公十二年），欒書論鄭不可從云云，前後映帶，分外生色。二憾致師，亦映帶上文有情也。臧孫紇出奔邾（襄公二十三年），「季孫喜使飲己酒，而以具往盡舍旃」句，與前臧孫飲酒中聖人句，映帶有情。聲子說楚（襄公二十六年），「今在晉矣，晉人將與之縣，以比叔向」，與前文賓位四謀主，句句迴環映帶，令讀者依稀認得來時路，最稱勝境。宋弭兵之會（襄公二十七年），末幅七子賦詩，與前幅諸大夫至宋，遙遙映帶，其間以多文詞聯絡前後，文情幻化，自然入妙。吳季札來聘（襄公二十九年），季札論上國人物，見參差之妙，且與前文論樂映帶；映帶者固映帶，參差者亦映帶，最爲光華綺豔。子產論晉侯疾（昭公元年），叔向問行人揮，「其與幾何？弗能久矣！」二語，與晉侯相爲映帶，此是信手寫出，閒情點綴之文。叔孫豹之卒（昭公四年），「及宣伯奔齊，饋之」句，餽字與前婦人爲食，後叔孫不食，彼此映帶。晉殺祁盈及楊食我（昭公二十八年），詳叔向母訓，而夏姬之禍以彰；連類以及玄妻，而夏姬之女之禍亦著，與前文祁勝、鄔臧、通室相映帶；煙波萬狀，華贍之至！凡此，皆映帶之法也。

十三、迴文

黃永武《字句鍛鍊法》稱：以相同之詞彙，利用詞序之顛倒，產生首尾迴環之情趣，得藉奇巧之鍛句法，以形成一種新美之氣氛者，此種辭格謂之「回文」。蓋詞序顛倒，順逆生趣，既見匠心之精巧，自覺華贍有味矣！

詩之回文，或近於文字遊戲，雖新巧，卻寡味；而散文之鍊句，則較寬容，不必每字往返成句，亦得視爲回文。以《左傳》爲例，如「若晉君朝以入，則婢子夕以死；夕以入，則朝以死」（僖公十五年）；以欲從人則可，以人從欲鮮濟（僖公三十年）；寧我薄人，無人薄我（宣公十二年）；貪必謀人，謀人人亦謀己（宣公十四年）；我無爾詐，爾無我虞（宣公十五年）；又如啓蟄而郊，郊而後耕，今既耕而後卜郊，宜其不從也（襄公七年）；君子稱其功以加小人，小人伐其技以馮君子（襄公十三年）；我鬭，龍不我覿也；龍鬭，我何覿焉……吾無求於龍，龍亦無求于我（昭公十九年）；政寬則民慢，慢則糾之以猛；猛則民殘，殘則施之以寬；寬以濟猛，猛以濟寬，政是以和（昭公二十年）；君所謂可，而有否焉，臣獻其否，以成其可；君所謂否，而有可焉，臣獻其可，以去其否，是以政平而不干，民無爭心（昭公二十年）；鳥能擇木，木豈能擇鳥（定公十二年）；凡此，詞序一經回環，遂見華贍警動，句法新美之道，此又一法也。

十四、諧隱

《文心雕龍．諧隱篇》曰：「諧之言皆也，辭淺會俗，皆悅笑也。讔者，隱也，遯辭以隱意，譎譬以指事也。」諧隱蓋出於滑稽之心態，作喜劇之嘲弄，以表達奇特之意象，令人有喜愕交集之感受者。古屬殘叢瑣語之小說，稱曰隱語，廋辭，廋語，繆語，析字。善用之，可使文章因雅俗相濟，而新美風趣，韻致無限。文有以奇巧含蓄見姿態者，諧隱是也。

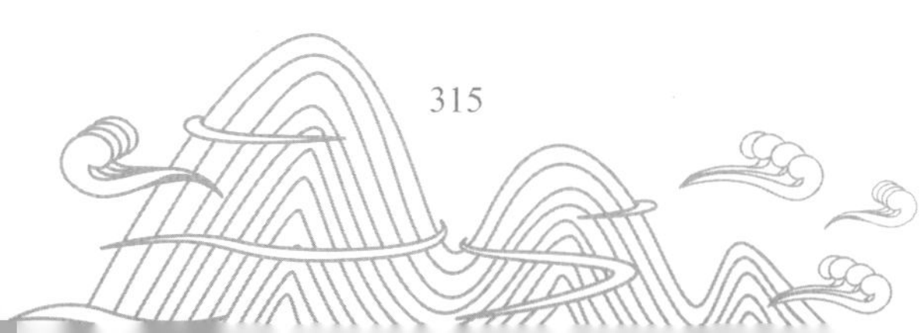

《左氏》之文，無所不包，其諧隱之法有三，曰義隱，曰音隱，曰雙關，述之如下：《左傳》中義隱較多，如楚人傳蕭（宣公十二年），申叔展所謂麥麴、山鞠窮、河魚腹疾云云，皆隱語也。襄公送晉侯（襄公九年），問公年，季武子對曰：「會于沙隨之歲，寡君以生。」不明言年歲十二，亦隱語也。楚悼夫人問絳老之年（襄公三十年），若直說便只「七十有三歲」，如此有何光景？左氏乃故意弄巧，妙以甲子藏所生之年，於是吏走問諸朝，師曠算歲數，史趙算日數，士文伯算旬數，遂將平淡題目，化成新變絢爛文字，隱語之力也。申無宇論執亡閽（昭公七年），一篇正論，却以諷刺隱語作結，出人意表；尤妙在王亦以隱語戲答之，風致絕佳。南蒯之將叛（昭公十二年），鄉人之歎，與鄉人之歌，前後皆用隱語，相映成趣。前歎猶泛言有人，後歌則直言非吾黨之士，蓋其事漸露，故其諷愈深切也。申叔儀乞糧（哀公十三年），公孫有山氏所謂登首山以呼庚癸，亦隱語也，與前所述河魚腹疾之廋辭同妙，後世之謎語，已胎始於此。音隱之例，如伯棼射王，汰輈及鼓跗，著於丁寧（宣公四年），杜注：丁寧，鉦也，是其例也。若夫雙關，則如醫和論疾（昭公元年），「君子之近琴瑟，以儀節也，非以慆心也」云云，由樂說到女，雙關二意，奇巧有致，是皆諧隱之例也。

以上，總論辭章矜麗之法則十有四，或使章句精當，或令語氣緊密，或裨辭章華縟，皆鍛句之方術也。外此，尚有層遞、翻疊、反常諸法，或爲意象浮現之道，或爲筆勢遒勁之方，亦爲辭章矜麗之術，已述於他節，今從略。

第四節　氣勢遒勁之規準

黃永武教授治中國詩學之理論，發前人所未發，自成一家之言者多，「密度」、「強度」，與「音響」，其最卓犖秀出者。今摭拾師說，以言《左傳》之文學理論：辭章矜鍊之法則，古文之密度也；氣勢遒勁之規準，古文之強度也；情趣強弱之關鍵，古文之音響也。矜鍊之法，已述於前；音響之道，將說於後；本節特言《左傳》氣勢遒勁之規準而已，皆鍛句鍊字之術也。㉛

黃師《中國詩學．設計篇》論強度，謂導源於張力：張力分外延力與內涵力，外延力往往來自反向之抗力，與節奏之速度；內涵力則來自糾繚之組織，與密集之質量；前者近乎古人所謂之聲勢抗墜，後者近乎古人所謂之神理氣味，是以氣勢、強度、張力，有其類似處，可以相互說明。進而楬櫫氣勢雄健之條例四：曰反向之抗力，曰節奏之速度，曰糾繚之組織，曰密集之質量。今依此以論《左傳》遒勁氣勢之術，詩文固相通也。

欲令辭章氣勢遒勁雄健，實有其規準：顛之例之，而波瀾回折；抑揚揚抑，而沉鬱流連；反常合道，而新奇警透；與夫倒攝、橫接、錯綜、追敘、逆入諸法，皆變置時空，而使反向之抗力增強，於是氣勢遒健雄勁矣。類句連下，則勢如破竹；聯鎖緊扣，則勢若連環；旋繞見態，則勢如捲簾；翻疊、排比、頓挫、勒轉、鎖紐、頂眞諸法，交相運用，則文勢如貫珠、如擊蛇，結構嚴密，組織糾繚，於是氣勢雄健遒勁矣。捧壓墊拽，則蹈厲風發；提振總括，則展局明快；節短省縮，則簡詳略盡；誇飾渲染，則富贍雄奇；乃至於鎔鍊、警策、突敘、截斷、舉隅，要皆質量密集，而含意豐繁，於是氣勢雄勁遒健矣。設問質疑，以發聵振聾；感慨歎惋，以鼓舞精神；直呼告語，以抖擻文氣，是皆以激動之語氣，促進節奏之明快，而令氣勢矯健駿悍者也。除前已論及諸法，今不再贅述外，得氣勢遒勁之術十有二：曰倒裝、曰加倍、曰類句、曰聯鎖、曰旋繞、曰捧壓、曰提振、曰節短、曰誇飾、曰設問、曰感歎、曰呼告，論說舉證如後：

一、倒裝

凡顛倒詞序，以避熟出新，而令氣勢強勁，句法變化者，則謂之「倒裝」。明李騰芳《山居雜著·文字法之三十一》曰：《左傳》文字尤多倒法：「開卷鄭莊公傳：毋使滋蔓，蔓，難圖也，是倒句法。

毋生民心，是倒字法。石碏傳：賤妨貴，少陵長，遠間親，新間舊，小加大，淫破義，所謂六逆也；君義臣忠父慈子孝兄友弟敬，所謂六順也；去順效逆，所以速亂也，是倒章法。細細看去，一部《左傳》，純是用倒法。」蓋文章能善用倒裝，則如急流倒峽，高巖倒松，足以蔚爲壯觀，增強聲勢。

馮李驊《左繡》稱：「兩兩相對，必以倒字倒句爲章法，《左氏》一定之法，亦千古一定之法也。」（卷十三頁四六）蓋一正一倒，古文之奇法，句讀雖倒，而詞意不拗，實有橫空倒捲之妙，故往往能增強文勢，形成豪邁之筆力。見於《左傳》者，如「太子不得立矣！分之都城，而位以上卿，先爲之極，又焉得立？不如逃之，無使罪至，爲吳太伯，不亦可乎？猶有令名。與其及也。」（閔公元年）順文言之，與其及也一句，當在不如逃之句上。倒之，則文句勁健，奇警生動矣！又如「立可必乎？孝而安民，子其圖之！與其危身以速罪也！」（閔公二年）若順言之，當云「與其危身以速罪也，何若孝而安民乎？」又如「且虞能親於桓莊乎？其愛之也！」（僖公五年）順言當作「其愛虞也，能親於桓莊乎？」又如「夫有大功而無貴仕，其人能靖者與有幾？」（僖公二十三年）順言當如「其有幾人能靖者與？」又如「九功之德，皆可歌也，謂之九歌。六府三事，謂之九功；水火金木土穀，謂之六府；正德利用厚生，謂之三事。」（文公七年）若順言之，當作「水火金木土穀，謂之六府；正德利用厚生，謂之三事；六府三事，謂之九功；九功之德，皆可歌也，謂之九歌。」左氏用倒裝句法，層層脫卸，遂令氣勢橫生。

又如「諸侯相弔賀也，雖不當事，苟有禮焉，書也，以無忘舊好！」文公九年以無忘舊好句，當在雖不當事句上。又如「《詩》所謂人之無良者，其羊斟之謂乎！殘民以逞！」宣公二年若順叔，則殘民以逞當在《詩》所謂之前，此處倒句峭甚！又如「昔者諸侯事吾先君，皆如不逮」宣公十三年，順說之，當如「諸侯事吾先君，皆如不逮昔者」。又如「許人平，以叔申之封」成公十四年，順言當如「許人以叔申之封，（與鄭）平」。又如「此誰非王之親姻，其俘之也，乃出其民」襄公二十五年，順言之，猶云「其俘之也，此誰非王之親姻？」又如「獨吾君也乎哉？吾死也！」「吾罪也乎哉？吾亡也！」襄公二十五年，吾死也句，吾亡也句，順言則在上句。又如「子產請其田里，三年而復之，反其田里，及其入焉」襄公三十年，若順說，則及其入焉句，當在反其田里之前。又如「王可弒也！母老子弱，是無若我何？」昭公二十七年，末二句倒文，順言之當云：「是無若我之母老子弱何」，謂己之母子，非指吳王，杜注甚是。其它，如表態繫句之謂語提前，亦倒裝之例也，如甚乎其城杞也襄公二十九年；甚哉其相蒙也昭公八年，甚矣哉！子之爲此來也昭公三年；甚哉，禮之大也昭公二十五年，餘類推，皆倒句也。

二、加倍

加倍法者，近於抑揚，實與抑揚不同。王源《左傳評》稱：「欲抑即抑，抑無力；欲揚即揚，揚無勢；抑先揚也，揚先抑也，加倍法也。」宋文蔚《文法津梁》亦云：「加倍則以抑之爲未足，更用加倍抑法；揚之爲未盡，更用加倍揚法。在用意爲追進一層，在用筆爲再加一倍，在文法更見波瀾起伏之妙。」（運調・筆法加倍）善用此法，則文章有氣有勢，光焰逼人也。

《左傳》頗多加倍筆法，氣勢最見遒健，如鄭莊戒飭守臣（隱公十一年），君子曰才稱鄭莊有禮，即刻便譏他失政刑，是加一倍寫法。臧哀伯諫納郜鼎（桓公二年），文借周內史贊臧孫，正是深責魯桓，此文家加一倍筆法。晉惠使韓簡視師（僖公十五年），所謂「出因其資，入用其寵，饑食其粟，三施而無報，是以來也。今又擊之，我怠秦奮，倍猶未也」云云，乃就鬥士倍我句，加倍寫之，筆勢強勁。城濮之戰（僖公二十八年），以「莫余毒也已！蔿呂臣實爲令尹，奉己而已，不在民矣」作結，抑呂臣，所以揚子玉；而出子玉，乃所以入晉文也。楚人滅庸（文公十六年），欲敘庸之衰，先寫其盛；猶之欲序其盛，先寫其衰也。楚殺其大夫越椒（宣公四年），皋滸之戰，原敘越椒滅亡，却先敘其強；原敘楚子滅若敖，却先敘其弱，加倍之法也。晉楚弭兵（襄公二十七年），七子賦詩段，極寫趙孟之詞令：趙孟如是，則子木叔向可知矣，此加一倍寫法。申之會（昭公四年），此會之後，楚虔益侈，《左氏》却先從禮字說起，是加倍寫法。吳蹶由對楚子（昭公五年），城濮之兆其報在郊云云，就卜字複說，較前半複說吉，爲加一倍法。子產禦災（昭公十八年），寫得災愈奇驗，愈能將子產守正不移之意，激出精神，可見加倍筆法之妙也。子常欲立子西（昭公二十六年），子西曰：「賂吾以天下，吾滋不從也，楚國何爲？」此亦加倍寫法也。老子有言：「將欲取之，必先予之。」莊子亦云：「尺蠖之屈，爲其伸也。」其加倍法之謂乎！

三、類句

重複使用同一語句，以聯絡照應，加強語勢，並使意象歷歷浮現之修辭法，謂之「類句」，又謂之「複筆」。蓋同一語句之反復交替出現，將比單次出現更能悚動讀者視聽，學習之心理學說可爲明證[32]。歸震川謂：「句法連下，一句緊一句，是謂破竹勢也。」其類句之謂乎！

考類句之樣式，大要凡四：或類句爲提，或類句作束，或首尾同詞，或隔句重複，皆所以壯文勢，張文義也。見於《左氏傳》，以類句爲提者，如晉文大蒐命帥（僖公二十七年），用四「於是乎」作章法，寫出取威定霸心事，急不可待。鞌之戰（成公二年），郤克傷矢一段，張侯丘緩對話，皆以「自始合」句起始，結構如繩牽絲連。子革對靈王（昭公十二年），一言「畏君王哉」，一言「與君王哉」，狀其應言如響，譏其順王心也。以類句綰合，銜接綿密。費無極害朝吳（昭公十五年），連用三「王唯信吳」作起句，見無極之弄權詐謀，峭刻奇絕。楚子入郢（定公五年），以「王之奔隨也」，「王之在隨也」類句爲章法，連類敘之，節節貫串，文勢緊密。至於以類句作束者，如邲之戰（宣公十二年），鄭伯請成之辭，以三「唯命」作煞，見其能下人；欒武子論楚之言，以三「不可謂」作歇，見楚不可勝，文勢如環。鞌之戰（成公二年），晉師歸，君臣問對一段，三言「何力之有焉」，秩然見上下有禮也。子駟弒僖公（襄公七年），以三「不禮焉」類句作章法，文勢如貫珠。崔杼弒其君（襄公二十五年），甲興一段，連寫三「請」「弗許」，見齊莊之出醜，且死非爲社稷也。衛靈之立（昭公二十年），公載寶以出段，以三「從公」類句，爲文字義法也。而師慧過宋朝（襄公十五年），則以「必無人焉」首尾同詞，以見迴環生趣之致。

若夫隔句重複者，《左傳》尤多見，如邲之戰（宣公十二年），許伯樂伯攝叔致師，以「吾聞致師者……而還」爲類句，反複三遍。二憾致師，則以「請……弗許；請……許之」爲類句，亦述兩遍。鞌之戰（成公二年），以「免乎」「免矣」爲類句，藹然見家人父子之仁。柯陵之盟（成公十七年），三用「諸侯還」句，見晉之終畏楚也。又如臧紇奔邾（襄公二十三年），「無或如」句重複三次，「犯門斬關」句重複二次，皆有強調語勢之效。楚靈之難昭公十三年，以「王入矣」，「王至矣」，「衆至矣」，間隔出現，句句緊接，毫不少懈。王子朝之亂昭公二十六年，以「王次于」三，「王入于」三，「王宿于」一，「王起師于」一，隔句重複出現，敘定王事如一筆書，勢如破竹，所謂「如捕龍蛇，急與之角，而不敢暇者」，類句之妙用也夫！

漢董仲舒《春秋繁露》引孔子曰：「書之重，辭之複，嗚乎，不可不察也。其中必有大美惡焉。」卷十六，祭義類句修辭，即是書重辭複之表意法。有所強調凸顯，固以複筆類句出之。

四、聯鎖

黃永武《字句鍛鍊法》論「聯鎖」曰：聯鎖法者，乃銜尾接首之句法，其間如連環相扣，或者推原竟委，自下而上；或者依因求果，自上而下，造成一種不容間斷之語勢，以表現旺足之氣勢者，皆屬之。聯鎖但有層次因果之先後，而無升降之比例，故與「頂眞」，「層遞」法有別。

《左傳》鍛句，頗多聯鎖句法，如寵而不驕，驕而能降，降而不憾，憾而能眕者，鮮矣隱公三年。又如物生而後有象，象而後有滋，滋而後有數僖公十五年。吾觀晉公子之從者，皆足以相國；若以相，夫子必反晉國；反晉國，必得志於諸侯；得志於諸侯而誅無禮，曹其首也僖公二十三年。又如沐則心覆，心覆則圖反，宜吾不得見也（僖公二十四年）。又如無威則驕，驕則亂生，亂生必滅，所以亡也（襄公二十七年）。又如秦師輕而無禮，必敗！輕則寡謀，無禮則脫；入險而脫，又不能謀，能無敗乎（僖公三十三年）。又如懷必貪，貪必謀人，謀人人亦謀已（宣公十四年）。又如名以出信，信以守器，器以藏禮，禮以行義，義以生利，利以平民，政之大節也（成公二年）。又如其惡易覯，易覯則民愁，民愁則墊隘（成公六年）。又如今我逃楚，楚必驕，驕則可與戰矣（襄公十年）。又如底祿以德，德鈞以年，年同以尊（昭公元年）。又如服以旌禮，禮以行事，事有其物，物有其容（昭公九年）；又如味以行氣，氣以實志，志以定言，言以出令（昭公九年）。又如衆怒不可蓄也，蓄而弗治將蘊，蘊蓄民將生心，生心同求將合，君必悔之（昭公二十五年）。又如不讓則不和，不和不可以遠征。吳爭於楚必有亂，有亂則必歸，焉能定楚（定公五年）。凡此諸例，皆一氣蟬聯，語勢銜接，筆陣縱橫，固爲邏輯演繹之法，實亦氣勢遒勁之術也。

五、旋繞

行文不直陳旨趣，却繞過一層，抉深本意；乍觀但覆述前言，乃不知實有抽換之筆，明明前半意旨，然已別開生面矣，此種修辭法謂之「旋繞」，或曰繞筆。[33]爲文能用旋繞之筆，則文勢曲折，如珠

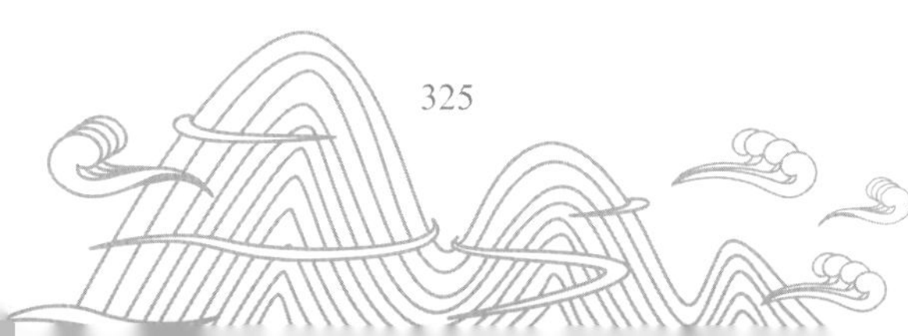

簾倒捲，如迴龍顧主，糾纏繞轉，移步換形，而姿態神味全出矣。

金聖歎〈西廂記讀法〉謂：文章最妙，是先覷定阿堵一處，已却於阿堵一處之四面，將筆來左盤右旋，右盤左旋，再不放脫，却不擒住；分明如獅子滾毬相似。《左傳》《史記》，便純是此一方法。此則善用繞筆之說也。《左傳》之例，如鄭伯侵陳隱公六年，通篇將善惡二義，平提、側落、反繳，細若遊絲，圓如轉環。鄧曼論莫敖必敗桓公十三年，寫莫敖趾高氣揚光景，蜿蜒縱送，妙于複說，如游絲百丈，獨裊晴空。呼應急而氣逸，結構緊而韻長，文之新美而雋雅者也。楚伐鄭諸侯救鄭莊公二十八年，《左氏》敘事處，皆于主筆回環向背作「群山萬壑赴荊門」之勢，如此篇寫令尹子元之蠱是也。管仲諫用鄭世子華僖公七年，前以禮德提綱，後以禮德分應，句句迴顧繞轉主意，似糾纏，却有眉目；似拖沓，却分淺深。文情繚遶，紙落烟雲。

又如城濮之戰僖公二十八年，既已入戰矣，而一則曰晉侯患之，再則曰公疑焉，三則曰若楚惠何，四則曰楚子伏己鹽腦是以懼，烟波四蹴，幻態萬狀，繞轉迎環，盤旋跳盪，文勢最為緊嚴。偪陽之役襄公十年，前以力，後以德；前以勇士，後以聖人，變換無定規，迴環有姿態。楚靈王之弒昭公十三年，楚靈之亡，由於多怨，此主意也，通篇即就此左旋右繞而出之，如群峰蜿蜒，鬱翠盤迴，千里煙嵐，縈江帶湖，實一脈之所奔騰，起伏縵紆之所結聚而已也。由是觀之，為文能善用繞筆，則行氣浩瀚，而文波流動矣。

六、捧壓

包世臣《藝舟雙楫文譜》有「墊拽」之法，謂：墊拽者，爲其立說之不足聳聽也，故墊之使高；爲其抒議之未能折服也，便拽之使滿。高則其落也峻，滿則其發也疾。墊之法，有上有下；拽之法，有正有反；得之則蹈厲風發，失之則樸樕遼落。劉熙載《藝概．經義概》亦云：「襯法有捧題，以低淺；有壓題，以高深。」由是觀之，包氏所謂之墊拽，蓋即劉氏所云之捧壓也。拽之法，正反相襯，已述於二章對比「對映」中，不贅，今但論《左傳》捧題壓題之法。

古人行文之妙，舉得不高，則亦跌得不碎，捧壓法之謂也。《左傳》如周鄭交質（隱公三年），明恕而行四句，高一層翻入；苟有明信十句，低一步襯起，正位「信」字，只輕敲淺逗，遂得無限虛活。又如臧哀伯諫納郜鼎（桓公二年），「君人者，將昭德塞違，以臨照百官」云云，高一層跌入，有黃河落天走東海之勢。又如升陘之戰（僖公二十二年），「先王之明德，而況國乎」云云，高一層跌下，又低一層拓起，筆筆鼓舞，筆筆跌宕，風力遒逸。又如泓之戰（僖公二十二年），宋襄公曰不可，又曰未可，令人不測其胸中有多少甲兵；及至臨戰，反迂闊若此。並前段子魚固諫語，皆通篇高一層跌落得力處。氣勢之勁健，得力於此也。又如秦穆殉三良（文公六年），君子曰云云，用高一層跌落之法，便令正意從對面透出，豈非異樣空靈？又如邲之戰（宣公十二年），前著士會德、刑、政、事、典、禮不易之語，正與篇末楚莊不為京觀，楬櫫禁暴、戢兵、保大、定功、安民、和眾、豐財七武德反映，描繪出楚莊霸業來！臧紇論詰盜（襄公二十一年），純用高一層跌落之勢，驚人之論，入理動聽，一反一復，持矛刺盾，所謂高談雄辯驚四筵者也。子產論壞晉館垣（襄公三十一年），子產答詞，先說晉誅求無時；後忽提文公崇大諸侯之館，又說晉文種種重客之故，留下「門不容車」四字，為當面奚落之地，誠所謂舉得高高，令他跌得粉碎之筆法也。可見行文能妙用捧壓之法，則氣勢自然雄健雋逸也。

七、提振

凡行文於段落之始，能用提筆先樹一義，以振起綱領，並為下文展拓作地步，則文氣自旺，局勢自振，即申說翻論亦有眉目，此則「提振」之法也。王源《左傳評》卷二稱：「凡序事，先將大意或一時大局提明，則理之是非，人之賢否，勢之成敗，事之禍福，國之興亡，總如破竹。不待詞費，不須周折，自使觀者井然，而鐵案如山，千秋莫易。」（頁十八）段落長者，苟得提振之法，則局法易於展布，而氣勢警動浩瀚矣。吳汝綸《史記評點》稱：「凡大篇前幅，必有此等提挈，乃能籠照全篇，此史公舊法。」魯世家評 提敘之法，振起全篇綱領，當以《左傳》為嚆矢。

《左氏》長篇，多於篇首提振綱領，而隨地異形，變化無方。其提振處，要皆文氣湊泊處，如四達之衢，車馬湊集，長篇中之節奏也。如先蔑奔秦文公七年，云同官為寮；士會歸晉成公十三年，云晉人虎狼也；鞌之戰成公二年，云其晉實有闕；鍾儀楚奏成公九年，云楚囚君子也；北宮文子論鄭有禮襄公三十一年，云子產之從政也，擇能而使之；祝鮀論長衛於蔡定公四年，云以先王觀之則尚德也；凡此，皆樹立一義，通篇文字皆從此一筆洗發，氣勢最為振動，此顯而易見者。

提振之筆，又有神妙無迹者，《左傳》尤多，如臧僖伯諫觀魚桓公五年，以納民軌物一句提起，以下生出許多議論，最為警振有勢。晉獻殺其世子申生僖公四年，專之渝，攘公之羭，包孕一篇，却從占詞說出，有神無迹。晉驪姬之亂，先提振一筆曰：「二五卒與驪姬譖群公子而立奚齊」，事前作總挈之筆，長篇如此，便不散漫。公伐邾僖公二十一年，大書曰：須句實司大皥與有濟之祀，以服事諸夏，則不可滅而宜復可知！可見文章提得起，方能理得清。王孫滿對楚王問鼎宣公三年，開首提在德不在鼎一句，筆力摧鋒，拓論便成破竹之勢。邲之戰宣公十二年，提出德刑政事典禮六項為綱，以下分疏為目，《左氏》此種排比法最多。它如伯宗論狄有五罪宣公十五年，魏絳陳和戎有五利襄公四年，皆是也，所以不失累重者，氣足以舉之也。

又如𨚔之戰（宣公十八年），主郤獻子句，是一篇之綱領，亦文氣之湊泊處也。吳入州萊（成公七年），「蠻夷屬于楚者，吳盡取之，是以始大，通吳于上國」數語，為下半部《春秋》提挈，故特以重筆提掇之，氣勢極盛。晉悼初政（成公十八年），共敘十九人，總括一筆曰：「凡六官之長，皆民譽也」，精神遒緊。子產壞晉館垣（襄公三十一年），此篇詞令之妙，全在開首直提「壞垣」一句，橫突驚人，筆勢遒辣。吳之入郢（昭公二十四年），沉尹戌曰：「亡郢之始，於此在矣！王壹動而亡二姓之帥，幾如是而不及郢」云云，乃長篇文字提振之法。不然，則散漫無紀矣。楚白公勝之亂（哀公十六年），借葉公子西之論，作全文提掇，與哀八年吳伐我篇同法。凡為文能作提振之法，則筆力摧鋒，有單刀直入之勢，以下遂成破竹矣。

八、節短

節縮短省字句，使字簡略而意完盡，以表現精鍊遒勁之氣勢者，謂之「節短」。林紓《左傳擷華》稱為縮筆或省筆，謂「中間無盡曲折，本宜用無數筆墨，左氏但作簡語了結。淺人以為序事筆墨宜詳盡，若果能如是結構，則雖簡亦詳，雖略亦盡。」所謂「雖簡亦詳，雖略亦盡」，此節短句法之筆訣與勝處也。

《左傳》之節短句法，或有形迹可尋，或無形迹可尋：凡文中標明「亦如之」，「使如之」，「如此」，「如是」者，有迹可尋者也，如凡諸侯有命，告則書，不然則否。師出臧否亦如之（隱公十一年）；又如衛穆公卒，晉二子自役弔焉，哭於大門之外。衛人逆之，婦人哭於門內，送亦如之（成公二年）；又如晉師歸，郤伯見，公曰：子之力也夫！范叔見，勞之如郤伯，欒伯見公亦如之（成公二年）；又如向戌討左，亦如之。使樂遄庀利器，亦如之；又如楚子分貧振窮，長孤幼，養老疾……任良物官。使屈罷簡東國之兵於召陵，亦如之（昭公十四年）；又如而不反我汶陽之田，吾以共命者，亦如之；又如其國人曰：「吾以劍過朝……則可殺也。」使如之；又如子公之食指大動，以示子家曰：他日我如此，必嘗異味……公問之，子家以告（宣公四年）；又如使行人告於諸侯，宋衛皆如是（昭公十八年）；又如季孫見之，見言季氏如他日（襄公二十九年），是其例也。

《左傳》之節短文句，或出於無形迹者，如鄭伯克段於鄢（隱公元年），著一「公從之」句，便藏去迴車重入潁谷，闕地、見泉、穿隧等字，省句法之可規摹者。連稱管至父弒襄公（莊公八年），林紓謂此篇用縮筆，用省筆，節却無數閒語。方苞《左傳義法舉要》謂：《左氏》之文有太史公不能及者，如此篇謀亂之始，若太史公爲之，曲折敘次，非數十百言莫備，此但以「因之作亂」及「使間公」二語隱括，而其中情事，不列而自明。作亂之時，非數十百言莫備，此則一切薙芟，直敘公田及徒人費之鞭，而以「走出，遇賊於門」遙接作亂，騰躍而入，匪夷所思。費人告變，襄公定謀，非數十百言莫備，此獨以伏公而後出鬥一語隱括，而其中情事不列而自明。其尤奇變不測者，後無一語及連稱之妹，而中間情事皆包孕於間公二字內，緊峭簡勁於斯極矣。楚人滅庸文公十六年，云百濮乃罷，不敘麇人，蓋麋人亦罷，麋固與百濮相約而來，因亦旅進旅退也，此省筆法。趙盾弒其君宣公二年，提彌明死狗之後，宜書伏甲爭出，而左氏但用一「鬥」字了之；既鬥自然是鬥伏甲，百忙中省却無數筆墨。邲之戰宣公十二年，許伯樂伯攝叔致師，《左氏》總括一筆曰：「皆行其所聞而復」，簡盡有力之至。吳公子光弒其君昭公二十七年，文中用一此字，用一吾字，用一我字，並不詞贅，而成事料事用人，咸得其要領，實《左氏》之善用簡筆也。王子朝之亂昭公二十二年，尺幅之中，共敘二盟六伐七敗，最周折，亦最擾煩，非工於剪裁冗蔓，精於省筆縮筆，何來尺幅千里之勢哉！

九、誇飾

黃永武《字句鍛鍊法》論誇飾曰：藉鋪張揚厲之文，顯豁難得之狀，以增強感人之力量，聳動讀者之視聽者，謂之「誇飾」。此王充《論衡．藝增篇》所謂增美溢惡，所以快意愜心者也。文能渲染誇飾，則氣勢自然深厚遒健矣。

韓愈稱《左氏》浮誇，賀循稱《左氏》文勝質，曾國藩稱《左傳》浮於質，歸有光《文章指南》稱：當學《左氏》浮誇處；是《左傳》文章善於誇飾之說也。《左氏》之傳博物，多見誇博修飾，如子產醫和論疾昭公元年，申豐論雨雹昭公四年，郯子論古名官昭公十七年，晏嬰諫誅祝史昭公二十年，蔡墨論龍昭公二十九年，祝鮀論長衛於蔡定公四年等等，皆是也。其工於誇飾處，正後世辭賦敷張辭藻之濫觴也。其它，如《左氏》寫宋萬之多力，則曰「以乘車輦其母，一日而至」；「飲之酒而犀革裹之，比及宋，手足皆見」莊公十二年。寫犖之多力，則曰能投蓋於稷門莊公三十二年。狀舍之多力，則曰「解其左肩，猶援廟桷，動於甍，以俎壺投殺人而死」襄公二十八年。又如述安集，則曰「邢遷如歸，衛國忘亡」閔公二年。稱凋敝，則曰「室如懸磬，野無青草」僖公二十六年。敘感悅，則曰「三軍之士，皆如挾纊」宣公十二年。寫怒氣拂拂，行色匆匆，則曰「投袂而起，屨及於窒皇，劍及於寢門之外，車及於蒲胥之市」宣公十四年。表奢侈，則曰慶氏之車，「美澤可鑑」襄公二十八年。又如息嬀不言偏結子莊公十四年，賈妻三年不言又不笑，此皆誇飾溢美之詞也。

外此，又有全篇多誇飾之辭者，如呂相絕秦成公十三年，純出以誇詐之詞，其說服術可取，所以爲詞令妙品也。晉悼復霸成公十八年，《左氏》於悼公多諛詞，而無損挹，所以敘次多溢美者，世亂有以激之也。

士弱對晉侯問天道（襄公九年），此等精博，即後世謬稱之浮誇也。晉侯賜魏絳樂（襄公三十一年），所謂「子教寡人和諸戎狄，以正諸華，八年之中，九合諸侯，如樂之和，無所不諧，請與子樂之。」云云，吳闓生《左傳微》謂：「三駕多遷延之役耳，其去桓文之功遠矣，此亦誇詞也。」文能渲染誇飾得乎中，則理稱辭舉，而筆力雄渾遒勁矣。

十、設問

言談行文中，忽變平敘之語氣為詢問之語調，以提醒下文，激發本意，振動氣勢者，謂之「設問」法。呂祖謙《東萊博議》稱：「凡謂之問者，非有所未知，必有所未安也。」其說得之。

傳統史籍工於記言者，莫先乎《左傳》。錢鍾書《管錐編》稱：史有詩心文心之證，則《左傳》之記言是也。《左氏》記言之工者，以對話居多，此或後世辭賦家盛行對問之濫觴，亦後世小說院本中對話賓白之椎輪草創。考《左氏》之對話，多出於設問，或為疑問，或為激問、或為提問，皆所以振動文氣，令旨趣有餘韻者也。以《左傳》為例，內心確有疑竇而發問者，如公問衆仲：「衛州吁其成乎？」

隱公四年；周惠王問內史過：神降於莘，何故也莊公二十二年？晉悼問師曠：衛出君不亦甚乎襄公十四年？范宣子問穆叔：何謂不朽襄公二十四年？士文伯讓子產：何故壞晉館垣襄公三十一年？晉侯問師曠：石何故言昭公八年？楚王問申無宇：棄疾在蔡何如昭公十一年？

又如叔孫昭子問郯子：少皞氏鳥名官，何故也昭公十七年？經此等一問，提醒下文，申說推拓，乃成破竹之勢。又有內心本有定見，爲激發本意而發問者，謂之激問，如宮之奇諫假道僖公五年，「一之謂甚，其可再乎？」「不唯偪乎？」「況以國乎？」「神其吐之乎？」是也。子魚論戰僖公二十二年，云阻而鼓之不亦可乎？何有於二毛？如何勿重是也。蔿賈不賀子文僖公二十七年，曰不知所賀？曰所獲幾何？曰將何賀焉？曰何後之有是也。郤缺諷趙孟歸衛田文公七年，曰何以示威？何以示懷？何以示德？何以主盟？曰將若之何？曰其誰來之？曰盍使睦者歌吾子乎是也。薳啓疆論辱晉昭公五年，曰苟有其備，何故不可？恥匹夫不可以無備，況恥國乎？又曰備之若何？又曰未有其備，使群臣往遺之，禽以逞君心，何不可之有？子革對靈王昭公十二年，曰豈其愛鼎？曰鄭敢愛田？曰敢不畏君王哉？是其例也。

又有爲提起下文而發問者，如陰飴甥對秦伯僖公十五年，展喜犒齊師僖公二十六年，季文子論齊侯不免文公十五年，申叔時諫縣陳宣公十一年，楚莊王不爲京觀宣公十二年，知罃對楚子成公三年，臧武仲對詰盜襄公三十一年，晏

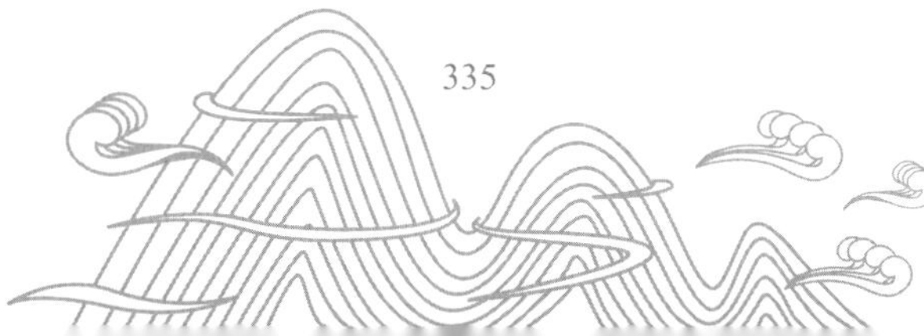

嬰論和同（昭公二十年），祝鮀論長蔡於衛（定公四年），凡提問後，必有答案者皆是也。若欲增強語言氣勢，莫若連續設問，如商臣弒楚成（文公元年）：潘崇曰：能事諸乎？曰不能！能行乎？曰不能！能行大事乎？曰能！穆嬴抱太子以啼于朝（文公七年）：曰先君何罪？其嗣亦何罪？舍適嗣不立而外求君，將焉寘此？晏子不死君難（襄公二十五年）：其人曰：死乎？曰獨吾君也乎哉？吾死也！曰行乎？曰吾罪也乎哉？吾亡也！曰歸乎？曰君死安歸？晏子勸桓子致邑（昭公十年）：其徒曰：助陳鮑乎？曰何善焉？助欒高乎？曰庸愈乎？然則歸乎？曰君伐焉歸？子西諫楚子（昭公三十年），不知天將以爲虐乎？使翦喪吳國，而封大異姓乎？其抑亦將卒以祚吳乎？是皆設問連下，而氣勢遒緊者也。㉞

十一、詠歎

凡遇猛烈之感情，深沉之思想，與夫悲惋至極，歡欣洋溢之時，則情不自禁，而有「詠歎」之情。最能使文章有氣勢，情感更激切者，詠歎之法也。㉟

《左傳》表現詠歎之法有三：其一：冠上嗚呼、嗚呼哀哉、呼、嘻等字於句首者，如嗚呼！「我之懷矣，自詒伊慼」，其我之謂矣宣公二年。又如嗚呼！天禍衛國也！吾不獲鱄也，使主社稷成公十四年。烏乎！《詩》所謂「我躬不閱，遑恤我後」者，寧子可謂不恤其後矣襄公二十五年！烏乎！必有此乎襄公三十年！嗚呼！爲無望也乎！其死於此乎昭公二十七年？昊天不弔，不慭遺一老！俾屏予一人以在位，煢煢予在疚。嗚呼哀哉！尼父！無自律哀公十六年。呼！役夫！宜君王之欲殺女而立職也文公元年。嘻！速駕！公斂陽在定公八年。是皆其例也。

其二，附加哉、乎、夫、諸、也等歎詞於句尾者，如秦穆之不爲盟主也宜哉文公六年。又如尚矣哉！能歆神人，宜其光輔五君，以爲盟主也襄公二十七年。思深哉！其有陶唐氏之遺民乎襄公二十九年。甚哉：其相蒙也昭公八年。一之謂甚！其可再乎僖公五年。越十年生聚，十年教訓，二十年之外，吳其沼乎襄公九年。樂氏加焉，其以宋升降乎襄公二十九年。不知天將以爲虐乎，使翦喪吳國而封大異姓乎昭公三十年。立穆公，其子饗之，命以義夫隱公三年。誰居？後之人必有任是夫成公二年。義也夫！可謂直矣昭公十四年。天其或者將建諸僖公二十三年；皋陶庭堅不祀，忽諸文公二年。甚乎其城杞也襄公二十九年；甚矣哉！子之爲此來也昭公三年。

其三，寓詠歎於表態繁句，如免寡人，惟二三子襄公二年。又如善哉！民之主也襄公二十七年。又如美哉！周之盛也！其若此乎襄公二十九年。廣哉！熙熙乎！曲而有直體，其文王之德乎襄公二十九年。美哉！勤而不德，

非禹其誰能修之（襄公二十九年）。是皆情之所感，有不得不發之勢；出於詠歎，則文有氣勢，而神韻悠揚矣。

十二、呼告

徐芹庭《修辭學發微》論「呼告」之法曰：於描述情感急劇之處，忽捨開一切，突然直呼語言中之人或事物，以發抒作者之至情者，謂之「呼告」。此類修辭法，易於扣動讀者之心弦，造成文章氣勢之遒勁。

《左傳》之「呼告」修辭法不多覯，凡十餘例而已，如王曰：「舅氏！余嘉乃勳，應乃懿德，謂督不忘，往踐乃職，無逆朕命！」（僖公十二年）蹇叔哭之曰：「孟子！吾見師之出，而不見其入也！」（僖公三十二年）江芊怒曰：「呼！役夫！宜君王之欲殺女而立職也！」（文公元年）哀姜哭而過市曰：「天乎！仲爲不道，殺適立庶！」（文公十八年）隨武子召文子曰：「燮乎！吾聞之：喜怒以類者鮮……」（宣公十七年）。欒鍼曰：「書！退！國有大任，焉得專之？」（成公十六年）范宣子親數諸朝曰：「來！姜戎氏！昔秦人迫逐乃祖吾離于瓜州」云云（襄公十四年）。張骼輔躒曰：「公孫！同乘，兄弟也！胡再不謀！」（襄公二十四年）叔孫豹號之曰：「牛！

助余！」昭公四年 王曰：「伯氏！諸侯皆有以鎮撫王室，晉獨無有，何也？」昭公十五年 王曰：「叔氏！而忘諸乎？」昭公十五年 魏子曰：「辛！來！昔叔向適鄭」云云昭公二十八年。楚王使召伍尚伍員曰：「來！吾免而父！」昭公二十年 苟出入，必謂己曰：「夫差！而忘越王之殺而父乎？」定公十四年 凡此，皆直呼意中之對象，以表現情感之急變，並使文章氣勢為之一振之法也。

註釋

①黃侃《文心雕龍札記》，洪治綱主編《黃侃經典文存》，上海：上海大學出版社，二〇〇八年。〈風骨第二十八〉，頁九四。〈附會第四十三〉，頁一九一。

②張高評〈方苞古文義法與《史記評語》——比事屬辭與敘事藝術〉，國立中山大學中文系《文與哲》第二十七期（二〇一五年十二月），頁三三五—三九〇。

③段熙仲《春秋公羊學講疏》，南京：南京師範大學出版社，二〇〇二。第三編《屬辭》，第一章《述傳》，頁一五五。

④清馬國翰《玉函山房輯佚書》，揚州：廣陵書社，二〇〇四年，經編·春秋類，晉徐邈《春秋穀梁傳注義》，第一四〇八頁。

⑤張高評〈《春秋》屬辭約文與文章修辭——以《春秋》詮釋史爲例〉，山東大學《漢籍與漢學》二〇二一年第一輯（總第八輯），頁六五—一〇一。參考《左傳屬辭與文章義法》第一章所論。

⑥錢鍾書《管錐編》，冊三，《全上古三代秦漢三國六朝文》，三一，《全後漢文》卷一，頁九六七。

⑦ 參考錢鍾書《管錐編》，冊一，《左傳正義》一二，閔公二年〈句中著一字而言外反三隅〉，頁一八〇。

⑧ 考劉大櫆《論文偶記》以下，姚鼐《古文辭類纂．序目》，姚範《援鶉堂筆記》，皆重字句章法，知此乃桐城一派相傳之法。

⑨ 文見《古文辭通義》卷七，頁二十引邵廷采《思復堂集．附錄．得愚叔祖論文書》。又引見同卷頁十八〈張秉直文談自序〉。

⑩ 詳參韋勒克等著，王夢鷗等譯《文學論》第十五章，「意象、隱喻、象徵、神話」，頁三〇三—頁三〇四。

⑪ 參考劉綱紀《周易美學》，湖南教育出版社，一九九二年。第五章，四，〈中國美學的意象論〉，頁二七三—二八四。

⑫ 意本黃永武《中國詩學．設計篇》頁三「談意象的浮現」。外此，關於意象之涵意，可參王夢鷗《文學概論》第十一章「意象」，十二章「意象轉達的層次」，頁一〇九—頁一二六。以及韋勒克文學論所指述。

⑬ 參考周裕鍇《禪宗語言》，上海：復旦大學出版社，二〇一七年。下編，「葛藤閑話」，第二章〈繞路說禪：禪語的隱晦性〉，頁二四六—二七八。

⑭ 王夢鷗《文學概論》謂：「放大日常語言，而直接表述意象之方式，最普通的是增加記號。」頁一二九。案：此所謂記號，即語言文字。又謂：「與此相反的，詩人們為著減少語句，可以增加讀者的想像。因之，他們更

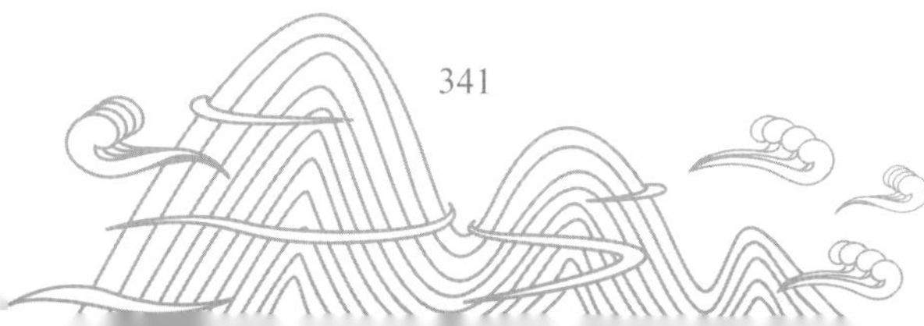

講究緊縮法的直述。」以下所引間接意象，繼起意象，亦分別見王先生書頁一三九、一五一、一五六。

⑮參閱黃永武《字句鍛鍊法》，「排比」，頁四八。又黃師慶萱《修辭學》，「排比」，頁四六九；陳望道《修辭學發凡》，「排比」，頁二〇一。

⑯意本黃永武《字句鍛鍊法》，「層遞」，頁五四；徐芹庭著《修辭學發微》，「層遞」，頁一二五；王夢鷗《文學概論》，「層遞法」，頁一三〇；黃慶萱《修辭學》，「前進式」，「後退式」，頁四八八。

⑰意本黃永武《中國詩學・設計篇》，「用翻疊的手法，使原意之上，又複疊一層新意」；又參考清唐彪《作文譜・翻論》，頁一〇二。

⑱參朱任生《詩論分類纂要》二十，論「含蓄」語，頁三五〇—三五三。又參考黃永武《字句鍛鍊法》，「含蓄」，頁一七。

⑲譬喻與意象之關係，詳參王夢鷗《文學概論》，頁一二一、一二四。至於譬喻之種類，韋勒克《文學論》，十五章稱：有修辭家區分為二百五十種，再歸併於二三範疇，頁三一六。宋陳騤《文則》一書，分譬喻為十種，《文心雕龍・比興篇》分為四種，而王夢鷗則謂：「譬喻法不過直喻（明喻）與隱喻（暗喻）而已！」見王先生書十四章，頁一四一，此處本王先生說。

⑳譬喻辭格，乃由喻體、喻依、喻詞三者配合而成。凡三者具備，或省略喻詞者，謂之明喻；凡省略喻體喻詞，僅有喻依者，謂之暗喻。詳參黃慶萱《修辭學》「譬喻」。

㉑「轉化」之名，修辭之書或稱曰比擬、假擬、或化成，此處本黃慶萱《修辭學》第十四章之稱。以下所分，亦同本書頁二六七－頁二六八之意。

㉒詳參韋勒克《文學論》第十五章「意象、隱喻、象徵、神話」；王夢鷗《文學概論》第十五章「繼起的意象」；又朱光潛《文藝心理學》第三章「物我同一」（移情作用）。

㉓語見《文學概論》頁一五七「繼起的意象」，又文學論十五章。

㉔意本黃永武《字句鍛鍊法》頁三「示現」；黃慶萱《修辭學》，第十九章「示現」；又參看姚一葦《藝術的奧秘》，第二章「論想像」。

㉕唐文治之說，見所編《高等國文讀本》卷一〈論文之繁簡〉。文章之貴簡，參劉大櫆《論文偶記》。錢大昕之論，見《潛研堂文集》卷二十三，〈與友人書〉。

㉖論《左傳》〈檀弓〉文章之優劣，始於宋陳騤《文則》，己；及宋李耆卿《文章精義》。章學誠《丙辰劄記》曾有駁論，言極允當可參。

㉗意本黃永武《字句鍛鍊法》，陳望道《修辭學發凡》，黃慶萱《修辭學》，三書論「跳脫」。

㉘其它有關「頓挫」之異說，詳馮書耕金仞千編《古文通論》，頁一六六八－頁一六七〇，引歸有光說，以為「攔截」。方東樹以為即「斷」，姚永樸《文學研究法》以為「段落分晝處」。林紓《畏盧論文・用頓筆》，

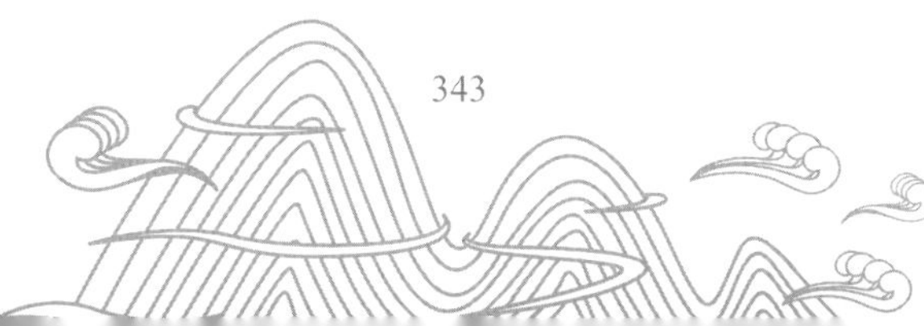

亦有其說。

㉙頂眞，又作頂針，又稱聯珠體、頂針續麻、首尾聯環體。參考張高評《宋詩之新變與代雄》，臺北：洪葉文化公司，一九九五年，陸，〈化俗為雅與宋詩特色〉，「頂眞續麻」，頁三三二—三三三。

㉚詳參本書第三章第二節「援引」，楊愼《丹鉛雜錄》，卷九「古文引用」；又楊向奎《左傳賦詩引詩考》，下篇頁六四。

㉛關於「密度」、「強度」、「音響」等專名，參閱黃永武《中國詩學．設計篇》，頁七七—頁二〇一。下文所引，見同書頁一一〇。

㉜參閱黃慶萱《修辭學》，頁四一一「類疊」，引桑代克《練習律》、蕭勒士《如何使思想正確》、桑搭耶那《美感》等書以證說之。

㉝參閱林紓《畏廬論文》（又名《春覺齊論文》），臺北：文津出版社，一九七八年。〈用筆八則〉之七，「用繞筆」，頁五六。

㉞設問之義界與分類，皆本黃慶萱《修辭學》，頁三六一—三六八。

㉟說參徐芹庭《修辭學發微》「感歎法」，頁一〇九；陳介白《修辭學講話》「詠歎法」，頁一四八。馬建忠《文通》卷九云：「歎字者，所以記心中不平之鳴也。」頁八五，說亦可參。

第六章 《春秋》約文與《左傳》煉字之妙訣

漢司馬遷《史記・十二諸侯年表序》稱：孔子次春秋，「約其辭文，去其煩重，以制義法。」「約其辭文」，爲屬辭之能事；「去其煩重」，則比事之功夫，皆攸關《春秋》之書法。要之，皆脈注綺交，歸本於「何以書」之「義」。義法之說，濫觴於此，實不離屬辭比事之《春秋》教。

《春秋》起迄，凡二百四十二年，總字數才一萬六千餘字。一年平均不足七十個字，每月不足六個字。「約其辭文，去其煩重」二言，即孔子筆削魯史記之歷程寫照。辭文簡約，史事刪繁，皆緣於「義」之主導。《後漢書・班彪傳》稱：「殺史見極，平易正直，《春秋》之義也。」殺史見極，攸關筆削損益。

晉范甯《春秋穀梁傳・序》說《春秋》：「一字之褒，寵踰華衮之贈；片言之貶，辱過市朝之撻。」褒崇或貶責，止在一字之間，故選字措詞，不得不講究。唐韓愈〈進學解〉稱「《春秋》謹嚴」，有三層指涉：一指義法，二指筆削，三指約其辭文。無論褒貶、勸懲之義，或殺史、謹嚴之辭，大多不離約文筆削之範疇。

第一節 《春秋》約文與微婉顯晦、增損改易

《左傳》成公十四年，揭示《春秋》五例。《春秋》因或筆或削，而呈現相反相對之屬辭方法，如微與顯，志與晦，婉與成章，盡與不汙。若削而不取，則體現微、晦，婉之風格；若筆而書之，則自見顯、志、成章之效用。至於盡而不汙，雖曰據事直書，於序事中寓論斷，然係出於抉擇筆削之後，並非漫無取捨，信筆而書。由此觀之，微婉顯晦之書例，無異增損改易之筆削，自是《春秋》屬辭約文之一面向。

《春秋》之或筆或削、或增或損、或同或異，要皆本乎聖心，酌乎義理，誠如元汪克寬《春秋胡傳附錄纂疏》所云。（卷首，凡例案語）孔子曰：「其義，則丘竊取之」者，即宋邵雍所謂：「《春秋》皆因事而褒貶」。朱熹品評《春秋》約文屬辭之特色，曰：「都不說破」；曰：「蓋有言外之意」。（《朱子語類》卷八十三，春秋綱領）此有見於或筆或削之書法，因增損改易辭文，而見微婉顯晦之詩化修辭。

《春秋》隱公五年，但書：「考仲子之宮，初獻六羽。」則譏魯久僭八佾之意，自在言外。宣公三年《春秋》，但書：「郊牛之口傷，改卜牛。」直書其事，貶刺魯僭行郊禮之義。定公二年

《春秋》，但書「冬十月，新作雉門及兩觀。」雉門，乃天子皇宮之宮門。魯定公僭禮越分可知。清康熙帝御制《春秋傳說彙纂》，綱領二曰初獻、曰卜牛、曰新作，考其書法，即趙汸《春秋屬辭》所謂：「以其所書，推見其所不書」；莊存與《春秋正辭》亦云：「以所書，知所不書。」藉所筆以示所削，記此以例彼，《春秋》屬辭約文之法，筆削昭義之道也。

溫之會，《春秋》書曰：「天王狩于河陽。」《左傳》載：「是會也，晉侯召王，以諸侯見，且使王狩。」是以歷史敘事解經。同時，引仲尼曰：「以臣召君，不可以訓。故書曰云云。』言非其地也，且明德也。」不殊史家之論贊褒貶《左傳》僖公二十八年。揆諸傳世文獻，《左傳》之外，如《竹書紀年》，《史記》〈晉世家〉、〈孔子世家〉，亦皆指「書曰」爲曲筆諱書，爲尊者諱恥，爲賢者諱過。①於是顛倒上下，召王變爲王狩，示諱以存禮，略是而著非，所謂推見至隱，微婉顯晦，乃筆削約文之書法。

清萬斯大《學春秋隨筆》稱：《春秋》有義，義有變有因：如晉董狐書「趙盾弒其君」，齊太史書「崔杼弒其君」，《春秋》亦以爲言，是以因爲義。《不修春秋》曰：「雨星不及地，尺而復」；君子修之曰：「星霣如雨。」諸侯之策曰：「孫林父甯殖出其君」；孔子書之曰：「衛侯衎出奔」，此以變爲義也。《皇清經解》卷五十無論以因、以變，因襲或改易，皆指稱辭文，即藉屬辭以見義。

又如諸侯死亡，內辭書薨，外辭書卒。隱公十一年《春秋》書曰：「冬十有一月壬辰，公薨。」宋胡安國《春秋傳》稱：「隱公見弒，魯史舊文必以實書。其曰『公薨』者，仲尼親筆也。」又曰：「仲尼筆削舊史，斷自聖心。於魯君見弒，削而不書者，蓋國史一官之守；《春秋》，萬世之法，其用固不同矣！」卷三，頁五 此謂《春秋》以變文示義，暗指隱公見弒而亡。另外，魯國十二公，遭弒而亡者三：隱公、桓公、閔公，但書「公薨」，不書地，不書葬，與其他正常死亡者書法有別，亦以變為義之屬。

實字之外，虛字可以助文氣、調文理，孔子作《春秋》，亦十分講究。虛字之殊勝，梁劉勰所謂：「據事似閑，在用實切。巧者迴運，彌縫文體，將令數句之外，得一字之助矣。」《文心雕龍注》卷七，章句 清張應昌《春秋屬辭辨例編》，揭示《春秋》書法之虛字，如書遂、弗、不、乃、而、及、與、以之倫。張氏集成歷代論說，稍稍斷以己意 卷五十八，頁二—一五。《春秋》之微辭隱義、言外之意，從中曲曲傳出。此等虛字，誠如《文心雕龍》所言：「據事似閑，在用實切。」不可等閒視之，值得進行專題研討。

《史通·敘事》標榜文約事豐，以為述作之尤美者。《左傳》：宋華耦來盟，稱其先人得罪於宋，魯人以為敏 文公十五年。「以鈍者稱敏，則明賢達所嗤。」此為省文之例。錢鍾書《管錐編》，引用魏禧《日錄》，推崇《左傳》書「秦伯猶用孟明」句，以為「只一『猶』字，讀過便有五種意義：孟明之再敗、孟明之終可用、秦伯之知人、時俗人之驚疑、君子之歎服。不待註釋而後明。」《左傳》用「猶」

字，「句中衹著一字，而言外可反三隅」（《左傳正義》閔公二年）。《史通・敘事》所謂「加以一字太詳，減其一字太略，求諸折中，簡要合理」，此乃省字之原則。《老子》所謂：「損之又損，以至於無爲」。《左傳》解說《春秋》書法，有所謂五十凡者，確定語詞之義界，尤其凸顯「約文屬辭」之修辭工夫。如細緻界定戰爭術語：「凡師敵未陳，曰敗某師；皆陳，曰戰；大崩，曰敗績；得儁，曰克。覆而敗之，曰取某師；京師敗，曰王師敗績於某。」（莊公十一年）嚴謹區隔戰爭正當性：「凡師，有鐘鼓曰伐，無曰侵，輕曰襲。」（莊公二十九年）分別戰爭終結之遭遇：「凡勝國，曰滅之。獲大城焉，曰入之。」（文公十五年）辨明弒君罪惡之歸屬：「凡弒君，稱君，君無道也。稱臣，臣之罪也。」（宣公四年）釐析去國而即位之類別：「凡去其國，國逆而立之曰入；復其位，曰復歸；諸侯納之，曰歸；以惡，曰復入。」（成公十八年）審慎列舉勝戰之狀況：「凡書取，言易也。用大師焉，曰滅。弗地，曰入。」（襄公十三年）駱成駫《左傳五十凡例・序》，頗言凡例之功用：「明一義以求他義，習一凡以推他凡。執簡馭繁，綱舉目張。習《春秋》者，舍此固不能爲功也。」[2]《左傳》之凡例，當然不止五十。文約義豐，言簡義賅，約文屬辭之工夫如此，堪稱修辭學之典型表率。

立象見意、言外妙會、含蓄蘊藉、互見相發、以少勝多、曲折有致，諸詩歌語言之特質，《左傳》敘事傳人，實不乏其例。筆者曾探論《左傳》敘事藝術之詩化修辭：曰用晦，曰貴簡，曰尚比，曰致曲。旨在印證麟經，期於至當。③所謂晦、簡、比、曲，即近似文學語言、詩歌語言。④朱熹稱《春秋》：「都不說破」：「蓋有言外之意」。何異後世絕妙好詩之語言特色？此固筆削書法所致，亦盡心致力於約文屬辭使之然。

《公羊傳》引子女子曰：「以春秋爲《春秋》」，稱孔子作《春秋》時，於內外、遠近、上下、親疏，有「諱莫如深」之書例。《公羊傳》所謂：「《春秋》爲尊者諱，爲親者諱，爲賢者諱。」（閔公元年）《穀梁傳》所謂：「爲尊者諱恥，爲賢者諱過，爲親者諱疾。」（成公九年《穀梁傳注疏》，有四諱）要皆曲筆諱飾，筆中有削，與據事直書，即辭以見義，大不相同。宋張大亨稱：「《春秋》記魯之不善，凡接於外者諱之」，如奔、弒、殺、伐之類是也。「非外所與，則無所隱也」，如丹楹刻桷、喪昏逆祀之類是也。（《春秋通訓》卷一）無論諱書，或直書，固是筆削之事，要亦屬辭約文之工夫。

《公羊傳》常言「君子辭也」云云，層面多方，論者爲之拈出，有正辭、常辭、微辭、異辭、同辭，內辭、外辭。有遠近之辭、褒貶之辭、予奪之辭、進退之辭。有賢之、善之、喜之、幸之之辭；有大之、重之之辭，有抑之、略之、賤之之辭；有恭辭、有卑辭。其尊尊也、親親也、賢賢也，有爲諱之之辭；其不得已也，或從而爲之辭。⑤《公羊》君子關注文辭，約文屬辭之體現，可見一斑。

錢鍾書《管錐編》又稱：「《公羊》、《穀梁》兩傳，闡明《春秋》美刺「微詞」，實吾國修詞學最古之發凡起例。『內詞』、『未畢詞』、『諱詞』之類，皆文家筆法。」冊三，《全後漢文》卷一凡此，多曲筆諱書，約文筆削之書法。

《文心雕龍．章句篇》曰：「夫人之立言，因字而生句，積句而成章，積章而成篇。篇之彪炳，章無疵也；章之明靡，句無玷也；句之清英，字不妄也。振本而末從，知一而萬畢矣。」文章既集字而成，故欲求文之工，必先求字之不妄。故《涵芬樓文談》曰：「欲知篇必先知句，欲知句必先知字。蓋鍊字之難，固有一日可以千言；而一字之未安，思之累日，有不可得者矣。」〈鍊字第十四〉黃侃《文心雕龍札記．章句篇》亦云：「練字之功，在文家爲首要。」夫然後知劉勰所謂「善爲文者，富於萬篇，貧於一字」之非虛言也！

《史記．十二諸侯年表序》稱孔子次《春秋》：「約其辭文，去其煩重」，則辭文必須約飭、刪省、鍛練可知。《春秋》如此，《左傳》之約文練字，亦然。夫文字所以貴鍊者，蓋鍊則潔，潔而峭，淳而簡，味腴而氣厚，譬如金銀出礦，必經火鍛，而後寶色璀璨也。明歸有光《文章指南．看歷代名家文法》，稱《春秋左氏傳》：當學他用字用句妙處。清邵以發論文，亦謂：不讀《左傳》，不曉鍊法、鍊篇、鍊調、鍊句、鍊字。馮李驊《左繡》更謂：「左氏字有字法，句有句法，章有章法，毫髮不苟。卻別有不成字之字法，不成句之句法，不成章之章法。」《左氏》安章之法，與夫鍛句之術，已具論於前，今但論字法。

第二節　章句明靡關字法

明李騰芳《山居雜著・文字法》，嘗枚舉字法之目：謂有虛實、深淺、顯晦、清濁、輕重、偏滿、新舊、高下、曲直、平仄、生熟、死活諸法。其說失之籠統虛泛，虛實、顯晦、輕重、偏滿（全）、曲直諸法，已詳謀篇安章。今依黃永武《字句鍛鍊法》、《中國詩學・設計篇》所陳條例，參覆諸家文法修辭之要論，釐訂《左傳》鍊字之妙訣二：一曰章句明靡關字法，二曰文辭光采由鍊擇。

所謂能致章句明靡之字法者，其術凡五：曰虛字、曰實字、曰重筆、曰曲筆、曰圓活字，曰新關字：用虛字，則文有氣脈，而風神跌宕矣；用實字，則文有骨幹，而神采勁健矣；用重筆，則文有頓挫，而文勢振動矣；用曲筆，則意在言外，而文情多姿矣；用圓活字，化平板爲靈活，而意象浮現矣；用新關字，惟陳言務去，而詞境清新矣。請分別論述如後：

一、虛字

夫人身有血脈流通，故人有精神，有姿態；文章有虛字運轉，故文有氣勢、有風神。蓋虛字之為用，足以助文氣，調文理，劉勰所謂「據事似閑，在用實切；巧者迴運，彌縫文體，將令數字之外，得一字之助矣」。劉海峰《論文偶記》云：「文必虛字備，而後神態出，何可節損？」故宋文蔚《文法津梁》稱：「正反相生，一意轉換，全在虛字變化得法」（布局，反正相生）；又云：「其傳神處，全在數虛字轉運靈活。」（布局，平提側注）；又謂：「加倍法之運調，全在虛字靈活。」（運調，筆法加倍）可見文必虛字備而後神態出；善用虛字，則氣勢頓宕，情韻流溢矣。

清黃本驥《癡學》卷五，〈讀文筆得〉謂：「《左》《史》之風神跌宕，開闔抑揚，入神入妙，全在一二虛字中。」魏禧《日錄論文》曾舉例說明曰：「《左傳》文公二年：秦伯猶用孟明。祇一猶字，讀過便見五種意味：凡孟明之再敗；孟明之終可用；秦伯之知人，不以再敗而見棄；時俗之驚疑；君子之歎服；都一一如繪，不待注釋解說而後明。」梁啓勛《曼殊室隨筆．雜論四》亦云：「三疊語助辭，用得最神完氣足者，莫如《左傳》襄公二十五年齊崔杼弒其君光，晏子曰兩用「也乎哉」，將一種肅穆而崛強之態度，表現十足。」虛字之蕩漾可愛，由此可見一斑。林紓《春覺齋論文》稱：「留心古文者，斷不能將虛字略過。須知有用一語助之辭，足使全神靈活者。」也字用法此之謂也！

《左傳》行文，有連下虛字而嫵媚見態者，如賓媚人責晉人成公二年，「其無乃非德類也乎」，八字中有六虛字；「其無乃非先王之命也乎」，十字中有虛字七，最富委婉多姿之妙。又如「獨吾君也乎哉」襄公二十五年；「其有以知之矣」昭公二年；「其無乃是也乎」昭公元年；此三者皆六字成句，而四字為助，不嫌其多，正見其神情奕奕處也。

《左氏》為文，有以虛字為章法者，如公及戎盟於唐桓公二年，凡用五「也」字為章法；季梁諫追楚師桓公六年，以七「謂」字作章法；楚屈瑕伐羅桓公十三年，以三「謂」字成章法；宋萬弒其君莊公十一年，以九「之」字為章法；君子論逆祀非禮文公二年，末煞兩「也」字，興起四「也」字，中三「也」字，相配成章，悠然而止，言有盡而意無窮。叔仲惠伯諫文公文公七年，通篇以九「之」字文調作章法：娶之、攻之、許之、聞之、止之、成之、舍之、反之、從之；文之起收，皆以之字作關棙是也。申繻論名桓公六年，通篇「以」字二十有一，而變化不同，讀之不覺，韓愈〈送孟東野序〉遜此曲折盡態。宋公弒其世子痤襄公二十九年，前幅皆以「而」字連接狀詞，而成三字句：赤而毛、長而美、惡而婉、美而很、畏而惡，串遞有章。又如黃池之會（哀公十三年），中間連寫數事，每段都以「乃」字爲段落，錯落有致。

《史通・浮詞篇》稱：虛字有調和語氣之用，所謂「去之則言語不足，加之則章句獲全」是也。蓋虛字爲文章之血脈，爲文能善用虛字，則文氣宛轉盡致矣。如齊桓歸蔡姬（僖公三年），安頓四「之」字，錯落盡致；巧置一「也」字，蕩漾可愛。子魚諫圍曹（僖公十九年），句末連用「無乃」、「若之何」、「盍姑」等虛詞，所謂委婉善諷者也。蹇叔哭師（僖公三十二年），以秦師「遂」東作結，著一「遂」字，有一去不復返之勢。君子論秦穆公（文公三年），連用九「也」字，有聲勢、有光燄；蓋前敘創霸，文勢凝重，故此極力蕩漾以承之，配稱之道也。巢車望晉（成公十六年），王源《左傳評》稱：「從來序戰功所無，千軍萬馬悉列眼前」，蓋窮神圖貌處，全在數「矣」字「也」字。仲孫羯會諸侯城杞（襄公二十九年），「甚乎其城杞也」，「若之何哉」，二句如聞太息之聲。「晉不鄰矣，其誰云之」，說詩純用虛字，極有風致。蓋純以虛字抑揚婉轉，寫盡言者神情，即寫盡晉霸局勢。晏嬰與叔向論國政（昭公三年），晏子曰：「此季世也，吾弗知，齊其爲陳氏矣」；叔向曰：「晉之公族盡矣」，用兩「矣」字，斬截悲梗，聲亢而高；惋惜之情，溢於言表。子產論伯有能爲鬼（昭公七年），連寫四「之」字，三「其」字，四「矣」字，筆氣與起手一段相配，此照應之以神，不以形者也。子產爭承（昭公十三年），左氏連用七「也」字，狀子產急爭之神。季康子立嫡（哀公三年），「今生矣男也」，只五字，而頓挫有神致，妙用虛字故也。蓋作文如作畫，總以顧盼有情爲工，能運化虛字，則能臻此勝境矣。

左氏用「矣」字，多傳沉吟覃思，惋惜慨歎之神⑥。尤以「君子曰」最稱擅長，如君子謂鄭莊公於是乎可謂正「矣」（隱公十年）；君子謂鄭莊公失政刑「矣」（隱公十一年）；君子以二公子之立黔牟爲不度「矣」（莊公七年）；君子謂昭公知所惡「矣」（桓公十七年）；君子以齊人之殺哀姜也爲已甚「矣」（僖公元年）；君子謂文公其能刑「矣」（僖公二十八年）；君子謂祁奚於是能舉善「矣」（襄公三年）等皆是也。又如鄭不來「矣」（隱公五年）；虞不臘矣，晉不更舉矣（僖公五年）；牽牛以蹊者信有罪矣、罰已重矣（宣公十一年）；趙孟將死矣，晉君將失政矣，孟孫將死矣（襄公三十一年）。凡此用「矣」字，皆有一唱三歎之致。

左氏用「也」字，則表悠揚不盡之味，不特用作煞尾之字而已，如《左氏》之論贊：君子是以知桓王之失鄭也（隱公十一年）；君子是以知息之將亡也（隱公十一年）；君子是以知出姜之不允於魯也（文公四年）；君子是以知秦之不復東征也（文公六年）；君子是以知齊靈公之爲靈也（襄公二年）；君子是以知季文子之忠于公室也（襄公五年）；君子是以知平公之失政也（襄公二十六年）；君子是以知鄭難之不已也（襄公三十年）；君子是以知陳許之先王也（昭公十八年）；凡此，皆有餘意，耐人玩味者也。

若兩名相連，一奇一偶，量不相稱者，用「之」字則有平衡之功，便口誦也，如人姓名：石之紛如（莊公八年），耽之不比（莊公二十八年）；詞句如民之情僞（僖公二十四年），勞之不圖（僖公二十四年），悔禍之延（成公十三年），食土之毛，普天之下，率土之濱（昭公七年），皆是也。或有爲求醒目而加「之」字者，如介之推（僖公二十四年）；君之惠也，孤之願也（成公二年）；參之肉將在晉軍（宣公十二年），是其例也。此蓋漢字單音而複詞故也。姑舉「矣」、「也」、「之」三虛字說之，外此不遐更舉矣。

二、實字

文章非多用虛字，不足以搖曳神情；非多著實筆，則不足以闡發義理，浮現意象，故虛實宜相濟爲用。《左傳》常見虛實互用之法，如「階」之爲禍（隱公三年），緣由謂之階；又如桓公立，乃「老」（隱公四年），致仕謂之老。王亦能「軍」（桓公五年），整兵謂之軍。尸女於是，以表尸之（宣公十二年），皆謂求其尸也。又如過我而不假道，「鄙」我也（宣公十四年），謂以我比其邊鄙也。乃大「戶」（成公二年），謂閱戶口也；「城」其西北隅（定公三十年），謂攻城也。凡此，皆實字虛用之法，即今所謂轉品，最生姿見態處也。

黃永武《中國詩學．設計篇》論詩云：多用實體字，可以表現非凡之筆力，語句自然凝鍊壯健談詩的密度。此不獨詩，文亦然也。梁啓勛《曼殊室隨筆．雜論四》云：「非用丹田中氣不能讀之美文，尚有《左傳》襄十〈晉人圍偪陽〉一役，荀罃不主戰」，謂「偪陽城小而固，勝之不武，不勝爲笑。」「汝成二事而後告余！余恐亂命，以不汝違！汝既勤君而興諸侯，牽率老夫，以至於此，既無武宋，而又欲易余罪。曰：是實班師，不然克矣！余羸老也，可重任乎？七日不克，必爾乎取之！」憤懣與項羽斬義帝前之詞等，每句禿頭禿尾，無一語助辭，最多實字健句也。

外此，《左傳》以實字健句之例，所在多有，最能見文約義豐，理稱辭達，如惠公元妃孟子，孟子卒，繼室以聲子（隱公元年）；又如豈曰能賢（隱公三年）；使糊其口於四方（隱公十一年）；後君噬臍（莊公六年）；秦人過析隈入（僖公二十五年）；晉車七百乘韅靷鞅靽（僖公二十八年）；晉師三日館穀（僖公二十八年）；夜縋而出（僖公三十年）；趙衰，冬日之日也；趙盾，夏日之日也（文公七年）；齊頃公帷婦人使觀之（宣公十七年）；鄭成公疾子駟，請息肩於晉（襄公二年）；所謂不及五稔者（襄公二十七年）；取我衣冠而褚之（襄公三十年）；錐刀之末，將盡爭之（昭公六年）；二十年之外，吳其爲沼乎（哀公元年）；若斯之比，皆可留予讀者許多想像之餘地，故詞蘊豐繁，筆力勁健，蓋能以實字健句故也。

三、重筆

林紓《左傳擷華》評〈展喜犒師〉一文曰：「文字中有下一字，造一語，重如山嶽，震如雷霆，聞者立動其顏色者，即此篇恃先王之命五字是也。」此重筆聳動之說也。外是，如陰飴甥對秦伯僖公十五年，答曰「不和」二字；燭之武退秦師僖公三十年，強調「闕秦利晉」四字；王孫滿答問鼎宣公三年，棒喝「在德不在鼎」五字；吳蹶由對楚子昭公五年，祇應他一「吉」字，要皆詞重而筆警，足以振聾發聵者也。

夫文有主意，有眼目，重筆亦往往在焉，如臧哀伯諫納郜鼎桓公二年，昭德爲賓，即用重筆；立違爲主，則用輕筆。又如齊襄之弒莊公八年，使間公三字是重筆，蓋弒謀所以成，皆由得公之間也。又如大事于大廟躋僖公文公二年，重筆提掇「逆祀」二字，警辣非常。季文子論齊侯不免文公十五年，提掇六禮字，反覆盡致。單襄公辭鞏朔獻齊捷成公二年，側重王命，說來便大義凜然。呂相絕秦成公十三年，及君之嗣句，及字須看重，欲跌之碎，必舉之高也。鄢陵之戰成公十六年，范文子之言重提「內憂」二字，全爲晉亂張本。臧仲武論詰盜襄公二十一年，重筆提數「盜」字，多有矯橫堅峭之致。

又如聲子說楚復伍舉襄公二十六年，四點盟主處是重筆，烘托成章最妙。宋之盟襄公二十七年，重筆提點信字十二，此盟所重故也。子產醫和論疾昭公元年，重筆連點數節字，明病根所在也。薳啓彊論辱晉昭公五年，曰可：茍有其備。，何故不可？揭一「備。」字，舌劍脣槍，令人震撼。郲黑肱來奔（昭公三十一年），君子之論，頻點十「名。」字，以見《春秋》之義，有大珠小珠落玉盤之妙。若此者，所以饒警拔之致，重筆提點故也。重輕詳略之安排，爲薪傳《春秋》之約文與筆削。

四、圓活字

爲文欲使人情意態，栩栩如生：圖神寫貌，意象浮現，則當求用字之圓融靈活。用字而能圓活，則文動蕩見奇，搖曳見態矣。俞樾《古書疑義舉例》卷三，「實字活用例」曾舉《左傳》文爲說：門其三門。（襄公九年），下門字實字也，上門字則爲攻是門者矣，此實字而活用者也。「屈蕩尸之」（宣公十二年），尸本實字，而用作止義，則活矣。「佩，衷之旗也。」（閔公二年）；「且旌善人。」（僖公二十四年），旌旗皆實字，而用作表示、彰顯之義，則實字而活用矣。俞氏所謂之實字，本極平易庸常之名詞，茍能推陳出新，則圓活生動矣。

夫字能運用圓活，則虛能爲實，淺能爲深，如無使滋蔓。，蔓難圖也。（隱公元年），以蔓字狀勢漸強大，意象活現。又如愛子敎之以義方，弗納于邪。（隱公三年），謂推而入罪也；祝聃逐之，衷戎師。（隱公九年），謂戎前後及中，三面受敵也；楚人衷甲。，謂甲在衣中也；唯是風馬牛不相及也。（僖公四年），謂牝牡相誘也；君子不重

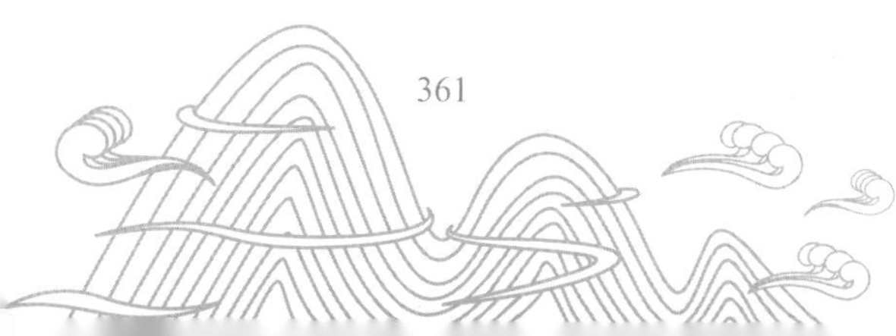

傷，不禽二毛（僖公二十二年），謂頭白有二色，即下文之胡耇也；其波及晉國者，君之餘也（僖公二十三年），謂散餘所及也；距躍三百，曲踊三百（僖公二十八年），謂舉身向上而跳；是糞土也（僖公二十八年），其言糞土也（襄公十四年），謂了無價值；叔武將沐，聞君至善，捉髮走出（僖公二十八年），急遽之情如見；染指於鼎，嘗之而出（宣公四年），貪味之神如生；欲勇者賈余餘勇（成公二年），英姿颯爽可知；班荊相與食，而言復故（襄公二十六年），朋友世親之忱，千載猶活也。它如《左繡》所謂死字作活字用，若「今而明之，其可乎」（成公十六年）；「故鄙邑十一牢之」（哀公七年），各著一之字，遂而圓活無比，亦此類也。

宋呂本中〈夏均父集序〉：「謝玄暉有言：『好詩圓美流轉如彈丸』，此眞活法也。」圓美靈活，乃死蛇活弄之法。宋代蘇軾提出捷法，呂本中江西詩派提倡活法，魏慶之《詩人玉屑》亦稱：「下字貴響，造語貴圓」（卷一詩法）；可見詩文一家，屬辭約文多追求圓活字。

五、新鬭字

昌黎論文，以務去陳言爲第一要義；彥和鍊字，亦以能自鑄新詞爲無上妙諦。可見文字貴在常新，最忌墨守。文字雖尚新奇，然亦須新而妥，奇而確。林紓《畏廬論文》所謂：「文之能奇，必爲情理中

所有，不過造語異于恒蹊，非背理而求奇，匿情而求奇也。」皆哉斯言！，

林紓《左傳擷華》曾盛稱：齊人尸崔杼（襄公二十八年），左氏用「幅」字之新闢，謂：「富如布帛之有幅」，幅字，製衣已成之謂，所以無遷，猶襟之不能遷而爲袖也。譬喻已奇，乃即用幅字爲活字：正德以幅之，幅字即爲保富之法；謂之幅利，幅字即定正德之名；所謂幅也，幅字即爲立言之證。用字新闢如此，而又不失自然，所以爲高。除林氏所言者外，《左氏》鍊字，新奇而妥確者，不乏其例，如周鄭交質，周鄭交惡（隱公三年），天王下威與鄭伯不王之情，表露無遺。又如穀也食子，難也收子（文公元年），謂先父死而受奉祀，與後死而葬父身也；寡人出，伯父無裏言，入又不念寡人（莊公十四年），謂無納我之言也；婦人暫而免諸國（僖公三十三年），謂倉卒疾行也；出滯淹（文公六年），謂選拔側陋之賢能也；韎韋之跗注，君子也（成公十六年），謂著赤皮戎服者也；楚人甚之脫扃（宣公十二年），用甚不用教；又如田獵射御，貫則能獲禽（襄公三十一年），用貫不用習；稱舍於墓（僖公二十八年），用舍墓不用發冢；彼皆偃蹇（哀公元年），用偃蹇不用驕傲；又如弗去懼選（昭公元年），數罪加戮曰選；楚師熸，其師熸（昭公二十三年），無復氣勢曰熸；又如小者不窕，大者不槬（昭公二十一年），窕細不滿曰窕，橫大不入曰槬；其語偷，不似民主（襄公三十一年），謂苟且也；不亦左乎（昭公五年），謂不便也；吾以王賈罪，不亦銳乎（昭公十六年），謂細小也；崇卒也（昭公元年），崇即聚之意；建可室也（昭公十九年），室即妻之稱；心億則樂（昭公二十一年），億即安之謂；諸大夫恐其又遷也承（哀公四年），承即佐之別解；凡此，皆以新闢

妥切之字，換用熟見常語，蹊徑迴別，自然清新可喜，卓絕有味也。

若夫曲筆指物之例，如謙稱敝邑、寡君、寡人、不穀、不佞、下臣；尊稱曰執事、曰左右，曰玉趾，曰辱；敏稱華耦，古稱陳桓；晉人謂秦拜賜之師，晉人謂之遷延之役，要皆曲飾為說，而趣味橫生，已詳四章「曲折」句法中，此不再贅述。

第三節 文辭光采由鍊擇

句因度而能穩，字必鍊而始工，古人有句鍛月鍊，乃至於有「二句三年得」，「一字師」之美談者，可見其用心矣。綴字屬篇，苟經鍊擇，則一字之得力，章句皆光采矣，可不務乎？惟鍊字之術，不在矜奇誇異，而在意勝而文美，清沈德潛《說詩晬語》云：「古人不廢鍊字之法，然以意勝，而不以字勝。故能平字見奇，常字見險，陳字見新，朴字見色。近人挾以鬥勝者，難字而已。」此雖說詩，以之論文，亦皆然也。

鍊字之為術，雖近末節粗迹，然神理氣味舍是無歸，未有文字安頓不妙，而可謂之文者也。故曰文字貴鍊，鍊則潔峭而純簡，味腴而氣厚，如此，則文字光采奪目矣。文辭之光采，既經由鍊擇，而鍊擇之術多方，就其要者言之有九：一曰類字，二曰避複，三曰犯重，四曰倒文，五曰轉品，六曰省文，七曰借代，八曰鑲嵌，九曰立柱，皆鍊字之術也，試分別舉例論說如下：

一、類字

同一字詞，作連續而有規則之重複使用，以造成氣勢之雄偉壯濶，結構之聚密蟬聯，與夫節奏之輕快空靈，使文義更加明暢，感受格外深切者，謂之「類字」[7]。行文遣詞原宜避免重出——同字相犯，故《文心雕龍・練字篇》有「權重出」之說；然類字之法，卻不以重複爲忌，反以重出逞能。前人論文，有所謂全篇用一字變化法，又有所謂纍纍若若如貫珠之勢者，即指類字而言。

《左氏》最善用「類字」，幾達神施鬼設，渾然無迹。元劉壎《隱居通議》卷十八，曾舉《左傳》宰孔賜齊桓胙（僖公九年）、蹇叔哭師（僖公三十二年）、申叔時諫縣陳（宣公十一年）諸篇，盛稱「其有間架、有樞紐、有脈絡、有眼目」，實則善用類字而已。舉例言之，如鄭敗息師（隱公十一年），連寫五「不」字，而總之曰五不韙，老而辣。又如蔡桓侯卒（桓公十七年），全篇二十四字，而連寫五「蔡」字，《左氏》雖短什亦以順逆回環爲章法。又如鄭伯享宋公（僖公二十四年），王使來告難（僖公二十四年），鄭伯等省官具（僖公二十四年），緊鄰三篇，都用「禮也」作斷，可見《左氏》彌縫篇什之苦心。城濮之戰（僖公二十八年），開首特書「上德也」，文末再結一筆曰：「能以德攻」，緊湊密栗，通篇皆靈。燭之武退秦師（僖公三十二年），九提「君」字，寫得句句是爲秦謀，不爲己謀，所以爲妙。蹇叔哭師（僖公三十二年），西師、濳師、勞師、出師、禦師，秦師遂東，師字連下重出，一線穿落，章法絕佳。

又如狼瞫從師（文公二年），前連寫三「囚」字，中連寫五「勇」字，末連寫三「怒」字，特寫重出，筆意濃至。齊商人弒其君（文公十四年），四「爾」字，二「我」字，寫得各不相合，既和平又輕薄。齊侯侵魯伐曹（文公十五年），寫「禮」字凡六，「天」字凡七，意以複而透，詞因複而奇。楚子圍宋（宣公十四年），連用三「及於」，寫出怒容可掬神態來。呂相絕秦（成公十三年），用「我」字四十有三，波瀾騰踔，如海如潮，幻化萬狀，秦罪遂擢髮難數。聲伯夢涉洹（成公十七年），前半連寫四瓊瑰字，後半連寫三占字，以重出逞能。北宮文子論威儀（襄公三十一年），共十二「威儀」字，層峰複嶺，倒側離披，一轉一丘壑，一步一洞天。又如虢之會（昭公元年），子羽評論諸人，通寫十「憂」字，累累如貫珠，所謂密處不容針也。有星孛于大辰（昭公十七年），凡寫十五「火」字，或以星，或以灾，或以五行，奇變之文也。宋衛陳鄭災（昭公十八年），寫「火」字十五，書重詞複，而與前篇異致，見火災之幻化不測也。

又如閔子馬論學昭公十八年，言不學者三，無學者二，而學者一，錯落有致，絕世姿態。子太叔論禮儀昭公二十五年，以「氣爲五味，發爲五色，章爲五聲」三爲字，領起下文九「爲」字，韓昌黎〈原道〉，本此調法。鸜鵒之謠昭公二十五年，連用六「鸜鵒」字，而不覺堆垛，但見逞能，天巧非人工也。鄭伯蘭卒宣公三年，夢蘭、御蘭、徵蘭、名蘭、刈蘭，連寫五「蘭」字，事奇而文更妙也。其它，如齊人救邢閔公元年，二寫懷字，三寫簡書；又如邲之戰欒武子論楚宣公十二年，連寫三「不可謂」；鞌之戰成公二年，末幅先用五「病」字，後連用五「免」字；呂相絕秦成公十三年，連寫五「是以有」；駒支對范宣子襄公十四年，七寫「我諸戎」；穆姜釋占襄公九年，四寫「不可謂」；子產獻捷襄公二十五年，連用十三「我」；子太叔論威儀襄公三十一年，四寫「可謂」；子太叔不毀廟昭公十二年，九寫「毀」字，是其例也。

《左氏》之用類字，最足矜式者，莫如句法有蟬聯貫珠之勢，如不以國，不以官，不以山川，不以隱疾，不以畜牲，不以器幣桓公六年；又如以國則廢名，以官則廢職，以山川則廢主，以畜牲則廢祀，以器幣則廢禮桓公六年。又如念茲在茲，釋茲在茲，名言茲在茲，允出茲在茲襄公二十一年。又如直而不倨，曲而不屈，邇而不偪，遠而不攜，遷而不淫，復而不厭，哀而不愁，樂而不荒，用而不匱，廣而不宣，施而不費，取而不貪，處而不底，行而不流襄公二十九年。又如君子在位可畏，施捨可愛，進退可度，周旋可則，

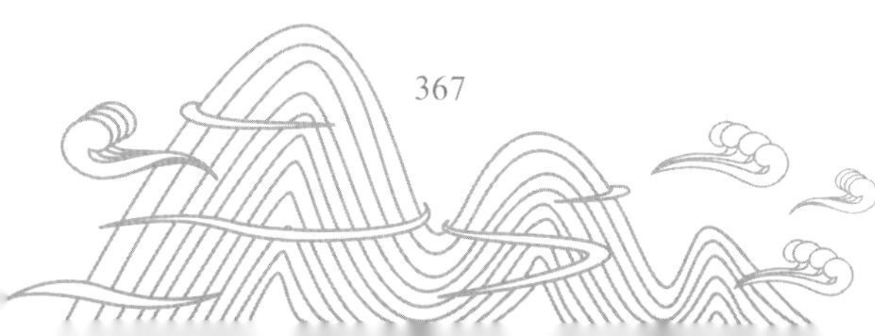

容則可觀，作事可法，德行可象，聲氣可樂（襄公三十一年）。又如吾未撫民人，未事鬼神，未修守備，未定國家（昭公十三年）。又如無始亂，無怙富，無恃寵，無違同，無敖禮，無驕能，無復怒，無謂非德，無犯非義（定公四年）。又如君子不食姦，不受亂，不爲利疚於回，不以回待人，不蓋不義，不犯非禮（昭公二十年）。又如昔闔廬食不二味，居不重席，室不崇壇，器不彫鏤，宮室不觀，舟車不飾，衣服財用擇不取費（哀公元年）。可見爲文而能善用「類字」，則句式齊整、段落清晰，旨趣凸顯，而氣勢遒勁矣。

二、避複

行文用字，固有以重出逞能者；更有爲免重複，而求變化者，往往力避使用同字，是謂「避複」。孔子作《春秋》，「約其辭文，去其煩重。」（《史記．十二諸侯年表序》）《文心雕龍．練字篇》所謂：「善爲文者，富於萬篇，貧於一字，一字非少，相避爲難也。」此爲文「權重出」之道也。

《左傳》之文至美，修辭頗工，練字甚審。馮李驊《左繡》稱：「《左氏》筆法，不但一篇之中，屢變不犯，即各自成章，苟連類而及，亦必小作分別，煞見細心。」（卷一頁八）安章既如此，即鍛句鍊字亦皆然也，如鄭伯享趙孟（昭公元年），鄭大夫與趙孟賦詩酬對間，事雖重出，而語無雷同；又如宋衛陳鄭災（昭公十八年），與有星孛于大辰（宣公十四年），同寫火政，亦絕不相犯，此可概也。又如鞌之戰（成公二年），《左氏》載晉師歸，郤伯見，公曰：「子之力也夫！」范叔見，勞之如郤伯；欒伯見，公亦如之。夫三述晉侯之語，固未爲害，而《左氏》兩變其文，蓋避重複也（文則丁）。又如州綽曰：「二子者，譬於禽獸，臣食其肉而寢處其皮矣」（襄公二十一年）；盧蒲嫳亦曰：「譬之如禽獸，吾寢處之矣」（襄公二十八年）；子雅則云：「其或寢處我乎」（昭公三年），一語數見，由詳而約，所以避免雷同也。又如衆怒難犯（哀公二十五年）之語意一也，或曰衆怒難犯，專欲難成（襄公十年）；或曰衆怒如水火焉，不可爲謀（昭公十三年）；或曰衆怒不可蓄也（昭公二十五年）；或曰衆可懼也，而不可怒也（昭公二十六年）；一意而五式，可見《左氏》之刻意避複也。

若夫字詞，《左氏》尤刻意避複，最見其精雕細琢之處，如並后、匹嫡、兩政、耦國（桓公十八年），字法古雋。築王姬之館于外；爲外，禮也（莊公元年），爲外，于外也，異字同義，避同也。魏錡請致師，弗許；請使，許之……趙旃請挑戰，弗許；請召盟，許之（宣公十二年），小變其文，亦避複也。是夭子蠻，殺御叔，弒靈侯，戮夏南，出孔儀，喪陳國，何不祥如是（成公二年），亦因避複而變換。有殽之師，有令狐之役，有河曲之戰，有輔氏之聚（成公十三年），同指戰爭，而用字小別。蹲甲而射之，徹七札焉（成公十六年），札甲同意，避複變文。鄭伯有耆酒，爲窟室……其人曰：吾公在壑谷（襄公三十年），壑谷即窟室也。公孫蠆爲少姜之有寵也，以其子更公女而嫁公子。（昭公三年）公女即公子也。在禮，家施不及國，民不遷，農不移，工賈不變。（昭公二十六年）三字皆同意，而不同詞者，避複易換耳。

《左傳》稱號不一，或稱名，或稱字，或稱伯仲，或稱封爵，學者苦之；此固左公所據百國春秋之原始，而自後世修辭學觀之，亦未嘗不可許以行文之避複，故變換如此也。⑧大抵《左傳》中之名字，多錯出互見，如子金，即瑕呂飴甥，其字也，又稱呂甥，陰飴甥（僖公十五年）；衛共姬，即長衛姬；公子無虧，即武孟；易牙，即雍巫（僖公十七年）；皆一人二稱；又如越椒、椒、子越、伯棼，同一人而四稱；鬥般、子揚，一人二稱；蔿賈、伯嬴，亦一人有二名，是其例也。參詳《春秋名號歸一圖》等書，不一。

三、犯重

一再使用相同字詞，不以重複為嫌之鍊字法，謂之「犯重」。其實，類字亦犯重也，然類字之法，首尾同字同義交替出現；犯重雖亦連續現字，唯或換意不換字，或換字不換意，或同名而異實，此其不同也，故分為二。

所謂換意不換字者，如陳敬仲辭夜飲（莊公二十二年），君子曰：「酒以成禮，不繼以淫，義也；以君成禮，弗納於淫，仁也」，六句中，成禮字，淫字不換，而只變換其意思。又如新作延廄（莊公二十九年），「春，新作延廄，書不時也。凡馬，日中而出，日中而入」，以兩日中解時字，亦換意不換字。又如「成周宣榭火，人火之也。凡火，人火曰火，天火曰災」，六寫火字，字仍意換，是其例也。

所謂換字不換意者，如呂相絕秦（成公十三年），申之以盟誓，重之以昏姻，跋履山川，踰越險阻，殄滅我費滑，散離我兄弟，撓擾我同盟，傾覆我國家、傾覆我社稷、帥我蝥賊、以來蕩搖我邊疆，芟夷我農功、虔劉我邊垂、背棄盟誓、君之仇讎；連用爾許同義字，遂使氣勢遒健，而成千古詞令之妙品。又如子產曰：「衆怒難犯，專欲難成……專欲無成，犯衆興禍，子必從之」，複說一遍，便極其危悚。又如其人則盜賊也，其器則姦兆也（文公十八年），盜賊同義，姦兆同義，皆犯重也。又如繕完葺牆，以待賓客（襄公三十一年），繕完葺一意犯重也。又如庸次比耦以艾殺此地（昭公十六年），庸次比三字一意，亦犯重也。又如一薰一蕕，十年尚猶有臭（僖公四年），尚猶犯重也；又如將庸何歸（文公十五年），庸何亦同意相犯，是其例也。凡此，皆所以完足語氣者也。

所謂同名而異實者，如公鞭侍人賈舉，而又近之……侍人賈舉止衆從者而入……賈舉州綽……皆死（襄公二十五年），杜注：「重言侍人賈舉者，別下賈舉。」此二賈舉，異人同名也，稱名不得不犯重。又如慶封出奔（襄公二十八年），子家曰：「子之言云，又焉用盟」；謂子家：「速歸！」云云，杜注前「子家」云：「子家，析歸父」；注後「子家」云：「子家，慶封字」，同一名而別指二人，於文犯重矣，此亦無可如何者也。

四、倒文

黃永武《字句鍛鍊法》論「鍊字之倒裝」云：用字之排列次序，一變常法，特意顛倒，使平板爛熟之文句，產生新貌，達到加強語勢，調和音節，或變換語法之目的。「倒文」，亦鍊字之要訣。

《左傳》頗多「倒文」，如入而能民，土于何有（僖公九年），順言則當云何有于土。又如無不祥大焉（襄公三十年），順說之則日不祥無大焉。又如盜所隱器（昭公七年），乃隱盜器之倒裝。又如諺所謂室於怒，市於色者（昭公十一年），乃「怒於室，色於市」之倒文。又如我之不共，魯故之以（昭公十三年），順言當云以魯之故。又如毛得必亡，是昆吾稔之日也，侈故之以（昭公十八年），謂以侈之故也。又如私族於謀，而立長親（昭公十九年），順言則如私於族謀。又如季孫使役如闞，公氏將溝焉（定公元年），直言謂將溝公氏也。又如太宰嚭曰：國君道長（哀公七年），苟順說之，則當云國君長大於道路也。若斯之例，一經倒裝，則文勢遒勁，而語法清新矣。

外此，又有爲強調某一觀念，而將受詞提前，而於其間加之、焉、是等虛字者；又有動詞上冠否定詞或疑問詞，因語法特性而倒置者。是馬建忠《文通》所謂：「凡止詞先乎動字者，倒文也。如動字或有弗辭、或爲疑辭者，率間之字；辭氣確切者，間參是字。」（卷七頁九）舉例如下：

夫「之」字、「是」字、「焉」字，以間倒文，此種字法，《左傳》《論語》最爲習見，後則韓文襲用最多，如姜氏何厭之有（隱公元年）、大夫其非衆之謂（桓公十三年）、其何土之能得（莊公三十二年）、君亡之不恤、而群臣是憂（僖公十五年）、非子之求、而蒲之愛（宣公十二年）、一慙之不忍（昭公三十一年）、寡君其罪之恐（昭公三十一年）、此皆加「之」字而倒文之例也。又如禍是務去（隱公三年）、豈不穀是爲，先君之好是繼（僖公四年）、周敗是求（僖公十五年）、妖夢是踐（僖公十五年）、唯力是視、唯敵是求（宣公十二年）、唯利是視、唯好是求（成公十三年）、唯吾子戎車是利（成公二年）、鄙我是欲（襄公八年）、可以庇民者是從、唯余馬首是瞻（襄公十四年）、敗績壓覆是懼（襄公三十一年）、亦其廢墜是爲（昭公九年）、釋君而臣是助（昭公二十一年）、今吳是懼而城于郢（昭公二十五年）；凡此，皆介「是」字而倒文之例也。又如我周之東遷、晉鄭「焉」依（隱公六年）；安定國家，必大「焉」先（襄公三十年），此則介「焉」字而倒文者。順言之，但云依晉鄭、必先大而已也。

凡及物動詞上有否定詞「不」，「莫」等字，則受詞倒置動詞之上。馬氏《文通》所謂：「凡外動字，狀以弗辭，或起詞爲莫無等字，其止詞如爲代字者，概位乎外動之先，非代字而先焉者蓋寡。」

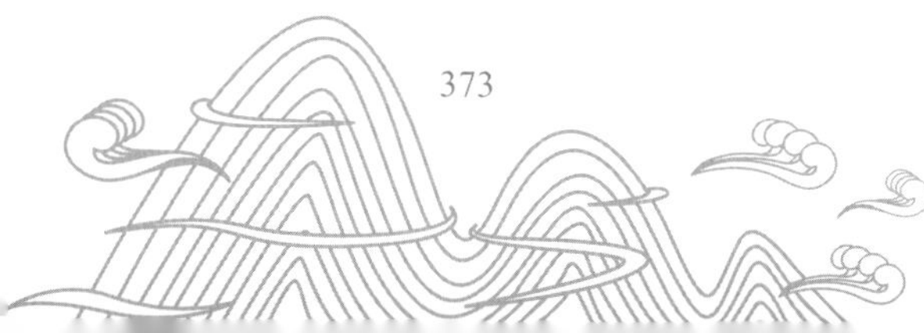

（卷十頁二十六）。如不女瑕疵也（僖公七年）、將不女容焉（僖公七年）、幾日而不我從（襄公四年）、余恐亂命以不女違（襄公十年）、余不女忍殺（昭公元年）、鄭人貪賴其田而不我與（昭公十二年）、僂句不余欺也（昭公二十五年）、是區區者而不余畀（昭公十三年）、禍福之至，不是過也（哀公六年），凡此皆「不」詞而倒文者也。又如以信召人，而以僭濟之，必莫之與也（襄公二十六年）；夫子愎，莫之止，必不出（襄公二十六年）；會同難，嘖有煩言，莫之治也（定公四年）；凡此皆因「莫」詞而倒文者也。若夫晉國之命，未是有也（襄公十四年），則因「未」字而倒文矣。

又有因疑問指稱詞而倒置詞序者，如寡人有子，未知其誰立焉（僖公十五年）、吾誰適從（僖公五年）、公子誰恃（僖公九年）、以死誰懟（僖公二十四年）、將以誰任（宣公十三年）、又誰敢怨、又誰敢德（成公三年）、將誰福哉（昭公十年）、君將誰與（定公十三年），此因「誰」字而倒文者。又如我奚御哉（莊公八年）、其又奚言（莊公十四年）、余奚能爲（昭公三年），此因「奚」字而倒文者。又如秦則無禮、何施之爲（僖公二十三年）；禍之大者，其何福之有（成公十二年）；是禍之也，何衛之爲（昭公七年），皆因「何」字而倒置詞序者也。不惟語法變換，語勢亦隨之遒勁矣！

五、轉品

所謂「轉品」者，即文法中「詞類之活用」，亦即評點家所謂「實字虛用，虛字實用」之術。凡改變字彙原屬之詞性，而使意蘊新穎具體，挺拔有味者，是謂轉品。品，即是詞之品類。英馬士曼（J. Marshman）曾謂：「中國文法，完全依靠詞序決定詞性。」可見轉品與詞序大有關係。此因漢語屬孤立語，無語根與語尾之變化故也⑨。

宋洪邁《容齋三筆》稱：「《左氏傳》好用門焉字，如晉侯圍曹，門焉（僖公二十八年）；齊侯圍龍，盧蒲就魁門焉（成公二年）；吳伐巢，吳子門焉（襄公二十五年）；偪陽人啓門，諸侯之士門焉（襄公十年）；及蔡公孫翩以再矢門之（哀公四年）；門于師之梁（襄公二十六年）；門于陽州（定公八年）之類，皆奇葩之語也。」考諸「門」字，所以爲奇葩語者，特名詞用如動詞，含蘊豐厚，而意象浮現而已。諸如此類，《左傳》頗夥，如晉軍函陵，秦軍氾南（僖公三十年），謂駐紮也。又如晉之餘師不能軍（宣公十二年），亦謂營屯也。城濮之役，晉軍三日穀（宣公十二年），謂食穀也。席於軍門之外（宣公十二年），謂布席也。不德于民（襄公四年），謂施德也。余狐裘而羔袖（襄公十六年），謂衣狐裘羔袖也。不如吾聞而藥之也（襄公三十一年），謂鍼砭也。疑年，使之年（襄公三十年），謂言年也。趙孟不復年矣、又何以年（昭公元年），謂延年也。請皆卒（昭公元年），謂改爲卒伍也。微禹，吾其魚乎（昭公元年），謂淹溺也。其出入也時（昭公四年），謂定時也。執政弗義（昭公十六年），謂以爲義也。有君子白皙鬒鬚眉甚口（昭公二十六年），謂有口辯也。余姑爲之求士，而鄙以待之（昭公二十年），謂居於鄙也。士兵之（定公十年），謂斬殺也。爾欲吳王我乎（定公十年），謂以我爲吳王也。樹吾木櫝，櫝可材也，吳其沼乎（哀公十一年），樹謂栽植，材謂成材，沼謂爲沼也。微二子者，楚不國矣（哀公十六年），謂成國也。凡此，皆名詞用如動詞之例。

外此，《左傳》又有假形容詞爲動詞者，如大叔命西鄙北鄙貳于己、國不堪貳（隱公元年）、王貳於虢（隱公三年），謂攜貳副貳也。又如秦師遂東（僖公三十二年），遂東太子光（襄公十九年），謂東征、東置也。楚人惡君之二三其德也（成公十三年），謂不專一也。上其手曰，下其手曰（襄公二十六年），謂朝上朝下也。將自用也，必小羅（昭公十二年），謂輕視也。大福不再（昭公十三年），謂再至也。是以久子（昭公二十四年），謂久留也。齊君弱吾君（昭公十二年），謂弱視之也。凡此，皆形容詞用如動詞之例也。其它，如莊公寤生（隱公元年），生死而肉骨（襄公二十二年），豕人立而啼（莊公八年），生拘石乞（哀公十六年），則動詞或用如形容詞，或普通動詞變爲使動動詞，如此施爲，皆可使文意具體有味，用字新奇不落俗套。

六、省文

減字省文，所以芟駢枝、避冗複、免重出，而歸簡潔也。必也詞約事豐，神餘象外，方得稱爲「省文」也。孔子作《春秋》，或筆或削以見義。就數量言，所筆不如所削。所削，則削而不書，所謂「事仍本史，而辭有損益」。

錢鍾書《管錐編》稱：句中著一字，而言外反三隅，乃可謂之簡（頁一八〇）；又稱：文不足而意足，意申不待詞備，乃可謂之省（頁二四二），並舉《左傳》之文爲例證。《史通．模擬篇》亦稱《左氏》：文略理昭，字去意留，則其省文可知矣。嘗試舉例如下，若大都不過三國之一；中，五之一；小，九之一（隱公元年），其間省略「都不過」三字，而意仍完足。又如故有得神以興，亦有以亡（莊公三十二年），亦有下省「得神」二字。今令尹不尋諸仇讎，而於未亡人之側，不亦異乎（莊公二十八年），「於」上從上省略「尋」字。若晉君朝以入，則婢子夕以死；夕以入，則朝以死（僖公十五年），夕以入句從上省略晉君字。戰於韓（僖公十五年），韓，晉地，於韓則伐晉可知，省文也。凡諸侯之喪，異姓臨於外；同姓，於宗廟；同宗，於祖廟；同族，於禰廟（襄公十二年），後三句皆從上省略「臨」字。爲從者之淹，居則具一日之積；行則備一夕之衛（僖公三十三年），居之前省一日，行之上省一夕。豈惟寡君，舉群臣實受其貺（昭公三年），豈惟寡君下探下文而省「受其貺」三字。楚人爲食，吳人及之；奔，食而從之（定公四年），補足當云楚人奔，吳人食而從之，《左氏》蒙上省文。凡此，皆所以免複沓而求簡捷也。

馬建忠《馬氏文通》卷十，曾論主詞之省略，可令振起文勢：其一，「議事論道之句讀，如對語然，起詞可省」，如鄢陵之戰（成公十六年），巢車望晉軍一段，八問八答，皆無主詞，蓋所指已明，不言可知。其二，「命戒之句，起詞可省」，如止，將爲三軍獲；不止，將取其衷（襄公十八年）；又如矢及君屋，死之（襄公二十三年），諸句皆省主詞也。其三，「讀如先句，句之起詞，已蒙讀矣，則不復置」，如昔周辛甲之爲太史也，命百官官箴王闕（襄公四年）；於是祁奚老矣，聞之，乘馹而見宣子（襄公二十一年），是其例也。其四，「句讀起詞，既見於先，而文勢直貫，可不重見」，如期戍，公問不至；請代，弗許，故謀作亂（莊公九年）；又如乃從白公而見之，與之言，悅；告之故，辭；承之以劍，不動（哀公十六年），是也。凡此，皆文言所以簡潔鍊要之故也。

又有古人語急，省二字爲一字者：如，即不如；那，即奈何。如若天欲殺之，則如勿生（僖公二十一年）；若愛重傷，則如勿傷；愛其二毛，則如服焉（僖公二十二年）；若知不能，則如無出（成公二年）；若求安定，則如與之濟所欲（昭公十三年）；君若愛司馬，則如亡（昭公二十一年）；不能，如辭（定公五年）；棄甲則那（宣公二年），是其例也。外此，又有節稱名字者，如晉重耳之省爲晉重（定公四年），莒展輿之省爲莒展（昭公元年），趙嬰齊省曰趙嬰（成公四、八年），申公巫臣省曰屈巫（成公二年），并是省文之例也。

七、借代

行文措詞時，舍通用之本名或語句不用，另借特別之事物相替代者，謂之「借代」。借代為拋棄陳言，自鑄新詞之修辭法，善用之，則文字具體貼切、新穎密栗、含蓄而強勁矣。⑩

《左傳》之鍊字，有關借代者，類別甚多：有以全體代部分者，如郰人紇抉之以出門者（襄公十年），周甘人與晉閻嘉爭閻田（昭公九年）、奮揚使城父人執己以至（昭公二十年）、廚人濮曰（昭公二十一年）、武城黑謂子常曰（定公四年）、衛侯伐邯鄲午於寒氏（定公十年）、子無謂秦無人（文公十三年）、王城人劉人戰于施谷（昭公二十六年）、是其例也。又如蠻夷猾夏（僖公二十一年），蠻夷該四夷而言，是以部分代全體也。我二十五年矣，又如是而嫁，則就木馬（僖公二十三年），木指棺木，此以原料代成品也；吳用木也，我用革也（定公四年），此亦以原料代成品也。非神敗令尹，令尹其不勤民，實自敗也（僖公二十八年），此以官名代人名者也。死傷未收而棄之，不惠也（文公十二年），此以抽象代具體者也。

又如侏儒侏儒，使我敗於邾（襄公四年），朱儒本短柱之稱，此以物代人者也。是寡人之雄也，君以為雄，誰敢不雄（襄公二十二年），此以專名作通名也——雄本鳥父之稱，今以為勇士之名。聞諸道路信否（定公三年），道路以代行之者，此以作用相代也。三折肱為良醫（定公十三年），此以定數代不定數也。利以伐姜，不利子商；伐齊則可，敵宋不吉（哀公九年），此借前朝代後世也。凡此，皆足以使文字清新洗鍊，光采煥發。韓愈論文稱：惟陳言之務去，此其一法也。

八、鑲嵌

黃慶萱《修辭學》第二十一章，論「鑲嵌」曰：在語詞中，故意插入數目字、虛字、特定字、同義或異義字，以拉長音節、舒緩語氣，期能增加意義之區別，避免字音之混淆，進而顯現匠心安排之辭趣者，謂之「鑲嵌」。其類有四：曰鑲字，曰嵌字，曰配字，曰增字，其中「增字」法即是犯重，已述於前，其它舉例說明如下：

所謂鑲字，指將無關緊要之虛字或數目字，插在有實際意義之字間，以拖長音節，寬緩語氣者。以《左傳》為例，如聲伯夢歌（成公十七年），「歸乎歸乎！瓊瑰盈吾懷乎」。又如南蒯鄉人歌（昭公三十年），「我有圃，生之杞乎，從我者子乎，去我者鄙乎，倍其鄰者恥乎，已乎已乎，非吾黨之士乎」。又如萊人歌（哀公五年），「景公死乎不與埋，三軍之士乎不與謀，師乎師乎，吾黨之士乎」，此三歌，皆鑲「乎」字也。鸜鵒童謠（昭公二十五年），「鸜之鵒之，公出辱之」；鄭輿人子產誦（襄公三十年），「取我衣冠而褚之，取我田疇而伍之，孰殺子產，吾其與之」；「我有子弟，子產誨之；我有田疇，子產殖之；子產而死，其誰嗣之」，此一謠一誦，皆鑲「之」字也。

外此，《左傳》中之誓辭，例鑲「所……者……有如」：所不與舅氏同心者，有如白水（僖公二十四年）；所不歸爾孥者，有如河（文公十三年）；所不嗣事于齊者，有如河（襄公十九年）；嬰所不唯忠於君，利社稷者是與，有如上帝（襄公二十五年）；所不以爲中軍司馬者，有如先君（定公六年）；所不殺子者，有如陳宗（哀公十四年）；所能見夫人者，有如河（昭公三十一年）；余所有濟漢而南者，有若大川（定公三年），是鑲字之例。又有鑲數目字者，如聲亦如味：一氣、二體、三類、四物、五聲、六律、七音、八風、九歌，以相成也（昭公二十年）；又如古者天子守在四夷……諸侯守在四鄰，諸侯卑守在四竟，愼其四竟，結其四援（昭公二十三年）；此鑲數字，益見其巧構。

所謂嵌字，指故意用特定之字嵌入句中之謂。《左傳》敘事，最喜嵌入「東西南北」四字，爲《史記》、《漢書》、漢大賦，及唐宋八大家所本。如賜我先君履，東至於海，西至於河，南至於穆陵，北至於無棣（僖公四年）；北伐山戎，南伐楚，西爲此會也，東略之不知，西則否矣（僖公九年）；將有西師過軼我……其南陵，夏后皋之墓也；其北陵，文王之所避風雨也……秦師遂東（僖公三十二年）；詹桓伯辭晉侯（昭公九年），

「……吾西土也……吾東土也……吾南土也……吾北土也」。亳之盟（襄公十一年），或敘先至，或敘暮至，或敘同至，或敘還次，亦分東西南北，寫得兵威極盛，是皆其例也。晉侯與齊侯之投壺詞（昭公十二年）：「有酒如淮，有肉如坻。寡君中此，爲諸侯師」；「有酒如澠，有肉如陵。寡人中此，與君代替」，體類乎頌，亦嵌字法也。

所謂配字，或稱媵辭，或曰病辭，或名連及，文法上謂之「雙義仄用」，蓋取一平列而異義之字相配，舒緩語氣耳，不爲義也⑪。見於《左傳》之例不多，如以索馬牛皆百匹（襄公二年），正義曰：「牛當稱頭，而亦云匹者，因馬而名牛曰匹，兼言之耳。」又如苟利社稷，生死以之（昭公四年），此謂雖死不惜，生爲配字，不爲義。又如取其鯨鯢而封之（宣公十二年），杜注：「鯨鯢，大魚名」（案：鯢小魚也），此但取其大而舍其小義也。又如鄭，伯男也（昭公十三年），王肅注云：「鄭，伯爵，而連男冒之，足句辭也」，王說得之矣。配字之爲用，正所以足句而令語氣寬緩不迫者也。

九、立柱

宋文蔚《文法津梁》稱：「文章用意，有立柱之法。柱意既立，全篇之意，即抱定柱意闡發。有立一杜或兩杜三杜者，每杜又各立一字以爲標準，此所謂以字立杜也。所用之字，即爲杜之眼目，亦爲文之線索。」布局·文中立杜 夫文章有鍊一字，即可通攝一段與一篇者，以字立杜之法也。蓋有杜意然後局法生，譬若建屋，分立間架，必先立杜也。

《左氏》之文，善鍊字以爲杜，所謂文眼，諸篇類字之謂也。蓋錘之鍊之而爲一字，鋪之張之則爲諸類字也，是以鍊字立杜，多能與篇章映照，所謂文中藏眼者也。舉例言之，如鄭伯克段於鄢隱公元年，金聖歎《左傳釋》謂之「二初三遂」之文，蓋篇中即以初遂二字立杜，且爲文眼線索者也。申繻論名桓公八年，鍊「命」字以爲杜，衍爲類字五，首尾一貫，鎔鑄無迹。以字立杜，即文家所謂全篇用一字或二三字變化之法也，《左傳》最多此種手法，如陰飴甥對秦伯僖公十五年，立「德」字爲杜，以勉秦伯，通篇皆靈。有神降于莘莊公三十二年，亦立「德」字爲杜，上下呼應自然。郤缺請歸衛地文公七年，亦立「德」字爲杜，貫通全篇。王孫滿對楚王問鼎宣公三年，亦立「德」字爲杜，一語破敵，筆力摧鋒。晉侯使太子帥師閔公二年，立「孝」字爲杜，前俱說不孝，末方說孝，只爲申生死孝作張本。

又如管仲諫用子華僖公七年，立「德」「禮」二杜，前以德禮提綱，後以德禮分應。荀息傅奚齊僖公九年，立「言」字爲杜，一層深於一層。晉重之亡僖公二十三年，立「天」字爲杜，見晉重之創霸由天非由人也。

鄢陵之戰成公十六年，前半立「憂」字，中後立「天」字，結處立「命」字順應「天」字，又立「德」字倒應「憂」字。師曠論衛出君襄公十四年，愛民、困民，分明兩柱，雙行到底。子產論政昭公二十年，「寬」「猛」並論，了無軒輊，而歸結到「和」，立三字為柱也。邾黑肱來奔昭公三十一年，君子曰云云，立「名」字，以為一篇之骨，亦即文之眼目與線索也。可見能鍊字立柱，方有眼目與線索，文方不散漫而意有歸宿。故以字立柱，亦鍊字之要訣也。

註釋

①《竹書紀年》直書其事：「周襄王會諸侯于河陽」。《史記・晉世家》引孔子曰：「諸侯無召王。」《春秋》書「王狩河陽」者，諱之也。〈孔子世家〉亦稱：「踐土之會實召周天子，而《春秋》諱之」。楊伯峻《春秋左傳注》，北京：中華書局，一九九〇。僖公二十八年，頁四七三。

②駱成駫《左傳五十凡例》〈自序〉：「凡者，包括也。故有發於前者，以前包後也；發於後者，以後包前也。發於中者，以中包其前後也。發於小國者，以小包大也；發於遠裔者，以夷包夏也。言內以明外，言遠以知近。其事同而不言者，悉包於此焉。」民國十六年（一九二七年）上浣新刊，中央研究院傅斯年圖書館藏本。卷首，頁一—二。

③張高評〈《春秋》書法與詩化修辭——以《左傳》之敘事藝術爲例〉，《「先秦兩漢古籍國際學術研討會」論文集》，香港中文大學中文系主辦，北京：社會科學文獻出版社，二〇一一年一月，頁三〇一—三三五。

④參考張高評〈談詩歌語言與言外之意〉。氏著《宋詩之新變與代雄》，臺北：洪葉文化事業公司，一九九五年。附錄三，頁五二一—五四九。

⑤ 段熙仲《春秋公羊學講疏》，南京：南京師範大學出版社，二〇〇二年。第三編《屬辭》，第一章《述傳》，頁一五五。

⑥ 參考林紓《畏盧論文》（即《春覺齊論文》），「矣字用法」，頁六一—六二。下文「也」字，亦參同書，頁六二—六四。

⑦ 黃慶萱《修辭學》論「類字的目的」，頁四四四。類字之名，首見宋陳騤《文則》庚，有「文有數句用一類字，所以壯文勢，廣文義也，然皆有法」之語。

⑧ 清章學誠著，葉瑛校注《文史通義校注》云：「左氏則隨意雜舉，而無義例，且名、字、謚、行以外，更及官爵封邑。一篇之中，錯出互見，苟非註釋相傳，有受授至今，不復識爲何如人。是以後世史文，莫不鑽仰《左氏》，而獨於此事，不復相師也。」卷四，〈繁稱〉，頁三九三。

⑨ 參閱黃慶萱《修辭學》，第九章「轉品」，又王力《中國文法學初探》。

⑩ 參考黃慶萱《修辭學》，第十三「借代」，頁二五一—頁二六五。

⑪ 「配字」一詞，宋陳騤《文則》謂之「病辭」，楊樹達《中國修辭學》謂之「連及」，傅隸樸《修辭學》謂之「媵辭」，黃季剛《文心雕龍札記》謂之「配字」，詳各書及黃慶萱《修辭學》，頁三九九。此即王楙《野客叢書》卷二十一所謂：「因其一而并其一，古人省言之體。」亦即明末徐渤《筆精》卷一所云：「古人之文，有因此而援彼者，有從此而省彼者」，「并及」之意也。

第七章

《左傳》屬辭與文章神味之表出

《春秋》屬辭與言外之意，都不說破。孔子以一介平民，取捨魯史記，作成《春秋》；以之貶天子，退諸侯，討大夫，以達王事，是非二百四十二年之中，以爲天下儀表。《孟子·滕文公下》稱：「《春秋》，天子之事也。是故孔子曰：『知我者，其惟《春秋》乎！罪我者，其惟《春秋》乎！』」清焦循《孟子正義》卷十三，滕文公下 平民而代天子施行賞罰，是「匹夫而行天子之事」。元趙汸著《春秋屬辭》，稱孔子作《春秋》，「有書，有不書，以互顯其義。」清莊存與《春秋正辭》亦云：「以所不書，知所書；以所書，知所不書。」《皇清經解》卷三百八十七 此之謂「假筆削以行權」。① 孔子知我罪我之苦衷，「行權」二字可以概見。

「貶天子，退諸侯，討大夫，以達王事」云云，是《春秋》「何以書」之指義，即孔子「假筆削以行權」之核心旨趣。孔子曰：「我欲載之空言，不如見之於行事之深切著明也。」《史記會注考證》卷一三〇，太史公自序，「見之於行事」，即是《春秋》「如何書」之法。進退公卿，褒貶諸侯，不宜憑空論斷，蓋「空言獨能載其理，行事然後見其用。」宋胡安國《春秋傳》卷首，〈春秋傳序〉，於是孔子於或筆或削之際，因事而屬辭，藉辭以見義。《孟子·離婁下》稱《春秋》之作，「其事則齊桓、晉文，其文則史。孔子曰：『其義則丘竊取之矣。』」其事、其文、其義，爲《春秋》作成之三元素，體用不二，互明相發。

《禮記·經解》稱：「屬辭比事，《春秋》教也。」孔子作《春秋》，或憑藉比事，或寅緣屬辭，以寄寓《春秋》褒貶勸懲之義。詳言之，排比相類相反之史事，連屬上下前後之文辭，《春秋》之微辭隱義，可以推求得知。此必孔門相傳之心法，故《左傳》《公羊傳》《穀梁傳》及其注疏解經，多運以屬辭比事之《春秋》教。②以經解經，可以無傳而著。《史記．司馬相如列傳》稱：「《春秋》推見至隱，《易》本隱以之顯。」《朱子語類》載朱熹之說云：「《易》以形而上者，說出在那形而下者上；《春秋》以形而下者，說上那形而上者去。」卷六七，易三．綱領下，斯言有理。

第一節 《春秋》屬辭與言外之意、都不說破

孔子或筆或削，所以體現「竊取之義」。《春秋》成書之後，筆削之所以然，隨之模糊不清；猶鴛鴦繡出，金針亦難尋覓。《史記．孔子世家》稱：孔子「爲《春秋》，筆則筆，削則削，子夏之徒不能贊一辭」，職此之故。《朱子語類》載朱熹之言曰：「《春秋》都不說破，教後人自將義理去折衷」；又稱：「聖人且據實而書之，其是非得失，蓋有言外之意」。卷八三，春秋．綱領《左傳》成公十四年君子曰，揭示《春秋》五例，其四曰「盡而不汙」；晉杜預〈春秋序〉所謂「直書其事，具文見意」，即朱熹所云：「據實而書之」《春秋》書法之一。③亦即顧炎武所云：「於序事中寓論斷」，「不待論斷，而於

序事之中即見其指」之史家筆法。《日知錄集釋》卷二十六，於序事中寓論斷 凡此，皆攸關其事、其文「如何書」之法。

中唐啖助、趙匡新《春秋》學派，解讀《春秋》，有所謂「綴述十意」，皆筆削昭義之法。筆而書之者有三：悉書以誌實、即辭以見義、闕略因舊史。削而不書者七：略常以明禮、省辭以從簡、變文以示義、記是以著非、示諱以存禮、詳內以異外、損益以成辭。唐陸淳《春秋啖趙集傳纂例》卷一，〈趙氏損益義〉，其中，悉書、闕略、略常、記是、詳內，排比史事而可知。即辭、省辭、變文、示諱、損益，屬辭約文亦不難考見。要之，啖趙學派說《春秋》，關注屬辭，遠勝於比事。陸質〈趙氏損益義〉曰：「人之善惡，必有淺深。不約其辭，不足以差之也。」近人錢鍾書《管錐編》稱：「《春秋》之書法，實即文章之修詞。」冊三，《全後漢文》卷一 ，雖不皆是，亦有見而言然。蓋比事以顯義，自是《春秋》書法之大宗，不止屬辭約文而已。不過，言屬辭，而比事該之矣。

考察或筆或削，如之何能推求《春秋》之微辭隱義？元趙汸著《春秋屬辭》，以為《春秋》不書之義有五：略同以顯異、略常以明變、略彼以見此、略是以著非、略輕以明重。發揮系統思維、宏觀掌控，通全經而考察之，經由比較同異、常變、彼此、是非、輕重，而見《春秋》不書之義例，有略同、略常、略彼、略是、略輕諸書法，皆所謂削而不書者。趙汸進一步提示治經方法：「其能參考經傳，以其所書，推見其所不書；以其所不書。推見其所書者，永嘉陳氏一人而已。」（卷八，假筆削以行權）所書與不書，互發其蘊；或筆與或削，互顯其義，於是《春秋》「都不說破」之微辭隱義，「蓋有言外之意」之神秘符碼，可藉「形而下」之比事屬辭，「說上那形而上」之「義」去。

《易．繫辭上》：「形而上者謂之道，形而下者謂之器。」唐孔穎達《疏》：「道，是無體之名；形，是有質之稱。凡有從無而生，形由道而立，是先道而後形，是道在形之上，形在道之下。」義與法，猶道與器，實即抽象道理與具體事物之關係。《老子》認爲：道在器之先；程頤、朱熹等認爲道超越於器之上。（《朱熹集》卷五八，答黃道夫）《孟子．離婁下》說《春秋》：其事、其文，乃「形而下者」之器、之法。孔子「竊取之」之「義」，獨斷別裁，則是「形而上者」之道。義猶將帥，法如兵卒；道在器之先、超越於器之上。

孔子筆削魯史記，而成《春秋》，其義「都不說破」，近似《周易．繫辭》「書不盡言」；《春秋》「蓋有言外之意」，猶《周易．繫辭上》「言不盡意」。持此以觀，《春秋》因屬辭而見義，藉比事以顯義，猶《周易》「立象以盡意，設卦以盡情僞，繫辭焉以盡其言。」[4]義，若無所依傍，則淪於「載之空言」。「見之於行事」，有所憑藉，猶立象以盡意，即器以求道，則深切著明。由於「書不盡言，言不盡意」，故《周易》「立象以盡意，繫辭以盡其言」；孔子《春秋》，則藉排比史事以顯義，憑屬辭約文以觀義，賴本末終始以得義。

就比較而言：其事與其文、比事與屬辭，講究「如何書」，乃「形而下」之「法」。孔子「竊取之」者，體現《春秋》「何以書」，則爲「形而上」之「義」。清章學誠：《文史通義．言公上》稱：「載筆之士，有志《春秋》之業，固將惟義之求。其事與文，所以藉爲存義之資也。」由此觀之，孔子作《春秋》，後人治《春秋》，考察比事以顯義，憑藉屬辭以見義，是朱子所謂「以形而下者，說上那形而上者去。」清方苞〈又書〈貨殖傳〉後〉說義法，稱：「義以爲經，而法緯之。」《望溪先生文集》卷二，此漢董仲舒《春秋繁露．精華》所謂：「《春秋》無達辭，從變從義。」自《孟子》、《禮記》、《史記》，至朱熹、方苞、章學誠，諸家說義法，殊途而同歸，百慮而一致。

朱熹揭示：「《春秋》都不說破」，後世佛禪拈花微笑、不犯正位，皆其流風遺韻。⑤晚唐司空圖《二十四詩品．含蓄》：「不著一字，盡得風流」；宋嚴羽《滄浪詩話．詩辯》：「羚羊掛角，無迹可尋」；「透徹玲瓏，不可湊泊」，差堪彷彿。朱子又稱《春秋》：「其是非得失，蓋有言外之意」；則與《左傳》所載：「微而顯，志而晦，婉而成章」書例，所謂曲筆諱書、文外曲致，多異名而同實，同工而異曲。劉勰《文心雕龍》卷八論「隱秀」，劉知幾《史通》卷六〈敘事〉，說「尚簡」、

「用晦」，亦足相發明。由此觀之，就「《春秋》之義，昭乎筆削」而言，《文史通義校注》卷五，答客問上，孔子《春秋》，堪稱書法、史筆、義理、辭章之本根、星宿海、源頭活水，傳統學術之千巖萬壑，要皆朝宗於此。

以上，論《春秋》之或筆或削，生發屬辭約文，都不說破，而有言外之意。猶《周易》立象以盡意，繫辭以盡言，「書不盡言，言不盡意」者然。提示詮釋解讀《春秋》之法，在於即器求道，朱子所謂「以形而下者，說上那形而上者去」。本章下一節，論《左傳》屬辭與文章神味之表出，如按節以體氣、味氣以理神云云，猶《周易》之立象以盡意，繫辭以盡言。讀者不妨順指以得月，藉形而傳神。

言古文者，率稱義法。義者，期其文之思想不悖於理；法者，期其文之形式不越於度。易言之，言之有物謂之義，言之有序謂之法，此桐城派自方苞以降文論之準繩也⑥。

義法之說，倡自方苞，方苞則盛稱《左傳》之文最有義法。其《古文約選．序例》曾謂：「義法最精者，莫如《左傳》《史記》」；又云：「序事之文，義法備於《左》《史》」；其〈又書貨殖傳後〉則曰：「《左氏》《韓子》之義法，皆顯然可尋」；其《左傳義法舉要》亦曰：《左氏》「敘事，或順或逆，或前或後，皆義之不得不然」；其〈書五代史安重晦傳後〉更云：「記事之文，惟《左傳》《史記》各有義法。一篇之中，脈相灌輸而不可增損，然其前後相應，或隱或顯，或偏或全，變化隨宜，不

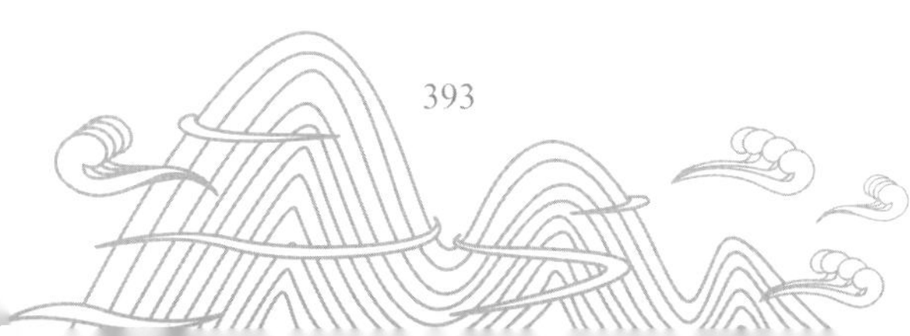

主一題。」《望溪文集》卷二可見義法也者，「必須洞明乎義，始能暗合於法。義爲法之根據，法爲義之表現；法隨義變，亦從義出」，以是而言義法，是所謂活法而非死法也⑦。方苞所謂《左傳》之義法，大抵類是。蓋視內容而決定方法，王源《左傳評》所謂：「因物賦形，非由造作。可知《左傳》百出不窮者，皆自然也。」卷五頁十八凡《左傳》因物賦形，雅與事稱處，多爲其義法之表出處也。

劉大櫆論文，上承方苞，下啓姚鼐，爲桐城之中堅，著《論文偶記》，使「義法」之說化爲具體能事。曾謂：「神氣者，文之最精處也；音節者，文之稍粗處也；字句者，文之最粗處也。然予謂論文而至於字句，則文之能事盡矣。蓋音節者，神氣之迹也；字句者，音節之規也；神氣不可見，於音節見之；音節無可準，於字句準之。」形上者，需憑形下；無相多藉助有相，始可得意傳神、體現無遺。

《左氏》鍊字鍛句之法，已具論於前；今再參考方、劉二家之論，宗法《春秋》義昭筆削之原理，借鏡《孟子．離婁下》、《禮記．經解》藉比事見義，因屬辭觀義諸法，考察《左傳》屬辭中，「以形而下」之法，「說上那形而上」之義。換言之，擬藉屬辭比事之法，解讀「都不說破」之「言外之意」，以試探《左傳》之義法，表述文章之神味。分三節論述之：一曰按節以體氣，言神氣所託之音響；二曰即器以求道，言形而下之風格；三曰味氣以理神，言形而上之神味，論次如下：

第二節　按節以體氣

夫古人之文，所以有氣勢情韻，百讀不厭者，非徒命意佳，謀篇勝，安章妙，字句巧而已也，要亦有音節鏗鏘之力焉。若曼聲也，促節也；高亢也，微弱也；輕清也，重濁也；宏壯也，纖細也；乃至於長短、緩急、奇偶、諧，平仄等等，皆情趣之所寄，而神味之所託也，是以古文家多重之。陸機《文賦》稱：「暨音聲之迭代，若五色之相宣」；又曰：「文徽徽以溢目，音泠泠以盈耳。」《文心雕龍．原道篇》云：「形立而章成矣，聲發則文生矣。」〈練字篇〉則曰：「諷誦則績在宮商，臨文則能歸字形矣。」韓愈則謂：「氣盛，則言之短長，聲之高下皆宜。」《朱子語類》亦載：「韓退之蘇明允作文，敝一生之精力，皆從古人聲響處學。」下逮劉大櫆《論文偶記》，尤見具體，所謂「學者求神氣而得之音節，求音節而得之字句，思過半矣。」是也。張裕釗論文，亦云：「文章之奧在聲音，由聲以求氣，由氣以求意，文章有遺蘊乎？」又曰：「欲學古人之文，其始在因聲以求氣；得其氣則意與辭往往因之而並顯，而法不外是矣，是以挈其一而其餘可以緒引也。」〈答吳摯甫書〉夫諸家所以斤斤於聲律節奏之考求者，蓋聲韻音節可以表現情感，描寫意象，引發聯想，美化文勢，誠所謂「挈其一而其餘可以緒引」者也。「以形而下」，「說上那形而上」，按節以體氣之謂也。是故《文心．神思篇》以「尋聲律而定墨」，爲謀篇之大端；亦可見唯求文字音聲之宮徵靡曼，掩抑頓挫，讀之方能搖蕩性靈，亹亹忘倦。《曾文正家書．諭紀澤》稱：「下筆造句，總以珠圓玉潤四字爲主」，此爲文求之聲氣之說，洵知言哉！

雖然，聲音之道豈易言哉？劉氏《論文偶記》謂：「凡行文多寡短長抑揚高下，無一定之律，而有一定之妙，可以意會而不可以言傳。」袁枚《隨園詩話．補遺》亦云：「音節一事，難以言傳。」況古文句式鬆利不羈，未若詩詞歌曲等韻文之嚴密矜鍊，以之言音律節奏，固不能皆有高下強弱、清濁輕重、宏壯纖細之目，今皆略之。擇其差可言者五：曰長短、曰緩急、曰奇偶、曰韻諧、曰長言短言，嘗試論述如下，章學誠所謂：「傳記如《左》《國》，著說如《老》《莊》，文逐聲而遂諧，語應節而遽協。」《文史通義》詩教下，聊爲斯言之注脚焉。

一、長短

夫字數之多寡，關係辭氣之緩促，故《文心雕龍．章句篇》曰：「筆句無常，而字有條數。四字密而不促，六字格而非緩，或變之以三五，蓋應機之權節也。」日本遍照金剛《文鏡秘府論》亦謂：「句無定方，或長或短；長有逾於十，短有極於二，句既有異，聲亦互舛；句長聲彌緩，句短聲彌促，施於文筆，須參用焉。」（南卷定位）大抵調短，則節促而音繁；調長，則節緩而音和。長句，附著廣大永遠之意；短句，興起事物激動之情。音節多，適於表達停滯、緩慢、悠閒、沉著一類之狀；音節少，則顯示流動、快速、緊迫、急躁之景。文之大者，得容於句長；文之小者，寧取於句促，此其大較也。

《左傳》文句之長短，各有其法，除上述之外，又有事少則用長句，事多反用短句者，如鄭子家告趙宣子書（文公十七年），歷數朝晉、朝齊、成楚事迹，多用短句；晉悼公初政（成公十八年），敘始命百官十三事，少則一字，多亦不過四字，最稱古雅，所謂事多用短句者也。北宮文子論威儀（襄公三十一年），「故君子在位可畏，施捨可愛……以臨其下，謂之有威儀也」，五十三字為一句，如此謂之有威儀，若曰非似君之謂威儀也，長句帶致。晉平公卒（昭公十年），「九月，叔孫婼齊國弱……杞人小邾人如晉，葬平公也」，四十一字一句，類敘送葬大夫耳，是所謂事少而用長句者也。

《左傳》最多長短變綜之句法，藉句讀之長短不一，見音調之勻稱參差，因統一與變化，而生節奏之抑揚頓挫，以形成音節之悅美。如季梁諫追楚師（桓公六年），三段長短變綜，七謂字，如大珠小珠落玉盤。齊侯歸蔡姬（僖公三年），十句文字，而一句九字，七句二字，二句四字，凡三十一字，而文有七層，蕩漾可愛。又如楚商臣弒其君（宣公四年），寫子上語，凡四句，長短錯落有致；寫潘崇語，只一句，妙於輕

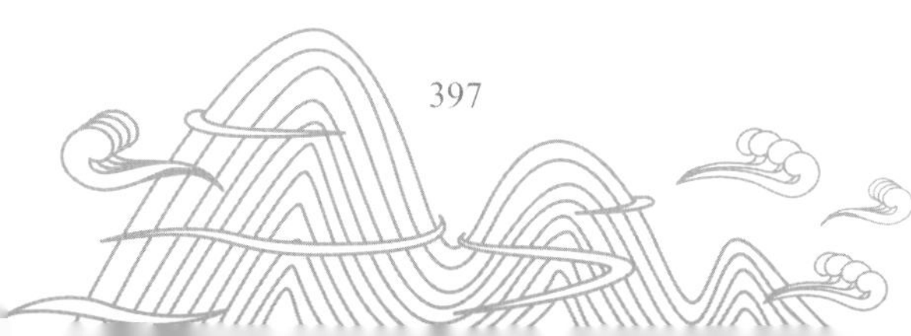

巧；寫江芊語是三句，一句一字，一句二字，一句十一字，妙於徑露；寫商臣語，是三句，二句二字，一句一字，妙在狠辣。不過五七行文字，其間無變不極。又如季札觀樂（襄公二十九年），論樂一段，凡十七樣句調，文字逐節變換，亦有八音相雜，不相奪倫之妙。蓋文章詩歌之語音，統一中見變化時，讀之即引起快感，此所謂有節奏也。不然，琴瑟專一，誰能聽之？以水濟水，誰能食之？是以知必長短變綜，然後音節以成，節奏以出。

夫韻文近於音樂，散文近乎口語；近口語者錯落自然，近音樂者平衡規律。散文之音節，隨語勢之自然，而有噓吸疾徐之妙，最便於誦說。因合於語言之自然，故音節之停頓與連續，長短與緩促，皆以意義爲標準。⑧以長句而言，如鄭莊公戒飭守臣（隱公十一年），「無寧茲許公復奉其社稷，唯我鄭國之有請謁焉，如舊婚媾，其能降以相從也；無滋他族實偪處此，以與我鄭國爭此土也，吾子孫其覆亡之不暇，而況能禋祀許乎？」兩段皆當數句作一氣讀，以見鄭莊之計遠心孤也。又如城濮之戰（僖公二十八年），「入曹，數之以其不用僖負羈而乘軒者三百人也」，十七字長句有致，帶敘帶議，見其罪如擢髮之難數也。又如戲之盟（襄公九年），公子騑盟辭：「天禍鄭國……無所底告」，凡五十二字，當作一氣讀，「鄭國而不唯有禮與強，可以庇民者是從，而敢有異志者，亦如之」，二十五字爲一長句；意氣之揚厲，氣勢之騰踔，如見如聞矣。又如晏子論和同（昭公二十年），「聲亦如味，一氣二體三類四物五聲六律七音八風九歌以相成也，清濁小大短長疾徐哀樂剛柔遲速高下出入周疏以相濟也」，長句見態，雅與事稱，韓柳文長句之祖，以此見「和」之難能而可貴也。又如崔慶盟於大宮（襄公二十五年），晏子曰：「嬰所不唯忠於君利社稷者是與，有如上帝」，十七字為一句，畫出聲情激越之狀。又如叔向母論夏姬（昭公二十八年），「子靈之妻殺三夫一君一子而亡一國兩卿矣，可無懲乎」，十八字長句警悚，活繪其罪大惡極，以見甚美必有甚惡之意。

若夫短句連用，則急絃促節，情逐聲轉，意隨音諧矣。如《左氏》每遇工役施政，輒用整齊短句，若宣子始為國政（文公六年）、楚蔿艾獵城沂（宣公十一年）、晉悼初政（成公十八年）、樂喜禦災（襄公九年）、楚蔿掩治賦（襄公二十五年）、平子不救日食（昭公十七年）、晏嬰諫誅祝史（昭公二十年），皆所謂事多而用短句之例也。又如鄭伯克段於鄢（隱公元年），前幅一路寫莊公，俱是含毒聲，段段音節甚短，與後幅之婉然和緩不同。晉惠命無從亡人（僖公二十三年），通篇純用短句作波折，音節輕圓，極狀其淫刑以逞之急戾。齊襄之弒（莊公九年），「期戍，公問不至；請代，弗許，故謀作亂」；又云：「反，誅屨於徒人費，鞭之，見血；走出，遇賊於門」，皆用短句魚貫而下，緊湊騰躍，所謂急與之角而不敢暇也。商臣弒楚成（文公元年），通篇多用短促急疊句法，寫極戾虐人之性情如見。

又如臧文仲歎六蓼之滅（文公五年），以忽諸哀哉兩字句頓挫跌宕，促響哀音，神傷千古。王孫滿對楚王問鼎（宣公三年），短句斬截，筆力千鈞，聲情勁激。季武子伐莒取鄆（昭公元年），段段都用短峭句法，層層洗發，意以複而得曲，詞亦因簡雋往複而有節奏。又如齊公孫竈卒（昭公三年），文短氣長，哀音促響，亦與臧文仲歎六蓼之滅同，感慨處，有煙波嗚咽，蒼茫無盡之思，所謂一唱三歎者也。又如魏絳辭梗陽人（昭公二十八年），「退朝，待於庭。召之，比置饋，入，三歎；既食，使坐」，短捷句法，戰戰兢兢，劍及履及，所以為下文諷諫占地步也，光景如見。又如白公見熊宜僚（哀公十六年），「與之言，說；告之，故辭；承之以劍，不動」，敘法簡捷，文與事稱，率義之勇如在目前，最是篇中生動處也。凡此，皆以短音捷句體物寫狀，抑揚情理者也。

二、緩急

夫句調之長短，關係節奏之疾徐，固矣！外此，尚有決定曼聲促節之因素者，如緩急、疾徐，請嘗試言之。包世臣《藝舟雙楫．文譜》謂：「次論氣格，莫如疾徐。文之盛在沉鬱，文之妙在頓宕；而沉鬱頓宕之機，操於疾徐。……有徐而疾不為激，有疾而徐不為紆，夫是以峻緩交得，而調和奏膚也。」

明董其昌《畫禪室隨筆》有「急脈緩受，緩脈急受」之說，頗得神理：「青鳥家，專重脫卸，所謂急脈緩受，緩脈急受，文章亦然。勢緩處，須急做，不令扯長冷淡；勢急處，須緩做，務令紆徐曲折，勿得埋頭，勿得直腳。」（卷三評文）大抵陽剛之文，宜急讀重讀，以求其氣勢；陰柔之文，宜緩讀輕讀，以領其神韻。而筆意和緩者，音節必諧暢；筆意奮迅者，音節必爽朗也。和緩急促而時中，則節奏不迫，而音節和諧矣，此文章之勝境也。

《左傳》之文，有急脈緩受，緩脈急受者，最見節奏，如韓原之戰（僖公十五年），晉大夫反首拔舍一段，以上文勢急峻，故著此一段從容緩和以殺之。泓之戰（僖公二十二年），「則如勿傷」，「則如服焉」，《左傳擷華》以為：「則字，急語也，趣之之詞也。趣之服，趣之勿傷，皆激烈之談。而三軍以利用也六句，則語氣和緩矣。曼聲促節相間，讀之遂有快適之情。寧武子保身濟宮（僖公二十八年），讀「天禍衛國，君臣不協，以及此憂也」，十三字句說往事，句態嫋嫋；「今天誘其衷，使皆降心以相從也」十三字句，說今事，句態亦嫋嫋，直欲賺人眼淚。而下文「不有居者，誰守社稷；不有行者，誰捍收圉」，句法斬然，說得心平氣和；宛濮之盟，最傳纏綿悱惻之情。子產數公孫黑（昭公二年），唐錫周《左傳咀華》以為：「斯篇徐讀之而不得其妙；疾讀之，而其妙乃出；一連讀之，而其妙乃愈出；豺聲讀之，而其妙乃盡出。是何以故？只緣作者意思全在曲曲傳出，半點放鬆，不得神理也。」若斯之比，皆急脈緩受，緩脈急受之例

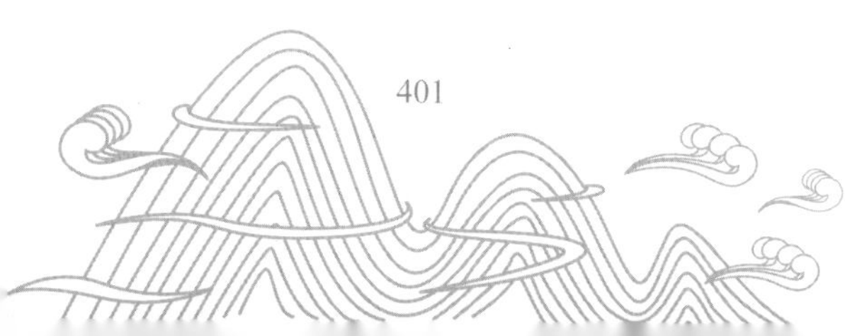

也。

清俞樾《古書疑義舉例》卷二謂：「古人語急，則二字可縮爲一字；語緩，則一字可引爲數字。」蓋古人語緩，不嫌辭費，其取義之相同或相近者，於義爲贅，於音則所以足詞，昔人稱爲複語、連文、或重言。如呂相絕秦（成公十三年），最多同意連緜詞，若盟誓、昏姻、躬擐甲冑、跋履山川、踰越險阻、散離我兄弟、撓亂我同盟、傾覆我國家、又欲闕翦我公室，傾覆我社稷，帥我蝥賊，以來蕩搖我邊疆云云，皆重言之，而令語氣寬緩不迫者。又如嘉栗旨酒（桓公六年）、不可億逞（僖公二十四年）、繕完葺牆，以待賓客（襄公三十一年）、賦斂積實（文公十六年）、天下之民謂之饕餮（文公十八年）、旅有施舍（宣公十二年）、臧宣叔令修賦繕完、馮陵我城郭（襄公八年），無觀臺榭（襄公三十一年），三命滋益恭（昭公七年），叔父陟恪，在我先王之左右（昭公七年），庸次比耦，以艾殺此地（昭公十六年）；凡此，皆二字、或三字、四字同義與義近者，或相對待者，較單詞隻字，其詞氣稍覺渾厚，而音調稍覺從容不迫矣。

外此，虛字於調理文氣，形成節奏方面，亦多具效果，如吾淺之爲丈夫也（襄公十九年），則詞緩；狼瞫於是乎君子，則詞輕。季札曰：「美哉！泱泱乎！大風也哉！表東海者，其太公乎！國未可量也。」（襄公二十九年），每句末用助，讀之殊覺意味悠長，雅與事稱。又如「其無乃非德類也乎」，「其無乃非先王之命也乎」（成公二年），或八字有六字爲助，或十字有七字爲助，最見舒徐不迫之致。又如「獨吾君也乎哉」

襄公二十五年，「其有以知之矣」昭公二年，「其無乃是也乎」昭公元年，皆六字成句而四字爲助，頗見紓遲宛約，風調窈窕之姿。其它，虛字之複語使用，亦所以令語氣紆緩從容者也。

若夫疊字之安排，不惟使語氣完足，意義完整，又可使聲調動聽，如其樂融融，其樂洩洩隱公元年；鶉之賁賁，元策焞焞僖公五年；原田每每僖公二十八年；周道挺挺，我心扃扃襄公五年；美哉泱泱乎、美哉渢渢乎，廣哉熙熙乎襄公二十九年；恤恤乎，湫乎攸乎昭公十二年；余髮如此種種，余奚能爲昭公三年；今王室實蠢蠢焉，吾小國懼矣昭公二十四年；閔閔焉，如農夫之忘歲昭公三十二年；登此昆吾之虛，緜緜生之瓜哀公十七年；除摹情寫狀，調和音節外，疊字更饒傳神之妙義，文字學家所謂聲義同源者是也。音響傳神，盡在阿堵，其說微妙，本師黃永武教授《中國詩學．設計篇》「疊字的勝境」可參也。[9]另外，呼告辭格中，累疊其文，亦見詞令之從容而意獨至，如魯童謠僖公四年：鸜鵒鸜鵒；城者謳宣公二年：于思于思；魯人誦云朱儒朱儒襄公四年，萊人歌曰師乎師乎哀公五年；凡此歌謠，皆藉音節之複沓，以表現其意趣，所謂聲情合一者也。

夫音數少，則音節迫促，有固然矣；然音步之組合，又視文義之關係而短長之，此又不易之論也。如《左氏》寫鄭莊之不孝不弟，俱用短句促調狀其含毒之聲隱公元年。又如子魚謂宋襄，「幸而後敗」僖公二十一年，「得死爲幸」僖公十九年，「禍猶未也，未足以懲君」，「所謂禍，在此矣」僖公二十一年，皆恨恨扼腕

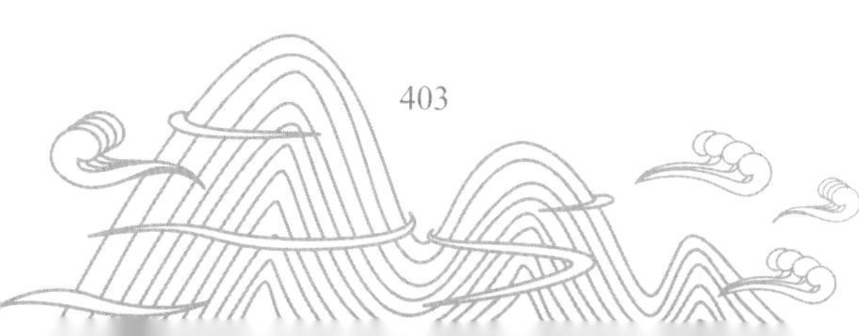

之語，亦以促節見神態。子魚論戰（僖公二十二年），筆勢快捷如剪刀，愈剪愈疾，愈疾愈剪，頓宕鬆緊相生，最有節奏。蹇叔哭師（僖公三十二年），《左傳擷華》稱：「文字須講聲響，此篇聲響高極矣」，本篇多用短句仄聲故也。楚商臣弒其君（文公元年），寫極戾虐人，極悖戾事，便作極亢厲之筆，短促急疊句法之效也。邲之戰（宣公十二年），彘子曰：「鄭人勸戰，弗敢從也；楚人求成，弗敢好也」，兩弗字用以深責，亦匆遽之口氣也。楚子圍宋（宣公十四年），「屨及於窒皇，劍及於寢門之外，車及於蒲胥之市」，蓋以重複之節奏，狀其怒氣怫怫之情狀。

又如魏絳對戮揚干（襄公三年），「言終，魏絳至，授僕人書，將伏劍，士魴張老止之，公讀其書曰」，亦以急節短調，見晉君臣倉皇急遽之神。薳啓彊論辱晉（昭公五年），孫月峰曰：「不然奈何四字，是急辭截住，下遂用急辭承之。雖四皆字若排法，然是急勢，正于急處見態。」子產爭承（昭公十二年），《左傳微》云：「連用七也字，狀其急爭之神」，於是節奏亦因之急促矣。邾莊公卒（定公三年），「命執之，弗得，滋怒；自投於牀，廢於鑪炭，爛，遂卒」，寫卞急好潔人個性，亦用短節促句摹擬之也。它如語助之用，以不如爲如，以不敢爲敢，以奈何爲那之類，亦皆促節短調之急詞也。

三、韻諧

《文心雕龍．聲律篇》謂：「聲畫妍蚩，寄在吟詠。吟詠滋味，流於字句。字句氣力，窮於和韻。異音相從謂之和，同聲相應謂之韻。韻氣一定，故餘聲易遣；和體抑揚，故遺響難契。」《左氏傳》曰：「琴瑟專一，誰能聽之」（昭公二十年）；〈詩大序〉云：「情發於聲，聲成文謂之音」，此之謂也。吳曾祺《涵芬樓文談．切響第十三》謂：「惟夫聲律之用，相沿不廢，故古人之文，其出於有韻，往往有不期而合者。群經中如詩不待言矣，如《易》如《書》，如《左傳》，亦多有韻。」韻之為言均也，謂聲音均和也。聲音勻稱有道，諧音和韻則勻稱矣。音韻諧和有道，用複字，用腳韻，定期以反複之，作規則之強勢，如此即有節奏矣[10]。

所謂複字法者，凡藉句中音節之同聲作用，間隔重複強化之，而使音調諧美者謂之。大抵往複、迴文、聯鎖、頂眞、類句、類字諸句法，皆以複字諧和音節者也，頂眞，如寵而不驕，驕而能降，降而不憾，憾而能眕者，鮮矣（隱公三年）。聯鎖，如名以出信，信以守器，器以藏禮，禮以行義，義以生利，利以平民，政之大節也（成公二年）。又如吾觀晉公子之從者，皆足以相國；若以相，夫子必反晉國；反晉國，必

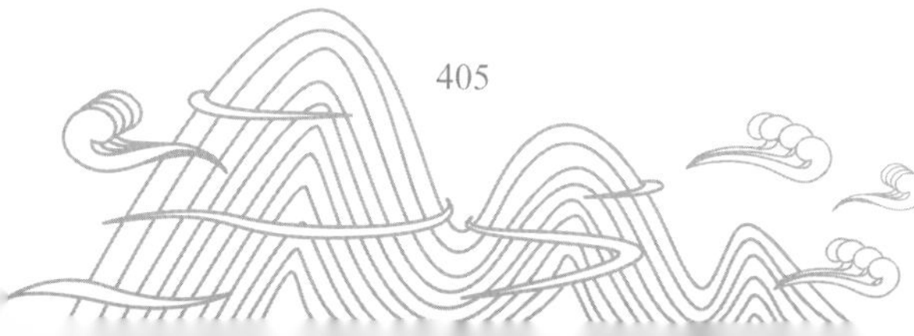

得志於諸侯；得志於諸侯而誅無禮，曹其首也（僖公二十三年）。不讓則不和，不和則不可以遠征。吳爭於楚必有亂，有亂則必歸，焉能定楚（定公五年）。凡此，皆重複句中首尾音節，以強化語勢，而形成節奏者。若夫句式之整齊，寓變化於統一之中，猶其餘事也。此聯鎖句法之節奏也。至如頂眞句法之節奏，則若公祭之地，地墳；予犬，犬斃；予小臣，小臣亦斃（僖公四年）。又如則以觀德，德以處事，事以度功，功以食民。作誓命曰：毀則爲賊，掩賊爲藏，藏賄爲盜，盜器爲姦（文公十八年）。又如將賞，爲之加膳，加膳則飫賜……將刑，爲之不舉，不舉則徹樂（襄公二十六年）。又如可以無學，無學不害，不害而不學，則苟而可（昭公十八年）。凡此，皆同字同聲而接連出現，遂呈和諧而快速之節奏。乃若類句類字之運用，藉字句之反復交替律動，尤能竦動讀者視聽，蓋語勢如破竹，而音節如大珠小珠之落玉盤也。

所謂脚韻法者，凡藉句末語尾之疊韻作用，反複重疊而使用之，以期節奏之悅美快適者稱之。蓋脚韻之法，乃藉疊韻之迴聲，以收束、呼應、貫串諸散漫之音節，因餘韻重複之加強，故最易形成纏綿悱惻、一唱三歎之音響效果。[11] 脚韻法，即一般之押韻方式。文一用韻，則音調清朗矣。特《左傳》爲古文，爲自然之音律，是以所謂「五色相宣，八音協暢，宮羽相變，低昂舛節，若前有浮聲，則後須切響；一簡之內，音韻悉殊；兩句之中，輕重悉異。」（《宋書・謝靈運傳》）勢有不能。雖然，亦有「清濁通流，口吻調利」，輕脣利吻，音聲迭代之自然音調在也。請嘗試言之：

夫古文所以富於抑揚頓挫、音節鏗鏘嘹亮者，半爲協韻故也，謂吾不信，試舉例明之：如周鄭交質（隱公三年），君子曰云云，夫人而知其音調鏗鏘；考其所以鏗鏘者，得力於韻諧之姿致：其一，以禮、器、水、禮爲韻；其二，以質、神、信、質、蘋、信爲韻。依劉師培《正名隅論》，段玉裁第十五部字多有由此施彼之義，第十二部字多有抽引上穿之義，《左氏》押此兩部韻，正與周鄭交質之情境脗合。宋穆公屬殤公（隱公三年），夷、對、死爲韻，屬段氏古韻第十五部，有由此施彼義，與宋穆之禪讓意通；又押之、稷、悔韻，屬段氏古音第一部，有上騰挺直之意，與穆公之遜國高風、意相諧和。臧僖伯諫觀魚（隱公五年），押兵、章、長等字，屬段氏第十部，有高明美大之意；又協列、器、制、資爲韻，屬段氏十五部，有「平陳」之意，與僖伯之諷隱公觀魚，意有相通者。鄭莊公戒飭守臣（隱公十一年），韻協乎、乎、許、土、暇、許、許、去、序、許、乎等字，隸段氏第五部，多有侈陳於外、擴張之意，與鄭莊梟雄之計遠慮深意相彷彿。

又如管仲請救刑（閔公元年），以棄、懷、歸、謂爲韻；又以書字連押三次，十五部與五部字，多有由此施彼，踵事增華之意，頗合救援成霸之旨。宮之奇諫假道（僖公五年），乎者爲韻：段氏古音第五部；宗、仲、從爲韻：段氏第九部；哉、嗣、士、偪、之、德、矣爲韻：段氏一部；亦頗能狀當時諫諍之神。

君子論秦殉三良（文公六年），世、謂、哲、物、制、利、禮、世、世、死爲韻：屬段氏十五部，有施舍之意，與殉人同義。呂相絕秦（成公十三年），以誓、齊、世、世、師爲韻：屬段氏十五部；又協姻、秦、晉、勳、胤、秦爲韻：皆段氏十二部字也。孔子惜繁纓（成公二年），押器、器、禮、利等字，段氏古音十五部字也。賓媚人辱晉人（成公二年），韻協母、母、母、理、畝、已、福、稷，皆段氏一部字也；又押曰、匱、類、類、利、曰、利、器、愛，段氏十五部字也；又押宜、義，十七部字也；又押優、遒、優，三部字也；又押輻、稷，一部字也。魏絳論和戎有五利（襄公四年），居、土、賈、野爲韻，段氏五部字也；又押聳、功、動，九部字也；又押勤、頓，十三部字也。魏絳辭樂（襄公十一年），以德、之、之、之、之、國、備爲韻，段氏一部字也。

又如叔向詒子產書（昭公六年），先以子、已爲韻，段氏一部字也；次以制、禮位爲韻，十五部字也；復次以心、淫爲韻，七部字也；再次以信、仁爲韻，十二部字也；再次以行、強、剛、上、長爲韻，十部字也；再次以官亂，十四部字也；再次以政刑、政刑、政刑爲韻，十一部字也。子產論壞晉館垣（襄公三十一年），首以時、事、時爲韻，一部字也；繼以居、賦、露、露、蠹、榭、路爲韻，五部字也；復以聞見爲韻，十四部字也；再以輸、輸、主爲韻，四部字也。又如晏嬰論國政（昭公三年），以市、貴、水、齊爲韻，十五部字也；又以力、之、母、之、姬爲韻，段氏一部字也。凡此韻脚之位次，雖不若韻文之規則平板，而自然錯綜盡致，是所謂「口吻調利，音聲迭代」之自然韻律節奏。若夫某韻部之字，多有某義，此劉師培《正名隅論》之假設，蓋據「聲義同源」之理爲說，不必遽爾視爲定論，故本文亦嘗試論述數例而已，以免流於穿鑿之病。[12]以此見古文之所以音節鏗鏘嘹亮者，錯綜協韻故也。

古文不僅重韻，有時亦可以一字爲韻，此亦本諸語言，如虞叔引周諺：「匹夫無罪，懷璧其罪」（桓公七年）；晏子引諺：「非宅是卜，唯鄰是卜」（昭公三年），是其例也。外此，若范文子論鍾儀（成公九年），連用八「也」字，五「之」字，錯綜成韻，音節清朗。臧武仲論詰盜（襄公二十一年），連用八「茲」字爲韻；叔孫豹論三不朽（襄公二十四年），連用五「氏」字爲韻；郯子論官（昭公十七年），連用五「名」字爲韻，又用四「紀」字爲韻穿插之；醫和論疾（昭公元年），連用七「疾」字爲脚韻，此皆本諸自然之節奏也。其它，又有造語叠韻，以助音節者，如宴安酖毒，不可懷也（昭公元年），宴安叠韻。焚我郊保，馮陵我城郭（襄公八年），郊保、馮陵，皆疊韻成文。昧旦丕顯，後世猶怠（昭公三年），昧丕，旦顯，後猶，世怠，俱韻也。凡此，皆所以調音節而重文氣者也。以上試作《左傳》古文有韻之論證，姑爲吳曾祺言說之注脚耳。

四、奇偶

奇偶法者，凡由字句奇偶相間隔，以成音調節奏之悅美者皆屬之。陳介白《修辭學講話》第二編〈詞藻論〉，論口調云：奇偶之法，與排句及偶句俱有關聯。不過排比與對偶側重思想之比偶，奇偶法則著重字句之比偶。且彼專重偶，而此則必隨時參以奇耳。蓋句法奇偶互用，此常法也。亦有偏於偶者，然偶中未嘗無奇；亦有偏於奇者，然奇中未嘗無偶，要在善馭之耳。大抵文章之氣勢，關乎奇偶頗重，清包世臣《藝舟雙楫．文譜》稱：「討論體勢，奇偶為先，凝重多出於偶，流美多出於奇；體雖駢，必有奇以振其氣；勢雖散，必有偶以植其骨。儀厥錯綜，致為微妙。」夫舖敘處多用排偶，轉折處多用散行，奇偶錯綜，變化中有統一，統一中見變化，於是音節鏗鏘諧美矣。

《左傳》之文，逐聲而遂諧，應節而遽協，雖關長短、緩急、韻諧，亦繫乎奇偶之互用也。而奇偶之互用，實統一與變化句法之運化而已！本書第三章第二節所論「奇偶」法——前奇後偶，前偶後奇，固安章之術，亦運調之法也。第四章所論「排比」法，與「儷辭」法，鍛句之方，亦運調之術，固比事屬辭之法也。排比，可令意象鮮活，而筆勢遒勁；儷辭，可使詞章矜麗，事密而理圓。《文法津梁．運調》所謂：「筆健，則調高；筆雅，則調逸；筆靈，則調圓美；筆輕，則調流轉。」可見排比與儷辭句法，亦音調和諧之法也。例詳前文所舉，此不再贅。

五、長言短言

夫文章之句調不佳，泰半由於平仄之未協。蓋平仄之於節奏，正所以調理聲音之抑揚、高下、強弱、疾徐、輕重、短長者也。蓋平仄，乃自然之音節，必錯綜間用，方覺音韻鏗鏘。《宋書．謝靈運傳》所謂：「若前有浮聲，則後須切響。」浮聲切響，即《文心雕龍．聲律篇》所謂飛沉，亦即音聲之平仄也。考上古之聲調，段玉裁以為：「古平上為一類，去入為一類」；黃季剛亦云：「古無上去，惟有平入而已」；王了一則曰：「先秦聲調分為舒促兩大類，但又細分為長短：舒而長者為平聲，舒而短者為上聲，促聲不論長短，一律稱為入聲。」⑬今依諸家所論，定平上為一類，長言也；去入為一類，短言也。為文而能善調平仄，則非特句有餘音耳，亦能使文有餘情也。

基於聲情合一之理，喜怒哀樂皆象其聲：長言連用，則情調閒適，語氣流暢，節奏舒徐。《左傳》文字，凡屬少陽之趣，所謂詼詭之趣，閒適之情者，其句腳多用長言，如士會還晉（文公十三年）、大棘之戰

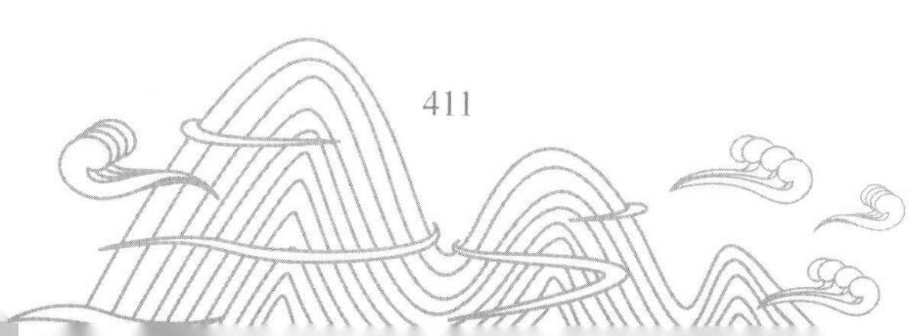

宣公二年、師慧過朝襄公十五年、御叔飲酒襄公二十二年、仲孫速卒襄公二十三年、臧紇出奔襄公二十三年、張骼致師襄公二十四年、崔氏之滅襄公二十七年、慶氏之難襄公二十八年，白公之難哀公十六年，是其例也。反之，若短言連用，則語調佶倔，節奏急促，文氣激切。凡《左傳》文字中，諷諫論辯，哀婉悽惻者，句腳多用短言，如臧僖伯諫觀魚隱公五年，陳敬仲辭卿莊公二十二年、晉知罃對楚子成公三年、季文子盡忠公室襄公五年、臧武仲論詰盜襄公二十一年，叔孫豹論三不朽襄公二十七年、吳蹶由對楚子昭公五年，子產爭承昭公十三年，邾莊公死定公三年、楚人滅六文公五年、公孫竈卒昭公三年，是其例也。

又有長短言間用成趣者，如臧哀伯諫納郜鼎桓公二年，君子論秦殉三良文公六年，子產論壞晉館垣襄公三十一年，句腳多長短言迭用，音最諧美，味最雋永，誠後代之所希有也。此緣古代學術多憑口耳相傳，故文辭務求鏗鏘諧美，便於記誦也。劉海峰《論文偶記》稱：「音節高，則神氣必高；音節下，則神氣必下，故音節爲神氣之迹。一句之中，或多一字，或少一字；一字之中，或用平聲，或用仄聲；同一平字仄字，或用陰平陽平，上聲去聲去聲入聲，則音節迥異，故字句爲音節之短。」其說具體可採，頗有參考價值。

六、其它

陸機《文賦》稱：「曁音聲之迭代，若五色之相宣；雖逝止之無常，固崎錡而難便；苟達變而識次，猶開流以納泉；如失機而後會，恆操末以續顛；謬玄黃之秩敘，故淟涊而不鮮。」高明教授以為，此乃陸機發現之文辭聲律四大原則：錯綜、變化、恰合、秩敘也⑭。前所論聲響節奏，皆關係情趣之強弱，且多依循錯綜、變化、恰合、秩敘之原則，故可以按節以體氣。古人往往以聲調音節，表現所謂「文氣」，蓋文之微妙，在抑揚高下。輕重疾除，呑吐浮沉，起伏頓挫之間，孰非聲者？苟能按節體之，則前人聲中難寫，響外別傳之妙，一一俱出矣。劉大櫆《論文偶記》曰：「音節為神氣之迹」，此之謂也。

前此所言音節，皆自然之音節，內容之律聲，求風骨氣韻之形下初迹也。別有古文家不按之聲律，直求諸文氣者，此則非「諷詠以昌之，涵濡以體之」，不能得其趣味。郭紹虞《語文通論續集》論「文氣」，謂「由散文言，重在利用語勢之浩瀚流利，以見其氣之貫；利用語勢之頓挫收斂，以見其氣之縮。」頁八十 以本篇《左傳》之文章義法而論：若離合、斷續、順逆、輕重、擒縱、開闔、寬緊、逆攝、激射、曲折、吞吐、蘊藉、隱秀、鎔鍊、跳脫、諧隱、倒裝、加倍、反常、感歎，呼告諸法，皆能令語勢頓挫收斂，文氣縮澀吞吐者也。若夫伏應、點睛、警策、往復、對照、排比、錯綜、聯鎖、層遞、翻疊、旋繞、移換、誇飾、類句、類字、映帶、烘托、迴文、捧壓、提振諸法，皆所以令語勢浩瀚，文氣頓挫者也。

林紓《左傳擷華》稱：「文字須講聲響」，謂〈蹇叔哭師〉聲響高極。「有此一哭，而文之聲響，即由是而高。抗聲呼曰：『孟子！』其下即曰『吾見師之出，而不見其入也！』孟子，宜小頓，其中有千言萬語，礙著秦君說不出，礙著孟子之少年盛氣，亦說不出。但曰『孟子』兩字，如繪出老年人氣結聲嘶，包蘊許多眼淚。『吾』字宜作一小頓，才見得老人若斷若續之口吻。以下便衝口吐出不吉之語，寫蹇叔憤激，遂至口不擇言。顧蹇叔之聲響即高，苟秦伯以悠泛之詞答之，便不成文體。『爾何知』三字，聲亦高騫。」蓋蹇叔之言，於文眼皆用仄字，其它皆以平聲字錯綜變化之；秦穆之言，則純用平聲短句，故聲響若是之高朗可誦也。且末以四字結句，曰：「秦師遂東！」（案東字亦響極，蓋東類字爲陽聲韻，含有衆大高濶之義），《左傳擷華》所謂：「正寫此三師喜功好戰之心，全把老成之言，拋諸腦後，慨然東邁。」此之謂也。夫所謂音義氣理相通者，於是見之矣。

以上，僅就長短、緩急、奇偶、韻諧、長言短言，嘗試論之。其它有關《左傳》節奏之因素，俟諸異日，再行探討，此其初階而已也。

第三節 即器以求道

《左傳》之書，以其事之詳，而言之妙且豔也，故纂史者用其凡，摛文者擷其奧，如日星之麗霄，愈久而彌煌。其辭章之富豔難蹤，允爲唐宋明清古文家所馨香尸祝；其義法之精密，尤爲桐城諸家所追摹。所謂百家騰躍，終入環內者，《左傳》文章之謂也。其風格多方，因物賦形：或平、或奇、或濃、或淡、或大、或小、或古、或媚、或典、或淺、或繽紛、或工麗、或浩落、或變幻、或嶄絕、或鬆利、或馳驟者也。明乎此，則論文氣，可以不言聲律矣！

除此，音節之高亢，頗影響文章之神味，林紓《左傳擷華》嘗舉蹇叔哭師（僖公三十二年）爲例。清馮李驊《左繡》亦云：「蹇叔一哭，而或尖雋、或奧折、或超忽、或雕刻、《左傳》皆兼容並蓄，雅與事稱，又皆登峰造極也（〈讀左卮言〉）。誠風格之總歸，而學文之津梁也。

夫文章之風格，具體而言，就文辭分：有繁縟簡約之別；就筆法分，有婉曲直截之別；就章句言，有整齊錯綜之別；就語彙言，有典雅新奇之別；就辭藻言，有絢爛平淡之分；就關係詞言，有流暢矜鍊之分，說詳蔣伯潛《體裁與風格》。凡此，蓋就文章形式論風格，雖或失之具體指實，然即器以求道，文趣亦不甚遠。《左傳》之文，散中有整，整中有散，錯偶於奇，奇偶相生，最有整齊錯綜之美，是以富從容委曲，淵懿恣肆之趣味，已述於《左傳之文學價值》第三章，以及本書四章二節中，不再贅述。請述其它五者：一曰繁簡，二曰曲直，三曰濃淡，四曰疏密，五曰典奇，分論如下：

一、繁簡

《文心雕龍・定勢篇》曰：「綜意淺切者，類乏醞藉；斷辭辨約者，率乖繁縟。」可見文章之勝，不在繁，不在簡，而在能達！馬驌《左傳事緯》稱：「左氏文字，或簡而備，或詳而核，故寥寥數語，而不覺其少；長篇累紙，而不見其煩，此所以爲古今絕響也。」卷十頁十 盧元昌《左傳分國纂略・序》亦云：「《左傳》篇章繁簡，各臻其妙，累百行不厭多，兩三行不厭少；不以繁節，不以簡置。」可見《左傳》之文，所以絕後人之追步者，繁簡各極其妙故也。

《左傳》之用繁簡，妙在能達：蓋布局務繁，繁以養勢，妙在精彩；敘事務簡，簡以盡神，妙在蘊藉；使蘊藉中無漏義，精彩中無費詞，斯則所謂達矣。如城濮鄢陵二戰，《左傳》描寫詳盡，生動欲活；《國語》則輕描淡寫了之；《左傳》載晉平公屠蒯事昭公九年，較〈檀弓〉爲繁，而各有勝處。《左傳》載邲之戰宣公十二年，敘許伯、樂伯、攝叔三人之致晉師用繁，結之曰：「皆行其所聞而復」，則用簡。鄭人從楚襄公八年，伯駢詞繁，子員詞簡；繁者哀請之詞，見其哀而弗誠；簡者恃強之詞，見其倨而中要，皆雅與事稱也。華登以吳師救華元昭公二十一年，不寫齊宋合兵之敗吳，卻專寫華登，蓋以衆擊寡，狀其勝敗，《左氏》多用簡筆，而偏於簡處用繁，行陣生死交關遂覺如生。可見《左氏》之用繁簡，在達而已矣。

左氏之用繁有道：其一，苟涉音節，則用虛字，而詞繁矣。黃本驥《癡學》卷五，〈讀文筆得〉曰：「《左》《史》之風神跌宕，開闔抑揚，入神入妙，全在一二虛字中。《左》《史》非不知辭尚簡要也，筋節所關，有不嫌其繁複者。」此之謂也。詳參本書五章「虛字」所論，此不複述。其二，數典之文，則必詳實整贍，如臧僖伯諫觀魚隱公三年，臧哀伯諫納郜鼎桓公二年、申繻論名桓公六年，富辰諫以狄伐鄭僖公二十四年，郤缺諷趙孟歸衛田文公七年、季文子逐莒僕文公十八年，定王使單襄公辭晉獻齊捷成公二年、郤至辭楚享樂成公十二年，穆叔重拜鹿鳴襄公四年，師曠論衛出君襄公十四年，子產獻陳捷於晉襄公二十五年，北宮文子論威儀襄公三十一年，子產論晉侯之疾昭公元年，申豐論雨雹昭公四年，叔向詒子產書昭公六年，申無宇論執亡閽昭公七年，子產爭承昭公十三年，郯子論官昭公十七年，晏子與齊侯論禮昭公二十六年，孔子論刑鼎昭公二十九年，蔡墨論事昭公三十二年，祝鮀論長衛於蔡定公四年，蔡墨論龍昭公二十九年諸什，是其例也。鄭康成謂：「《左氏》善於禮」，洵不誣也。

其三，推究亂源，則瑣曲盡致，如共叔段之亂隱公元年，華督之亂隱公三年，州吁之亂隱公三年，五父之亂隱公六年，文姜之亂桓公三年，衛朔之亂桓公十六年，王子穨之亂莊公十六年，慶父之亂莊公二十三年，驪姬之亂莊公二十八年，王子帶之亂僖公二十四年，商人之亂文公十四年，襄仲之亂文公十八年，越椒之亂宣公四年，叔孫僑如之亂成公十六年，三郤之亂成公十一—十七年，桓族之亂成公十五年，孫甯之亂成公十四年，崔慶之亂成公十七年，豎牛之亂昭公四年，華向之亂襄公十七年，王子朝之亂昭公十五年諸什，敘亂源多不厭其詳，而又不失明晰者也。其四，戰前敘謀，戰後作波，最見舖張渲染處，如《左傳》十大戰役：王鄭繻葛之戰桓公五年，秦晉韓之戰僖公十五年，宋楚泓之戰僖公二十二年，晉楚城濮之戰僖公二十八年、晉楚邲之戰宣公十二年、齊衛晉鞌之戰成公二年、秦晉麻隧之戰成公十三年，晉楚鄢陵之戰成公十六年，吳楚柏舉之戰定公四年，吳齊艾陵之戰哀公十一年，所謂《左傳》工於敘戰，多爲後世開山者，當於此等處求之也。其五，閒處冷處著色，說參本書前三章二節「閒散」。

《左傳》之用簡，亦有其道：其一，止寫戰況，簡當非常，如前所列十大戰：繻葛之戰正寫戰事只三十六字，韓之戰只七十六字，泓之戰祇六十字。城濮之戰用一一四字，寫盡戰事；崤之戰用二十四字，邲之戰只用七個字，亦寫盡戰況。蓋既詳敘兵謀於前，成敗可卜，是以正寫戰況，則削盡枝葉，最見簡括鍊達。其二，藉言記事，則措詞簡要，如《國語．魯語》曹劌與莊公論戰數百言，《左傳》但以「小惠未徧，小信未孚」數句括之莊公十年。鄢陵之戰成公十六年，范文子不欲戰，《晉語》述其詞，累幅不盡，至分作三章，《左傳》但以「外寧必有內憂，盍釋楚以為外懼」數語括之。前者傳曹劌能謀，後者傳范文子之憂，簡括即可表現，何勞辭費？其三，大事瑣事，反用簡筆，如《左氏》敘工役興作，弒奪戰盟，多有用縮筆省筆整筆者，是其例也。其四，《左氏》解經文字，發凡起例文字，警世文字，亦多簡鍊絕倫。所謂「立片言以居要，乃一篇之警策」。

二、曲直

凡句法有以直為貴者，如千尋古柏，勁正而崢嶸；有以曲為貴者，如萬里長河，渾灝而流轉。凡立意見微辭、詭論，與諷喻、回護者，曲筆也。凡章法出以穿插、橫接、遙接、補敘、逆攝、追敘、波瀾、旋繞、激射、旁溢者，曲筆也。凡句法之出以取譬、往復、吞吐、婉曲、翻疊、倒裝、反語、跳脫、突接、截斷、頓挫、抑揚、加倍諸法者，亦曲筆也，例詳各章所述，不贅。凡立意見嚴辭正論，表現昭然若揭者，此直筆也，若示現、存眞、排比、聯鎖、直截、頂眞、層遞、迴文，與夫一切不經文飾之自然手法，皆直筆也。《左傳》成公十四年揭示《春秋》五例，其中「微而顯，志而晦，婉而成章」，曲筆也。「盡而不汙」，具文見義，直書也。錢鍾書《管錐編》稱：「《春秋》書法，實即文章之修辭。」此言有理。

文章用曲筆，則有委婉多姿之妙；用直筆，則富斬截軒爽之致。是以文直，則濟之以曲；文曲，則輔之以直，曲直相生，然後至文生焉。《左傳》之文，有以直筆勝者，如鄭莊公戒飭守臣（隱公十一年），戒詞不匿其瑕，至爲俊爽，鄭莊霸略，俱見於此文中。衛孫甯之亂（襄公七—二十七年），記亂事之是非得失，昭然若發其蒙，最爲直率。臧武仲論詰盜（襄公二十一年），自起筆至文末，只是一樣直截，眞刀切斧斫之文也。晏子不死君難（襄公二十五年），「獨吾君也乎哉」云云，本嚴毅之論，而出以猶夷之調，最是脫俗。「故君爲社稷死則死之」云云，則斬斬截截，磊磊落落之韻矣。子常欲立子西（昭公二十六年），子西讓國，出語嚴厲，句句斬截，振拔有神。子產論賂邑伯石（襄公三十年）。子產妙用，全在「姑先安大，以待其所歸」一語，無數強宗大族，不能出其掌握。《左氏》但以此斬截之筆出之，更不多著，最能傳古人之微！《左傳》又或以曲筆見長，言有盡而意無窮，最是表現良法，如君子論子臧（僖公二十四年），聚鷸冠，小過也，君自欲殺之耳，君子乃責子臧，爲尊者諱，文詞婉曲。燭之武辭鄭伯（僖公三十年），特譏公之不早用之也，語特婉妙，《左氏》最多此種筆法。晉靈之弒（文公九年），箕鄭等之死，趙盾賦之也，先記晉侯將大用之，而後記其罪狀，此為曲筆，趙盾之恣橫，更不煩加一字矣。宋昭之弒（成公二年），文公以叛逆得國，而華元贊之，《左氏》無一語斥責。末乃借君子論厚葬以痛斥之，其深曲如此，《左氏》全書用意大率如此。

夫觀水有術，必觀其瀾；看山有術，必看其巒；物既若是，文亦宜然：文章所以忌平直而貴曲折者，亦猶是也。左氏深悟此意，故謀篇安章鍊句，多婉轉曲折，不肯徑直，如州吁弒其君（隱公四年），苟徑敘州吁之敗，恐文字直率，故左氏借定君一問入手。鄭之入許（隱公十一年），入許嫌徑直，故就爭車生波，以起登城。又如曲沃并晉（桓公二年），此一大事，特借命名起，亦恐文勢徑直也。又如士蔿築蒲屈（閔公二年），將敘攻重耳夷吾，不肯平落，故追敘此篇。齊桓下拜受胙（僖公九年），只下拜一事，曲折頓挫，寫得生氣鬱勃。遂使跼蹐躊躇，神態活現。呂相絕秦（成公十三年），背約通狄，面欺通楚，則罪案歷歷可指，偏不直捷指斥，即用狄人楚人口中之言，以當秦之罪，文之最有曲折者也。大抵左公為文，若著議論，則必詭辭謬稱，以寄其微恉，從不使一字平直。即使並無大波瀾，亦必用逆筆、倒攝、橫接、追敘，以形成波瀾，以此謂《左傳》無一平語也，宜哉！

三、華樸

劉海峰《論文偶記》曰：「文貴華，華正與樸相表裏。以其華美，故可貴重，所惡於華者，恐其近俗耳。所取於樸者，謂其不著粉飾耳。不著粉飾，而精彩濃麗，自《左傳》《莊子》《史記》而外，其妙不傳。」清惲壽平《南田畫跋》亦云：「大抵穠麗過之，則風神不爽，氣韻索然。惟能澹逸而不入於輕浮，沉重而不流於鬱滯，傅染愈新，光輝愈古，乃爲極至。」此雖論畫，亦可移以論文，夫唯文質彬彬，始可稱爲文章也。

《論文偶記》稱左氏之文，不著粉飾，而精彩濃麗。《藝概．文概》亦謂：「蕭穎士〈與韋述書〉云：於《左氏》取其文。文字要善認，當知孤質非文，浮豔亦非文也。」可見《左傳》之文，亦樸亦華、亦淡亦濃、亦質亦文；所謂物相雜謂之文，一色不能成錦，一音不能成樂，取乎雜也。《左傳》將華樸、濃淡、文質，參伍而錯綜之，故能婉而成章。清馮李驊《左繡．讀左巵言》稱：《左傳》文章，若春夏秋冬四季，其氣象各有不同：「隱桓莊閔之文，文之春也。議論如觀魚隱公五年，納鼎桓公二年；敘事如中肩桓公五年、好鶴閔公二年，規模略具，而氣局淳樸，翕斂居多。僖文宣成之文，文之夏也。議論如出僕

（文公十八年）、絕秦（成公十三年）：敘事如鄢陵（成公十六年）、城濮（僖公二十八年），無不大展才情，縱橫出沒。襄昭之文，文之秋也。議論如觀樂（襄公二十九年）、和同（昭公二十年）；敘事如偪陽（襄公十年）、華向（昭公二十年），氣斂詞豐，強半矜麗之作。定哀之文，文之冬也。議論如皐鼬（定公四年）、夫槩（哀公元年）；敘事如艾陵（哀公十一年）、雞父（昭公二十三年），又復婉約閒靜，絢爛之極，歸于平淡。」此所謂淳樸也，縱橫也，矜麗也，平淡也，非即樸華、淡濃、質文之相生相變者乎！

《左傳》文字，有極濃豔綺麗者，大多不著粉飾，而自然美悅。若明眸皓齒，雖粗頭亂服，亦不掩國色。如臧哀伯諫納郜鼎（桓公二年），「袞冕黻珽，帶裳幅舄」等八句，此爲鮮采華絢豔麗妍媚者。又如蹇叔哭師（僖公三十年），「晉人禦師必於殽」云云，寫得若是異樣穠至。申公巫臣惑夏姬（成公二年），「夫子有三軍之懼，而又有桑中之善，宜將竊妻以逃者也」，此葩豔動人，筆墨流珠處也。奮揚對楚平王（昭公二十年），「不能苟二」，「奉初而還」云云，其言理直氣壯，面面圓轉，可謂壯麗之文矣。齊陳乞弑其君荼（哀公六年），陽生稽首數言，一時情景事機，有聲有色，通篇設色最濃豔處也。弭兵之會（襄公二十七年），敘諸大夫至宋，與垂隴宴趙孟，此亦篇中設色妍麗處也。公子圍設服離衛（昭公元年），寫一時旁觀竊議，尤是一則花團錦簇文字。與鄢陵之戰（成公十六年），巢車望晉一段，筆法同妙。叔孫豹卒（昭公四年），採藉賓形主法表現主題，賓主分合，爛如錦簇，而忠奸賢不肖，人人面目俱見。要之，文章華麗之道，在用心於比事屬辭之經營，善用賓主、虛實、明暗、離合、斷續、順逆、輕重、開闔、擒縱、鬆緊、詳略、奇正、抑揚、映襯諸對比手法，與夫運用儷辭、用典、迴文、對照、映帶、諧隱、托喻、協韻諸法；如此，則能化樸實平淡，而爲華豔綺麗矣！其實，《左氏》之華麗，亦有經雕鏤者，試比較辛伯之諫：「並后匹嫡，兩政耦國」（桓公十八年）；與狐突所引：「內寵並后，外寵二政，嬖子配適，大都耦國」（閔公二年），則知前已雕琢鍛鍊，而後載則否矣。又如所謂生死而肉骨也（襄公二十二年），《國語．楚語》則曰：「緊起死人而肉白骨也！」可見其錘鍊之一斑！

《左傳》文字，有極質樸淳實者，非質樸淳實也，蓋絢爛歸於平淡也。如眾仲論族（隱公八年），古雅樸懋，典質之文也。又如士會爲政（宣公十六年），本極平淡文字，《左氏》乃以正反轉捩變化見工巧。晉悼治兵命將（襄公十三年），前敘後斷，前散後整，是《左氏》平實文字也。子產戎服獻陳捷（襄公二十五年），讀子產對辭，大悟其全以質勝；而末記仲尼深歎其文，此眞所謂質而有其文者也。有鸜鵒來巢（昭公二十五年），歌詞古奧朴拙，師己述來，變朴奧而爲警聳，此謂筆墨有神。蔡墨論龍見（昭公二十九年），事固典博，而筆墨高古質奧，亦復高與頡頏。此宋葛立方《韻語陽秋》所謂：「大抵欲造平淡，當自組麗中來；落其華芬，然後可造平淡之境。」（卷一）洵爲知言也。

四、疏密

爲文之道，在疏密相救。蓋疏則其氣縱，密則其氣斂；惟縱故奡宕，惟斂故遒緊。太疎，非文也；太密，亦非文也。必也疏而密，密而疏，方爲至善，此爲文三昧也。杜預謂《左傳》其文緩，呂本中謂文章從容委曲而意獨至，惟《左氏》所載當時君臣之言爲然。《藝概．文概》據此而謂：「緩，乃無矜無躁，不是弛而不嚴也。」可見《左傳》之文偏於疏緩，文體使然也。蓋駢行語句多謹嚴，散行語句多疏放也。

《藝概．文概》又曰：「《左傳》善用密，《國策》善用疎。《國策》之章法筆法奇矣，若論字句之精嚴，則左公允推獨步。」（按：此乃大概之論，實則左文之勝，有疎有密。）方苞《左傳義法舉要》稱：「《左傳》自僖文以前，義法謹嚴、詞亦簡鍊；宣成以後，義法之精深如前，而詞或澶漫矣。」王源《左傳練要》亦云：「《左傳》自襄公以後，文字簡鍊奇奧不及前；而浩瀚流轉，波瀾橫溢過之，已開戰國西漢門戶。」鄒美中《左傳約編．例言》亦曰：「襄昭以後，視莊僖之謹嚴，則有間矣。」此《左傳》或以疎勝，或以密勝之說也。夫文用疏、則筆勢爲蕭閒、爲鬆散、爲舒緩、爲澶漫、爲流宕、爲疏野、爲放縱、爲自然，文清而氣勢少懈矣。苟用密，則文氣爲逼遽、爲緊湊、爲迫促、爲謹嚴、爲收斂、爲雕斲、爲莊重、爲精峭，意濃而骨格未堅矣。試舉例證說如下：

《左傳》謀篇摛辭，有疏密相濟者，最見周匝變化之妙。如鄭伯克段於鄢隱公元年，克段絕母，句句精峭；及序考叔，一變而爲疏宕。又如魏絳論和戎襄公四年，筆墨疏古，然結構正極縝密。欒盈之亂襄公二十三年，此篇前半蕭閒，所謂寬處好跑馬者也；後半鞭逼，字字精湛，無少鬆懈，所謂密處不容針者也。申無宇論執亡閽昭公七年，前用極力鞭逼之法，措詞一步緊一步，末乃以閒閒趣語收之，神妙絕倫。楚郤宛之難昭公二十七年，結構甚密，而處處以疏宕行之，文情搖曳，姿態橫生，是其例也。

復次，《左傳》或有以疏宕之筆經營篇章者，如季梁諫追楚師桓公六年，說辭如行雲流水，一瀉千里，最見酣暢淋漓。又如富辰諫以狄伐鄭僖公二十四年，敘事用疏宕之筆，最是史公得力處。邾庶其來奔襄公二十一年，一反一復，持矛刺盾，愈覺鬆快煞人。南蒯之叛昭公十四年，文勢流動，已近戰國，其意致微婉則左氏也。楚公孫朝帥師滅陳哀公十七年，通篇都作快論，然氣自渾厚，固春秋文字也。

再者，《左傳》文字更有以密栗之筆出之者，如臧僖伯諫觀魚隱公五年，一滾說來，莊重中有流動之氣，所以不板煞。狄人滅衛閔公二年，此爲方嚴凜冽，氣厲色莊之文，節奏頗緊湊。王孫滿答楚莊問鼎宣公三年，此文渾穆而嚴毅，與戰國競尚詭譎者不同。宋殺其大夫山成公十五年，縝密中見參差，渾成中見跳脫，變化有致。宣子使叔向告鄭罕虎昭公三年，句句緊切，無一閒字，純是風骨清腴，眞百鍊之金文也。楚公子比弒其君虔昭公十三年，章法綿密，筆致生動，其中有線索以爲伏應鉤聯故也。吳滅徐昭公三十年，寫楚之挑敵，吳之料敵，首尾相應，文亦緊湊嚴密也。要之，辭章矜鍊，筆勢遒勁，則文字密緻矣，詳參本書四章二節三節所述，可得也。

五、典奇

《文心雕龍・體性篇》，將文風分爲八體，其一曰典雅，其一曰新奇：「典雅者，鎔式經誥，方軌儒門者也。」黃季剛《文心雕龍札記》所謂：「義歸正直，辭取雅馴，皆入此類」是也。「新奇者，擯古競今，危側趣詭者也。」《札記》所謂：「詞必研新，意必矜䎃，皆入此類」是也。

《左傳》多典則爾雅之文，如前論「繁簡」所舉數典之文皆是也。舉例說明如下：若平陰之役襄公十八年，登山一段，襲用邲戰文法；夜遁一段，襲用鄢陵文法；伐萩數闉一段，襲用偪陽文法。又如子產爭承（襄公二十二年），會合絕秦，執訊兩文筆法，又用子家告趙宣子調法。郤至辭楚享樂（成公十二年），文氣雍容典蔚，文家所宗。楚蔿掩治賦（襄公二十五年），文章典則富贍，史家之祖。周王樂憂（昭公十五年），王言詞令爾雅，典故秩然。郯子論官（昭公十七年），文章博雅麗密，與題之奇古相稱。祝鮀論長蔡於衛（定公四年），掌故博洽，舉典如流，而文波流動，故不板拙。君子論駟顓殺鄧析（定公九年），一往一復，洗發透徹，典懋遒逸，風雅絕世。是其例也。

《左傳》亦多清新奇巧之文，凡左氏運用翻空手法，所作逆攝、倒插、突接、遙承、追敘、頂眞、諧隱、跳脫、截斷諸法，皆饒新奇之致。如臧哀伯諫納郜鼎（桓公二年），前以清廟種種陪一鼎，已奇矣；後又陪之以九鼎，更奇！又如慶鄭論小駟（僖公十五年），奧麗新雅，秦漢而下，少有此勝。公孫敖之難（文公元年），以叔服相人發端，奇詭其測。楚子滅蕭（宣公十二年），無社叔展隱語問答，奇奧可喜。范文子祈死（成公十七年），以畔爲晉可逞，以死爲范之福，奇談而有至理。魏絳論和戎（襄公四年），通篇岸異古宕，不特「有窮后羿」四字突兀而已！齊人尸崔杼（襄公二十八年），取譬新奇，用幅字轉品，尤見鮮活。凡此，皆以翻空見奇，詭巧而不失其正者也。

第四節　味氣以得神

所謂神韻，指文氣之冲容澹逸妙遠不測者也。桐城諸子頗致力於此，劉海峰《論文偶記》稱：「神氣者，文之最精處也。」所謂神，即文法高妙不可攀處，亦即魏禧所云：「無所謂斷續伏應之高妙法也」〈陸懸圃文序〉。所謂氣，乃神之用，氣隨神轉；故氣盛勢壯，則言之長短與聲之高下皆宜。《曾國藩家訓》〈喻紀澤〉以爲：「爲文全在氣盛。欲氣盛，全在段落清。」詳言之：「字段分束之際，似斷非斷、似咽非咽、似吞非吞、似吐非吐。字段張起之際，似承非承、似提非提、似突非突、似紓非紓」云云咸豐十一年正月初四日，神之用，氣之妙也。神氣不可見，於風骨見之；風骨無可準，於篇法章法句法準之。

劉熙載《藝概．文概》曰：「學《左氏》者，當先義法而後氣象；氣象所長，在雍容爾雅。」侯方域〈與任王谷論文書〉則云：「大約秦以前之文主骨，漢以後之文主氣……《左傳》《戰國策》，皆斂氣於骨者也……斂氣於骨者，如泰華三峰，直與天接，層嵐危磴，非仙靈變化，未易攀陟，導步計里，必蹶其趾。」《國朝中州文徵》卷一蘇東坡亦謂：「意盡而言止者，天下之至言也；然言止而意不止，尤爲極至；如《禮記》，《左氏傳》可見。」呂氏童蒙訓引可見神韻之妙，在言有盡而意無窮，可意會而難以言傳。王源

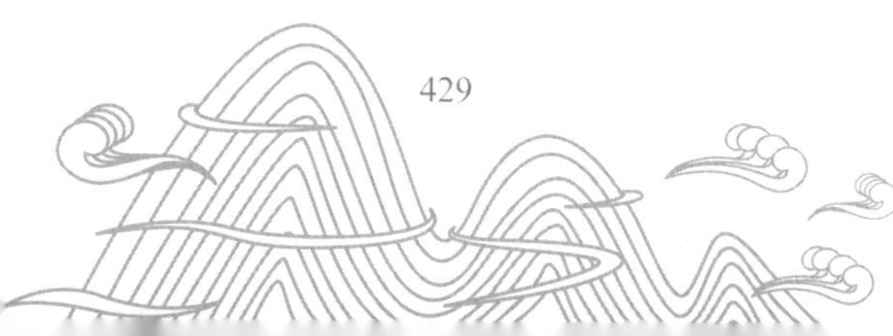

《左傳練要．凡例》稱：「文章之妙，全在無字句處。」其斯之謂與？《左傳》此等處頗多，請嘗試傳神如下：

夫所謂「傳神」云者，謂氣韻生動之謂也。姚鼐《古文辭類纂．序》言：「神理氣味者，文之精也；格律聲色者，文之粗也。」格律，即字法句法，指合於義之至安，理之至順之鍛句鍊字法也，即韓愈所謂「文從字順各識職」之法[15]。聲色者，節奏與濃淡之謂也。皆已具論於前，今惟述神理氣味而已。夫所謂氣韻生動者何也？謂文章形上之體性也。易言之，即作品抽象之風格也。或就意境分，而有超逸切實之別；或就態度分，而有輕鬆嚴肅之殊；或就氣象分，而有陽剛、陰柔、正大、精巧之倫；或就理趣分，而有隱秀、反諷之目。試就《左傳》文章之風格，區分爲十類目，藉以窺神理氣味之一斑：一曰噴薄，二曰跌蕩，三曰詼詭，四曰閒適，五曰正大，陽剛之美也。六曰閎括，七曰含蓄，八曰沉雄，九曰悽惻，十曰超逸，陰柔之美也。要之，皆無相借助有相以體現之。《朱子語類》說《春秋》，所謂「以形而下者，說上那形而上者去。」《易》綱領下三，請嘗試詮次如下：

一、陽剛之美

姚鼐〈復魯絜非書〉，揭櫫陰陽剛柔之說，以概論一切文章。所謂「鼐聞天地之道，陰陽剛柔而已。文者，天地之精英，而陰陽剛柔之發也。」曾國藩選《古文四象》，發明其意，因化分爲四：「識度即太陰之屬，氣勢即太陽之屬；情韻，少陰之屬；趣味，少陽之屬。」〈同治五年十一月初二日家書〉太陽氣勢，又分噴薄之勢，跌蕩之勢；太陰識度，又分閎括之度，含蓄之度；少陰情韻，又分沉雄之韻，悽惻之韻；少陽趣味，又分詼詭之趣，閒適之趣。其《求闕齋庚申三月日記》云：「大抵陽剛者，氣勢浩瀚；陰柔者，韻味深美。浩瀚者，噴薄而出之；深美者，吞吐而出之。」此其大較也。大凡文章氣象偏於陽剛者，多雄偉縱橫，言辭閎肆，光燄萬丈，如海嘯，如潮湧，筆力最見遒勁。茲分噴薄，跌蕩；詼詭，閒適；正大，五目三類，舉《左傳》之屬辭證成其說：

㈠噴薄、跌蕩

夫文章有噴薄之勢者，最富陽剛之美。大凡氣勢雄橫、大開大闔、瓌瑋閎奇、倜儻駿邁、軒昂奮動、熱血坌湧、酣暢淋漓、汪洋恣肆、浩瀚跌宕、堂皇壯闊者，皆文章含噴薄之勢者也。姚鼐弟子管同最稱道陽剛之美，以爲「駿桀廉悍，稱雄才而足號剛者，千百年而後一遇焉耳。」不意《左傳》最多此等筆法。大抵《左傳》屬辭運用下列諸法，皆可令文勢剛健，如逆攝、映帶、渲染、粧點、激射、旁溢、波瀾、旋繞、往復、聯鎖、排比、奇偶、翻疊、層遞、抑揚、頓挫，與夫一切對比襯映諸法，皆大篇中包孕小篇，大段中又有小段，文勢既富厚，文章自然噴薄跌蕩，今以《左傳》爲例說明之：

《左傳》文字氣象剛健，筆勢噴薄者多，加臧哀伯諫納郜鼎桓公二年，意所專注，詞采特泛濫爲奇，極汪洋恣肆之觀。又如秦晉遷陸渾之戎於伊川僖公二十二年，言爲事引，事爲言證，所以渾健。大事于大廟躋僖公文公二年，淋漓恣肆，而範以風雅，最是《左氏》獨步。季文子論出莒僕文公十八年，「昔高陽氏有才子八人」以下，文氣極汪洋滂沛，極瓌瑋浩汗之觀。王孫滿對楚王問鼎宣公三年，筆力矯悍勃萃，如快馬砍陣，摧鋒陷堅，所向披靡。呂相絕秦成公十三年，通篇段落頓挫，襯托有致，排筆偶句，氣勢壯闊。又如子產獻捷於晉襄公二十五年，行文古宕雅健，兩兼其務。聲子說楚襄公二十六年，局勢極開拓，氣勢極酣恣馳驟，文如潮奔海溢，雄駿渾灝。雄邁處，開戰國說士之風。北宮文子論威儀襄公三十一年，泛論威儀，神氣迴合，文章洋溢！叔向與子產論刑書昭公六年。類疊其文，變化行陣而用之，文勢如長江大河，渾灝流轉。魏獻子舉賢昭公二十八年，散整相制，奇偶相生，寓變化於常法之中，最是洋溢氾濫之大文字也。姚鼐《惜抱軒文集》強調：陰陽剛柔當相調相濟，文之美妙更形顯著，《左傳》亦有其例，如晉人執虞公僖公五年，宮之奇兩辯兩駁，剛健中含婀娜，文章之極筆也。賓媚人責晉人（成公二年），勁厲中不失婉曲，最爲可愛，誦之如聞其聲。楚歸晉知罃（成公三年），知罃之詞鋒，和婉中却含剛果，激昂慷慨中不失溫潤柔美，此所以爲《左氏》之文也夫！

太陽氣勢除噴薄之象外，又有跌蕩之勢。凡文章用頓筆、用折筆、千迴百轉以搖蕩之、頓挫之，而生出文情者，皆其類也。調整段落、運化情節、建立警策，可以企及；屬辭約文多作往復、翻疊、跳脫、捧壓等句法，則臻至不難。例參各節各目所論，此不再贅。

㈡ 詼詭、閒適

曾文正古文四象，於少陽趣味，列有詼詭之趣，與閒適之趣，並舉《左傳》屬辭十一篇爲例：即士會還晉（文公十三年），大棘之戰（宣公二年）、師慧過朝（襄公十五年）、御叔飲酒（襄公二十二年），仲孫速卒（襄公二十三年），臧紇出奔（襄公二十三年），張骼致師（襄公二十四年），崔氏之滅（襄公二十七年），慶氏之難（襄公二十八年），陽生之立（哀公六年），白公之難（哀公十六年），是也。尋彼之義，凡寄興於幽微，託趣於綿邈，筆有風趣之致，語饒縈拂之姿者，皆詼詭之趣，閒適之情也。

實則，詼詭之趣語含有二義，詼諧與詭辭是也。試分別言之，請先述詼諧。詼諧者，風趣之異名也，滑稽其一體耳。林紓《畏廬論文》所謂：於極莊重之中，見文字之天眞；在不經意之中，涉筆成趣。滑稽有餘，妙趣天然，不流儇佻，不涉猥褻，如此乃謂之風趣。（應知八則，風趣）《藝概．文概》稱：「文得元氣便厚，左氏雖說衰世事，却尚有許多元氣在。」元氣渾厚，故左文最具風趣。除曾國藩所舉十一篇外，亦尚有之，如繻葛之戰（隱公三年），曰周鄭交質、周鄭交惡、王亦能軍云云，最有詼詭微至之妙。齊人殺子亹（隱公十八年），「人曰祭仲以知免，仲曰：信也！」文若美之，其實愚之，最風趣可愛。衛懿好鶴（閔公二年），「使鶴」三語，怨而謔，後世滑稽之祖。梁伯好土功（僖公十九年），敘梁自取其亡，弄巧成拙，令人絕倒！彭衙之戰（文公二年），「秦師敗績，晉人謂秦拜賜之師」，趣語妙極。邲之戰（宣公十二年），晉人顧曰：「吾不如大國之數奔也！」尤風趣絕佳之文。商任之會（襄公二十一年），旁及州綽之勇，文情四溢，倍饒風趣。薳啓疆論辱晉（昭公五年），亦莊亦諧，滑稽之宗也。屠蒯請佐尊（昭公九年），舉動純是滑稽，談論却是道學。費無極害朝吳（昭公十五年），答語速飛、翦翼，趣味盎然。子西命由余修城（定公五年），由余不知城之高厚大小，答語亦饒詼詭之趣。公與大夫始有惡（哀公二十五年），食言而肥云云，滑稽語，最尖雋簡至，非三代人不能也。凡此，皆《左傳》風趣之例也。吳闓生曾謂：「恢詭之趣，乃文家最精最微之境，左公以外不多得。」（《左傳分國集註》頁九一引）此所以可貴也。

次論詭辭：所謂詭辭者，謂陽予陰奪，正言若反之詞也。《公羊傳》於人於事之褒貶、勸懲、進退、予奪，有所謂「實與而文不與」者，此即忌諱敘事之書法。⑯實與而文不與之《春秋》書法，《左氏》以史傳經亦多有之。吳闓生《左傳微》稱：莊公八年載：「君子是以善魯莊公。」評之曰：「此所謂詭辭謬稱，全書皆一種筆法。」左氏喜用詭辭，已具論於第一章，不贅。別論詭辭之另一形式——反語。凡聯貫兩相矛盾之語句，使正反順逆相激相蕩，以翻新意象，形成張力，蔚為雄奇拓闢之氣勢者，謂之「反語」⑰，此乃比事屬辭之相反相對者。反語之用，因詞意相負——思想所指，與指涉之事物相反——故易於產生對比之嘲弄效果，與夫勁健雄渾之氣勢，最為文家所喜用⑱。

反語之法，一言以蔽之，曰反常合道，愈奇詭，愈無理，而說來愈入妙。此種修辭法，兼頓挫加倍法之勝，最有文趣。以《左傳》為例，如陰飴甥說秦伯（僖公十五年），秦伯問和，呂甥卻說不和；若說和，便無趣，所以妙絕！然句句說不和，卻正是句句說和，其妙尤絕倫也。韓原之戰（僖公十五年），晉惠之獲，由於慶鄭，不吉孰如之？卜右偏以為吉；晉惠之歸，由於伯姬，吉孰如之？筮嫁卻以為不吉。顛之倒之，愈無理而愈妙。崔杼弒其君（襄公二十五年），緜詞禍前夫而不禍後夫，以無可解釋中為解釋，此一妙也；上首稱君，下語稱淫，似解弗解，俾莊公無可再請，又一妙也。展喜犒齊師（僖公二十六年），齊侯問恐，展喜卻不直說不恐，但以二分法對曰：「小人恐矣，君子則否！」恐矣句，是就其詞而入之；則否句，是反其辭而折之。齊侯再問何恃不恐，展喜乃答恃先王之命，則又一筆而擅二妙也。於困窮處卻說得如許堂皇，所謂愈無理而愈妙也。

又如楚殺其大夫越椒（宣公四年），子文預斷越椒必滅若敖氏，且謂若敖氏之鬼不其餒而？然至終篇，子文有後，若敖氏之鬼竟不餒，是謂出人意表，喜劇之嘲弄也。吳蹶由對楚子（昭公五年），楚子問女卜來吉乎？分明不吉，却接口說個吉字；若說不吉，便無趣，且難以措辭矣。以下便極力複說吉字，籠絡恐喝兼用，無怪乎楚子弗殺而縱歸也。薳啓彊論辱晉（昭公五年），楚虔欲辱晉二臣，啓彊始則順應一「可」字，便接連說兩「不可」字，以反撲爲正喝，氣勢雄渾。以下申說備字，處處提「備」字，却句句反撲楚無禮無備，一噴一醒，最有氣勢。薳啓彊拜賀大屈予魯（昭公七年），語語稱賀，却句句恐赫；分明說得怕人，却仍歸結到賀字，巧捷警醒之至。范文子祈死（成公十七年），以畔爲晉可逞，以死爲范之福，奇談而有至理。所謂乍看出人意外，細看又入人意中者也。大抵於無理處解釋，自以爲有理；於說理處脫口，若近於無理，是反語之法也。若斯之比，皆所謂少陽趣味，詼詭之趣者也。

少陽趣味，又有閒適之情一類。凡文章臻此勝境者，必風韻高，音吐妙，蕭閑雋遠，風神蓋世。若月窗花影，波鏡雲光，超脫變化，好整以暇，體勢最爲雄遠。《左傳》往往於閒處冷處發明文旨，如國手閒閒布子，最耐觀玩，亦左氏行文之定法。具論於本書第四章第二節「閒筆」中，互參可也，不贅。

(三) 正大

蔣伯潛《體裁與風格》第十九章，〈體裁與風格的結論〉一文謂：所謂氣象，除陰陽剛柔外，尚有大小之別。凡氣象局度表現高遠闊大、冠冕堂皇，饒堂堂乎之神氣者，謂之「正大」。陽剛之文，固然氣象正大者居多，而陰柔之文富正大氣象者亦不少。可見正大乃另一種氣象，與所謂陽剛者不相侔也（頁二〇二—二〇三）。

《左傳》之文，富正大氣象者，往往有之，如齊桓伐楚盟屈完（僖公四年），屈完之應對，冠冕堂皇，理直氣壯。召陵之盟以義勝干戈，所以詞命雍容不迫如此也。展喜犒師（僖公二十六年），展喜詞命重如山岳，震如雷霆，使人悅，使人駭，氣象正大故也。晉文會諸侯圍許（僖公二十八年），豎侯獳因事進言，拈出禮、信、刑三義，題目正大，宜乎公悅從也。楚共王不以重幣錮巫臣（成公二年），語語正大，亦句句爽快，不以人廢言！單襄公辭鞏朔獻齊捷（成公二年），屢提王命，或曰王章，或曰王室，辭嚴義正。郤至辭樂（成公十二年），郤至證據經文，嚴正之中，自饒風雅。駒支對范宣子（襄公十四年），辭正義嚴，言婉理直，詞令中之妙品也。子產壞晉館垣（襄公三十一年），辭鋒利，理義正，帶辯帶駁，透快盡致。子產却楚逆女以兵（昭公元年），語氣強硬，義正大，辭嚴毅，詞令工妙。蹶由對楚子（昭公五年），謂卜吉者，卜社稷之吉，不卜一人之吉也，語最正大光明。周

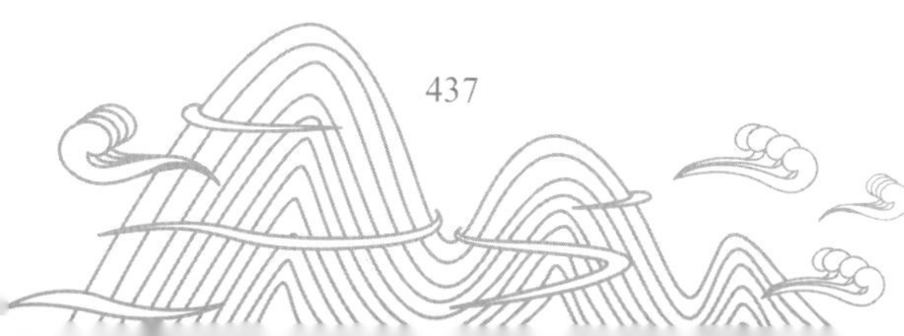

敬王請諸侯城周（昭公三十二年），是一篇唐皇文字，却寫得如許清婉圓潤。陽虎歸寶玉大弓（定公九年），鮑文子之諫齊，詞正理舉，堂堂正正文字也。孔子相夾谷（定公十年），字字正大和平，《左氏》敘夫子語，所謂雅與事稱者也。若此，皆氣象正大之例也。

二、陰柔之美

夫氣有剛有柔，其文雋快而雄直者，得乎氣之剛者也。其文溫潤而婉約者，得乎氣之柔者也。雄直之文，其聲宏大；溫潤之文，其聲和平。陽剛之美，曰雄直怪麗；陰柔之美，曰茹遠潔適。文得諸剛健之美者，已具論前，今請論柔婉之美。

曾文正論文雖貴陽剛，亦不薄陰柔之美。其言謂：「陰柔者韻味深美，深美者吞吐而出之。」〈聖哲畫像記〉云：「劉向匡衡之淵懿，此天地溫厚之氣，得於陰與柔之美者也。」更以為陰柔之美，「氣恒縮，則詞句多澀。然深於文者，固當從這裏過。」（筆記）大抵文章富陰柔之美者，格局多細整，音節多和平；其文清冷醇雅，溫潤委婉，搖曳生姿，一唱三歎，意態纏綿，情韻不匱。姚鼐〈復魯絜非書〉所謂：「其得於陰與柔之美者，則其文如升初日，如清風、如雲，如霞，如煙，如幽林曲澗，如淪，如漾，如珠玉之輝，如鴻鵠之鳴而入寥廓。」是也。可見文章多頓挫之筆，跌宕之姿，嗚咽之聲，呑吐之致者，皆得陰柔之勝境者也。茲就曾氏古文四象所列，分閎括，含蓄，沉雄，悽惻以論之。末附論意境美之一風格——超逸，亦偏於陰柔之美者也。

㈠ 閎括、含蓄

曾氏古文四象太陰識度，列有「閎括之度」，與「含蓄之度」。林紓《畏廬論文》訓「識度」二字曰：「識者，審擇至精之謂；度者，範圍不越之謂。」姚永樸《文學研究法》〈剛柔〉第十九以爲：曾氏《鳴原堂論文》所謂「憂危謙謹」，乃陰柔之勝境；又〈與吳南屏書〉所謂：「字字若履危石而下，落紙乃遲重絕倫」，此境似亦當屬陰柔。合此三說而觀之，太陰識度之意蘊，可以知之矣。

林紓《畏廬論文》論識度、通融，所謂審擇至精，範圍不越；所謂通于世故，不曾拘執云云（頁二十三），特指閎括之度而已也，非含蓄之度所得稱也。《左傳》文字含閎括之度者亦不少，有一篇而爲全書旨趣之取影者，最爲謙謹遠潔。《左氏》義深於君父，於開宗明義——〈考叔純孝〉，〈石碏純臣〉表現之。前半部《春秋》之綱領，秦晉搆兵之無寧歲，託〈呂相絕秦〉（成公十三年）以明示之。又如整部《春秋》屬辭比事之大要，《左氏》則藉〈僑如以夫人婦姜氏至自齊〉篇揭櫫之（成公十四年），特重曲筆與直書，可證錢鍾書「《春秋》書法，實即文章之修辭」之說。而春秋十五國之風俗，六代之功德，列國之國勢人材，與夫後半部《左傳》大義，則賴〈季札來聘觀樂〉表著之（襄公二十九年）。周之東遷，王官之失守，春秋之變爲戰國，由於大人之不悅學，則因〈閔子馬論學〉而可見（昭公十八年）。《春秋》，以名治天下後世者也，左氏則假〈邾黑肱以濫來奔〉篇（昭公三十一年），發其凡例。又有篇章閎括，尺幅而有千里之勢者，如齊襄之弒（莊公八年），善用縮筆省筆，最有茹遠潔適之致。又如楚圍鄾（桓公九年），鬥廉衡陳四語，只二十六字，而陣法戰法無一不備。齊納燕莒（昭公六年），晏子曰云云，十餘字寫盡齊君臣形式。楚勝殺公子申公子結（哀公十六年），一結不過數語，而精雄包括，有萬里長城之勢。越子伐吳（哀公十七年），極奇正之變，而該兵法之能，足以包羅《左傳》全篇敘戰無限妙諦。凡此，皆其例也。

陰柔之美中，最有茹遠潔適之致，謙謹紆徐之神者，宜數含蓄。凡辭婉意微，不迫不露；意內言外，溫柔敦厚者，皆含蓄之味也。吞吐、婉曲、蘊藉、隱秀諸法，皆能致含蓄之味者也。前三者已具論於四章一節中，此概從略，以下但論「隱秀」之神味而已！

《文心雕龍．隱秀篇》曰：「文之英蕤，有秀有隱：隱也者，文外之重旨者也；秀也者，篇中之獨拔者也。隱以複意爲工，秀以卓絕爲巧。」黃季剛先生《札記．補隱秀篇》云：「情在詞外曰隱，狀溢目前曰秀」；又曰：「言含餘意，則謂之隱，意資要言則謂之秀。隱具於此，而義存乎彼；秀者理有所致，而辭效其功。」更以爲今古篇章，充盈篋笥，求其隱秀，希若鳳麟，而獨推重《左氏》，以爲明微顯志晦之例，是有得隱秀之文心者也。考諸《左傳》，此說誠然，如晉大夫請歸惠公（僖公十五年），三拜稽首曰：「君履后土而戴皇天」云云，妙於滿口感激，却並不曾吐出一字，渾是鏡花水月之筆，所謂纖旨存乎文外，而精語峙乎篇中也。又如衛文滅邢（僖公二十五年），全篇以滅同姓而諸侯莫救爲主，全文隱遏不露，至末特載禮至一銘，以寄深曲之旨，筆意絕高。季文子論出莒僕（文公十八年），文子所論，言在此，而意在彼，最有神境，所謂語南而意北，隱秀之至。子產數子南罪（昭公元年），前段語語伏線藏針，中段語語雙關二意，末段語語旁敲側擊；且子產將誅子皙，却先放子南；字字偏枯子南，却正字字激射子皙，著筆此處，注意彼處，所謂隱秀也。薳啓疆賀賜魯大屈（昭公七年），弔意即藏于賀字中，讀之最覺隱秀有餘味。句踐滅吳（定公二十年），汰略越圍吳三年之大事不載，轉從趙孟來使楚隆詞令中，寫出吳王困殆情狀，藉言記事，以收束通篇。用意用筆，皆極隱顯伸縮之妙，蓋得隱秀之文心矣。

㈡沉雄、悽惻

曾國藩《古文四象》少陰情韻，列有「沉雄之韻」，與「悽惻之韻」，舉《詩經》《史》《漢》百

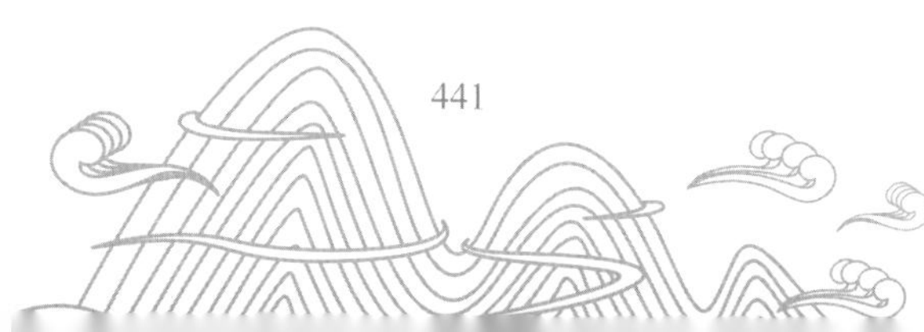

家文爲證，而於義界則無說焉。林紓《畏廬論文》有論「情韻」一文，大抵謂：情之深者，流韻始遠。凡文有情韻之美者，必跌宕激射，宛轉溫裕；迴環往復，挹之無盡；風度凝遠，情態纏綿；懇摯發乎心本，緜遠純以自然，如此則有沉雄之韻，悽惻之情。（應知八則，情韻）

《左傳》之文，深沉雄遠，情韻不匱者，亦文章中之妙境也，如鄭莊戒飭守臣（隱公十一年），詞命款曲，情致纏綿，眞似有至誠惻怛之意存焉者。晉侯使太子帥師（閔公二年），申生死孝，無所逃而待命；《左氏》義深於君父，寫得纍纍若若，皆所以明此義也。秦殉三良（文公六年），君子之論，以蕩漾作收，姿致無窮，情韻雄遠。鄢陵之戰（成公十六年），范文子不欲戰，後竟祈死，此文章以瑣細爲正面者，沉鬱悲憤，情致芊眠，精神旁溢，遠遠與其後之晉亂相激射也。晏嬰與叔向論國政（昭公三年），二子憂國傷時，低回感慨；轉繳收應，錯綜互證，且以更宅事爲之點綴連絡，情韻最見生動。晏子與齊侯論禮（昭公二十六年），前幅沉動奇警，後幅汪洋飄逸，文筆俱妙。伍子胥諫伐齊（哀公十一年），沉鬱警透，獨標一格。與《左氏》他篇諫諍文字之帶鋒穎者不同。大抵用筆出於激射、旁溢、旋繞、往復、頓挫、翻疊諸屬辭之法者，皆能奏沉雄之韻也。

少陰氣象，則有悽惻之韻。凡以吞吐迴蕩之筆，委婉曲折之法，描述悽愴於邑之情，感慨悲歌之調，以表現怨慕泣訴咏歎咨嗟之意者，皆謂之悽惻之韻。悽惻之韻，最有一唱三歎之致，見於《左傳》

者，如臧文仲歎楚人滅六蓼文公五年，哀音促響，神傷千古，只十二字，抵〈哀江南賦〉千百言而有餘。趙盾立靈公文公七年，穆嬴日抱太子啼朝，又適趙頓首，寫其詞令慷慨歷落，聲淚俱下。越椒之亂宣公四年，子文將死，泣言子孫滅絕，沉著痛切，無以復加。鄭伯請與楚平宣公十二年，鄭伯低頭伏罪，仰面乞憐，寫得情辭悱惻，悲鳴動聽。楚子不爲京觀宣公十二年，慈悲之心，藹然紙上，千載而下，如聞慨歎之聲。左公此等文最沉痛。吳伐郯成公七年，深情惋鬱，聲帶餘恫，與臧文仲歎滅六蓼相類。大叔文子論甯殖襄公二十五年，憂時閔亂之情，橫佚四出。文情哀厲激越，最有驚心動魄之觀。晏子論公孫竈之卒昭公三年，促響哀音，文情酸楚，讀之黯然神傷。昭公之難昭公二十五年，前後借子家子言以誅佸亂諸人，聲情嗚咽，文情悽愴之極。凡此，皆情韻悽惻之例也。

㈢ 超逸

文章神味之美，就意境上言，有超逸與切實之別。凡格律疎放，態度輕鬆者，則意境多超逸。反之，若格律嚴謹，態度嚴肅者，意境多切實。切實近陽剛，超逸近陰柔；虛實各有其妙，而實處用虛尤不易到。《左傳》「虛實相涵」之妙，已具論於本書第三章二節「虛實」中，不贅，但論超逸之勝而已。

司空圖《詩品》有「飄逸」一品，稱「落落欲往，矯矯不群，緱山之鶴，華頂之雲。高人畫中，令色絪縕，御風蓬葉，泛彼無根。」此雖論詩，亦可移以論文之超逸，皆指意境之幻化飄忽，不可端倪者也。就屬辭約文而言，大抵文章多作駕空、反掉、映襯、激射、旁溢、跳脫、虛寫之筆，則風格超逸，富於詼詭之趣，閒適之情。以《左傳》爲例，如鄭穆公卒（宣公三年），通篇空幻輕靈，不肯驟落，古人言輕燕掠波，最是此等妙境。又如邲之戰（宣公十二年），實敘楚莊霸略，而從士會口中虛寫，文境空靈之至。此種不直書甲之運爲，而假乙眼中舌端出之者，純乎小說筆法矣。《左傳》頗多此種手法，詳參本書三章二節「表現」。又如鄢陵之戰（成公十六年），巢車望晉一段，從楚王目中寫出晉之千軍萬馬，旁觀虛寫，突兀爭奇。如畫飛龍，風雲無際，如海市蜃樓，幻化萬狀，筆勢最爲超逸。臧孫紇出奔（襄公二十三年），此篇之妙，尤爲不可思議，著季孫無君之罪，筆墨皆化爲雲煙，無一字落人間蹊徑。

又如聲子說復伍舉（襄公二十六年），唐錫周《左傳咀華》評曰：「鏡花水月之妙，全在若離若合之間。以此文言之：椒舉，花與月也；析公、雍子、子靈、苗賁皇，鏡中花，水中月也。」此篇之妙，不僅在若離若合之間，亦在一開一闔，整齊錯綜之際，諸法交用，是以若此超逸秀出也。郯子論古名官（昭公十七年），鋪排所以襯托，徵實而極翻空，燦若雲霞之文也。子革對靈王（昭公十二年），《左繡》評曰：「前段用翻跌，後半用借證，結處用反掉，通篇竟無一筆正寫實寫，眞覺滿紙精神飛舞，只如天花亂墜，觸處繽紛。」

堪稱論斷文字中難得之空靈文字也。魏絳辭梗陽人昭公二十八年，屬意造詞，最爲敏妙無匹，讀之令人灑然意遠。若斯之倫，皆《左氏》超雋飄逸之文，有得乎陰柔之美者也。超逸之妙，能使敘述之堆垛化爲煙雲，固非深於文學者不能也！

註釋

① 「孔子作《春秋》，以寓其撥亂之志，而國史有恆體，無辭可以寄文。於是有書，有不書，以互顯其義。」元趙汸《春秋屬辭》，臺北：大通書局，一九七〇。卷八〈假筆削以行權第二〉，頁一，總頁一四八〇一。

② 趙友林〈《春秋》三傳「注疏」中的屬辭比事考〉，《儒家典籍與思想研究》第三輯（二〇一一年四月），頁八十七一〇〇。

③ 張高評〈朱熹之《春秋》觀——據實直書與朱子之徵實精神〉，中國經學研究會主編《第八屆中國經學國際學術研討會論文選集》，臺北：萬卷樓圖書公司，二〇一五年，頁三五三—三九〇。

④ 劉綱紀《周易美學》，長沙：湖南教育出版社，一九九二。第五章，四，〈中國美學的意象論〉，頁二七三—二八四。

⑤ 朱子又曰：「子靜說話，常是兩頭明，中間暗。」或問：「暗是如何？」曰：「是他那不說破處。他所以不說破，便是禪。所謂『鴛鴦繡出從君看，莫把金針度與人』，他禪家自愛如此。」宋黎靖德編，王星賢點校《朱子語類》卷一〇四，〈朱子一・自論爲學工夫〉，頁二六二〇。

⑥姚永樸著《文學研究法》〈綱領篇〉，分析義法之義最精，其言曰：「《易．家大人卦》大象曰：『言有物』；《艮》六五又曰：『言有序』；物即義也，序即法也。《書．畢命》曰：『辭尚體要』；要即義也，體即法也。《詩．正月》篇曰：『有倫有脊』；脊即義也，倫即法也。《禮記．表記》曰：『情欲信，辭欲巧』；信即義也，巧即法也。《左氏．襄二十五年傳》曰：『言以足志，文以足言』；志即義也，文即法也。」許結講評本，卷一，頁二八。

⑦郭紹虞修訂本《中國文學批評史》，「方苞古文義法」闡述，頁五五四。

⑧郭紹虞《語文通論續集》，〈論中國文學中的音節問題〉（二）。頁七八—七九。

⑨黃永武《形聲多兼會意考》阮元，頁二九；黃承吉，頁三三；陳澧，頁三九；章太炎，頁四一；劉師培，頁四四；梁啓超，頁四八。又黃永武《中國詩學．設計篇》，頁一九一—頁一九五。又傅庚生《中國文學欣賞舉隅》，二三，「重言與音韻」。

⑩王夢鷗《文學概論》第九章〈韻律樣式〉，頁八四。陳介白《修辭學講話》，頁九一「諧音法」。謂之「複句法」，「韻脚法」。另參涂公遂《文學概論》，「節奏的重要性及其意義」，頁七四—頁七七。以下界說，參考亦同。

⑪王夢鷗《文學概論》，頁八四。又參曾永義《說戲曲》，〈影響詩詞曲節奏的要素〉二、韻協。頁二五九。

⑫劉師培《正名隅論》云：「『之』類之字，多有由下上騰、挺直之義。『支』類『脂』類之字，多有由此施彼，

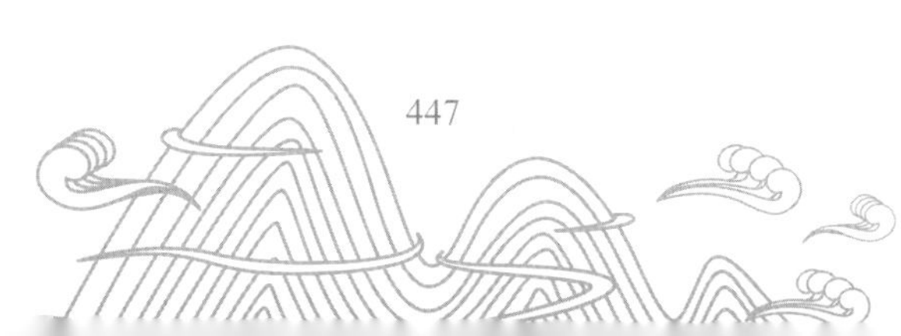

平陳之義。「歌」類「魚」類字，多有侈陳於外，擴張之義。「侯」「幽」「宵」類之字，多含曲折有稜、隱密歛縮、紆徐回轉之義。「蒸」類字，多含進而益上、凌踰之義。「耕」類字，多含上平下直、虛懸之義。「陽」「東」類之字，多有高明美大之義。「侵」「東（冬）」類之字，多有衆大高闊、發舒之義。「眞」「元」類字，多有抽引上穿、聯引之義。「談」類之，多有隱暗狹小、不通之意。詳《劉申叔先生遺書》，《左盦外集》卷六。參考《左盦集》卷四〈字義起於字音說〉上中下。蓋意先乎聲，而文字之未造，言語先之矣；以文字代語言，必尋其聲而符其意，此聲義同源之說也。其實際運用，可參黃永武《中國詩學·設計篇》〈談詩的音響〉，頁一五五—二三六。

⑬ 段氏論古聲調，見《六書音韻表·古四聲說》；黃氏之說，見所著〈音略〉〈略例〉，又〈詩音上作平證〉。王氏之論，見《漢語史稿》上冊，頁六四—頁六五。詳參陳新雄著《古音學發微》，第五章第三節〈總論〉。

⑭ 高明撰〈論聲律〉一文，原載《中國語文》二卷六期，後收入《高明文輯》下冊，所引見頁四三二。

⑮ 方孝岳《中國散文概論》，三，字句的格律（上），頁六—頁七。

⑯ 張高評〈《史記》忌諱敘事與《春秋》書法〉，《嶺南學報》復刊第十二輯（二〇一九年）—頁一九—五九。

⑰ 「反常」之名爲已杜撰，其意則本乎黃永武《中國詩學·設計篇》，「用矛盾的語法」，頁九一。「反常合道與詩趣」，頁二四九。

⑱ 「反語」之意義，參見姚一葦《藝術的奧秘》，「論對比」，「自對比產生嘲弄」，頁一九八。

參考書目

一、春秋左傳古籍文獻

春秋左傳注疏　周左丘明傳　晉杜預注　唐孔穎達疏　臺北：藝文印書館《十三經注疏》本
春秋公羊傳注疏　漢公羊壽傳、何休解詁，唐徐彥疏　臺北：藝文印書館《十三經注疏》本
春秋繁露義證　漢董仲舒著　清蘇輿注　臺北：河洛圖書公司
春秋釋例　晉杜預著　臺北：臺灣中華書局
春秋穀梁傳注義　晉徐邈著　清馬國翰輯《玉函山房輯佚書》揚州：廣陵書社
春秋穀梁經傳補注　晉范甯集解　清鍾文烝著　駢宇騫點校　北京：中華書局
春秋啖趙集傳纂例　唐陸淳編　臺北：大通書局　清錢儀吉《經苑》本
春秋集義　宋李明復著　北京：商務印書館　文津閣《四庫全書》

春秋比事　宋劉朔著　臺北：臺灣商務印書館　文淵閣《四庫全書》
左氏摘奇　宋胡元質著　臺北：新文豐出版公司《宛委別藏》鈔錄影宋本
春秋胡氏傳　宋胡安國著　臺北：臺灣商務印書館　《四部叢刊》續編
春秋經解　宋孫覺著　臺北：臺灣商務印書館　文淵閣《四庫全書》
春秋集傳詳說　宋家鉉翁著　臺北：臺灣商務印書館　文淵閣《四庫全書》
春秋集註　宋高閌著　臺北：臺灣商務印書館　文淵閣《四庫全書》
春秋集注　宋張洽著　臺北：臺灣商務印書館　文淵閣《四庫全書》
春秋左氏傳事類始末　宋章沖著　臺北：大通書局，納蘭成德編《通志堂經解》
止齋先生春秋後傳　宋陳傅良著　臺北：大通書局《通志堂經解》
春秋傳　宋程頤著　臺北：臺灣中華書局《四部備要》本
春秋經筌　宋趙鵬飛著　臺北：大通書局　清納蘭成德編《通志堂經解》
春秋辨疑　宋蕭楚著　臺北：臺灣商務印書館　文淵閣《四庫全書》
春秋胡傳附錄纂疏　元汪克寬著：臺灣商務印書館　文淵閣《四庫全書》
春秋諸傳會通　元李廉著　臺北：大通書局　清納蘭成德編：《通志堂經解》
春秋師說　元趙汸著　臺北：大通書局　清納蘭成德編《通志堂經解》
春秋屬辭　元趙汸著　臺北：大通書局　清納蘭成德編《通志堂經解》
春秋本義　元程端學著　臺北：臺灣商務印書館　文淵閣《四庫全書》
春秋詞命　明王鏊著　臺南：莊嚴文化。《四庫全書存目叢書》

春秋鉤元　明石光霽著　臺北：臺灣商務印書館　文淵閣《四庫全書》

春秋辯義　明卓爾康著　臺北：臺灣商務印書館　文淵閣《四庫全書》

春秋事義全考　明姜寶著　臺北：臺灣商務印書館　文淵閣《四庫全書》

左氏兵略　明陳禹謨著　臺北：武學書局

春秋孔義　明高攀龍著　臺北：臺灣商務印書館　文淵閣《四庫全書》

春秋左傳屬事　明傅遜著　臺北：臺灣商務印書館　文淵閣《四庫全書》

春秋正傳　明湛若水著　臺北：臺灣商務印書館　文淵閣《四庫全書》

春秋屬辭比事記　清毛奇齡著　臺北：復興書局　清阮元編《皇清經解》

毛檢討春秋傳　清毛奇齡著　臺北：復興書局　清阮元編《皇清經解》

孔檢討公羊通義　清孔廣森著　臺北：復興書局，清阮元編《皇清經解》

春秋通論　清方苞著　臺北：臺灣商務印書館　文淵閣《四庫全書》

春秋直解　清方苞著　上海：上海古籍出版社　《續修四庫全書》

春秋鈔　清朱軾著　臺南：莊嚴文化公司　《四庫全書存目叢書》

左氏兵法　清李元春著　臺北：老古出版社　《正統謀略學彙編》初集

春秋本義　清吳楫著　上海：上海書店　《叢書集成續編》

左傳古本分年考　清俞樾著　《春在堂全書》冊一〇二　清光緒二十五年刊

春秋宗朱辨義　清張自超著　臺北：臺灣商務印書館　文淵閣《四庫全書》

春秋屬辭辨例編　清張應昌編著　上海：上海古籍出版社《續修四庫全書》本影印同治十二年江蘇書局刻本

莊侍郎春秋正辭　清莊存與著　臺北：復興書局　清阮元編《皇清經解》
日講春秋解義　清康熙帝御製　北京：商務印書館　文津閣《四庫全書》
春秋傳說彙纂　清康熙帝欽定　北京：商務印書館　文津閣《四庫全書》
春秋說　清惠士奇著　臺北:復興書局　清阮元編《皇清經解》
萬處士學春秋隨筆　清萬斯大著　臺北：大通書局　清阮元編《皇清經
春秋恆解　清劉沅著　同治壬申重刊玉成堂藏版　日本早稻田大學藏書
春秋左氏傳舊注疏證　清劉文淇著　日本京都：中文出版社
春秋穀梁經傳補注　清鍾文烝著　北京：中華書局
春秋大事表　清顧棟高著　吳樹平等點校　北京：中華書局
左傳輯釋　〔日〕安井衡著　臺北：廣文書局
春秋折中（春秋稽古）　〔日〕平賀晉民著　日本早稻田大學圖書館藏
左傳標識　〔日〕東條一堂著　東京：書籍文物流通會
左氏會箋　〔日〕竹添光鴻著，臺北：新文豐出版公司，成都：巴蜀書社
左傳思想史的研究　〔日〕津田左右吉著《津田左右吉全集》第十五卷　東京：岩波書店
春秋集傳　〔韓〕李震相著，漢城：亞細亞文化社

二、近現代春秋左傳學專著

春秋左傳讀　劉子政左氏說檢論　章炳麟著　臺北：世界書局影印浙江圖書館民國八年校刊本　《章氏叢書》正編

左傳禮說　張其淦著，《叢書集成續編》影印《寓園叢書》本　臺北：新文豐出版公司

讀左劄記　春秋左氏傳古例詮微　春秋左氏傳傳注例略　劉師培著　臺北：華世出版社　《劉申叔先生遺書》（一）

古春秋記事成法攷　《左盦集》卷二　劉師培著　臺北：華世出版社，《劉申叔先生遺書》（三）

正名隅論　《左盦外集》卷六　劉師培著　臺北：華世出版社，《劉申叔先生遺書》（三）

左傳五十凡例　駱成駫著　民國十六年上沅新刊　中央研究院傅斯年圖書館藏

春秋辨例　戴君仁著　中華叢書編審委員會

春秋左傳注　楊伯峻著　北京中華書局

春秋要領　程發軔著　三民書局

春秋異文考　陳新雄著　嘉新水泥公司研究論文

周秦諸子述左傳考　劉正浩著　臺灣商務印書館

兩漢諸子述左傳考　劉正浩著　臺灣商務印書館

春秋左氏傳杜注釋例　葉政欣著　嘉新水泥公司研究論文

漢儒賈逵之春秋左氏學　葉政欣著　臺南興業圖書公司
東漢時代之春秋左氏學　程南洲著　文津出版社
左傳文藝新論　高葆光著　臺中中央書局
左傳虛字集釋　左松超著　臺灣商務印書館
左傳載語之禮義精神研究　李啓原著　高雄師院國文研究所碩士論文
左傳君子曰非後人所附益　鄭良樹撰　《竹簡帛書論文集》　北京中華書局
再論左傳君子曰非後人所附益　鄭良樹撰　《竹簡帛書論文集》　北京中華書局
周代文藝思想概觀　李炳海著　長春：東北師範大學出版社
春秋左傳學史稿　沈玉成、劉寧著　南京：江蘇古籍出版社
左傳的書寫與解讀　李惠儀著、文韜、許明德譯　南京：江蘇人民出版社
左傳評點研究　李衛軍著　北京：中國社會科學出版社
左傳之文韜　張高評著　高雄麗文文化公司
左傳之武略　張高評著　高雄麗文文化公司
啖助新春秋學派研究論集　林慶彰、蔣秋華主編　中央研究院中國文哲研究所
春秋書法與左傳學史　張高評著　五南圖書公司
春秋書法與左傳史筆　張高評著　里仁書局
比事屬辭與古文義法——方苞「經術兼文章考論」　張高評著　新文豐出版公司
杜預《春秋經傳集解》研究　方韜著　中國社會科學出版社

屬辭比事與《春秋》詮釋學　張高評著　新文豐出版公司
春秋公羊學講疏　段熙仲著　南京：南京師範大學出版社
春秋大義述　楊樹達著，上海：上海古籍出版社
春秋三傳比義　傅隸樸著　臺北：臺灣商務印書館
春秋學史　趙伯雄著，濟南：山東教育出版社
春秋學史　戴維著，長沙：湖南教育出版社
春秋三傳要義解讀　晁岳佩著　北京：國家圖書館
春秋筆法論　李洲良著，北京：中國社會科學出版社
春秋三傳書法義例研究　趙友林著，北京：人民出版社
春秋三傳義例研究　晁岳珮著，北京：綫裝書局
胡安國《春秋傳》研究　康凱淋著　臺北：致知學術出版社
斷裂中的神聖重構：《春秋》的神話隱喻　譚佳著　廣州：南方日報出版社
從公羊學論春秋的性質　阮芝生著，臺北：臺灣大學文學院
西漢公羊學研究　張端穗著，臺北：文津出版社
清末的公羊思想　孫春在著，臺灣商務印書館
清代公羊學　陳其泰著，北京：東方出版社
經典解釋與文化創新——《公羊傳》「以義解經」探微　平飛著，北京：人民出版社
春秋穀梁傳傳授源流考　周何著　臺北：國立編譯館

穀梁范注發微　王熙元著，嘉新水泥公司研究論文
清代穀梁學　吳連堂著，高雄復文圖書出版社
穀梁傳思想析論　吳智雄著，臺北：文津出版社
清代春秋穀梁學研究　文廷海著，成都：巴蜀書社
左傳之敘事與歷史解釋　陳致宏著，臺北：花木蘭文化出版社
追尋與傳釋：《左繡》對《左傳》的接受　蔡妙眞著　臺北：萬卷樓圖書公司
左傳文學接受研究　劉成榮著　北京大學中國語言文學系博士論文
春秋左傳人物譜　方朝暉編著，濟南：齊魯書社
國語左傳記言研究　寧登國著，北京：社會科學文獻出版社
左傳英華　張高評著，臺北：萬卷樓圖書公司
文章自可觀風色：文人說經與清代學術　蔡長林著　臺大出版中心
禮樂制度變遷與春秋文體演變研究　韓高年著　北京商務印書館
春秋筆法的修辭學研究　蕭鋒著　北京：中國社會科學出版社

三、左傳評點

㈠文評

春秋左傳注評測義七十卷　明凌稚隆著　萬曆十六年吳興凌氏刊本　國家圖書館（原中央圖書館）藏本

左傳鈔評十二卷　明穆文熙評著　清雍正二年朝鮮錦城刊本　國家圖書館（原中央圖書館）藏本　又師大東北大學寄藏書

閔氏分次春秋左傳十五卷　明孫鑛評點　萬曆四十四年吳興閔氏刊朱墨套印本　國家圖書館（原中央圖書館）藏本

左傳釋　清金聖歎著　《金聖歎全集》　鳳凰出版社

天下才子必讀古文　清金聖歎著　《金聖歎全集》　鳳凰出版社

貫華堂第六才子書西廂記　清金聖歎著　《金聖歎全集》　鳳凰出版社

左傳評（左傳練要）十卷　清王源著　新文豐出版公司　又《四庫全書存目叢書》　臺南莊嚴文化公司

左傳義法舉要一卷　清方苞口授　清王兆符傳述　廣文書局影印《榕園叢書》本

左傳分國纂略十六卷　清盧元昌評閱　康熙二十八年八詠樓刊本　中央研究院藏本

古文析義　清林雲銘編著　廣文書局

古文觀止　清吳楚材、吳調侯編著　臺灣中華書局

左傳約編二十一卷　清鄒美中輯評　道光二十六年西林山房刊本　中央研究院藏本

左繡三十卷　清馮李驊、陸浩評輯　文海出版社影印康熙五十九年書業堂鐫藏本
春秋鈔　清朱軾著　臺南莊嚴文化公司，《四庫全書存目叢書》
左傳翼三十八卷　清周大璋著　文盛堂翻刻遂初堂本　中央研究院藏本
讀左補義五十卷　清姜炳璋著　文海出版社影印乾隆三十三年同文堂藏板本
左傳日知錄八卷　清陳震著　清乾隆年間稿本　國家圖書館(原中央圖書館)藏本
左傳評三卷　清李文淵評著　《貸園叢書》初集冊三　中央研究院藏本
會心閣春秋左傳讀本十二卷　清豫山編　咸豐三年編者手寫本　清許乃普等手書題跋　國家圖書館（中央圖書館）藏本
三研齋左傳節鈔十五卷　清不著撰人　朱墨精寫本　國家圖書館(中央圖書館)藏本
左傳擷華　林紓著　高雄復文圖書出版社
左傳微　吳闓生著　臺灣中華書局
左傳集評（一—四冊）　李衛軍編著　北京大學出版社
古文觀止鑑賞　張高評主編　臺南南一書局

(二) 史評

春秋左氏傳說　宋呂祖謙著　《通志堂經解》卷二六四、二六五　臺北大通書局影印本　又學原書局
春秋左氏傳續說　宋呂祖謙著　文淵閣《四庫全書》本　臺灣商務印書館
足本東萊左氏博議　宋呂祖謙著　廣文書局影印光緒十四年錢塘瞿氏校刊足本

文章正宗二十六卷　宋眞德秀輯　明唐順之批點　明嘉隆年間刊本　楊守敬題識　故宮博物院藏

又臺灣商務印書館《四部叢刊三編》本

春秋左傳詳節句解三十五卷　宋朱申著　明孫鑛批點　朝鮮舊刊本　國家圖書館（原中央圖書館）藏

左氏始末十二卷　明唐順之著　徐鑒評　明萬曆四十二年劍江徐氏刊本　國家圖書館（中央圖書館）藏

春秋左翼四十三卷　明王震著　萬曆癸卯烏程王氏原刊本　國家圖書館（原中央圖書館）藏

醉竹園左傳鈔四卷　明王雲孫輯　萬曆三十八年刊本　東海大學圖書館藏本

續春秋左氏傳博議二卷　清王夫之著　廣文書局影印《船山遺書》本

左傳經世鈔二十三卷　清魏禧輯　清彭家屏參訂　清乾隆間刊刻《續修四庫全書》本　上海古籍出版社

左傳事緯十二卷　清馬驌著　廣文書局　又齊魯書社

左傳紀事本末五十三卷　清高士奇著　北京中華書局

左氏節萃十卷　清凌璿王編　中央研究院藏本

左說條貫十八卷　清曹基編次　康熙壬辰序刊本　中央研究院藏本

評點春秋左傳綱目句解六卷　清韓菼重訂　師大寄藏東北大學叢書

左傳分國集註　民國韓席籌編註　華世出版社　又江蘇人民出版社

四、其他經學

說文解字注　漢許慎著　清段玉裁注　藝文印書館

詩集傳　宋朱熹注　臺灣中華書局

四書纂疏（附引得）　宋朱熹集註　趙順孫纂疏　啓聖圖書公司影印《通志堂經解》本

禮記集解　清孫希旦集解　蘭臺書局

詩毛氏傳疏　清陳奐疏　臺灣學生書局

經籍纂詁　清阮元著　臺北泰順書局

經學通論　清皮錫瑞著　北京中華書局

經學歷史　清皮錫瑞著　北京中華書局

兩漢經學今古文平議　錢穆著　東大圖書公司

讀經示要　熊十力著　廣文書局

禮學新探　高明著　香港中文大學聯合書院中文系

古漢語通論　王力著　泰順書局

古代漢語　王力著　泰順書局

漢語詩律學　王力著　上海教育出版社

許慎之經學　黃永武著　臺灣中華書局

古音學發微　陳新雄著　文史哲出版社

五、史學

國語　傳周左丘明著　嶄新校注本　據《四部備要》排印清代士禮居翻刻明道本爲底本　參校《四部叢刊》影印明代翻刻公序本　臺北九思出版社

戰國策　漢劉向輯錄　新校增補本　里仁書局

竹書紀年八種　不著撰人　梁沈約注　世界書局

史記會注考證　漢司馬遷著　日本瀧川資言考證　藝文印書館　又萬卷樓圖書公司、大安出版社

漢書補注　漢班固著　唐顏師古注　清王先謙補注　藝文印書館

後漢書集解　南朝宋范曄著　唐李賢注　清王先謙集解　藝文印書館

三國志集解　晉陳壽著　南朝宋裴松之注　盧弼集解　藝文印書館

史通釋評　唐劉知幾著　清浦起龍釋　呂思勉評　華世出版社

文史通義校注　清章學誠著　葉瑛校注　北京中華書局　華世出版社

四庫全書總目　清紀昀等主纂　藝文印書館

中國歷史研究法（附補篇）　梁啓超著　臺灣中華書局

先秦諸子繫年　錢穆著　香港中文大學出版社

中國史學名著　錢穆著　三民書局
太史公書義法　孫德謙著　臺灣中華書局
國史要義　柳詒徵著　臺灣中華書局
史諱舉例　陳垣著　文史哲出版社
春秋史　童書業著《齊魯大學國學研究所專著彙編》之五
中國史學史　金毓黻著　國史研究室
兩漢思想史卷一，卷二，卷三　徐復觀著　臺灣學生書局
歷史哲學　牟宗三著　臺灣學生書局
先秦時代的傳播活動及其對文化與政治的影響　張玉法著　嘉新研究論文
中國上古史論文選輯　許倬雲主編　國風出版社
史學方法論　杜維運著　華世出版社
史學方法論文選集　杜維運、黃俊傑合編　華世出版社
與西方史家論中國史學　杜維運著　史學出版社
黃梨洲及其史學　張高評著　高雄師院國文研究所叢刊之二　文津出版社
歷史研究法　何炳松著　劉寅生等編《何炳松文集》第四卷　北京商務印書館
歷史與思想　余英時著　聯經文化出版公司
中國史學思想史　吳懷琪　安徽人民出版社
史學方法與歷史解釋　康樂、彭明輝主編　中國大百科出版社

中國史學史論集　白壽彝著　北京中華書局
中國史學的理論遺產　瞿林東著　北京師範大學出版社
歷史學家的修養和技藝　李劍鳴著　上海三聯書店
文明演進源流的思考——中國古代史學研究　瞿林東著　北京師範大學出版社
史學批評與史學文化研究　瞿林東著　葛志毅主編　黑龍江人民出版社
裴松之《三國志注》新論——三國史的解構與重建　王文進著　新文豐出版公司
《漢書》及其春秋筆法著　潘銘基　北京中華書局

六、諸子、義理

莊子集解　戰國莊周著　清郭慶藩輯　河洛圖書公司
荀子集解　戰國荀況著　清王先謙注　藝文印書館
韓非子集解　傳戰國韓非著　清王先慎注　文光圖書公司
呂氏春秋集釋　傳戰國呂不韋輯　許維遹注　世界書局
鬼谷子集校集注　戰國鬼谷子著　許富宏集注　北京中華書局
孔子家語　漢王肅注　臺灣中華書局
說苑　漢劉向編　臺灣中華書局《四部備要》本

白虎通疏證　漢班固著　清陳立疏證　吳則虞點校　北京中華書局
桓子新論　漢桓譚著　臺灣中華書局《四部備要》本
風俗通義　漢應劭著　臺灣中華書局《四部備要》本
論衡　漢王充著　北京大學歷史系注釋小組點校　北京中華書局
世說新語校箋　南朝宋劉義慶著　楊勇箋校　明倫出版社
四書集註　宋朱熹注　世界書局　北京中華書局
朱子語類　宋黎靖德編　王星賢點校　北京中華書局　文津出版社
論語正義　清劉寶楠著　臺北文史哲出版社
論語集釋　程樹德編　北京中華書局
孟子正義　清焦循著　沈文倬點校　北京中華書局
述學內外篇　清汪中著　臺灣中華書局《四部備要》
縱橫家研究　顧念先著　中國學術著作獎助委員會
論理古例　劉奇著　臺灣商務印書館
諫話　趙盧吾著　陽明雜誌社
先秦兩漢之陰陽五行學說　李漢三著　鐘鼎文化出版公司
語意學概要　徐道鄰著　友聯出版社
理則學導論　林本著　臺灣開明書店
先秦說話術研究　洪明達著　高雄師院國文研究所碩士論文

中國句型文化　申小龍　東北師範大學出版社

文化語言學　申小龍　江西教育出版社

語文的闡釋　申小龍　臺北洪葉文化公司

七、文學文論

㈠ 文學評論

文賦集釋　晉陸機著　張少康集釋　人民文學出版社

文心雕龍札記　黃侃著　新亞書院中文系

文心雕龍注　梁劉勰著　范文瀾注　人民文學出版社

文心雕龍讀本　王更生注譯　文史哲出版社

文心雕龍批評論發微　沈謙著　聯經出版事業公司

文鏡秘府論彙校彙考　日遍照金剛著　盧盛江校考　北京中華書局

韻語陽秋　宋葛立方　清何文煥編《歷代詩話》　人民文學出版社

畏盧論文　林紓　臺北文津出版社

錢鍾書論學文選　舒展選編　廣州：花城出版社

畏盧論文等三種　林紓著　文津出版社

拙堂文話　日本齋藤謙著　文津出版社
陳世驤文存　陳世驤著　志文出版社

㈡古代散文

戰國策文新論　鄭杰文著　濟南：山東人民出版社
戰國策之語用與說服　陳致宏著　臺北：里仁書局
正續文章緣起註　梁任昉著　明陳懋仁註　廣文書局
文則　宋陳騤著　莊嚴出版社
文章宗旨　元盧摯著　張健《元代詩法校考》　北京大學出版社
文章指南　明歸有光著　廣文書局
古文辭類纂評註　清姚鼐著　王文濡評　臺灣中華書局
讀書作文譜/父師善誘法　清唐彪著　偉文圖書公司
漢魏六朝專家文研究　劉師培著　臺灣中華書局
韓柳文研究法　林紓著　廣文書局
古文辭通義　王葆心著　臺灣中華書局
上古秦漢文學　柳存仁著　臺灣商務印書館
先秦文學　游國恩著　臺灣商務印書館
太史公書義法　孫德謙著　臺灣中華書局

桐城吳氏古文法　吳闓生選評　臺灣中華書局

中國散文史　陳柱著　臺灣商務印書館

文章筆法辨析　羅君籌著　唐濟安校點　香港上海印書館

桐城文派文學史　葉龍著　香港龍門書店

中國文化之垂統　Raymond Dawson原著　張潤書譯　復興書局

古代中國文學　Burton watson著　羅錦堂譯　華岡出版部

古文法纂要　朱任生著　臺灣商務印書館

評註文法津梁　宋文蔚著　蘭臺書局

古文筆法百篇　李扶九選　東海出版社

實用文章義法　謝无量著　華正書局

古文通論　馮書耕、金仞千著　中華叢書編審委員會

文章例話　周振甫著　蒲公英書店

歷代文話　王水照主編　復旦大學出版社

㈢ 辭賦、駢文

中國辭賦發展史　郭維森、許結著　江蘇教育出版社

中國賦學歷史與批評　許結著　江蘇教育出版社

兩宋辭賦史（上下）　劉培著　山東人民出版社

駢體文鈔　清李兆洛著　廣文書局
六朝麗指　孫德謙著　育民出版社
六朝文論　廖蔚卿著　聯經出版事業公司
駢文概論　金秬香著　臺灣商務印書館
中國駢文史　劉麟生著　臺灣商務印書館
駢文衡論　謝鴻軒著　廣文書局
中國駢文發展史　張仁青著　臺灣中華書局

㈣文藝美學

劉熙載論藝六種　清劉熙載著　徐中玉、蕭華榮校點　成都：巴蜀書社
藝舟雙楫文譜　清包世臣著　臺灣商務印書館
中國畫學全史　鄭昶編著　臺灣中華書局
中國畫論類編　俞劍華編著　北京：人民美術出版社
畫史叢書　于安瀾編輯　臺北：文史哲出版社
文藝心理學　朱光潛著　臺灣開明書店
語文通論續集　郭紹虞　上海書店
文藝美學　王夢鷗著　遠行出版社
藝術的奧秘　姚一葦著　臺灣開明書店

中國藝術精神　徐復觀著　臺灣學生書局
美學原理　克羅齊著　正中書局
二度和諧及其他　施友忠著　聯經出版事業公司
美的歷程　李澤厚著　天津社會科學院
飲之太和　葉維廉著　臺北：時報出版公司
周易美學　劉綱紀著　湖南教育出版社
中國美典與文學研究論集　高友工著　臺北：臺大出版中心

(五) 詩學

歷代詩話　清何文煥編　北京：人民文學出版社
歷代詩話續編　丁福保輯　北京：人民文學出版社
潛溪詩眼　宋范溫著　北京：人民文學出版社　《歷代詩話》本
苕溪漁隱叢話　宋胡仔編著　廖德明校點　北京：人民文學出版社
滄浪詩話校箋　宋嚴羽著　張健校箋　上海古籍出版社
詩人玉屑　宋魏慶之著　世界書局
清詩話　丁福保編　上海：中華書局
清詩話續編　郭紹虞編　北京：人民文學出版社
詩學箋註　姚一葦譯註　臺灣中華書局

詩論分類纂要　朱任生著　正中書局
中國詩學（設計篇）　黃永武著　巨流圖書公司
中國詩學（鑑賞篇）　黃永武著　巨流圖書公司
中國詩學（考證篇）　黃永武著　巨流圖書公司
中國詩學（思想篇）　黃永武著　巨流圖書公司

㈥文學

文學蜜史　褚傳誥著　廣文書局
中國文學發展史　劉大杰著　臺灣中華書局　又華正書局
中國文學批評史　郭紹虞著　文史哲出版社
隋唐文學批評史　羅根澤著　臺灣商務印書館
中國文學欣賞舉隅　傅庚生著　地平線出版社
文學概論　馬宗霍著　臺灣商務印書館
文學研究法　姚永樸著　廣文書局
文學論　劉永濟著　臺灣商務印書館
中國文學八論　劉麟生等著　文馨出版社
中國文學大綱（上冊）　易君左著　信明出版社
中國文學雜論　楊鴻烈著　僶勉出版社

中國文學論集　徐復觀著　臺灣學生書局
中國文學批論通論　傅庚生著　經氏出版社
中國文學流變史　李曰剛著　白雲書屋
中國文學論　程兆熊著　大林出版社
中國人的文學觀念　劉若愚著　賴春燕譯　成文出版社
文學概論　王夢鷗著　藝文印書館
中國文學欣賞　糜文開、裴普賢著　三民書局
新文學概論　本間久雄著　章錫光譯　臺灣商務印書館
文學概論　涂公遂著　安邦書局
文學論　韋勒克等著　王夢鷗等譯　志文出版社
比較文學研究之新方向　李達三著　聯經出版事業公司
比較文學的墾拓在台灣　古添洪、陳慧樺著　東大圖書公司

八、中國敘事傳統

中國早期敘事文論集　王靖宇著　臺北：中央研究院中國文哲研究所
敘事與解釋—《左傳》解經研究　張素卿著　臺北：書林出版公司

中國敘事學　浦安迪講演　北京：北京大學出版社
《左傳》敘事的傾向性　胡念貽著《先秦文學論集》　北京：中國社會科學出版社
先秦敘事研究—關於中國敘事傳統的形成　傅修延著　北京：東方出版社
中國敘事學　傅修延著　北京：北京大學出版社
中國敘事學　楊義著　北京：人民出版社
先唐敘事文學故事主題類型索引　寧稼雨著　天津：南開大學出版社
中國文學敘事傳統研究　董乃斌主編　北京：中華書局
先秦兩漢歷史敘事隅論　李隆獻著　臺北：臺大出版中心
中國文學敘事傳統論稿　董乃斌著　上海：東方出版公司
歷史敘事與經典文獻隅論　李隆獻著　臺北：萬卷樓圖書公司
書法、史學、敘事、古文與比事屬辭——中國傳統敘事學之理論基礎　張高評撰　《中國文化研究所學報》第六十四期　二〇一七年一月
《春秋》《左傳》《史記》與敘事傳統　張高評撰　《國文天地》第三十三卷第五期　二〇一七年十月
比事見義與《左傳　晉公子重耳之亡》　張高評撰　《古典文學知識》「中國敘事傳統說苑」專欄　二〇一八年第二期
《左傳》敘戰徵存兵法謀略——〈城濮之戰〉之敘戰與資鑑　張高評撰　《古典文學知識》「中國敘事傳統說苑」專欄　二〇一八年第三期
《左傳》敘戰與《春秋》筆削——論晉楚城濮之戰的敘事義法（上下）　張高評撰　《古典文學知識》「中

國敘事傳統說苑」專欄　二〇一八年第四期、第六期（七月、十一月）

《史記·淮陰侯列傳》與《春秋》書法　張高評撰　《嶺南學報》復刊第九輯　二〇一八年十一月

「趙盾弒其君」之書法與史筆　張高評撰　《古典文學知識》「中國敘事傳統說苑」專欄　二〇一九年第二期　二〇一九年三月

杜甫詩史、敘事傳統與《春秋》書法　張高評撰　《人文中國學報》第二十八期　二〇一九年六月

《史記》互見法與《春秋》敘事傳統　張高評撰　《國文天地》第三十五卷第三期　二〇一九年八月

《左傳·秦晉韓之戰》及其敘事義法——《春秋》比事屬辭與《左傳》敘戰之書法　張高評撰　《古典文學知識》「中國敘事傳統說苑」專欄　二〇一九年第五期　二〇一九年九月

《左傳》〈聲子說楚後伍舉〉鑑賞　張高評撰　《國文天地》第三十五卷第四期二〇一九年九月

《春秋》五例與《左傳》之忌諱敘事　張高評撰　《國文天地》第三十五卷第五期　二〇一九年十月

《春秋》「楚子入楚」與《左傳》〈申叔時諫縣陳〉之解讀　張高評撰　《國文天地》第三十五卷第六期　二〇一九年十一月

《史記》忌諱敘事與《春秋》書法——以征伐匈奴之相關人事爲例　張高評撰　《嶺南學報》復刊第十二輯　二〇一九年十二月

「魯桓公薨于齊」與《春秋》《左傳》之詮釋　張高評撰　《國文天地》第三十五卷第七期　二〇一九年十二月

鄭莊公稱雄天下與《左傳》之敘事義法　張高評撰　《古典文學知識》「中國敘事傳統說苑」專欄　二〇二〇年第二期

《左傳》「齊連稱管至父弒襄公」的敘事義法　張高評撰　《古典文學知識》「中國敘事傳統說苑」專欄　二〇二〇年第三期

《春秋》比事屬辭與《左傳·驪姬亂晉》之敘事義法（上）　張高評撰　《古典文學知識》「中國敘事傳統說苑」專欄　二〇二一年第二期

比事屬辭與中國敘事傳統　張高評撰　《單周堯教授七秩華誕國際學術研討會論文集》　香港中華書局　二〇二〇年十一月

《春秋》屬辭比事與《左傳》文章義法　張高評撰　《華中學術》　二〇二一年十二月

《春秋》筆削見義與傳統敘事學　張高評撰　山東大學《文史哲》學報，二〇二二年第一期

九、修辭學

修辭鑑衡　元王構著　《商務萬有文庫薈要》

馬氏文通　清馬建忠著　河洛圖書出版社

中國修辭學　楊樹達著　樂天出版社

修辭學發凡　陳望道著　臺灣學生書局

修辭學講話　陳介白著　世界書局　啓明書局

古書修辭例　張文治著　臺灣中華書局

章與句　蔣伯潛著　世界書局
字與詞　蔣伯潛著　世界書局
字句鍛鍊法（新增訂本）　黃永武著　洪範書店
文章破題技巧及修辭方法之研究　徐芹庭著　成文出版社
修辭學　傅隸樸著　正中書局
修辭學發微　徐芹庭著　臺灣中華書局
修辭學　黃慶萱著　三民書局
古漢語修辭學資料匯編　鄭奠、譚全基　北京商務印書館
修辭學通鑑　成偉均、唐仲揚、向宏業主編　中國青年出版社
先秦儒家修辭要論　池昌海　北京中華書局
哲學美學與傳統修辭　張高評主編　新文豐出版公司
語言傳播與詩學評點　張高評主編　新文豐出版公司
「修辭學之多元詮釋與教學運用」演講集　張高評主編　新文豐出版公司
大學辭章學　鄭頤壽主編　福建人民出版社
中國修辭學通史（先秦兩漢魏晉南北朝卷、隋唐五代宋金元卷）　鄭子瑜、宗廷虎主編　吉林教育出版社
中國修辭史　宗廷虎、陳光磊主編　吉林教育出版社
言與意之謎——探索話語的語義迷宮　劉煥輝著　中國社會科學出版社
錢鍾書修辭學思想演繹　高萬雲著　山東文藝出版社

十、總集

藝文類聚　唐歐陽詢等編著　文光出版社
舌華錄　明曹臣撰　萬曆末年原刊本　吳興劉氏《嘉業堂叢書》　國家圖書館（原中央圖書館）藏本
古今圖書集成（理學彙編經籍典春秋部）　清陳夢雷、蔣廷錫纂　鼎文書局
四庫全書總目　清永瑢、紀昀等編纂　藝文印書館
策學備纂（經部春秋類）　清吳炎亮輯　文史哲出版社
經史百家雜鈔　清曾國藩著　文海出版社
四部要籍序跋大全　不署編者　華國出版社
國學略說　章炳麟著　河洛圖書公司
國學概論　程發軔著　正中書局
國學概論　傅隸樸著　中華叢書編審委員會
六十年來之國學　程發軔主編　正中書局

十一、別集

韓昌黎全集　唐韓愈著　臺灣中華書局《四部備要》本

歐陽文忠集　宋歐陽修著　臺灣中華書局《四部備要》本

朱熹集　宋朱熹著　郭齊、尹波點校　四川教育出版社

金聖歎全集　清金聖歎著　陸林輯校整理　南京鳳凰出版社

望溪文集　清方苞著　文淵閣《四庫全書》本　臺灣商務印書館

惜抱軒全集　清姚鼎著　文淵閣《四庫全書》本　臺灣商務印書館

章氏叢書　清章學誠著　漢聲出版社

崔東壁遺書　清崔述著　河洛圖書公司

章氏遺書　章炳麟著　世界書局

王國維遺書　王國維著　上海古籍出版社

劉申叔先生遺書　劉師培著　華世出版社

傅孟眞先生集　傅斯年著　聯經出版事業公司

胡適文存　胡適著　遠東圖書公司

高明文輯　高明著　黎明文化事業公司

十二、筆記

習學記言序目　宋葉適著　北京中華書局

容齋隨筆　宋洪邁著　上海古籍出版社　又，北京中華書局

郡齋讀書志　宋晁公武著　廣文書局

直齋書錄解題　宋陳振孫著　廣文書局

困學記聞　宋王應麟撰　翁元圻注　臺灣商務印書館

點校鶴林玉露　宋羅大經著　臺灣開明書店

畫禪室隨筆　明董其昌　江蘇教育出版社

焦氏筆乘（正續編）　明焦竑著　臺灣商務印書館

七修類稿　明郎瑛著　上海：上海書店

少室山房筆叢　明胡應麟著　上海：上海書店

日知錄集釋　清顧炎武著　清黃汝成集釋　欒保羣、呂宗力校點　上海古籍出版社

隨園隨筆　清袁枚著　明明出版社

陔餘叢考　清趙翼著　世界書局

十駕齋養新錄　清錢大昕著　臺灣商務印書館

經義述聞　清王引之著　臺灣中華書局

經傳釋詞　清王念孫著　華聯出版社

東塾讀書記　清陳澧著　文光圖書公司

助字辨略　清劉淇著　臺灣開明書店

古書疑義舉例五種　清俞樾等著　泰順書局

越縵堂日記　清李慈銘著　文光圖書公司

古書讀法略例　孫德謙著　臺灣商務印書館

無邪堂答問　朱一新著　廣文書局

管錐編　錢鍾書著　北京中華書局　香港太平圖書公司　臺北書林出版公司

續僞書通考　鄭良樹編　臺灣學生書局

十三、期刊論文

孟子《春秋》說微　劉異撰　國立武漢大學《文哲季刊》第四卷第三號　一九三五年六月

左筆發凡　張傑撰　《光華大學半月刊》五卷八期，一九三七年，頁四五—五八

論左傳與國語的異點　馮沅君撰　《新月》一卷七期

論左傳之性質及其與國語之關係　楊向奎撰　《史學集刊》二期

國語與左傳問題後案　童書業撰　《浙江省圖書館館刊》四卷一期

左傳國語原非一書證　孫次舟撰　《責善半月刊》一卷四、六、七期
左傳與國語　卜德撰　《燕京學報》一六期
劉向歆父子年譜　錢穆撰　《燕京學報》七期
左傳「君子曰」研究　楊向奎撰　《文瀾學報》二期
春秋左傳纂言　顧實撰　《國專月刊》二卷五期
左丘明傳春秋考　牟潤孫撰　《民主評論》四卷一一、一二期
論國語與左傳的關係　張以仁撰　《中央研究院歷史語言研究所集刊》第三三本
從文法語彙的差異證國語左傳二書非一人之作　張以仁撰　《中央研究院歷史語言研究所集刊》三四上
從左傳看中國早期敘事文　王靖宇撰　《中華文化復興月刊》九卷五期
關於左傳「君子曰」的一些問題　張以仁撰　《孔孟月刊》三卷三期
左傳國語史記之比較研究　劉節撰　《說文》五卷一、二期　又《中華文化復興月刊》一三卷二期轉載
太史公左氏春秋義述　劉正浩撰　《師大國文研究所集刊》第六號
左氏前傳釋義　劉正浩撰　臺灣師範大學《國文學報》二期
左傳史論　莊雅州撰　《孔孟學報》二二期
西周至戰國之散文　錢穆撰　《新亞書院中國文學系年刊》第二期
曾國藩文學理論述評　莊雅州撰　《師大國文研究所集刊》第一七號
漢字做爲詩的表現媒介　杜國清譯　《中外文學》八卷七期，一九七九年十二月
劉勰論文的觀點試測　王夢鷗撰　《中外文學》八卷八期

論漢字作爲詩的表現媒介　杜國清撰　《中外文學》八卷九期，一九八〇年二月
語言的功能　高敬達撰　《教育文摘》一三卷一、二期
先秦的説服傳播理論　方鵬程撰　《報學》五卷一期
談左傳的對照律　簡宗梧撰　《中央日報．文史》一二五期
左傳的眞僞和寫作時代問題考辨　胡念貽撰　《文史》第十一輯
左傳之敘事文　伊根撰　張端穗譯　《東海大學中文學報》第三期
談詩歌語言與言外之意（上下）　張高評撰　《國文天地》九卷四期、九卷六期一九九三年九月、十一月
文論失語症與文化病態　曹順慶撰　《文藝爭鳴》一九九六年二期
重建中國文論話語的基本路徑及其方法　曹順慶、李思屈撰　《文藝研究》一九九六年第二期
《史記》之書法與史筆　張高評撰　《思想家》第二輯（《中國學術與中國思想史》）　南京江蘇教育出版社　二〇〇二年四月
《史記》敘事藝術與詩歌語言　張高評撰　政治大學中文系主編《第五屆漢代文學與思想學術研討會論文集》　臺北：新文豐出版公司，二〇〇五年
春秋筆法的內涵外延與本質特徵　李洲良撰　《文學評論》二〇〇六年第一期
百年「春秋筆法」研究述評　蕭鋒撰　《文學評論》二〇〇六年第二期
「《春秋》筆法」的詮釋與接受　王基倫撰　《國文學報》第三十九期　二〇〇六年六月
劉知幾之《左傳》學——兼論詩化之史學觀　張高評撰，《隋唐五代經學國際研討會論文集》　臺北：中央研究院中國文哲研究所出版，二〇〇九年

《詩人玉屑》「意在言外」說述評—以含蓄、寄託、諷興爲核心　張高評撰　四川大學《新國學》第八卷　二〇一〇年

《春秋》三傳「注疏」中的屬辭比事　趙友林撰　《儒家典籍與思想研究》第三輯　二〇一一年四月

《春秋》書法與詩化修辭——以《左傳》之敘事藝術爲例　張高評撰　香港中文大學中文系、中國文化研究所古籍研究中心主編《先秦兩漢古籍國際學術研討會論文集》　北京：社會科學文獻出版社，二〇一一年

《春秋》書法之修辭觀　張高評撰　汪榮祖主編《錢鍾書詩文叢說—錢鍾書教授百歲紀念國際學術研討會論文集》　中壢：中央大學人文研究中心，二〇一一年

先秦敘事語言與敘事文本詮釋　劉承慧撰　《清華中文學報》第五期　二〇一一年

《西廂記》筆法通《左傳》——金聖歎《西廂記》評點學發微　張高評撰　《復旦學報》二〇一三年第二期

從屬辭比事論《公羊傳》弒君之書法——《春秋》書法之修辭觀　張高評撰　《東華漢學》第十八期　二〇一三年十二月

敘事・敘事文學・敘事文化—中國敘事文化學與敘事學的關聯與特質　寧稼雨撰　《天中學刊》二〇一四年第三期，「中國敘事文化學研究」專欄

比事屬辭與章學誠之《春秋》教：史學、敘事、古文辭與《春秋》書法　張高評撰　《中山人文學報》第三十六期　二〇一四年一月

《春秋》曲筆直書與《左傳》屬辭比事——以《春秋》書薨、不手弒而書弒爲例　張高評撰　《高雄師大國文學報》第十九期　二〇一四年一月

即辭觀義與方苞《春秋直解》——《春秋》書法之修辭詮釋　張高評撰　《經學研究集刊》第十六期　二

〇一四年五月

《春秋》曲筆書滅與《左傳》屬辭比事——以史傳經與《春秋》書法　張高評撰　《成大中文學報》第四十五期　二〇一四年六月

因文取義與《春秋》筆削——方苞義法「言有序」之修辭詮釋　張高評撰　《人文與社會研究學報》第四十八卷第二期　二〇一四年十月

《春秋》書法與「義」在言外——比事見義與《春秋》學史研究　張高評撰　《文與哲》第二十五期　二〇一四年十二月

「于敘事中寓論斷」與藉事明義——以《左傳》解經爲討論核心　張高評撰　香港嶺南大學中文系、中央研究院中國文哲研究所主編：《嶺南大學經學國際學術研討會論文集》　二〇一四年

比事屬辭與方苞論古文義法：以《文集》之讀史、序跋爲核心　張高評撰　《中國文化研究所學報》第六十期　二〇一五年一月

比事屬辭與方苞之《春秋》學——「無傳而著」法門之三　張高評撰　《興大中文學報》第三十七期　二〇一五年六月

屬辭比事與《春秋》之微辭隱義——以章學誠之《春秋》學爲討論核心　張高評撰　《中國典籍與文化論叢》第十七輯　二〇一五年十月

方苞古文義法與《史記評語》——比事屬辭與敘事藝術　張高評撰　《文與哲》第二十七期　二〇一五年十二月

比事屬辭與明清《春秋》詮釋學　張高評撰　《經學研究集刊》第二十期（二〇一六年五月

比屬觀義與宋元《春秋》詮釋學　張高評撰　《經學文獻研究集刊》第十五輯　二〇一六年六月

筆削顯義與胡安國《春秋》詮釋學——《春秋》宋學詮釋方法之一　張高評撰　《新宋學》第五輯　二〇一六年八月

文章修辭與《春秋》書法——中唐以前《春秋》詮釋法之一　張高評撰　《中國經學》第十九輯　廣西師範大學出版社　二〇一六年十月

《春秋》直筆書滅與《左傳》以史傳經——以楚滅華夏爲例　張高評撰　《漢籍與漢學》第二期（總第三期，二〇一八年十月），頁七六—一〇一。

史外傳心與胡安國《春秋》詮釋法　張高評撰　《經學文獻研究集刊》第二十輯　二〇一八年十二月

《春秋》直書滅華與《左傳》資鑑之史觀——以直書華夏相滅、狄吳滅華爲例　張高評撰　《高雄師大國文學報》第二十九期　二〇一九年一月

《春秋》經傳的研究思路與特色——張高評教授訪談錄　張高評撰　《寶雞文理學院學報》第三十九卷第一期　二〇一九年二月

屬辭比事與《春秋》宋學之創造性詮釋　張高評撰　《杭州師範大學學報》二〇一九年第三期

《左傳》敘事見本末與《春秋》書法　張高評撰　《中山大學學報》二〇二〇年第一期　二〇二〇年一月

「中國敘事文化學」的破土與茁長　王齊洲撰　《古代小說研究》二〇二〇年六月

《春秋》屬辭約文與文章修辭——中唐以前之《春秋》詮釋法（增訂）　張高評撰　《漢籍與漢學》二〇二一年第一輯

跨際會通與《春秋左氏傳》之研究　張高評撰　《國文天地》第三十七卷第二期　二〇二一年七月

《春秋》屬辭約文與文章修辭——中唐以前之《春秋》詮釋法〉　張高評撰　《漢籍與漢學》二〇二一年第一輯（總第八輯），頁七十一—一〇七。

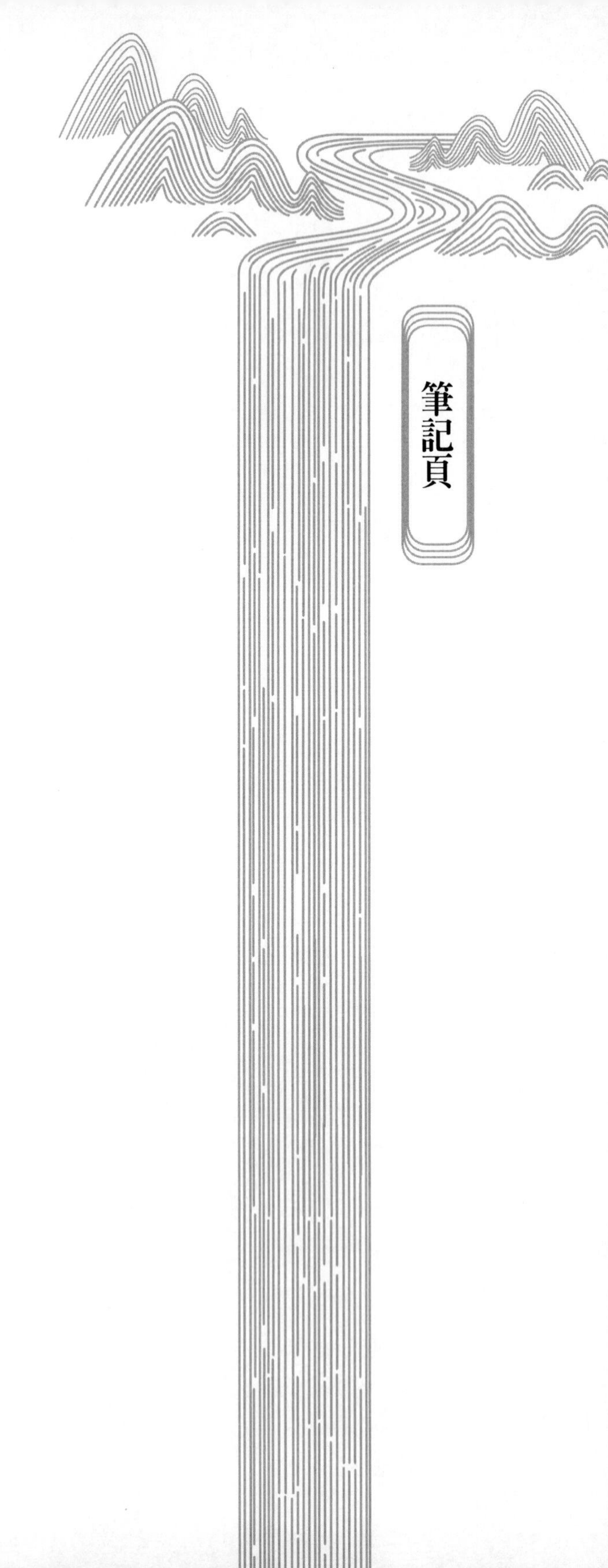

筆記頁

筆記頁

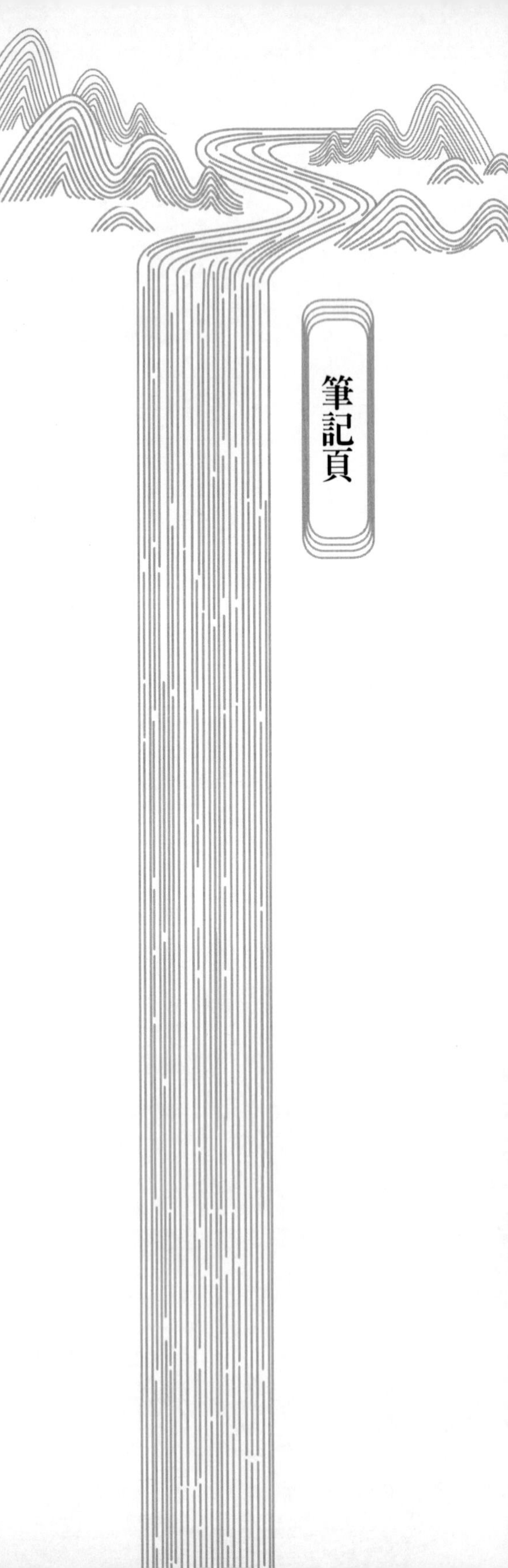

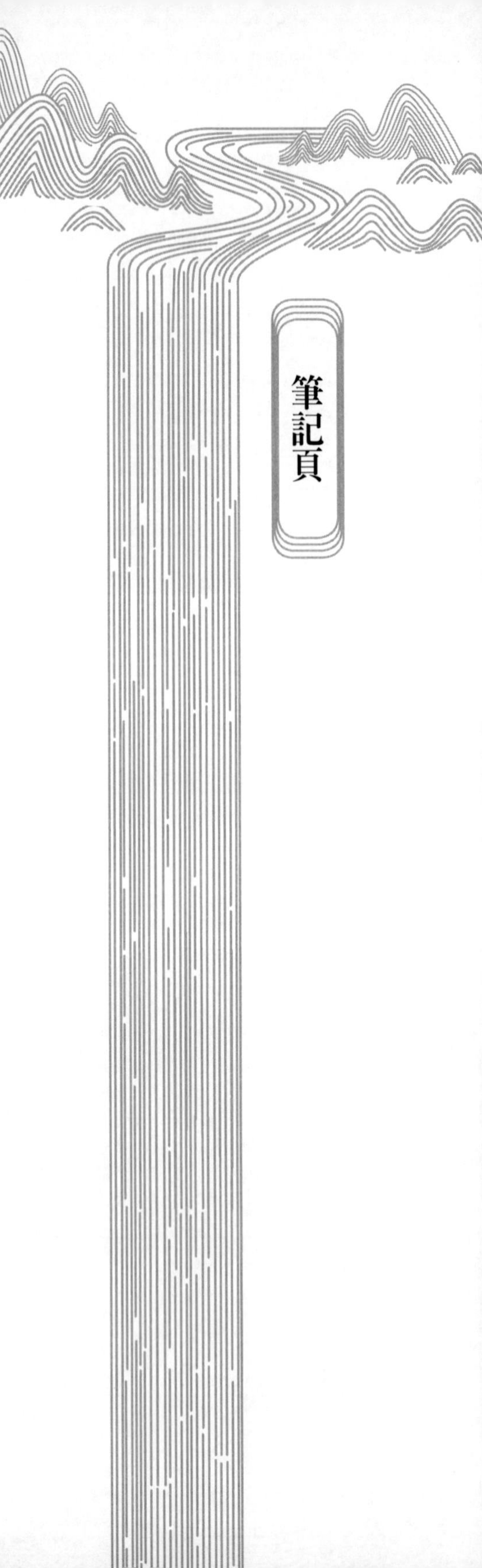
筆記頁

國家圖書館出版品預行編目資料

張高評解析經史三：左傳屬辭與文章義法／張高評著. -- 初版. -- 臺北市：五南圖書出版股份有限公司, 2021.12
面；　公分
ISBN 978-626-317-454-2（平裝）

1.左傳　2.研究考訂

621.737　　110020784

1X7V

張高評解析經史三：左傳屬辭與文章義法

作　　者 — 張高評（205.2）
發 行 人 — 楊榮川
總 經 理 — 楊士清
總 編 輯 — 楊秀麗
副總編輯 — 黃文瓊
責任編輯 — 吳雨潔
封面設計 — 姚孝慈
封面書名書法題字 — 黃宗義
美術設計 — 劉好音
出 版 者 — 五南圖書出版股份有限公司
地　　址：106台北市大安區和平東路二段339號4樓
電　　話：(02)2705-5066　　傳　　真：(02)2706-6100
網　　址：https://www.wunan.com.tw
電子郵件：wunan@wunan.com.tw
劃撥帳號：01068953
戶　　名：五南圖書出版股份有限公司

法律顧問　林勝安律師事務所　林勝安律師

出版日期　2021年12月初版一刷
定　　價　新臺幣680元

經典永恆·名著常在

五十週年的獻禮——經典名著文庫

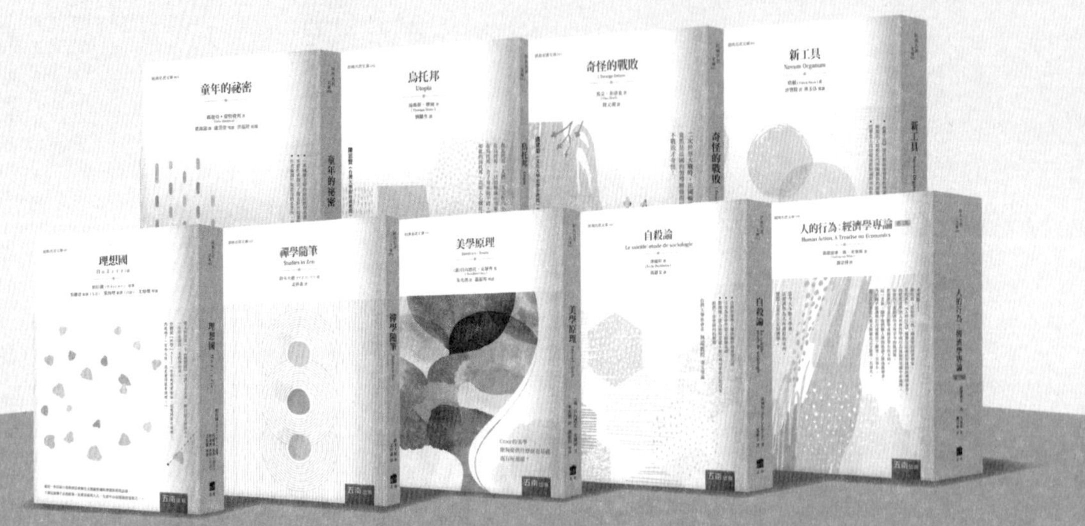

五南，五十年了，半個世紀，人生旅程的一大半，走過來了。
思索著，邁向百年的未來歷程，能為知識界、文化學術界作些什麼？
在速食文化的生態下，有什麼值得讓人雋永品味的？

歷代經典・當今名著，經過時間的洗禮，千錘百鍊，流傳至今，光芒耀人；
不僅使我們能領悟前人的智慧，同時也增深加廣我們思考的深度與視野。
我們決心投入巨資，有計畫的系統梳選，成立「經典名著文庫」，
希望收入古今中外思想性的、充滿睿智與獨見的經典、名著。
這是一項理想性的、永續性的巨大出版工程。
不在意讀者的眾寡，只考慮它的學術價值，力求完整展現先哲思想的軌跡；
為知識界開啟一片智慧之窗，營造一座百花綻放的世界文明公園，
任君遨遊、取菁吸蜜、嘉惠學子！